经以济世
建德尚真

贺教育部

创新团队项目

心王玉梁

李岚清

教育部哲学社會科學研究重大課題攻關項目

"十四五"时期国家重点出版物出版专项规划项目

中国特色社会主义监督体系的理论与实践

THEORIES AND PRACTICES OF THE SOCIALIST SUPERVISION SYSTEM WITH CHINESE CHARACTERISTICS

过勇

等著

中国财经出版传媒集团

经济科学出版社
Economic Science Press

·北京·

图书在版编目（CIP）数据

中国特色社会主义监督体系的理论与实践/过勇等
著．－－北京：经济科学出版社，2024.1
教育部哲学社会科学研究重大课题攻关项目 "十四
五"时期国家重点出版物出版专项规划项目
ISBN 978 - 7 - 5218 - 3785 - 8

Ⅰ．①中… Ⅱ．①过… Ⅲ．①中国特色社会主义－国
家监督－研究 Ⅳ．①D630.9

中国版本图书馆 CIP 数据核字（2022）第 108277 号

责任编辑：孙丽丽 胡蔚婷
责任校对：杨 海
责任印制：范 艳

中国特色社会主义监督体系的理论与实践
过 勇 等著
经济科学出版社出版、发行 新华书店经销
社址：北京市海淀区阜成路甲 28 号 邮编：100142
总编部电话：010 - 88191217 发行部电话：010 - 88191522
网址：www.esp.com.cn
电子邮箱：esp@ esp.com.cn
天猫网店：经济科学出版社旗舰店
网址：http://jjkxcbs.tmall.com
北京季蜂印刷有限公司印装
787×1092 16 开 20.25 印张 390000 字
2024 年 1 月第 1 版 2024 年 1 月第 1 次印刷
ISBN 978 - 7 - 5218 - 3785 - 8 定价：82.00 元
（图书出现印装问题，本社负责调换。电话：010 - 88191545）
（版权所有 侵权必究 打击盗版 举报热线：010 - 88191661
QQ：2242791300 营销中心电话：010 - 88191537
电子邮箱：dbts@ esp.com.cn）

课题组主要成员

首席专家：过　勇
主要成员：宋　伟　潘春玲　周　磊　崔　瑜
　　　　　陈　升　李　论　范舒瑞　李尚翼
　　　　　刘梦滢　张译文　韩祥宇　刁兆杰
　　　　　吴昌杰　陈梦妮　朱海雯　董　昊

总　序

哲学社会科学是人们认识世界、改造世界的重要工具，是推动历史发展和社会进步的重要力量，其发展水平反映了一个民族的思维能力、精神品格、文明素质，体现了一个国家的综合国力和国际竞争力。一个国家的发展水平，既取决于自然科学发展水平，也取决于哲学社会科学发展水平。

党和国家高度重视哲学社会科学。党的十八大提出要建设哲学社会科学创新体系，推进马克思主义中国化、时代化、大众化，坚持不懈用中国特色社会主义理论体系武装全党、教育人民。2016年5月17日，习近平总书记亲自主持召开哲学社会科学工作座谈会并发表重要讲话。讲话从坚持和发展中国特色社会主义事业全局的高度，深刻阐释了哲学社会科学的战略地位，全面分析了哲学社会科学面临的新形势，明确了加快构建中国特色哲学社会科学的新目标，对哲学社会科学工作者提出了新期待，体现了我们党对哲学社会科学发展规律的认识达到了一个新高度，是一篇新形势下繁荣发展我国哲学社会科学事业的纲领性文献，为哲学社会科学事业提供了强大精神动力，指明了前进方向。

高校是我国哲学社会科学事业的主力军。贯彻落实习近平总书记哲学社会科学座谈会重要讲话精神，加快构建中国特色哲学社会科学，高校应发挥重要作用：要坚持和巩固马克思主义的指导地位，用中国化的马克思主义指导哲学社会科学；要实施以育人育才为中心的哲学社会科学整体发展战略，构筑学生、学术、学科一体的综合发展体系；要以人为本，从人抓起，积极实施人才工程，构建种类齐全、梯队衔接的高校哲学社会科学人才体系；要深化科研管理体制改革，发挥高校人才、智力和学科优势，提升学术原创能力，激发创新创造活力，建设中国特色新型高校智库；要加强组织领导、做好统筹规划、营造良好学术生态，形成统筹推进高校哲学社会科学发展新格局。

哲学社会科学研究重大课题攻关项目计划是教育部贯彻落实党中央决策部署的一项重大举措，是实施"高校哲学社会科学繁荣计划"的重要内容。重大攻关项目采取招投标的组织方式，按照"公平竞争，择优立项，严格管理，铸造精品"的要求进行，每年评审立项约 40 个项目。项目研究实行首席专家负责制，鼓励跨学科、跨学校、跨地区的联合研究，协同创新。重大攻关项目以解决国家现代化建设过程中重大理论和实际问题为主攻方向，以提升为党和政府咨询决策服务能力和推动哲学社会科学发展为战略目标，集合优秀研究团队和顶尖人才联合攻关。自 2003 年以来，项目开展取得了丰硕成果，形成了特色品牌。一大批标志性成果纷纷涌现，一大批科研名家脱颖而出，高校哲学社会科学整体实力和社会影响力快速提升。国务院副总理刘延东同志做出重要批示，指出重大攻关项目有效调动各方面的积极性，产生了一批重要成果，影响广泛，成效显著；要总结经验，再接再厉，紧密服务国家需求，更好地优化资源，突出重点，多出精品，多出人才，为经济社会发展做出新的贡献。

作为教育部社科研究项目中的拳头产品，我们始终秉持以管理创新服务学术创新的理念，坚持科学管理、民主管理、依法管理，切实增强服务意识，不断创新管理模式，健全管理制度，加强对重大攻关项目的选题遴选、评审立项、组织开题、中期检查到最终成果鉴定的全过程管理，逐渐探索并形成一套成熟有效、符合学术研究规律的管理办法，努力将重大攻关项目打造成学术精品工程。我们将项目最终成果汇编成"教育部哲学社会科学研究重大课题攻关项目成果文库"统一组织出版。经济科学出版社倾全社之力，精心组织编辑力量，努力铸造出版精品。国学大师季羡林先生为本文库题词："经时济世　继往开来——贺教育部重大攻关项目成果出版"；欧阳中石先生题写了"教育部哲学社会科学研究重大课题攻关项目"的书名，充分体现了他们对繁荣发展高校哲学社会科学的深切勉励和由衷期望。

　　伟大的时代呼唤伟大的理论，伟大的理论推动伟大的实践。高校哲学社会科学将不忘初心，继续前进。深入贯彻落实习近平总书记系列重要讲话精神，坚持道路自信、理论自信、制度自信、文化自信，立足中国、借鉴国外，挖掘历史、把握当代，关怀人类、面向未来，立时代之潮头、发思想之先声，为加快构建中国特色哲学社会科学，实现中华民族伟大复兴的中国梦做出新的更大贡献！

教育部社会科学司

3

摘　要

　　监督是规范权力运行的重要手段。中国共产党自成立之日起，就已经逐渐探索对权力进行监督的有效途径。党的十八大以来，以习近平同志为核心的党中央将监督放在更加突出的战略高度，加强对权力的制约和监督。党的十九届四中全会通过的《中共中央关于坚持和完善中国特色社会主义制度　推进国家治理体系和治理能力现代化若干重大问题的决定》将"坚持和完善党和国家监督体系，强化对权力运行的制约和监督"作为"坚持和完善中国特色社会主义制度、推进国家治理体系和治理能力现代化"的重要方面进行部署，开创了党和国家监督体系现代化的新境界。十九届六中全会通过的《中共中央关于党的百年奋斗重大成就和历史经验的决议》指出，"党领导完善党和国家监督体系，推动设立国家监察委员会和地方各级监察委员会，构建巡视巡察上下联动格局，构建以党内监督为主导、各类监督贯通协调的机制，加强对权力运行的制约和监督"，系统总结了党和国家监督体系建设的重大成就和历史经验，激发了奋进新时代、迈好新征程的斗志和豪情。党的二十大报告也对新时代十年来党和国家监督体系的发展给予肯定："健全党统一领导、全面覆盖、权威高效的监督体系，完善权力监督制约机制，以党内监督为主导，促进各类监督贯通协调，让权力在阳光下运行。"

　　中国特色社会主义监督体系是一项系统性工程，由不同的监督形式组成，且各类监督形式之间相互联系、共同发展。本书以中国特色社会主义监督体系作为研究对象，以中国特色社会主义监督体系的理论基础和实践问题为主要研究问题，采用文献研究法、比较研究法、案例研究法、归纳研究法等研究方法，分别对中国特色社会主义监督体系的各构成要素进行深入分析，从而全面把握中国特色社会主义监督体系的运行状况，进一步探讨坚持和完善中国特色社会主义监督体系的对策建议。本书的主要内容如下：

第一章是绪论。该章明确了本书的研究背景与研究意义、研究内容和研究方法等基本问题。党的十八大以来，习近平对权力监督相关问题给予高度重视，尤其是对党内监督、国家监督和社会监督作出了重要论述，为理解和运行中国特色社会主义监督体系提供了理论指导。

第二章为权力制约的中外思想渊源。中国古代政治传统中，儒家、法家、道家对于权力制约的讨论思考存在差异。西方自由主义对"公共权力的定义与起源"、"公共权力被滥用的原因"和"如何防止公权滥用，实现权力制约"进行了系统思考。而马克思主义认为公共权力的异化是一种历史现象，在无产阶级专政的框架下，马克思主义特别强调权力监督和人民民主的重要作用。

第三章是中国特色社会主义监督体系的基本理论问题。首先，该章从"社会主义"和"中国特色"两个维度来探讨中国特色社会主义监督体系的内涵，并分别从政治逻辑、统合逻辑、宗旨目标、价值效益方面展开论述该体系的逻辑理路。其次，立足于中国的国情，该章分析了建构中国特色社会主义监督体系的基本原则和划分逻辑，以及不同监督形式之间的协同关系。最后，该章指出中国特色社会主义监督体系的模式特征主要体现为党在监督体系中的核心领导地位、党内监督的主导作用、不同监督形式的有机融合三个方面。

第四章至第十五章主要梳理了中国特色社会主义监督体系中十二项监督，即纪律监督、派驻监督、巡视监督、监察监督、人大监督、民主监督、行政监督、司法监督、审计监督、统计监督、群众监督和舆论监督的历史发展、功能定位、党的十八大以来的创新发展，并在此基础上进行理论的探讨或思考，提出相应的对策建议，为更深入地把握各项监督提供参考。

第十六章是中国特色社会主义监督体系的运行。在长期的实践中，中国特色社会主义监督体系不断完善，取得了诸多成效。但是，该体系也存在一些困境，影响了监督效果。随后，该章深入分析导致中国特色社会主义监督体系运行困境的原因，并结合党和国家发展对监督工作的总体要求，探讨下一步推动中国特色社会主义监督体系高效运行的着力点。

第十七章是权力制约模式的国际比较分析。该章基于国际比较的视角，对美国、瑞典、巴西、新加坡和越南等国家的权力制约模式开展分析和比较，并论证了中国特色社会主义监督体系所具有的显著优势。

第十八章是坚持和完善中国特色社会主义监督体系。新的形势和任务要求继续坚持和完善中国特色社会主义监督体系，强化对权力运行的制约和监督。该章从坚持以习近平新时代中国特色社会主义思想为指导、坚持加强党对反腐败工作的集中统一领导、发挥中国特色社会主义监督体系在国家治理中的作用、深入推动中国特色社会主义监督体系的系统性发展、基于数据化管理提升中国特色社会主义监督体系效率、推动中国特色社会主义监督体系制度化发展等方面提出对策建议，为促进中国特色社会主义监督体系的有效运行提供参考。

本书围绕中国特色社会主义监督体系开展研究，特别是对党的十八大以来中国特色社会主义监督体系的实践创新和理论发展进行系统论述，研究成果具有一定的理论价值和实践意义。从理论价值来看，本书系统地阐述了中国特色社会主义监督体系的内涵、思想渊源、逻辑理路等，从根本上揭示该体系的特征和优势，进一步提高中国特色社会主义监督的理论自信和制度自信。从实践意义来看，本书基于对中国特色社会主义监督体系的运行考察及比较研究，提出完善中国特色社会主义监督体系的政策建议，为中国特色社会主义监督体系的新探索、新实践提供智力支持。

Abstract

Supervision is an important means to regulate the exercise of power. The Communist Party of China (CPC) has been exploring effective ways to supervise the exercise of power since its establishment. The CPC Central Committee with Comrade Xi Jinping as the core has put supervision at a more prominent strategic level since the 18th National Congress of the CPC, intensifying the constraints and supervision over power. *Decision of the Central Committee of the Communist Party of China on Major Issues Concerning Upholding and Improving Socialism with Chinese Characteristics and Modernizing the State Governance System and Capacity*, deliberated and adopted at the fourth plenary session of the 19th CPC Central Committee, puts "upholding and improving the Party and state supervision systems and strengthening constraints and supervision over power" as an important part of "refining and developing the socialism with Chinese characteristics and modernizing the national governance system and capacity", creating a new realm of modernization of the Party and state supervision systems. *The Resolution of the Central Committee of the Communist Party of China on the Major Achievements and Historical Experience of the Party over the Past Century*, adopted at the sixth plenary session of the 19th CPC Central Committee, states that "The Party has taken the lead in improving Party and state supervision systems, promoted the establishment of the National Commission of Supervision and local supervisory commissions at all levels, and developed a supervision network that facilitates coordination in disciplinary inspections conducted at different levels and mechanisms for promoting coordination among various types of supervision with intraparty supervision playing the main role. Through these efforts, we have strengthened constraints and supervision over power." It systematically summarizes the major achievements and historical experience of the establishment of the Party and state supervision systems, and inspires the morale and pride to forge ahead in the new era and embark on a new journey. The report to the 20th National Congress of the Communist Party of China has pointed out a clear direction for the development of the socialist supervision system with Chinese characteristics under the new situation, states that "We will improve the total-coverage, authoritative, and highly effective oversight system under the Party's unified leadership and refine the mechanisms for overseeing power and keeping it in check. We will generate synergy between various forms of oversight with intraparty oversight serving as the mainstay, and we will ensure that power is exercised in broad daylight."

The socialist supervision system with Chinese characteristics is a systematic project, composed of different forms of supervision that are interrelated and developing together. With the socialist supervision system with Chinese characteristics as the object of study and its theoretical basis and practical problems as the main issues to investigate, this book analyzes the supervision of the Party, state and society through literature research, contrastive study, case study, and inductive research respectively, so as to comprehensively understand the operation of the socialist supervision system with Chinese characteristics, and further explore the countermeasures and suggestions for upholding and improving the supervision system. The main contents of the book are as follows:

Chapter 1 is the introduction, which clarifies the research background, significance, the research status at home and abroad, contents and methods of the book. And carding Xi Jinping's important remarks on supervision. Xi Jinping has attached great importance to issues related to supervision over the exercise of power since the 18th CPC National Congress, and has made important remarks on supervision of the Party, state and society, providing theoretical guidance for understanding and applying the socialist supervision system with Chinese characteristics.

Chapter 2 introduces the Chinese and overseas intellectual context of checks over power. In the political traditions of ancient China, there are differences in the discussion and thinking about constraints over power among Confucianism, Legalism and Taoism. The Western Liberalism has made systematic thinking on "the definition and origin of public power", "the reason why public power is abused" and "how to prevent the abuse of public power and constrain power". Marxism holds that the alienation of public power is a historical phenomenon. Under the framework of the dictatorship of the proletariat, Marxism especially emphasizes the important role of supervision over power and people's democracy.

Chapter 3 presents the basic theory of the socialist supervision system with Chinese characteristics. Firstly, it discusses the connotation of the socialist supervision system with Chinese characteristics from the two dimensions of "socialism" and "Chinese characteristics", and expounds the logic of the system from the perspective of politics, integration, purpose, value and benefit respectively. Secondly, based on China's national conditions, it analyzes the basic principles and division logic of the building of the socialist supervision system with Chinese characteristics, as well as the coordination with different forms of supervision. Finally, it points out that the features of the socialist supervision system with Chinese characteristics are mainly reflected in three aspects: the core leadership of the Party in the supervision system, the leading role of the Party supervision, and the organic integration of different forms of supervision.

Chapter 4 to Chapter 15 mainly sort out the historical development, functional positioning, and innovative development since the 18th National Congress of the CPC of the socialist supervision system with Chinese characteristics, which includes 12 forms of supervision, namely discipline supervision, presence of commissions for inspection, onsite inspection, supervision by National People's Congress and monitory, democratic, administrative, judicial, auditing-based, statistical supervision, public supervision and supervision through public opinion. On this basis, the paper makes a theoretical discussion, and puts forward corresponding countermeasures and suggestions, so as to provide reference for a deeper grasp of all forms of supervision.

Chapter 16 studies the operation of the socialist supervision system with Chinese characteristics, which has been constantly improved, with results achieved in the course of long-term practice. However, there are also some problems in the system that weaken the supervisory effectiveness. The chapter also makes an in-depth analysis of the reasons leading to the difficulties in the operation of the system, and discusses the next significant areas to promote its efficient operation in combination with the overall requirements of the development of the Party and the state for supervision.

Chapter 17 is about the international comparison of power checking modes. Based on the perspective of international comparison, the chapter analyzes and compares the power checking modes of the United States, Sweden, Brazil, Singapore, Vietnam, and demonstrates the significant advantages of the socialist supervision system with Chinese characteristics.

Chapter 18 is about upholding and improving the socialist supervision system with Chinese characteristics. The new situation and tasks require us to adhere to and refine the socialist supervision system with Chinese characteristics, and strengthen checks and supervision over the exercise of power. The chapter proposes countermeasures and suggestions for the effective operation of the socialist supervision system with Chinese characteristics from different perspectives, including upholding the guidance of Xi Jinping Thought on Socialism with Chinese Characteristics for a New Era, upholding the centralized and unified leadership of the Party on the fight against corruption, bringing into play the role of the socialist supervision system with Chinese characteristics in national governance, prompting the systematic development of the system, improving the effectiveness of the system based on data management, and improving the system development of the socialist supervision system with Chinese characteristics, providing reference for the effective operation of the system.

This book focuses on the research of the socialist supervision system with Chinese characteristics, especially on the theoretical development and practical innovation of the system since the 18th CPC National Congress. The research results are of certain theoretical and practical significance. Theoretically, this book systematically expounds the connotation, intellectual context and logical path of the system and reveals its characteristics and advantages fundamentally, thus further enhancing the theoretical and institutional confidence of the social supervision with Chinese characteristics. Practically, based on the investigation into the operation of the socialist supervision system with Chinese characteristics and the contrastive study, this book proposes policy suggestions for improving the socialist supervision system with Chinese characteristics, and provides intellectual support for the new exploration and practice of the system.

目 录

Contents

Contents

第一章

绪　　论

权力与腐败之间的关系始终是腐败问题研究的重点。权力一旦失去制约，在制度的笼子之外不受约束，就容易导致权力滥用，产生腐败。对权力进行有效监督，是中国廉政治理的重要特征。与世界上大多数国家和地区不同，中国非常重视以监督来制约权力，形成了独特的廉政治理模式。在权力监督思想的指导下，中国构建了一整套防止权力滥用的体系，即中国特色社会主义监督体系。党的二十大报告强调，健全党统一领导、全面覆盖、权威高效的监督体系①。这一重要论述为中国特色社会主义监督体系的发展提供了重要遵循。中国特色社会主义监督体系由哪些要素构成？各个构成要素之间的关系如何？不同监督形式的地位和作用是什么？中国特色社会主义监督体系的运行状况如何？如何进一步坚持和完善中国特色社会主义监督体系？对这些问题进行系统分析，有助于进一步完善中国特色社会主义监督体系，加强对权力的监督，同时推动中国廉政治理模式不断走向成熟。

第一节　研究的背景与意义

党的十八大以来，以习近平同志为核心的党中央将监督放在一个更加突出的

---

① 习近平：《高举中国特色社会主义伟大旗帜 为全面建设社会主义现代化国家而团结奋斗——在中国共产党第二十次全国代表大会上的报告》，人民出版社 2022 年版，第 66 页。

战略高度，加强了对权力的制约和监督。进一步完善中国特色社会主义监督体系，发挥监督在加强党的建设、推进国家治理体系和治理能力现代化中的作用，这是当前十分值得深入研究的问题，也是亟待在实践中加以推动完善的问题。

一、研究背景

党的十八大以来，党中央高度重视党的建设工作，以全面从严治党为重要抓手，推动党的建设工作向基层延伸、向纵深发展。加强对权力的监督是有效开展反腐败工作、推动全面从严治党、完善党的建设的重要举措。党的十九大之后，反腐败工作进入新的发展阶段，监督工作的作用更加凸显。与此同时，党的十九届四中全会明确提出推进国家治理体系和治理能力现代化，并强调"坚持和完善党和国家监督体系，强化对权力运行的制约和监督"。这些发展形势和发展要求，对于推动完善中国特色社会主义监督体系产生了重要影响。

（一）党的十八大以来反腐败工作成效显著

党的十八大以来，党中央将反腐败工作提升到新的战略高度，始终保持高压反腐态势，采取一系列举措积极推进反腐败各项工作，取得了显著成效。党的十九大之后，党中央的反腐力度不减，对于腐败行为继续保持零容忍态度，不断巩固反腐败工作成果。2018 年 12 月召开的中央政治局会议指出，党的十九大以来，以习近平同志为核心的党中央一以贯之、坚定不移推进全面从严治党，党内政治生态展现新气象，反腐败斗争取得压倒性胜利，全面从严治党取得重大成果。经过不懈努力，反腐败斗争形势实现了从形成"压倒性态势"到"压倒性胜利"的突破，标志着我国的反腐败斗争成果正从量的积累迈向质的转变。我们党在反腐败工作方面取得了显著成效，具体包括以下几个方面：

一是在惩治腐败方面。党中央不仅严厉查处腐败大案要案，还持续推动正风反腐向基层延伸，真正实现反腐败无禁区、全覆盖、零容忍。党的十八大以来至十九大之前五年间，中央纪委共立案审查调查中管干部 440 人。十九大后五年来，中央纪委国家监委立案审查调查中管干部 261 人。[①] 这些数据彰显了党中央持续高压反腐、绝不姑息纵容腐败分子的态度和决心。此外，党中央坚决整治群众身边的腐败和作风问题，深入推进扶贫领域腐败和作风问题专项治理，开展民生领域专项整治，深挖涉黑腐败和黑恶势力"保护伞"，坚决清除包庇、纵容黑

---

① 《十九届中央纪律检查委员会向中国共产党第二十次全国代表大会的工作报告》，载于《人民日报》2022 年 10 月 28 日。

恶势力的腐败分子。这些举措极大地提高了群众的反腐败获得感，人民群众对反腐败工作成效的满意度由 2012 年的 75% 增长至 2017 年的 93.9%（见图 1-1）。2020 年，人民群众对党风廉政建设和反腐败工作的满意度高达 95.8%。①

图 1-1　人民群众对反腐败工作成效的满意度（2012~2017 年）
资料来源：根据国家统计局提供的数据整理而成。

二是在作风建设方面。党的十八大以来，党中央以钉钉子精神打好作风建设持久战，巩固拓展作风建设成果。一方面，始终坚定落实中央八项规定精神，开启了作风建设的新序幕。中央八项规定实施以来至 2020 年底，各级纪检监察机关通过落实中央八项规定精神，及时发现和查处党员、干部存在的问题（见图 1-2），产生了较大的震慑作用，党的作风有了明显好转。十九大后五年来，全国纪检监察机关共查处享乐主义、奢靡之风问题 28.6 万个，批评教育帮助和处理 39.8 万人，其中给予党纪政务处分 28.5 万人；共查处形式主义、官僚主义问题 28.2 万个，批评教育帮助和处理 42.5 万人，其中给予党纪政务处分 25.3 万人。② 另一方面，持续加大反"四风"力度，坚决防止"四风"反弹回潮。自 2013 年 6 月习近平在党的群众路线教育实践活动工作会议上列举了"四风"问题的种种表现、强调作风问题违背党的性质和宗旨之后，党中央坚持以上率下、以身作则、身体力行，有力地整治"四风"问题，党风政风有了很大的改善。然而，"四风"问题由来已久、成因复杂。党的十九大之后，习近平强调指出，纠正"四风"不能止步，作风建设永远在路上。同时，把形式主义、官僚主义问题作为监督重点，抓住典型、严肃问责，不断加强党的作风建设。

---

① 《通过前所未有的反腐倡廉斗争赢得历史主动》，中央纪委国家监委网站，http://www.ccdi. gov. cn/pln/202209/t20220919_218686. htlm，2022-09-19。
② 《十九届中央纪律检查委员会向中国共产党第二十次全国代表大会的工作报告》，载于《人民日报》2022 年 10 月 28 日。

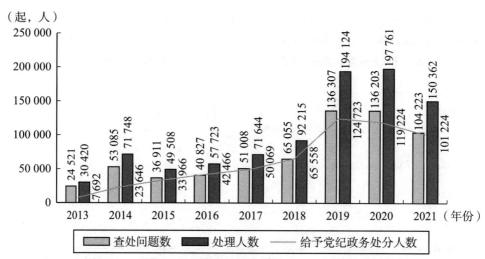

**图 1-2　中央八项规定实施以来至 2021 年全国查处
违反中央八项规定精神的成果**

　　注：2013 年的数据为中央八项规定实施以来至 2013 年 12 月 31 日的数据，其余为当年的年度数据。

　　资料来源：根据历届中央纪委全会工作报告、中央纪委国家监委公布的相关统计数据整理而成。

　　三是在制度建设方面。制度具有根本性、全局性、稳定性和长期性的特点。长期以来，我们党非常重视制度建设。党的十八大以来，党中央不断加快党内法规建设的步伐，通过"破旧立新"，废除了历史上存留的与新要求不适应、不协调、不衔接、不一致的相关党内法规，修订或制定了更适合当前形势发展需要的一系列党内法规，取得了显著成效。党的十八大以来全面系统清理党内法规和规范性文件，为党内法规制度建设迈向科学化、规范化奠定了基础。基本形成了以《中国共产党章程》（以下简称"党章"）为根本、若干配套党内法规为支撑的，专业性、综合性和专门性党内制度的党内法规制度体系[①]，为规范权力的运行"编织"了牢固的"笼子"。根据 2021 年 7 月中共中央办公厅法规局发布的《中国共产党党内法规体系》，截至 2021 年 7 月 1 日，现行有效党的自身建设法规共 1 319 部，其中，中央党内法规 74 部，部委党内法规 76 部，地方党内法规 1 169 部。

　　四是在体制机制改革方面。党的十八大以来，党中央一体化推进党的纪律检查体制改革、国家监察体制改革和纪检监察机构改革，推动职能、人员、工作深度融合，实现"形"的重塑、"神"的重铸。随着国家监察体制改革不断深入，

---

　　① 刘金程：《十八大以来党内法规制度建设成效显著》，人民论坛网，http://www.rmlt.com.cn/2017/0908/494477.shtml，2017-09-08.

进一步加强了党对反腐败工作的领导，实现了对行使公权力的公职人员监督全覆盖。同时，积极推进派驻监督体制机制改革，统一设立 46 家派驻纪检监察组，并推进中管企业纪检监察体制改革。党的十九届中央纪委三次全会要求，要深化派驻监督体制机制改革，分类推进体制机制创新，其中强调要强化对中管企业、中管金融企业、中管高校纪检监察机构的领导和管理。此外，巩固深化巡视巡察工作，坚定不移深化政治巡视，充分运用监督成果，探索建立上下联动监督网，以巡视带动巡察工作的发展。

五是在反腐败国际合作方面。一方面，深入开展反腐败国际追逃追赃。自2014 年 6 月中央追逃办成立以来，中国在开展追逃追赃方面取得的成果显著。通过"天网"行动，自 2015 年开始至 2021 年，每年都追回一批外逃人员和大批的赃款（见图 1 - 3），不断压缩腐败分子外逃的空间，真正做到腐败无处遁形。[①]其中，党的十九大后五年来，"天网行动"追回外逃人员 7 089 人，其中党员和国家工作人员 1 992 人，追回赃款 352.4 亿元，"百名红通人员"已有 61 人归案。[②]同时，外逃的腐败分子数量也大幅减少，海外反腐败工作取得重大成效。另一方面，积极倡导构建国际反腐败新秩序，以更加主动的姿态参与到全球的反腐败治

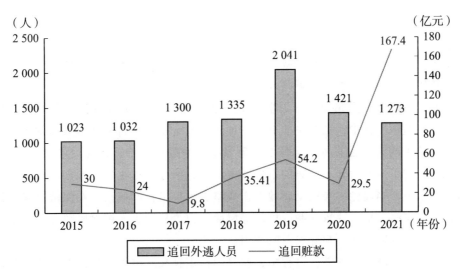

图 1 - 3 "天网"行动追逃追赃取得的成果（2015 ~ 2021 年）

资料来源：根据历届中央纪委全会工作报告、中央纪委国家监委公布的相关统计数据整理而成。

① 追逃追赃不松劲不停歇 [EB/OL]. 中央纪委国家监委网站, https://www.ccdi.gov.cn/gzdt/gjhz/202109/t20210906_249604.html, 2021 - 08 - 02。

② 《十九届中央纪律检查委员会向中国共产党第二十次全国代表大会的工作报告》, 载于《人民日报》2022 年 10 月 28 日。

理当中。在提高国际反腐败工作法治化方面，与美国、英国、加拿大、澳大利亚、新西兰等国建立双边执法合作机制。同时，推动出台《中华人民共和国国际刑事司法协助法》等配套法律法规，加强反腐败综合执法国际协作，推动建立刑事缺席审判制度。以"一带一路"廉洁丝绸之路建设为契机，加强与"一带一路"沿线国家之间的反腐败合作，带动一些国家和地区的廉政建设状况，为中国企业"走出去"创造良好的营商环境。

党的十八大以来反腐败工作取得的成效，为新时代推动反腐败工作奠定了坚实的基础，也为中国特色社会主义监督体系的发展创造了良好的条件。当前开展中国特色社会主义监督体系研究，要在了解反腐败工作状况的基础上，进一步把握未来发展趋势，为明确监督体系发展重点和目标提供现实依据。

（二）监督是政党政治的核心议题

权力的扩张性和对权力的制约一直以来都是人类政治史上的难题，必须采取举措加强对权力的监督制约，权力监督制约也是现代政治的基本规范要求。[①] 执政党作为现代政治运行的重要主体，一般掌握着重要的国家权力，要发挥执政党在国家治理中的作用，实现国家治理的预期目标，应对其权力进行有效的监督和制约。执政党无论是在东方还是西方国家中，都在政治权力监督体系中发挥着重要作用。这一作用既表现在执政党对自身的监督，也表现为其他主体对政党的监督。从历史和现实中看，监督是政党政治的核心议题。

对于中国共产党来说，开展监督是马克思主义政党实现自我革命的内在要求。在反腐败工作中，监督也能够起到预防腐败、实现反腐败标本兼治的重要作用。党的十八大之后的高压反腐在一定程度上通过从严治标，为治本赢得时间。经过几年的不懈努力，不敢腐的氛围基本形成，治标工作实现了预期的目标。在这种形势下，当前党中央的反腐败工作战略更加突出标本兼治，在保持反腐败高压态势的同时，更加注重从制度机制等层面着力，从源头上铲除腐败行为产生的土壤，起到预防腐败、根除腐败的作用。

在推动反腐败标本兼治过程中，监督的作用越来越突出。如何更有效地预防腐败现象的产生，遏制腐败增量，是推动腐败现象标本兼治的重要举措。而预防腐败现象的产生，需要及时发现问题，防止"小问题"变为"大问题"；同时，也要发现已经存在的大问题，并给予有效的惩处，降低其危害性。监督作为我们党的一项重要反腐败战略举措，能够通过采取相应的措施，及时主动地发现党员

---

① 张伟军：《政治统一、支持监督与协商治理：中国新型政党制度的优势》，载于《宁夏党校学报》2020 年第 3 期。

干部身上存在的问题线索，并及时核实和处理。通过开展监督工作，可以推动实现预防腐败的目标。长期以来，我们党非常重视监督工作，特别是党的十八大以来，监督尤其是党内监督工作被放到非常重要的位置，同时也得到了新的发展。具体体现在巡视监督、派驻监督、领导干部监督等方面的工作不断在改革中完善，取得了显著的成效，发现了大量的问题线索，为及时解决各种"小问题"和"大问题"提供了明确的方向。随着反腐败斗争取得压倒性胜利，党中央对于监督工作也越来越重视，仍然在不断加大巡视的力度和范围，进一步加强和优化对派驻机构的管理，最大限度地发挥监督在反腐败工作中的作用。党的十九届六中全会通过的《中共中央关于党的百年奋斗重大成就和历史经验的决议》中对十八大以来全面从严治党所取得的成效进行了总结，同时指出进入新时代后，"党领导完善党和国家监督体系，推动设立国家监察委员会和地方各级监察委员会，构建巡视巡察上下联动格局，构建以党内监督为主导、各类监督贯通协调的机制，加强了对权力运行的制约和监督"。可以说，当前加强监督工作，提高监督实效，健全党和国家监督体系，是推动标本兼治的反腐败工作战略格局的必然要求，也是重要举措。此外，重点突出对"一把手"和领导班子进行监督，也是党的十八大以来党内监督的重要特点。2021年3月，中共中央发布了《中共中央关于加强对"一把手"和领导班子监督的意见》，明确了加强对"一把手"和领导班子监督的重要性紧迫性，并提出了加强对"一把手"监督的具体指导，为强化"一把手"监督、破解同级监督难题提供了重要的制度遵循，也指明了监督的重要方向。

（三）坚持和完善党和国家监督体系是国家治理体系和治理能力现代化的重要保障

党的十九届五中全会提出了二○三五年基本实现社会主义现代化远景目标，其中的一个目标是"基本实现国家治理体系和治理能力现代化，人民平等参与、平等发展权利得到充分保障，基本建成法治国家、法治政府、法治社会"。党和国家监督体系的现代化也是国家治理体系和治理能力现代化的内容之一。习近平在十九届中央纪委五次全会上强调，要完善党和国家监督体系，使监督融入"十四五"建设之中。要把监督贯穿于党领导经济社会发展的全过程，把完善权力运行和监督制约机制作为实施规划的基础性建设，构建全覆盖的责任制度和监督制度。[①] 可见，构建中国特色社会主义监督体系，对于新发展阶段实现伟大的战略目标具有非常重要的意义。党的十九届四中全会通过的《中共中央关于坚持和完

善中国特色社会主义制度 推进国家治理体系和治理能力现代化若干重大问题的决定》（以下简称《决定》）明确指出，坚持和完善党和国家监督体系，强化对权力运行的制约和监督。同时强调，党和国家监督体系是党在长期执政条件下实现自我净化、自我完善、自我革新、自我提高的重要制度保障。必须健全党统一领导、全面覆盖、权威高效的监督体系，增强监督严肃性、协同性、有效性，形成决策科学、执行坚决、监督有力的权力运行机制，确保党和人民赋予的权力始终用来为人民谋幸福。坚持和完善党和国家的监督体系，蕴含着推进治理体系和治理能力现代化的理论逻辑。国家治理体系和治理能力两者相辅相成，是一个国家的制度及制度执行能力的集中体现。治理必治权，治权必监督。《决定》将"坚持和完善党和国家监督体系"列为专门一章进行部署，指出"党和国家监督体系是党在长期执政条件下实现自我净化、自我完善、自我革新、自我提高的重要制度保障"，进一步明确了党和国家监督体系的重要地位。

坚持和完善党和国家监督体系是推进国家治理体系和治理能力现代化的重要路径。实现国家治理体系和治理能力现代化，是新发展阶段实现社会主义现代化的重要保障。这不仅需要高效有力的制度体系，同样有赖于进一步完善对权力运行的有效制约和监督体系。从党的十八届三中全会提出强化权力运行制约和监督体系，到党的十九大提出健全党和国家监督体系，构建党统一指挥、全面覆盖、权威高效的监督体系，再到党的十九届四中全会明确坚持和完善党和国家监督体系，强化对权力运行的制约和监督，这既是确保党和人民赋予的权力正确行使的重要保障，也是推进国家治理体系和治理能力现代化的重要过程。

坚持和完善党和国家监督体系是提升国家治理效能的关键举措。制度执行能力的强弱、制度执行效果的好坏，直接影响制度优势能否更好地转化为治理效能。提升制度执行能力，是推进国家治理体系和治理能力现代化的必然要求。党的十八大以来，党和国家加强监督制度建设，完善权力配置和运行制约机制，将权力关进制度的笼子里，构建一体推进不敢腐、不能腐、不想腐的体制机制。《决定》强调健全党统一领导、全面覆盖、权威高效的监督体系，增强监督严肃性、协同性、有效性，形成决策科学、执行坚决、监督有力的权力运行机制，这将切实推动将党和国家监督的制度优势转化为国家治理的实际效能。习近平在党的十九届中央纪委四次全会中强调，要完善党和国家监督体系，统筹推进纪检监察体制改革。要继续健全制度、完善体系，使监督体系契合党的领导体制，融入国家治理体系，推动制度优势更好地转化为治理效能。[1]

---

[1] 《习近平在十九届中央纪委四次全会上发表重要讲话强调 一以贯之全面从严治党 强化对权力运行的制约和监督 为决胜全面建成小康社会决战脱贫攻坚提供坚强保障》，载于《人民日报》2020 年 1 月 14 日。

二、研究意义

本书围绕中国特色社会主义监督体系开展系统性的研究，探讨中国特色社会主义监督体系在运行过程中遇到的理论问题和实践问题，并从理论上进行分析，具有一定的学术价值。对中国特色社会主义监督体系进行研究，其理论意义主要包括几个方面：

（一）为中国特色社会主义监督体系创新提供重要的学理支撑

中国特色社会主义监督体系是一个系统性工程，由不同的监督形式组成，且不同监督形式之间是相互联系、共同发展的，是一个有机的整体。本书在论证中国特色社会主义监督体系构成要素的基础上，详细分析了监督体系中不同监督形式的内涵、发展状况等问题，同时从理论上进一步阐述了中国特色社会主义监督体系的运行机制，概括了不同监督形式之间的互动状况，并提出了推动监督体系高效运行的着力点。可以说，本书从总体上对中国特色社会主义监督体系的构成、发展及运行进行了比较全面地梳理，呈现了监督体系整体的状况，有助于理解和把握中国特色社会主义监督体系的内在构成和运行特点，并探索监督体系的创新发展。

（二）论证中国特色社会主义监督体系的特点和优势

不同国家和地区的权力监督思路具有显著差异，中国的权力监督思路植根于中国传统文化以及历史发展过程中的理论与实践探索所形成的成果，是与基本国情相适应的，也形成了自身的特点。本书通过比较研究的方式，系统分析了中外权力制约的思想渊源。在本书第二章中，着重分析了中国古代政治传统中的权力制约逻辑、西方自由主义的权力逻辑和马克思主义的权力逻辑，从理论上廓清了中西方权力制约逻辑的差异，从而进一步明确了中国的权力制约逻辑。同时，本书选取了美国、瑞典、巴西、新加坡、越南等5个典型国家作为分析对象，对其权力制约模式进行分析和比较，最后论证中国特色社会主义监督体系的优势，从而为坚持中国特色社会主义监督体系理论自信提供重要的依据。

（三）全面系统地阐述中国特色社会主义监督体系中的不同监督形式

关于中国特色社会主义监督体系的基本构成，有不少学者进行了相关的探讨，但目前尚未形成比较系统化的、基本形成共识的分类方式。本书以监督主体为基本划分依据，将中国特色社会主义监督体系划分为十二项监督形式，比较详细地分析了不同监督形式的基本状况，同时将十二项监督形式都纳入其中，做到了系统划分、全面覆盖。通过对中国特色社会主义监督体系中的不同监督形式进行归类和梳理，有助于全面把握中国特色社会主义监督体系的概况，并进一步丰富党的十八大以来党的监督理论的发展，为构建中国特色社会主义监督体系提供理论思路。

第二节　国内外研究动态

中国共产党自成立以来，一直非常重视监督工作。党的十八大之后，监督工作的体系化程度更高，并提出了党和国家监督体系，也逐渐形成了比较完善的中国特色社会主义监督体系。国内外不少学者对监督进行了深入的研究探索，这些成果对于理解和研究中国特色社会主义监督体系具有重要的参考价值。

一、国内研究现状

当前，国内学者围绕监督体系开展了比较系统的研究，也形成了诸多研究成果，主要有以下四个方面：

（一）关于监督体系的基本问题研究

关于监督体系的基本类型及其构成，国内学者从不同方向进行了探讨。有学者认为，从不同的视角，监督体系的基本类型可以划分为自循环监督和交互监督、行政管理的监督手段和政治制度的监督机制、国家性的监督和非国家性的监督、民主的监督和非民主的监督、自上而下的监督和自下而上的监督（蔡定剑，1991）。关于监督体系是由哪些因素构成的，有学者指出，根据监督的主体、客体、内容、标准和方式等要素，可以将我国现行的监督体系分为国家监督（立法机关的监督、司法机关的监督、行政机关的监督）、政党监督（共产党的监督、政协的监督）、社会监督（包括公民监督、社会团体监督和新闻舆论的监督）（吴丕、袁钢、孙广夏，2007）。不少学者也结合中国的实际，提出了构建中国特色社会主义监督体系的建议。有学者指出，构建中国特色社会主义监督体系，应当扎根我国国情，体现我国的文化历史、政治制度、经济发展水平、法律体系和腐败状况等因素（竹立家，2008），而不能直接套用西方的模式，否则必然会产生不适的困境（陈国权、毛益民等，2017）。我们党非常重视监督工作的开展，着力于构建具有中国特色的社会主义监督体系。经过多年的发展，当前我国的监督体系在形式上已表现得相对周延，可谓内外结合、相互补充、刚柔相济（程竹汝，2007），已经基本形成了中国特色的监督体系（陈国权，2013）。构建中国特色社会主义监督体系，对于推动党风廉政建设和反腐败工作、进而实现国家治理能力现代化具有重要的作用。不论在理论研究还是在实践探索层面，中国在完善中国特色社会主义监督体系方面都进行了不懈地努力，取得了诸多成效。但是，当前我国的监督体系在运行过程中仍存在不少问题，面临很多挑战。有学者认为，目前我国监督机制存在监督意识不强、监督重点不突出、监督机构缺乏独立性与权威性、监督合力尚未形成、监督制度效能不足、监督缺乏利益保障机制等问题（高金华，2000），而产生这些问题的原因在于对权力的双重性认识不足、监督指向不全面，组织结构不科学、监督缺乏权威性，监督法规制度不健全、执行力不强等（马勇霞，2016）。

在研究中国监督体系的构成、存在的问题等方面的内容之后，最终要落到如何更好地完善中国的监督体系，发挥监督在制约权力方面的重要作用这一问题上。关于如何完善中国监督体系，国内学者也开展了很多研究，提出了具有参考价值的成果和建议。有学者认为，健全的监督体系应该包括三个层面的监督：首先是政府内部部门之间的监督；其次是专门的、政府之外的监督机构受立法机关或执政党的委托，对政府进行的监督；最后是群众、新闻媒体等所进行的外部监督（过勇，2010）。有学者认为，要通过中国廉政建设的历史规律、借鉴境外经验与教训、构建中国特色廉政理论，探寻更具科学性、针对性和有效性的反腐战略、路径和对策（倪星，2015），完善中国监督体系。

（二）关于党内监督的研究

监督尤其是党内监督在我国的监督体系中占据着很重要的地位，是中国特色廉政治理体系的重要组成部分。中国共产党自成立之日起，就已经逐渐探索对权力进行监督的有效途径。在当前党风廉政建设和反腐败工作的新形势下，监督工作尤其是党内监督工作越来越受到重视，而实践需要也对理论工作者提出了更高的要求。整体上看，有学者指出，我国现行的监督体制存在执政党对国家政权监督强而党内监督弱、权力监督强而分权制衡弱、专门机关监督强而人大监督弱、对下级监督强而对同级监督制约弱、制度预防强而技术预防弱等问题（何增科，2008）。有学者认为，当前党内监督制度需要进一步完善，主要体现在弹性、原则性规定较多，比较宏观和模糊，具体的可操作性不强（徐伟，2012）。有学者认为我国党内监督需要进一步提升体制合理性、党员意识、运行制度化水平、重点落实实效等（王翠芳，2011）。有学者提出，目前存在"一把手"监督难的问题，领导干部尤其是"一把手"自身位高权重，既存在领导干部不能正确认识监督，不乐意接受监督的问题，也存在下属担心进行监督影响未来晋升和利益的问题（陈东辉，2017）。也有学者认为，党内监督对于中国共产党的权力运行和营造良好党内政治生态方面发挥了重要的作用，但是也存在着"双重领导体制"、制度缺乏配套和衔接设计等体制、制度、主体等方面问题（滕明政，2017）。党的十八大以来，以习近平同志为核心的党中央积极探索完善和加强党内监督的有效方法。有学者认为，可以从党内平等主体地位、民主选举和党代会制度等方面加强党内监督，以提升其科学化水平（文丰安，2015）。有学者提出了加强作风建设与纪律建设、把握治标与治本、注重内涵式发展与实践运用、强化批评与自我批评和民主集中制度等理念，以指导新形势下的党内监督（曹雪松，2016）。有学者从党内政治生活的角度入手，分析其与党内监督的联系，提出要严肃党内政治生活（齐卫平，2018）。有学者认为，应该从加强顶层设计和织密党内监督之网的角度，重点发挥传统监督形式优势并探索新型监督方式，构建包含党内党外、自上而下、同级、自下而上的全覆盖监督网络（李斌雄、张银霞，2018）。党内监督没有捷径可走，必须在日常工作中常抓不懈。有学者指出，日常监督主要是通过激活基层党组织，抓住"关键少数"，开展全程监督，充分发挥监督执纪"四种形态"等方式开展，但依然存在责任主体不够明晰、相关制度建设不够健全、监督覆盖面不够全面等问题（王宁，2018）。

针对存在的问题和挑战，有学者提出要从思想、制度、方法等方面入手，从思想上提高认识，建立协同有效的监督机制，充分运用信息化手段等方式，建立日常监督的长效机制（贺海峰，2019）。派驻监督是党内监督的重要形式。有学者指出，派驻机构实行统一管理，在地方主要采用"点管理"和"片管理"的方式，虽然派驻监督的职能在不断强化，制度体系也在日益成熟，但是仍存在着定位模糊、制度操作性不强、干部队伍建设不强、覆盖面不广等问题（钟稳，2014）。针对以上情况，有学者提出要加强制度建设减少"模糊地带"，加强对干部队伍的日常培养、培训和关心，提升干部队伍归属感，建立完善健全的派驻机构考察考核办法，并赋予派驻机构监督执纪相关的权力和手段，以提升派驻监督的实效（蒋来用，2018）。也有学者从巡视制度的角度分析党内监督，认为巡视制度是一项意义重大的制度创新，但由于其实施短暂，仍存在人员配置及巡视对象、重点、方法、手段等不够成熟的问题，认为需要建立更为独立高效的机构，从"入口"和"考核"关加强人员素质，建立健全更加完善有效的方法和手段，如赋予充分调查权、实行定期与不定期巡视等（郑传坤、黄清吉，2009）。有学者指出，新形势下为更好发挥巡视监督作用，需要着力增强其工作的针对性，从党风廉政的要求和人民群众的关心期待入手及时解决突出问题，需要着力加强相关各部门的协同配合以整体提升巡视工作的协调性，需要着力加强责任意识，建立考核激励制度，着力推进与民主监督的有机结合，扩大人民群众的参与监督（牟广东、唐晓清，2010）。

（三）关于国家监督的研究

改革开放以来，我国已经初步形成较为系统全面的国家监督体系，在促进国家政治稳定和经济发展，监督政府机关及工作人员廉政勤政等方面发挥了重要作用。有学者认为，对中国的监督体系进行整合优化，努力实现监督网络化，形成整体的监督合力（吴振钧，2008），是完善中国监督体系的重要途径。有学者认为，当前国家监督体系效能联动缺失，法律、制度、理论自觉、程序与落实都有待完善与提高，需要重建国家监督体系效能联动机制（王周刚，2017）。也有学者认为，当前我国反腐资源力量较为分散，未能很好发挥合力（马怀德，2018）。有学者建议，应建立决策权、执行权和监督权制约协调机制（任建明，2009）。也有学者认为，提升廉洁治理水平（宋伟，2014；张小劲、李莉，2016），能够推动监督体系功能的发挥。

2016年，中共中央办公厅印发《关于在北京市、山西省、浙江省开展国家监察体制改革试点方案》，标志着我国走向法治反腐的新阶段，是国家监察制度的顶层设计。有学者指出，此次国家监察体制改革将监察权提升至与行政权和司法权并列的高度，从职权上也进行了扩大，涵盖调查和处置，实行了垂直领导和全覆盖，是立足中国国情和规律的重大改革举措（陈光中、邵俊，2017）。有学者指出，国家监察体制改革目的在于加强国家监督工作中党的领导，建立起各类监督机制协同配合的全覆盖长效机制，并提出了法制建设、评价机制、程序创新、资源整合等十大课题（杨建顺，2017）。有学者认为，国家监察体制改革体现了党中央全面从严治党、全面依法治国的决心，建立起了党统一领导下与行政机关和司法机关平行的国家反腐败机构，但也存在着如何与司法机关协同配合、如何接受有效监督制约等挑战（马怀德，2018）。也有学者指出，国家监察体制改革建立起多个职能相结合的专门机构，有效解决了此前我国反腐资源力量分散的问题，但为更好发挥其作用，确保法治反腐的有效推行，仍需厘清其体制定位等问题（刘艳红、夏伟，2018）。有学者指出，国家监察体制改革需要抓住改革的主要矛盾，增强其事前预防的机制和职责，持续完善内部职责和协同机制，找到自我监督的平衡点防止"灯下黑"（蒋来用，2017）。也有学者指出，针对目前改革存在的薄弱环节，需要进一步重视监委会在人事和财务方面的独立性，加强外部对监委会自身的监督，选拔和培养更具专业化和职业化的工作队伍等（任建明，2017）。不少学者从微观的层面提出了对策建议，如完善人民代表大会制度，人大监督是最高层次的监督，具有权威性、法律性、间接性等特点（丁树芳、张颖，1998）加强人大的监督（李景治，2009）；民主党派的民主监督是制约腐败的重要方式之一，必须通过制度化、程序化、规范化的方式发挥民主监督的作用（杨爱珍，2003）；增强行政监察部门的权威性，深化政府审计监督，完善政府治理机制（秦荣生，2007）；司法监督的重要目的是保障司法的中立性，保证其公平公正，目前其监督的主要范围和内容已从实体监督转移到对司法过程和程序的监督（郑成良、袁登明、吴光荣，2004）。

（四）关于社会监督的研究

社会监督是监督制约机制中的重要组成部分。社会监督主要指社会共同体与其成员之间、成员与成员之间的互相监督，在我国主要指的是社会对党和国家等权力主体行使权利的方式，是中国特色社会主义监督体系中不可或缺的重要组成部分，对于促进国家和社会健康发展具有重要的促进作用，社会监督必须遵守维护公共利益、社会公德、国家法律等原则和底线（曾小波，2019）。有学者指出，构建中国特色社会主义国家监督体系，需要树立系统工程的观念和长期战略的观念，不仅需要政府监督，也需要社会民主监督，以此拓展对公共权力监控的改革空间，重建国家监督体系效能联动机制（程文浩，2004；毛昭晖，2012；公婷，2017）。有学者提出，要强化公民的监督权，健全社会舆论监督机制（程竹汝，2007）。有学者指出，社会监督指的是非国家性质的监督，从参与主体上看主要包括人民群众、社会团体和组织，我国的社会监督存在人民参与意识弱、政府透明度低、机制不完善等问题（陆亚娜，2007）。有学者认为，当前我国社会监督有了一定的发展，但由于信息不透明、社会大众的认识片面、公众参与的权益不能得到有效保障等原因，社会监督的作用还有待进一步加强，为改善这种情况，应该明确人民的主体地位，推进政府部门的信息公开制度，建立健全完善的保障和激励机制，同时发挥好新形势下的网络监督作用（吴海红，2012）。有学者从网格化管理的视角分析社会监督，提出要建立国家与社会、党组织与社会组织的共享合作机制（蔡玉卿，2018）。有学者主要针对制度化和规范化开展研究，提出社会监督也要遵守一定的界限，需要确立社会监督的原则，完善体制机制和法制建设（曾小波，2020）。

在当代社会，新闻媒体对党和国家等权力机关进行舆论监督是社会监督的重要方式，发挥着非常重要的作用。有学者指出，当前舆论监督仍存在一些挑战，一方面，监督者在监督过程中往往会受到来自被监督者的重重阻碍，尤其是被监督者因为掌握一定的权力，从本位角度出发可能会扩张自身的权力，另一方面，监督者可能存在出于自身私利而做出非职业化的行为，进而造成社会混乱（陈力丹，2003）。为解决此类问题，有学者指出，需要正确认识新闻媒体，将这种形式与党内监督等形式有机统一结合起来（宋惠昌，2011）。在当前信息化高速发展的时代，也有学者针对舆论监督的新形式、新工具开展针对性研究。有学者对微博在开展舆论监督过程中存在的挑战提出建议（陈劲松、杨均，2016）。有学者指出，大数据可以提升社会监督的情景化、可视化与智能化，从而提升社会监督的叙事性和精准性（蔡玉卿，2020）。有学者对新媒体和传统媒体的舆论监督效果进行比较，发现互联网在舆论监督中发挥了积极作用，能够促进公众表达诉求，互联网覆盖率与公职人员犯罪案件数成反比，有效加强了监督力度（朱金玉，2019）。

二、国外研究现状

在国外，对政党、国家公职人员一般采用监察的方式对其权力进行约束和规范。这与国外的政治体制紧密相关。因此，国外重点围绕监察这一主题开展研究，具体主要围绕以下几个方面开展：

（一）关于监察制度的研究

与中国强调监督尤其是党内监督不同，国外主要是通过监察的方式对政党、政府部门进行监督。国外的监察制度具有其自身的特点，对不同国家的监察制度进行分析，有助于吸取这些国家和地区的经验和教训，为本国的发展提供实践参考。因此，国外学者对监察制度进行了比较细致地研究。国外的监察体制主要表现为设立监察专员或监察长制度等。在北欧，监察员最基本的职责是监督政府，法律赋予其最重要的权力，包括调查权、建议权、公布权。瑞典是世界上监察制度的起源国家，早在 1809 年，就制定了"议会监察专员"的制度，以此进行管理和监督（Gerald E. Caiden，1983）。随后欧洲的芬兰、挪威等国也在结合自身国情的基础上，建立起相似的监察制度（Wieslander，1994；Klemencic，2008）。瑞典的监察专员公署在行使职权时完全独立，法律赋予其调查权、视察权、建议权和起诉权（Claes Eklundh，2000），其监察的范围涵盖各级行政机关、司法机关、检察机关、军事机关、公立机构，如国有企业、医院、学校等（Lane & Jan-Erik and Svante Ersson，2000）。1959 年，丹麦建立了"国家监察专员"制度，这项制度最大的特征在于监察专员只能监督国家行政人员，对法官没有监督的权力（René Seerden，2013）。以上北欧国家主要是议会监察制度下的监察，而在美国、日本等国家主要是行政监察制度下的监察，行政监察主要指的是对其他行政机关和人员进行监察。美国的监察制度发原于 20 世纪 60 年代，从大学开始逐步形成了涵盖政府和国际组织的监察专员制度，并最终于 1978 年正式建立（Charles L. Howard，2010），称为"行政监察制度"。

国外学者基本认同监察制度在国家廉政体系中发挥重要作用（Carmona，2011），并且提出成功的监察机构应具有独立性强、级别高、透明公开、法制等特点（Quah，2007；Doig，2012）。

（二）关于监督机构的研究

监督机构是行使监督权、履行监察职能的专门组织。在监督机构设置方面，国外一般通过设立监督机构来履行监察职能。荷兰设立行政监察专员公署监督各级领导干部和公职人员，法律政策的制定不经过监察专员公署签字通过就无法施行。英国实行议会分权，权力制衡使得政府行政权力的行使受到议会中监督机构的制约，进而减少权力滥用产生腐败。法国没有设立专门的监察机构，但在每个机关内部设有部门监督机构，机关内部的监督机构权力较大且只受部长一人管理，不对其他部门负责。德国反腐败机构具有多元性，在行政、司法、议会中都设有独立的监督机构，不隶属于任何机关。意大利反贪高级专员具有很强的独立性，有权对行政部门的收入活动情况、执行公务状况进行监督调查，也有权对当事人直接调查取证。在大多数国家和地方，监督机构与反腐败机构是相通的。与议会制为主的欧洲国家的监督机构不同，美国、日本等国家的监督机构是行政机关的内设机构，这类机构通常被称为"行政监察专员办公室"（Roy Gregory and Philip Giddings，2000）。在美国，这类监督机构被称为监察长监察制度，其主要任务是提升政府廉洁和效率。日本的行政监察机关称为行政评价监察局，只是行政权内部的一个机关，并非与行政、立法和司法权相互独立，主要对政府制定的有关法律、政策等实施评价，尤其关注对于效果的监察。除此之外，还存在一种与我国监察委员会相类似的，以新加坡、韩国为代表的独立于立法、行政、司法机关设置的监察机关模式。新加坡贪污调查局主要对政府和企业中的贪污贿赂犯罪案件进行审查，而检察公署发挥提起公诉的职能。韩国于 1963 年成立审计监察院，主要对中央和地方政府、自治团体和银行进行行政、财政等方面的审计和监察（Choi and Younghoon，2011）。

随着国家监察机构的逐步建立，以及全球化的发展加速国际合作的增长，全球性和区域性的监察机构也陆续开始建立，例如，国际监察协会、亚洲监察协会等。国外一些学者研究了反腐败体制机制，指出各国的反腐败机构被政府、捐赠机构、政府间国际组织看成是治理腐败问题的有力组织，发挥了"廉洁战士"的作用（Sousa，2010）。同时，反腐败机构在治理腐败、防止利益冲突、实现政策透明度方面都发挥了重要作用，不仅能够有效处理腐败行为，还能帮助高官避免利益冲突，建设公开透明的文化环境（Head，2012）。

三、研究现状评述

从总体上看，当前国内外关于监督的研究成果比较丰富，涉及的研究范围也比较广泛，尤其是国内学者对监督体系的基本类型和构成要素、存在的问题、模式的选择以及完善的建议都进行了比较系统地研究。而国外学者的研究成果也为研究中国特色社会主义监督体系提供了重要的理论借鉴，奠定了一定的研究基础。但是，随着社会的不断发展，监督工作也要承担新的任务和要求，应对新的困难和挑战。从当前的情况来看，现有的研究亟待进一步发展，才能适应现实发展的需要。这也反映出了已有研究存在的一些局限性。主要包括四个方面：

第一，对中国特色社会主义监督体系的系统性研究较少。中国特色社会主义监督体系应该是基于中国的国情、能够解决中国实际问题的监督体系。当前，也有学者对中国特色社会主义监督体系进行了界定和梳理。但这些研究更多的是将中国特色社会主义监督体系中不同的组成部分进行详细地论述，对于不同组成部分之间的关系、中国特色社会主义监督体系的特征、中国特色社会主义监督体系的优越性、中国特色社会主义监督体系的运行机制等方面的研究则相对较少，缺乏理论性、系统性的研究。中国特色社会主义监督体系是中国共产党在实践中不断构建和完善的，要进一步推动监督工作的开展，有必要实现系统性的理论提升，进一步指导实践工作的开展。

第二，对党的十八大以来党内监督的理论和实践创新研究不足。党内监督是中国特色社会主义监督体系的重要组成部分。党的十八大以来，我们党在加强党内监督方面采取了一系列的举措，取得了显著的成效，实现了理论、制度、实践的多重创新。但是，当前关于党的十八大以来党内监督的创新缺乏系统性的研究，更多的是基于某一领域尤其是实践领域的研究，党内监督工作在理论层面的升华尚显不足。要完善中国特色社会主义监督体系，需要进一步加强这方面的研究。

第三，对国家监督尤其是国家监察体制改革的研究不够系统深入。党的十八大以来，党中央以北京、山西、浙江为试点，大力推进国家监察体制改革。国家监察作为中国特色社会主义监督体系的一个重要组成部分，这一改革会对监督体系产生较大的影响。而国家监察体制改革会对中国特色社会主义监督体系产生什么样的影响、如何应对这些变化，这是一个新的研究命题。当前既有的研究主要围绕国家监察体制改革本身，对于这一改革如何促进完善中国特色社会主义监督体系的相关研究较少。这一方面的研究仍需要进一步强化。

第四，对世界主要国家和地区的监督模式研究较少。加强权力监督，建设廉洁政治,是很多国家和地区关注的问题。虽然不同的国家和地区所处的国情不同,但在权力监督方面具有共通之处,在实践中形成的经验对于其他国家和地区具有一定的参考价值。当前,关于不同国家和地区监督模式的研究比较少,对它们进行比较研究也不多,供国内开展权力监督以及坚持和完善中国特色社会主义监督体系参考的成果也较少。因此,有必要拓宽视野,了解其他国家和地区的做法和经验。

本书基于已有的研究成果,结合已有研究成果存在的不足,以当前监督工作开展存在的问题和遇到的困境为导向,对中国特色社会主义监督体系进行系统性研究,最终提出完善中国特色社会主义监督体系的政策建议,为实践工作提供一定的理论参考和指导。

第三节　习近平关于监督的重要论述

"善除害者察其本,善理疾者绝其源。"党的十八大以来,习近平对权力监督相关问题给予高度重视,在许多公开场合围绕加强权力监督发表了重要讲话,领导全党以刀刃向内、自我革命的气魄和持之以恒、永不松懈的决心,不断推进中国特色社会主义监督体系的建设。2013 年 8 月 27 日,习近平在主持中共中央政治局会议时首次提出了对中国特色社会主义监督体系的设想。他在讲话中提出:"要在全面深化改革的进程中,健全和完善党内监督、民主监督、法律监督和舆论监督体系,强化对权力运行的制约和监督,形成不敢腐的惩戒机制、不能腐的防范机制、不易腐的保障机制。"[1] 2014 年 10 月 23 日,习近平在党的十八届四中全会第二次全体会议上指出:"要加强党内监督、人大监督、民主监督、行政监督、司法监督、审计监督、社会监督、舆论监督制度建设,努力形成科学有效的权力运行制约和监督体系,增强监督合力和实效。"[2] 由此,我国权力监督形式在原有四个基础上扩展至八个,权力监督的形式得到了丰富。2020 年 1 月 13 日,习近平在十九届中央纪委四次全会上发表重要讲话,强调"要以党内监督为主导,推动人大监督、民主监督、行政监督、司法监督、审计监督、财会监督、统计监督、群众监督、舆论监督有机贯通、相互协调"[3]。相比此前的八种形式

---

① 中共中央宣传部编:《习近平总书记系列重要讲话读本》,学习出版社、人民出版社 2014 年版,第 117 页。

② 《习近平谈治国理政》(第二卷),外文出版社 2017 年版,第 119 页。

③ 习近平:《一以贯之全面从严治党强化对权力运行的制约和监督　为决胜全面建成小康社会决战脱贫攻坚提供坚强保障》,载于《人民日报》2020 年 1 月 14 日。

又增加了两种，对我国监督体系的表述有了进一步发展。党的十八大以来，习近平关于监督的重要论述进一步明确了我国的各种监督形式，也为理解和运用中国特色社会主义监督体系提供了理论指导。从宏观上来看，这些重要论述主要围绕党内监督、国家监督和社会监督三大方面展开。

一、关于党内监督的重要论述

党内监督是党中央长期以来一直高度重视的课题，但直到党的十八大召开前，党内监督仍然存在着一些突出矛盾和问题，习近平对这些矛盾和问题进行了概括——"主要是一些地方和部门党的领导弱化、党的建设缺失、全面从严治党不力，一些党员、干部党的观念淡漠、组织涣散、纪律松弛，一些党组织和党员、干部不严格执行党章，漠视政治纪律、无视组织原则"[①]。随着全面从严治党不断推进，这些突出矛盾和问题暴露得越来越充分。在党的十八届六中全会第二次全体会议上，习近平指出："长期以来，党内存在的一个突出问题，就是不愿监督、不敢监督、抵制监督等现象不同程度存在，监督下级怕丢'选票'，监督同级怕伤'和气'，监督上级怕穿'小鞋'。在不少地方和部门，党内监督被高高举起、轻轻放下，成了一句口号。"[②] 为此，习近平多次在讲话中强调党内监督的重大意义，他将党内监督比作"永葆党的肌体健康的生命之源"[③]，提出"党内监督是党的建设的重要内容，也是全面从严治党的重要保障……把强化党内监督作为党的建设重要基础性工程，使监督的制度优势充分释放出来"[④]。习近平明确指出，不断加强党内监督最根本的目的，就是要"确保党始终成为中国特色社会主义事业的坚强领导核心"[⑤]。

习近平不仅深刻阐明了党内监督的意义，也在党内监督具体实施方面给出了许多指导意见。例如，在党内监督的开展方法上，习近平提出"党内监督要坚持惩前毖后、治病救人，立足于小、立足于早，开展批评和自我批评，及时进行约谈函询、诫勉谈话，及时发现问题、纠正偏差"[⑥]；在党内监督的责任分工上，习近平提出"党内监督是全党的任务，党委（党组）负主体责任，书记是第一责任人，党委常委会委员（党组成员）和党委委员在职责范围内履行监督职责。党的各级领导干部一定要把责任扛在肩上，做到知责、尽责、负责，敢抓敢管，

---

① ② ③　习近平：《习近平谈治国理政》（第二卷），外文出版社 2017 年版，第 185 页。
④　《习近平关于全面从严治党论述摘编》，中央文献出版社 2016 年版，第 213 页。
⑤　《习近平谈治国理政》（第一卷），外文出版社 2018 年版，第 390 页。
⑥　《习近平谈治国理政》（第二卷），外文出版社 2017 年版，第 186 页。

勇于监督"①；在党内监督的重点对象上，习近平强调"'不率则不从，身不先则不信。'加强和规范党内政治生活，加强党内监督，必须从领导干部特别是高级干部做起"②。

此外，对于党内监督与其他监督形式的关系，习近平也作了清晰明了的解读。2016年10月27日，在党的十八届六中全会第二次全体会议上，习近平指出："党的执政地位，决定了党内监督在党和国家各种监督形式中是最基本的、第一位的。只有以党内监督带动其他监督、完善监督体系，才能为全面从严治党提供有力的制度保障。"③ 这一论断直接表明了党内监督在我国监督体系中的地位。在此基础上，习近平在党的十九大报告中进一步提出："把党内监督同国家机关监督、民主监督、司法监督、群众监督、舆论监督贯通起来，增强监督合力，强化监督责任，提高监督实效。"④ 2020年1月22日，在党的十九届中央纪委五次全会上，习近平对于这一问题的论述又有新的发展，他用更加直接概括的方式指出："要健全党和国家监督体系，以党内监督为主导，不断完善权力监督制度和执纪执法体系，各种监督协调贯通，形成常态长效的监督合力。"⑤

二、关于国家监督的重要论述

"国家监督"这一概念出现得相对较晚，在党和国家领导人的公开讲话及官方文件中，最早可以追溯到习近平在十八届中央纪委六次全会上的讲话，以及党的十九大报告。2016年1月12日，习近平在中央纪委十八届六中全会上的讲话中提到"派驻机构监督是党和国家监督体系的重要内容"⑥，首次提出了"国家监督"的概念。在党的十九大报告中，更是明确提出了"健全党和国家监督体系"这一命题。⑦ 国家监督作为一个庞大的体系是由多种监督形式组成的，虽然国家监督的概念正式起用较晚，但是自党的十八大以来，习近平关于其涵盖的人大监督、司法监督、民主监督、审计监督等方面的重要论述已经十分丰富。

---

① 《习近平谈治国理政》（第二卷），外文出版社2017年版，第186页。
② 《习近平关于全面从严治党论述摘编》，中央文献出版社2016年版，第51页。
③ 《习近平关于全面从严治党论述摘编》，中央文献出版社2016年版，第213页。
④ 习近平：《决胜全面建成小康社会　夺取新时代中国特色社会主义伟大胜利——在中国共产党第十九次全国代表大会上的报告》，人民出版社2017年版，第68页。
⑤ 习近平：《充分发挥全面从严治党引领保障作用　确保"十四五"时期目标任务落到实处》，载于《人民日报》2021年1月23日。
⑥ 《习近平关于全面从严治党论述摘编》，中央文献出版社2016年版，第206页。
⑦ 习近平：《决胜全面建成小康社会　夺取新时代中国特色社会主义伟大胜利——在中国共产党第十九次全国代表大会上的报告》，人民出版社2017年版，第67页。

"名非天造，必从其实。"人大监督、民主监督都是国家监督体系的重要组成部分，更是彰显我国一切权力属于人民的重要标志。2013 年 2 月 28 日，习近平在主持中共中央举行的民主协商会议时，就提出希望各民主党派、全国工商联和无党派人士能够"履行好参政议政、民主监督职能，巩固多党合作的良好局面"①。在庆祝全国人民代表大会成立 60 周年大会上，习近平提到了国家机关监督和人大监督，他指出："各级国家行政机关、审判机关、检察机关都由人民代表大会产生，对人大负责、受人大监督；国家机关实行决策权、执行权、监督权既有合理分工又有相互协调。"② 习近平特别重视民主监督对于社会主义民主政治的意义，他强调："我们要坚持国家一切权力属于人民，既保证人民依法实行民主选举，也保证人民依法实行民主决策、民主管理、民主监督，切实防止出现选举时漫天许诺、选举后无人过问的现象。"③ 在同年庆祝中国人民政治协商会议成立 65 周年大会以及全国政协新年茶话会上，习近平再次强调："要加强人民政协民主监督，完善民主监督的组织领导、权益保障、知情反馈、沟通协调机制。"④ "人民政协要深入进行调研视察、协商议政，积极开展民主监督，讲真话、进诤言，出实招、谋良策。"⑤

除了人大监督和民主监督外，习近平结合新时代中国特色社会主义事业中其他重要领域的行业属性，还提出了行政监督、司法监督、审计监督、财会监督、统计监督等监督形式，极大地丰富了我国国家监督体系。例如，在对《中共中央关于全面推进依法治国若干重大问题的决定》进行说明时，习近平就通过举例的方式指出："违法行政行为缺乏有效司法监督，不利于促进依法行政、严格执法，加强对公共利益的保护。"⑥ 在 2018 年主持召开中央审计委员会第一次会议时习近平高度评价了审计工作的意义，他指出"审计是党和国家监督体系的重要组成部分"⑦，必须"加强党对审计工作的领导，更好发挥审计在党和国家监督体系中的重要作用"⑧。在 2020 年 5 月 29 日中央政治局第二十次集体学习时，习近平

---

① 习近平：《中共中央举行民主协商会》，载于《人民日报》2013 年 3 月 1 日。

②③ 习近平：《在庆祝全国人民代表大会成立 60 周年大会上的讲话》，载于《人民日报》2014 年 9 月 6 日。

④ 习近平：《在庆祝中国人民政治协商会议成立 65 周年大会上的讲话》，载于《人民日报》2014 年 9 月 22 日。

⑤ 习近平：《全国政协举行新年茶话会》，载于《人民日报》2015 年 1 月 1 日。

⑥ 习近平：《关于〈中共中央关于全面推进依法治国若干重大问题的决定〉的说明》，载于《人民日报》2014 年 10 月 29 日。

⑦ 习近平：《紧紧围绕党和国家工作大局全面履行职责坚持依法审计完善体制机制》，载于《人民日报》2020 年 1 月 3 日。

⑧ 习近平：《加强党对审计工作的领导 更好发挥审计在党和国家监督体系中的重要作用》，载于《人民日报》2018 年 5 月 24 日。

在全国掀起"民法典热"之际,特别提到了《民法典》对于行政监督的意义——"各级政府要以保证民法典有效实施为重要抓手推进法治政府建设,把民法典作为行政决策、行政管理、行政监督的重要标尺"①。

与国家监督相伴而生的还有"监察监督"以及一个全新的国家机关——中华人民共和国国家监察委员会。这个由全国人大产生、负责全国监察工作的国家最高监察机关,是我国监察体制改革的重大创举。早在党的十八届三中全会,习近平就作出了进行监察体制改革的重要指示,此后党中央一直不断推进监察体制改革试点工作。在 2019 年第五期《求是》杂志发表的署名文章中,习近平简明地回顾了这段改革探索的历程:"党的十八大以来,党中央就一直思考和谋划如何适应全面从严治党新形势,在强化党内各方面监督的同时,更好发挥监察机关职能作用,强化国家监察,把公权力关进制度的笼子。在党中央领导下,中央纪委组织协调,从北京、浙江、山西试点探索到全国推开,再到组建国家和省市县监察委员会,同纪律检查委员会合署办公,改革取得重要阶段性成果。"同时,在文章中对于监察体制改革的最新成果,习近平强调:"纪检监察机构要发挥合署办公优势,推进纪律监督、监察监督、派驻监督、巡视监督协调衔接,推动党内监督同国家机关监督、民主监督、司法监督、群众监督、舆论监督有效贯通,把权力置于严密监督之下。"②

三、关于社会监督的重要论述

"知屋漏者在宇下,知政失者在草野。"习近平曾多次引用汉朝王充《论衡》中的这句名言,足以表明他对于广大人民群众的意见建议、对于社会舆论的重视。早在 2012 年中央政治局第一次集体学习时,习近平就提出必须"虚心向群众学习,诚心接受群众监督……要从人民伟大实践中汲取智慧和力量"③。2013年 1 月 22 日,习近平在党的十八届中央纪委二次全会上提出:"要广泛听取群众意见和建议,自觉接受群众评议和社会监督。群众不满意的地方就要及时整改。"④ 在同年党的群众路线教育实践活动工作会议上,习近平对全党提出更加细致的要求:"群众的眼睛是雪亮的。党员、干部身上的问题,群众看得最清楚、最有发言权。要坚持开门搞活动,一开始就扎下去听取群众意见和建议,每个环

---

① 习近平:《充分认识颁布实施民法典重大意义 依法更好保障人民合法权益》,载于《求是》2020年第 12 期。

② 习近平:《在新的起点上深化国家监察体制改革》,载于《求是》2019 年第 5 期。

③ 《习近平谈治国理政》(第一卷),外文出版社 2018 年版,第 16 页。

④ 《习近平谈治国理政》(第一卷),外文出版社 2018 年版,第 387 页。

节都组织群众有序参与，让群众监督和评议，切忌'自说自话、自弹自唱'，不搞闭门修炼、体内循环。"①　习近平强调，"党员、干部初心变没变、使命记得牢不牢，要由群众来评价、由实践来检验"，"我们不能关起门来搞自我革命，而要多听听人民群众意见，自觉接受人民群众监督"②。

在党的十八届六中全会第二次全体会议上，习近平就接受群众监督、舆论监督的问题对各级领导干部表示"要主动接受各方面监督，这既是一种胸怀，也是一种自信"，在平常开展工作时"要自觉接受群众监督，畅通信访举报渠道，对违规违纪典型问题严肃处理，及时回应人民群众关切。要加强舆论监督，通过对典型案例进行曝光剖析，发挥警示作用，为全面从严治党营造良好舆论氛围"③。

习近平还特别强调在信息技术迅猛发展的大背景下，要充分发挥互联网在舆论监督、社会监督领域中的作用。在党中央 2013 年关于全党开展群众路线教育实践活动的意见中，习近平就提出要重视发挥网站、微博等新兴媒体的作用，"强化舆论监督，通过以案说法、典型曝光、事件评述等方式，发挥监督警示作用"。在 2016 年网络安全和信息化工作座谈会上，习近平指出："要把权力关进制度的笼子里，一个重要手段就是发挥舆论监督包括互联网监督作用。这一条，各级党政机关和领导干部特别要注意，首先要做好。对网上那些出于善意的批评，对互联网监督，不论是对党和政府工作提的还是对领导干部个人提的，不论是和风细雨的还是忠言逆耳的，我们不仅要欢迎，而且要认真研究和吸取。"④同时，习近平强调："各级党政机关和领导干部要学会通过网络走群众路线，经常上网看看，潜潜水、聊聊天、发发声，了解群众所思所愿，收集好想法好建议，积极回应网民关切、解疑释惑。善于运用网络了解民意、开展工作，是新形势下领导干部做好工作的基本功。各级干部特别是领导干部一定要不断提高这项本领。"⑤

第四节　研究内容和研究方法

本书以中国特色社会主义监督体系为研究对象，主要以中国特色社会主义监督体系的理论问题和实践问题为主要研究内容，采用多种研究方法，分别对中国

---

① 《习近平谈治国理政》（第一卷），外文出版社 2018 年版，第 377 ~ 378 页。
② 习近平：《关于"不忘初心、牢记使命"论述摘编》，党建读物出版社、中央文献出版社 2019 年版，第 181 页。
③ 《习近平谈治国理政》（第二卷），外文出版社 2017 年版，第 187 页。
④⑤ 《习近平谈治国理政》（第二卷），外文出版社 2017 年版，第 377 页。

特色社会主义监督体系中不同监督形式进行深入分析，并全面把握整个中国特色社会主义监督体系的运行状况，借鉴世界不同国家和地区进行权力监督的做法和经验，探讨坚持和完善中国特色社会主义监督体系的对策建议。

一、研究内容

本书主要从十八个方面来系统分析中国特色社会主义监督体系，包括中西方权力监督比较、中国特色社会主义监督体系的不同监督形式、监督体系的运行机制、其他国家的权力监督模式以及坚持和完善中国特色社会主义监督体系的对策建议等。根据研究内容，本书共分为十八章，具体包括：

第一章是绪论。本章主要梳理研究中国特色社会主义监督体系的背景与意义，明确当前研究中国特色社会主义监督体系所处的社会发展环境，以及开展体系研究所具有的理论意义和现实价值。同时，对国内外监督相关的文献进行梳理，了解研究现状，并分析已有研究存在的局限，明确中国特色社会主义监督体系研究的必要性。本章还从党内监督、国家监督和社会监督三个方面系统梳理了习近平关于监督的重要论述，为把握中国特色社会主义监督体系提供理论指导。同时，本章介绍了本书的研究总体框架和采用的研究方法，全面地呈现了研究内容和研究思路。

第二章是权力制约的中外思想渊源。权力制约是世界大多数国家和地区都会面临的理论与实践问题。对权力进行制约，中西方所采取的思路受各自的历史文化等因素所影响，制约的思路和方向建立在不同的思想渊源上。本章分别阐述了中国古代政治传统中的权力制约逻辑、西方自由主义的权力制约逻辑和马克思主义的权力制约逻辑，深入探讨权力监督的深层次问题，从而更好地把握不同权力制约逻辑，并进一步明确构建中国特色社会主义监督体系需要遵循的思想基础。

第三章是中国特色社会主义监督体系的基本理论问题。本章主要探讨中国特色社会主义监督体系的概念、构建的逻辑思路和基本原则，以及监督体系的基本构成。其中，从"社会主义"和"中国特色"两个维度来探讨中国特色社会主义监督体系的内涵；在构建中国特色社会主义监督体系逻辑思路部分，主要从政治逻辑、统合逻辑、宗旨目标、价值效益四个角度来进行阐述；从思路原则和内容原则两个方面分析了建构中国特色社会主义监督体系的基本原则；分析了中国特色社会主义监督体系的划分逻辑以及不同监督形式之间的协同发展。最后，提炼总结中国特色社会主义监督体系的模式特征，进一步突出其特点。

第四章至第十五章分别梳理了中国特色社会主义监督体系的各组成要素，包括纪律监督、派驻监督、巡视监督、监察监督、人大监督、民主监督、行政监督、司法监督、审计监督、统计监督、群众监督和舆论监督等十二种监督形式。在论述每一种监督形式时，主要介绍其历史演进、功能定位和党的十八大以来的创新发展，在此基础上对完善每一种监督形式提出了相应的思考。从监督主体来看，这十二种监督形式涵盖了党、国家和社会三大监督主体，对它们进行系统地梳理和分析，能够更为全面地把握中国特色社会主义监督体系的内容，为实现其有效运行奠定基础。

第十六章是中国特色社会主义监督体系的运行。中国特色社会主义监督体系是由不同的监督形式有机构成的，不同监督形式之间是相互联系、协同发展的，在一定的运行机制作用下发挥各自的作用。本章主要探讨中国特色社会主义监督体系的运行状态。首先，主要从实践层面总结中国特色社会主义监督体系的运行成效，呈现不同监督形式之间相互促进、共同推动权力监督工作所取得的成果。随后，提炼中国特色社会主义监督体系在运行过程中存在的困境，明确监督体系发展的瓶颈。最后，深入分析导致中国特色社会主义监督体系运行困境的原因，找准着力点，为坚持和完善中国特色社会主义监督体系提供明确的方向。

第十七章是权力制约模式的国际比较分析。对权力进行制约，是大多数国家和地区进行廉政治理的重要举措。基于不同的历史文化背景及社会发展的特点，不同的国家和地区形成了差异化的权力制约模式。对这些制约模式进行分析和比较，对于推动中国特色社会主义监督体系的运行具有重要意义。本章主要选取美国、瑞典、巴西、新加坡、越南作为研究对象，深入分析它们的权力制约模式，并从不同的角度对这些制约模式进行综合比较，并论证中国特色社会主义监督体系所具有的显著优势。

第十八章是坚持和完善中国特色社会主义监督体系。在长期的实践中，中国特色社会主义监督体系在不断地完善。但新的形势和任务要求继续坚持和完善中国特色社会主义监督体系，加强对权力的监督，为探索廉政治理的"中国方案"提供理论和实践参考。本章在前面内容的基础上，从坚持以习近平新时代中国特色社会主义思想为指导、坚持加强党对反腐败工作的集中统一领导、发挥中国特色社会主义监督体系在国家治理中的作用、深入推动中国特色社会主义监督体系的系统性发展、基于数据化管理提升中国特色社会主义监督体系效率、推动中国特色社会主义监督体系制度化发展等方面提出对策建议，为促进中国特色社会主义监督体系的有效运行提供理论上的参考。

二、研究方法

本书主要采用了文献研究法、比较研究法、案例分析法、归纳研究法等研究方法，为研究工作提供科学的指导。

（一）文献研究法

本书在整理中央关于监督的重要会议、制度文件等重要文本资料的基础上，广泛地搜集政治学、法学、管理学等不同领域学者对中国特色社会主义监督体系的相关研究成果，掌握已有研究的基本情况。在整理和分析文献的基础上，分别归纳有关中国特色社会主义监督体系的基本理论、党内监督、国家监督、社会监督等方面的理论观点，并分析已有研究存在的不足之处，提高研究的针对性，为研究奠定扎实的理论基础。

（二）比较研究法

本书运用比较研究法，在对不同研究对象进行分析的基础上，将其进行比较，得出相应的结论。本书的比较研究主要体现在两个部分：一是对中国古代政治传统、西方自由主义和马克思主义的权力制约逻辑进行分析和比较，突出中国特色社会主义监督体系的思想渊源及特色。二是选取了五个国家的权力制约模式进行分析和比较，最后论证中国特色社会主义监督体系所体现出来的优势。

（三）案例分析法

本书在研究中国特色社会主义监督体系过程中，在不同的部分会根据需要收集相关典型案例，运用案例分析法深入剖析案例，分析长期以来尤其是党的十八大之后中国共产党在开展党内监督、国家监督、社会监督等方面的有益做法和经验。此外，在分析不同国家的权力监督模式时，也通过选取典型、分析案例的方式，对典型国家开展权力监督的基本状况进行梳理和总结，进一步突出中国特色社会主义监督体系的特点和优势。

（四）归纳研究法

本书秉持整体性、层次性和动态性的理念，研究中国特色社会主义监督体系的构建和发展，并分析其基本构成要素在整个中国特色社会主义监督体系中的地位和作用，体现中国特色社会主义监督体系的整体性以及不同监督形式之间的分工协作。在此基础上，本书还探讨中国特色社会主义监督体系协同发展的运行机制，从协同性的角度来探讨不同监督形式之间的互动关系，为整体推动中国特色社会主义监督体系的运行提供理论参考。

第二章

权力制约的中外思想渊源

党的二十大报告在论述如何坚持好、运用好贯穿于新时代中国特色社会主义思想中的立场观点方法时，深刻指出要坚持系统观念——"只有用普遍联系的、全面系统的、发展变化的观点观察事物，才能把握事物发展规律""要善于通过历史看现实""不断提高历史思维、辩证思维、系统思维"。因此，对权力制约的理论认识，也应当在系统观念与历史思维的指导下始于对其中外思想渊源的梳理。本章将对权力制约的中外思想渊源进行归纳，并在此基础上对不同思想渊源与理论主张的权力起源观、权力腐化原因以及权力制约思路作出总结与辨析。

概念是理论分析的起点，为避免概念混淆，本章首先对若干重要概念，即"权力制约""权力制衡"和"权力监督"进行区分。一些学者将权力制约视为防止权力滥用的等同概念，并在权力制约之下区分出权力制衡这一概念，如林喆认为权力制约是以社会各种控制手段规范公职权力的合理界限的一切活动，实质上是以某一种权力去控制另一种权力，权力制衡则是权力制约的一种模式，特指将国家权力分立为若干系统，由不同的人员和机关掌握，使之彼此在分立的基础上相互牵制和平衡。①

另有学者将权力制约和权力监督视为一对并列概念，如王寿林认为权力制约和权力监督二者在主客体关系、运行方式、依靠力量和时效性这四个方面存在差异，具体地，制约体现了制约主体和制约客体之间的双向作用关系，制约依靠法律，在权力运行中作为一种内在力量，即时性地以制度化和程序化来约束权力，

---

① 林喆：《权力腐败与权力制约》，法律出版社 1997 年版，第 160 页。

而监督则体现着从监督主体出发单方面对监督客体实施监督的单向关系，监督依靠人的主观能动性，在权力运行中作为一种外在力量，在存有一定滞后性的前提下以监察和督促来约束权力。① 葛洪义指出，制约基于分权，具有经常性、有效性和民主性，而监督则基于权力高度统一下的职能分工，具有可选择性。② 陈国权则作出了进一步的辨析和总结：制约和监督都是控权的一种手段，但二者在权力配置方式、权力运行机制以及责任追究形式上存在差异。具体说，制约基于对政治权力的过程性分权，将事权分解并交由不同的政治主体行使，在权力的运行过程之中对权力进行约束，且分立的各权力主体共同承担权力行使的责任；监督则基于对政治权力的功能性分权，使得平等权力主体之间各自享有较为完整独立的事权，监督强调在权力运行过程之外对权力主体的行为进行监控，监督主体独立于监督客体。③

由上述学者们的讨论可知，目前国内学界对于权力制约、权力制衡和权力监督的概念辨析还没有达成共识。出于比较分析的需要，在本章的讨论中，"权力制约"将作为一级概念，与"防止权力滥用"等同使用，"权力制衡"与"权力监督"这两个从属于"权力制约"的二级概念将作为权力制约的两种不同思路来使用。而关于"权力制衡"与"权力监督"的联系与差别，在综合了上述学者的观点之后，本章认为"权力制衡"是具有如下特性的一种权力制约手段：（1）在权力的配置方式上，受分权逻辑主导，将事权分割给不同的权力主体，以各个权力主体的相互分立实现权力制约的目标；（2）在权力的运行机制上，构造权力主体间的双向关系，权力主体彼此间可互为影响和干预，以各个权力主体的双向牵制实现权力制约的目标。本章认为"权力监督"则是具有如下特性的权力制约手段：（1）在权力的配置方式上，受集权逻辑主导，保持事权的完整统一，使得单一权力主体能够享有较为充分的事权，在这一权力主体（监督客体）之外，另设有专责监督的权力主体（监督主体），由监督主体对行使充分事权的监督客体进行监督，检查并纠正后者的违规行为；（2）在权力的运行机制上，构造监督主体和监督客体的单向关系，监督客体无法反作用于监督主体，监督主体在不直接干涉监督客体行使权力的前提下，对监督客体行使权力的方式和结果进行检查、评价与监督，就此形成对监督客体权力行使的制约。权力制约、权力制衡和权力监督三者的概念关系如图 2-1 所示。

① 王寿林：《监督与制约问题探讨》，载于《北京行政学院学报》2001 年第 5 期。
② 葛洪义：《"监督"与"制约"不能混同——兼论司法权的监督与制约的不同意义》，载于《法学》2007 年第 10 期。
③ 陈国权、周鲁耀：《制约与监督：两种不同的权力逻辑》，载于《浙江大学学报（人文社会科学版）》2013 年第 6 期。

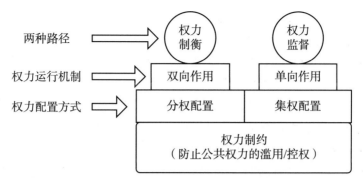

图 2-1　概念辨析：权力制约、权力制衡与权力监督

第一节　中国古代政治传统中的权力制约逻辑

一、公共权力的起源

　　首先需要说明的是，本章所使用的公共权力这一社会科学概念，是一个承继自西方主流社会科学研究的概念，在中国古代政治思想的讨论中，并没有与现代政治学讨论中的"公共权力"完全匹配的概念，古代汉语中的"权力"有两个层面的意涵："一是权位，如（唐）柳宗元《柳州司马孟公墓志铭》曰：'法制明具，权力无能移。'二是权势，如《汉书·游侠传·万章》曰：'〔万章〕与中书令石显相善，亦得显权力，门车常接毂。'"[1] 中国古代政治思想虽没有与"公共权力"完全匹配的概念，但却拥有着与其概念意涵相近的指涉，这些指涉常见于"政"与"道"的讨论中，与作为掌权者的"王""君"和作为政治共同体的"国""邦""社稷"密切相关。中国传统政治思想对"公共权力的起源与目的"这一问题的思考集中体现在诸子百家对于"国家产生前的自然状态"和"国家权力起源"的相关讨论中。[2] 儒、法、道三家在这些议题中展现出了不同的态度。

　　儒家对国家权力的产生持积极态度，儒家认为国家产生前，人们处于混乱无序的状态——"天下犹未平，洪水横流，泛滥于天下，草木畅茂，禽兽繁殖，五

---

　　① 俞可平：《权力与权威：新的解释》，载于《中国人民大学学报》2016 年第 3 期。
　　② 杨阳：《中国传统国家理论的奠基——先秦诸子的国家学说》，载于《政治学研究》2018 年第 1 期。

谷不登，禽兽偪人，兽蹄鸟迹之道交于中国"①，在这种没有君主和礼法的状态下，人们过着"疆者害弱而夺之，众者暴寡而哗之"②的野蛮生活。其后，以君王和礼法为代表的公共权力的出现，塑造了社会秩序，消弭了人间纷争与苦难，"群生皆得其命"③，"救患除祸"④。

法家对国家权力的产生持较为中性的态度，但仍偏向积极。韩非子将战国以前的历史分为上古、中古和近古三世，在上古之世，由于人口少、社会分配的压力较小，人们生存竞争的压力也相对较小，此时人们有条件"轻利易让……厚赏不行，重罚不用，而民自治"⑤。但随着社会的发展，人口增长的无限性与社会资源的有限性逐渐产生了矛盾冲突，"今人有五子不为多，子又有五子，大父未死而有二十五孙。是以人民众而货财寡，事力劳而供养薄，故民争"⑥。既然出现了纷争，就需要公共权力的规制，国家和君主作为解决纷争的权威中心就有了存在的功能基础，正如商鞅所言"分定而无制，不可，故立禁；禁立而莫之司，不可，故立官；官立而莫之一，不可，故立君"⑦。

道家对国家的产生持较为消极的态度，这源于其对自然状态的积极评价。庄子所谓的"居不知所为，行不知所之，含哺而熙，鼓腹而游"⑧"端正而不知以为义，相爱而不知以为仁，实而不知以为忠，当而不知以为信"⑨就是对国家产生前道家认为的自由、自然、无压迫的社会状态的描绘，人们与万物和谐相处，"同与禽兽居，族与万物并"⑩，但其后"大道废，有仁义"⑪，"失道而后德，失德而后仁，失仁而后义，失义而后礼"⑫，仁义道德、礼法以及最终国家权力的出现打破了美好平等的自然状态。

虽然先秦时期的儒、法、道三家对国家产生前的自然状态有着不同的判断，但除却自身带有"反国家""无政府主义"倾向的道家外，儒家和法家都认为国家之所以存在，是因为社会有"治"的需要，需要公共权力提供政治秩序。因此，儒法两家都将公共权力视为一种以善为目的的力量，并以此为认知起点，构

---

① 《孟子·滕文公上》。
② 《荀子·性恶》。
③ 《荀子·王制》。
④ 《荀子·富国》。
⑤ 《韩非子·八说》。
⑥ 《韩非子·五蠹》。
⑦ 《商君书·开塞》。
⑧ 《庄子·马蹄》。
⑨ 《庄子·天地》。
⑩ 《庄子·山木》。
⑪ 《道德经》第十八章。
⑫ 《道德经》第三十八章。

筑了关于善治的政治主张和理想，在其后千年的中国古代政治发展中，二者互为表里地成为了中国传统政治实践的指导思想，而质疑公共权力的道家则走上了限制公共权力、强调清净无为的另一条道路，在不同时期为权力制约带来启迪。

二、公共权力的理想状态与失范状态

由于对公共权力的起源与目的存在不同理解，中国传统政治思想中儒家、法家和道家对公共权力为什么会被滥用的讨论往往不在同一个维度上进行对话，因此，"公共权力为什么会被滥用"的答案隐藏在儒、法、道三家对公共权力理想运行状态的描绘与追求中，当公共权力实际的使用与运行背离其各自的理想秩序并转入失范状态时，公共权力的滥用也就此产生了。因此，本节内容将从儒、法、道三家对公共权力运行的理想状态与失范状态着眼，分析中国传统政治思想对公共权力滥用原因的认识。

为了对混乱无序的自然状态进行干预改变，儒家和法家思想都主张要通过建立一个权威中心来纠正无序，这个权威中心就是代表国家权力的掌权者——君主。因此，儒家和法家对公共权力运行的理想状态的讨论都是在君主制这一政体形式下展开的，而即便对国家的产生持批判态度的道家，其"清净无为"的政治理想也是在承认君主制的前提下展开的。

儒家在公共权力运行方面所主张的理想秩序紧密围绕着"德治"，其基本特点是将政治与道德伦理相结合，于是治国理政和公共权力的行使与运用就变成了一个道德教化的过程。孔子所谓的"政者，正也。子帅以正，孰敢不正?"① 就体现了道德教化、君临垂范的政治思想。也正是基于这一判断，儒家强调有德者方能治理天下，掌权者"以德行仁者王"②，掌权者的合法性源自其良好的道德伦理，拥有良好德行的掌权者通过言传身教，以自身富于道义的行为来影响民众，民众方能心悦诚服，反之，则会离心离德，孔子所谓的"为政以德，譬如北辰，居其所而众星共之"③ 和"其身正，不令而行；其身不正，虽令不从"④ 正是这个道理。以此推之，当掌权者缺乏良好的道德伦理，个人内在的道德修养出现滑坡时，掌权者就从救世之主和有德者蜕变为暴君和失德者，原本"救患除祸"的公共权力就此也变为"猛于虎"的苛政。

法家思想是帝王之学，其基本立场与君主相一致，认为国家权力归属君主

① 《论语·颜渊》。
② 《孟子·公孙丑》。
③ 《论语·为政》。
④ 《论语·子路》。

一人私有，主张"权者，君之独制也"① 和"王者独行谓之王"②，臣属由于其对君主的听命与效力，而得到君主授予的权力。基于这种君臣关系，法家对权力不当使用的理解聚焦于臣属而非君主，重点防范的是臣属的"窃权"和"擅权"。法家对公共权力运行理想状态的描绘是君主乾纲独断，君主之下的各级官吏为君主尽心效力，此时趋利的人性以及君臣冲突的潜在可能是法家理想政治的主要威胁。法家对人性持悲观态度，认为"民利之则来，害之则去"③，这种趋利避害、自私自利的人性体现在君臣关系中，则体现为如"非臣尽死力以与君市，君垂爵禄以与臣市。君臣之际，非父子之亲也，计数之所出也"④ 所揭露的臣子对君主的算计和利用，因此君臣之间存在着因利益不同而产生的潜在冲突，这种冲突激励着臣属的"欺君罔上"，就此对稳定强大的君主专制造成威胁。

不同于儒家强调"权力之善"，道家认为公共权力的产生本身即是一种对自然和清净的打扰，是一种人类道德堕落的结果——在国家产生前，人们原本"各附所安，本无尊卑也"⑤，其后"君臣既立，而变化遂滋，夫獭多则鱼扰，鹰众则鸟乱，有司设则百姓困，奉上厚则下民贫"⑥，因此道家的根本政治主张在于限制公共权力，回归自然清净。道家认为，"道"是世界的本质，也是世间万物运行的规律，公共权力的运行也应当遵循"道"的规律，基于"人法地，地法天，天法道，道法自然"⑦ 的认识，公共权力如果遵循"道"，就应当"致虚极，守静笃"⑧ 和"无为"——"我无为，而民自化；我好静，而民自正；我无事，而民自富；我无欲，而民自朴"⑨。公共权力的存在和扩张本身就是一种"恶"，所以当国家和君主日益"有为"时，就会引发更多的混乱，且由于"人之道"的"损不足以奉有余"⑩，百姓的生活也会更加不平等和困苦。道家对公共权力在根本上为"恶"的判断，既说明了公共权力产生不良结果的原因，也为其所主张的限制公共权力扩张和划定公共权力行为边界提供了支撑。

---

① 《商君书·修权》。
② 《韩非子·忠孝》。
③ 《管子·形势解》。
④ 《韩非子·难一》。
⑤⑥ 《抱朴子·外篇·诘鲍》。
⑦ 《道德经》第二十五章。
⑧ 《道德经》第十六章。
⑨ 《道德经》第五十七章。
⑩ 《道德经》第七十七章。

三、中国古代政治传统的权力制约思路

（一）儒家的权力制约观

自汉代"罢黜百家，独尊儒术"以来，作为中国传统政治思想的主流，儒家思想对中国传统的政治制度建构产生了深远影响。在权力制约这一问题上，儒家思想对权力制约所持的"以道德制约权力"的思路也主导着中国古代权力制约的思考与实践。道德伦理既是儒家探讨公共权力起源和理想状态的基本思路，也是权力制约探讨中的基本线索，儒家"把国家治乱的根本寄托在统治者德行的高低厚薄上，希望通过对权力执掌者的道德引导和改造，实现权力的正义本性"[1]。儒家针对掌权者提出了一整套系统而完善的道德价值体系，并依托礼法制度的落地施行，对掌权者提出明确具体、有约束力的道德规范要求。

从"惟仁者宜在高位"[2] 和有德者治天下的公共权力合法性出发，儒家要求掌权者应该具备良好的德行，"以德行仁者王"[3]，君主和君主之下的掌权者要有高尚的人格、崇高的德行。具体地，"以道德制约权力"的理念通过自律和他律这两条路径发挥作用：一方面，要求掌权者须通过"修身正己"式的自律，锤炼培养自己的道德自觉，涤荡物欲之性，止于至善，"物格而后知至，知至而后意诚，意诚而后心正，心正而后身修，身修而后家齐，家齐而后国治，国治而后天下平"[4] 所描述的正是由"内圣"成就"外王"的过程；另一方面，国家和社会也要以"仁义礼智信"的道德观念，配合以道德伦理内蕴其中的礼法制度来对掌权者进行外在约束，形成道德伦理的"他律"。

君主专制政体下，君主既是最高公共权力的所有者，掌握着政权，同时也是公共权力运行中的最高治理者，掌握着治权，政权和治权的混杂不分和集于君主，使得君主掌握着至高无上的实权，是古代帝国的权力核心。儒家思想在"以道德制约权力"的基本思路之下，还为"制约君权"这一君主专制下最高权力的制约问题提供了诸多有益思考和思想主张。

"制约君权"的起点在于"道统"与"政统"这两种权威的分野。在儒家的天命观中，天命"作为宇宙的超越性意志，当降临到人世之后，一分为二，体现

---

① 孙季萍：《中国传统官僚政治中的权力制约机制》，北京大学出版社 2010 年版，第 34 页。

② 《孟子·离娄》。

③ 《孟子·公孙丑》。

④ 《大学》第一章。

为道统与政统这双重权威"①，其中，政统由王权所代表——君主承继天命获得对天下的统治权，道统则由士大夫所代表——士大夫拥有着解释天命和议论政治的话语权，由此，"君主的统治是否符合天之意志，其解释权并不在其手中"②，而在掌握道统的士大夫手中。在儒家的思想主张中，道统高于正统，于是开辟出君权制约的潜在空间，具体表现为君权制约的两条路径——观念性约束与制度性约束。

观念性约束紧密契合着儒家"以道德制约权力"的基本思路，依据儒家的政治哲学讨论，在道德伦理领域构建出了制约君权的"天命—义理—清议—家法"的四维结构：其一，天授君权，君主的政统源于天命，而"天是有德性的，因此现实的君主也要以德治国，实现王道政治"③；其二，在天命之下，自孔孟到董仲舒再到朱熹，儒家又发展出了完整的道德政治的义理，从而创设了独立于君权、以道德义理规范君权的心灵秩序；其三，由掌握道统、具有天命解释权的士大夫所发起的清议，通过讽议朝政和人物品评等方式，向君主传导着舆论压力，此外，史官的秉笔直书和务从实录也通过"生前身后名"对君主造成了舆论上的道德震慑；其四，在深受宗法传统影响的古代社会，祖宗家法对君主形成规劝和诫勉，于宗法伦理层面发挥着道德软约束的作用。

除却观念性约束之外，"士大夫与君主共治天下"的制度性约束也是制约君权的重要力量。秦汉以来，君主专制所确立的政府是"文治政府"，而非"贵族政府"或"军人政府"，文治政府的主要构成人员不再是贵族或军人，而是平民出身、接受儒家教育的士大夫。④ 于是，尽管存在"君尊臣卑"的固有差异，但君主与士大夫在事实上共享着治权。在政治制度层面，谏诤制度和封驳副署制度也发挥着重要的约束作用：在谏诤制度下，士大夫通过进谏来规正君主不当决策或不妥行为⑤；在封驳副署制度下，以相权为代表的士大夫力量，可通过"'封还诏书'和'不肯平署'的方式抗拒皇帝的旨令"⑥，就此对君权形成制约。

此外，值得一提的是，儒家的权力制约思想在明清之际又有了新的发展与突破，以黄宗羲和王夫之为代表的儒家学者超越了此前儒家在制约君权中所默认的"承认君主专制正当性"前提，批判和否定君主"私天下"的现实，并提出了取消"家天下"之法，再立"公天下"之法的主张。"王夫之'使有天子而若无'的虚君共和理想，黄宗羲学校议政的'议会'政治模型，都已经走出了专制政治

①②③⑥ 许纪霖：《儒家宪政的现实与历史》，载于《开放时代》2012 年第 1 期。
④ 钱穆：《中国文化史导论》，九州出版社 2011 年版，第 93～95 页。
⑤ 孙秀民、楚双志：《中国古代封建君权制约述略》，载于《中共中央党校学报》2006 年第 5 期。

的魔圈，为从根本上实现权力的有效行使指出了方向。"①

（二） 法家的权力制约观

由于法家思想的基本立场和目标是巩固君主专制，因此法家思想体系中的权力制约在讨论范畴中就避开了"制约君权"而聚焦于"制约臣权"，将重点置于君主对臣属的防范，以防止君主被臣属蒙蔽和篡权。在制约臣权的相关讨论中，法家为君主提供了"以法律制约权力"和"以权力制约权力"这两种控权路径。

法家思想中的"以法律制约权力"，其实质不同于西方自由主义思想中以法治（rule of law）为核心要义、与分权思想相契合的"以法律制约权力"。法家思想此处所谓的"以法律制约权力"，其实质是法制（rule by law），即法律将作为君主统御臣属的工具，在至高无上的君主权威之下，通过相对客观、去人格化、稳定的制度安排来规范臣属的职权。首先，法家提出"法平，则吏无奸"②，主张君主要通过公正的法律和严格的执法来限定臣属的职责权限，减少官吏以权谋私的制度空间。其次，尽管法律是君主所掌握的工具，但法家也劝诫君主要公私分明，重视法律，要依据其所制定的法律，而非个人的偏好来选用官吏和治理国家，因为"故公私之交，存亡之本也。夫废法度而好私议，则奸臣鬻权以约禄，秩官之吏隐下而渔民"③，君主对客观公正、执行严明的法律的轻视将会导致奸佞之徒聚焦于君主身边，以权谋私，最终侵蚀损害君主的权力。最后，法家还主张依据法律来"循名责实"，根据法律所规定的臣属官员的权责范围，压实臣属责任，"故明主之畜臣，臣不得越官而有功，不得陈言而不当。越官则死，不当则罪"④ 所告诫君主的，正是要一手防范臣属的无能和渎职，保障权力效能，另一手防范臣属的篡夺越权，拱卫君权。

法家还从"以权力制约权力"的分权视角出发，为保障君权独尊和防范臣属僭越提出了"以臣制臣"的建议，主张君主通过权力的分化配置，形成臣属彼此间相互分化和制约的局面。商鞅就曾提出，可通过权力的分割和职责的分化，"利用人性的特点，在利害关系不同的人之间建立一种相互监督关系，运用官吏之间的权力分工和矛盾，使其相互监督，防止官吏腐败。"⑤ 韩非子还在"以臣

---

① 孙季萍：《中国传统官僚政治中的权力制约机制》，北京大学出版社 2010 年版，第 126 页。

② 《商君书·靳令》。

③ 《商君书·修权》。

④ 《韩非子·二柄》。

⑤ 孙季萍：《中国传统官僚政治中的权力制约机制》，北京大学出版社 2010 年版，第 77~78 页。

制臣"的分析中进一步建议君主,"明君之道,贱得议贵,下必坐上"①,通过人为地制造臣属中下级和上级的潜在冲突,使得臣属的下级有更强的向君主告发检举其上级的动机,以此形成对臣属的制约。

(三)道家的权力制约观

道家思想对公共权力"恶"的一面始终具有清醒的认识,认为国家的出现和公共权力的行使本就打破了原本平等和美好的自然状态,人为地造成了压迫以及人与人之间的不平等,"天之道,损有余而补不足。人之道则不然,损不足以奉有余"②所揭示的,正是公共权力的反自然属性。正是基于这样的判断,与儒家和法家在政治领域内对公共权力进行制约的思路相区别,道家带着对公共权力的怀疑与反对,提出"道法自然"和"清静无为"的政治主张,建议掌权者要轻徭薄赋,与民休息,息兵戈之扰。

道家的"无为"主张,实质上是一种通过限定公共权力的扩张边界来孕养民生、保护生民的自由与平等免受公共权力侵害的努力。如果说儒家和法家对权力的制约仍然集中于政治体制内部,那么道家就跳出了政治体制本身的桎梏,从生民的自然本性和自由出发,"提出了压缩和隔离政治权力,防范其侵扰社会的主张,强调'权力谦抑'。他们以'天道自然'作为权力运行的法则,以'个人自由'为权力运行划定界限,以'敢于不为'告诫权力执掌者,限定政治权力的运作方向和范围"③。

第二节 西方自由主义的权力制约逻辑

西方政治思想中有关于防止权力滥用、驯服权力和权力制约等议题的学术探讨,其主流话语是自由主义流派建构的——自由主义从人性恶的预设出发,在不信任掌权者、对公共权力充满警惕的既定态度倾向下,强调对抗性博弈,主张权力只能靠权力来制约,正如景跃进所言,"在政治制度的设计方面,基于私域和公域的区分,主张有限政府;基于公民权利保障,强调法治;在政体层面,则强

① 《韩非子·八说》。
② 《道德经》第七十七章。
③ 孙季萍:《中国传统官僚政治中的权力制约机制》,北京大学出版社2010年版,第92页。

调多维度和多层次的分权制衡"①。这种自由主义政治哲学的价值取向和基本判断也深刻地影响着后续政治科学关于权力的讨论。本节将从自由主义政治哲学出发，梳理分析西方政治思想对"公共权力的定义与起源""公共权力被滥用的原因""如何防止公权滥用，实现权力制约"这三个问题的判断主张。

一、公共权力的起源

什么是权力？加上"公共"或"政治"的限定词后，公共权力或称政治权力具有何种特性？这一直是西方政治学研究中的经典议题。"英语中的权力（power）一词源于拉丁文中的 potestas 或 potentia，在罗马人看来，potentia 是指一个人或物影响他人或他物的能力，而 potestas 还有一层狭义的政治含义，是指人们通过协同一致的联系和行为而产生的特殊能力。"②

及至 17 世纪，霍布斯进一步发展了权力的概念，将其定义为"个人取得某种未来具体利益的现有手段"③。20 世纪后，学者们对霍布斯的这一经典定义作出了进一步的阐释：马克斯·韦伯曾为权力下过这样的定义——权力是一个人或若干人在社会行为中实现自己意志的机会④；罗素认为，"权力是若干预期结果的产生。假如 A 所预期的结果实现得多而 B 实现得少，那就很容易粗略地说 A 的权力大于 B 的权力"⑤；罗伯特·达尔的定义则在 20 世纪 60 年代和 70 年代行为主义政治学兴起时被广泛关注和引用——"权力就是使他人不以其选择而行事。如果 A 要求 B 做某事，而 B 不得不做，那么，A 就具有了对 B 的权力。"⑥针对达尔所给出的这一经典定义，还直接引发了西方社会科学界中的关于权力的一次广泛争论。巴卡拉克和巴拉兹在争论中认为，达尔所谓的权力实质上是一种"决策的权力"，而在实际的政府运作中可以发现，"不决策"也是一种权力，由此产生了相对于决策而言的"议程设置"的权力。卢克斯则吸收葛兰西有关"霸权"的理论养分，指出意识形态灌输或心理控制也是权力的重要表现形式，就此引申出了作为思想控制的权力。⑦

上述这些各有侧重的讨论在论争的同时，也展现着权力于不同维度的特征

---

① 景跃进：《中国特色的权力制约之路——关于权力制约的两种研究策略之辨析》，载于《经济社会体制比较》2017 年第 4 期。

② 燕继荣：《政治学十五讲》（第二版），北京大学出版社 2013 年版，第 109 页。

③ 霍布斯：《利维坦》，商务印书馆 1985 年版，第 62 页。

④ 韦伯：《经济与社会》（上卷），上海人民出版社 1997 年版，第 81 页。

⑤ 罗素：《权力论：新社会分析》，商务印书馆 1991 年版，第 23 页。

⑥ 达尔：《现代政治分析》，上海译文出版社 1987 年版，第 36 页。

⑦ 卢克斯：《权力：一种激进的观点》，江苏人民出版社 2008 年版，第 13~26 页。

属性。可以看到，尽管各有侧重，但综合来看，可以发现权力仍然如其词源所揭示的那样，存在于一种社会关系之中。这段关系，存在着发挥影响作用的权力主体 A，也存在着被影响的权力客体 B，而权力主体 A 将自己的期望或意志作用到权力客体 B 时，一段权力关系就此产生了，而这种影响作用的手段和途径则因不同的权力形式而产生差异。基于权力对社会生活作用领域的不同，迈克尔·曼在《社会权力的来源》中将社会权力区分为意识形态权力、经济权力、军事权力和政治权力这四种类型，其中作用于政治领域的、与以国家和政府为代表的公共权力组织和机构紧密联系的公共（政治）权力正是本章所关注的核心概念。

二、公共权力为什么会被滥用：来自掌权者动机和权力属性的解释

在自由主义看来，公共权力的目的是正义和善，是维护和促进公共利益，当公共权力背离了初衷，"善"的功用被抑制，"恶"的危害越发显现时，公共权力的滥用或者说公权的腐败就发生了。英国政治思想家阿克顿勋爵有一句流传甚广的名言："权力导致腐败，绝对权力导致绝对腐败。"[1] 那么公共权力为什么会被滥用呢？本节将从前述的权力定义出发，以权力的构成要素——权力主体、权力客体和权力关系——作为基本线索，对自由主义思想中的相关讨论进行梳理分析。

首先，掌握着公共权力的权力主体自身具有扩张权力的主观动机，就此导致了权力的扩张性，使其"总有着一种越出它自己的范围而发展的本能倾向……权力总倾向于增加权力，权力机构总倾向于不停地扩大自己"[2]。一方面，性恶论的人性预设认为人性本恶，每个人都会自顾自地追求个人的幸福和利益，且具有日益膨胀的欲望——"动物只要能够生存和繁殖，就感到满足，而人类还希望扩展。在这方面，人们的欲望仅限于想象力所认为可能实现的范围"[3]。当掌权者是一个欲望膨胀、自私自利的常人时，他必然要为自己谋利，此时公共权力作为"公器"将成为掌权者谋取私利的"私器"。另一方面，那些活跃于公共事务领域、行使公共权力的政治人物，不仅不是常人，相反，他们具有非同寻常的性格特质，正如罗素所言，"对权力的爱好不甚强烈的人，是不可能对世事的演进产生多大影响的；引起社会变革的，通常就是极其希望引发变革的那些人。因此，

---

① 阿克顿：《自由与权力：阿克顿勋爵论说文集》，商务印书馆 2001 年版，第 285~286 页。
② 马里旦：《人和国家》，中国法制出版社 2011 年版，第 12 页。
③ 罗素：《权力论：新社会分析》，商务印书馆 2012 年版，第 1 页。

爱好权力是在世事的造因方面起了重大作用的那些人的一种特性"①。当掌权者自身不仅欲壑难填，且这种扩张的欲望集中于权力欲望时，"有权力的人会无休止地使用权力，直到有界限的地方为止"②。

其次，权力关系的非对称性和单向性在客观上造成了不平等、强制乃至压迫，对权力的滥用起着催化作用。权力体现着权力主体与权力客体之间的支配与被支配、影响与被影响、命令与服从的关系，这些关系的核心特质是"非对称性和单向性"③，"人人平等就不会有政治，因为政治包含着上下级"④ 正揭示了权力主体和权力客体之间的非对称、不平等和单方向作用为主——权力关系的成立，建立在权力客体对权力主体的服从，尽管存在着双向互动，但实现支配的主要作用方向在于权力主体支配权力客体的单向性。权力关系中非对称性和单向性的客观属性使得权力的滥用成为潜在可能，在权力主体和客体不平等、不对称的互动关系中，权力客体更可能遭受来自权力主体的强制与压迫。

三、自由主义的权力制约思路

在权力制约方案的探索上，自由主义提供了主流的话语和观点，并提出了"以权力制约权力""以权利制约权力""以社会制约权力"和"以法律制约权力"的主张。本节拟对自由主义理论流派下权力制约的诸多模式进行梳理和分析，期望找出不同权力制约模式产生分化与联系的内在逻辑。

（一）以权力制约权力

"以权力制约权力"这一思路在自由主义文献中与分权思想交汇融合，产生了"权力制衡（check and balance）"的主张，从公共权力的配置与运行着眼，通过对公共权力的职能拆分，人为地制造不同权力部门之间的潜在张力，使得权力部门彼此间形成一种相互牵制的链条和平衡的机制，就此达到"以权力对抗权力"和"以野心对抗野心"⑤ 的控权效果。分权思想最早起源于古希腊时代，亚里士多德认为任何一种国家权力，跨越政体的差别，都具有三项公共职能，分别

① 罗素：《权力论：新社会分析》，商务印书馆 2012 年版，第 5 页。

② 孟德斯鸠：《论法的精神》，北京出版社 2012 年版，第 67~68 页。

③ 朗：《权力论》，中国社会科学出版社 2001 年版，第 10~11 页。

④ Gerth, H. H. and Mills, C. W. *Character and Social Structure：The Psychology of Social Institutions*. New York：Harcourt & Brace，1953：193.

⑤ 汉密尔顿、麦迪逊、杰伊：《联邦党人文集》，中国社会科学出版社 2009 年版，第 245 页。

是议事职能、行政职能和审判职能。① 波里比阿在承继亚里士多德观点的同时，较为详细地阐发了三种国家权力机关之间相互制衡又彼此协调配合的思想。他指出，当权力系统的某一部分企图获得优越地位、展露出过分滥权的倾向时，就应当受到其他部门的抵制。②

及至 17 世纪，洛克在《政府论》中指出，每个国家都要有三种权力——立法权、行政权和对外权。一方面，制定好的法律交给执行法律的行政机关之后，立法机关仍然享有在自己认为必要的时候收回法律的权力，也拥有着对不正确行使行政权和对外权的机关进行处罚的权力。另一方面，行政权也制约着立法权，如行政权享有召集和解散议会的权力，以及决定会议会期和地点的权力。③ 洛克所提出的立法权、行政权和对外权的权力三分，由于行政权和对外权难以完全区分，使得洛克所谓的"三权分立"本质上是"两权分立"。其后，明确主张"要防止滥用权力，就必须以权力约束权力"的孟德斯鸠则正式提出了著名的"分权制衡"的学说，主张立法权、行政权和司法权的三权分立、彼此钳制和协调并进。此外，孟德斯鸠还将分权制衡的逻辑引入立法权的内部运作之中，在代议制的基础上，他主张议会应施行两院制——上院为贵族世袭，下院为公众民选，两院相互制衡，均具有否决对方的能力④，两院制的主张可视为分权制衡在立法权内部的发展。

在洛克和孟德斯鸠的基础上，进一步对"权力制衡"予以完善和实践的努力来自美国。18 世纪，美国的国家政治制度建构和政治实践在"权力制衡"思路的指引下，以汉密尔顿为代表的联邦党人和以杰弗逊为代表的民主派围绕"分权制衡""中央集权""地方自治"等议题开展了讨论与制度设计。最终美国的国家制度设计者们在国家权力部门"三权分立"的基础上，将"权力制衡"的控权逻辑引入央地关系的构建之中，依托联邦制的国家结构关系，通过联邦政府和州政府之间的纵向分权，形成了一种所谓"双重分权"⑤ 的立体制衡格局——横向上，联邦政府和州政府内部各自存在着三权分立；纵向上，联邦政府和州政府依据美国宪法存在着政府职能的划分与区别，就此产生了中央集权和地方自治的分立制衡。"双重分权"的提出，也标志着"权力制衡"这一控权主张的成熟。

---

① 亚里士多德：《政治学》，中国长安出版社 2010 年版，第 99～108 页。
② 朱光磊：《以权力制约权力：西方分权论和分权制评述》，四川人民出版社 1987 年版，第 24～30 页。
③ 洛克：《政府论》，北京出版社 2007 年版，第 124～126 页。
④ 孟德斯鸠：《论法的精神》，北京出版社 2012 年版，第 68～73 页。
⑤ 朱光磊：《以权力制约权力：西方分权论和分权制评述》，四川人民出版社 1987 年版，第 85～123 页。

（二）以权利（社会）制约权力

如果说"以权力制约权力"是从公共权力的配置和运行角度着眼、于政治体制内部实现对公共权力的制约，那么"以权利制约权力"就是从公共权力的来源着眼，在"公共权力源于公民权利让渡"的基本判断下在政治体制外对公共权力的规制。社会契约论和人民主权为"以权利制约权力"提供了理论支撑：国家出现之前，处于自然状态下的每个人都享有各自的自由和自然权利，其后，人们出于自身利益保障的需要而选择让渡出部分自然权利来组成国家，于是掌握着公共权力的国家就这样诞生了，而让渡出部分权利、与国家订立了契约的人们也结束了他们在自然状态下的生活，进入了国家。由此，国家的公共权力源于社会契约是人民的权利让渡的结果，因此受人民的私权利委托的国家的公权力，要受制于享有本源地位的私权利。

人民的私权利对国家的公权力的制约，体现在两个路径[1]：其一是一种"消极制约"，核心在于明确公权力无法做什么，通过圈定公权力的活动边界，圈划出不受公权力侵犯的空间，就此区分了公共领域与私人领域；其二表现为一种"积极制约"，当公权力逾越法定边界或滥用权力时，私权利可以积极地作出干预和回应。这两个维度的制约意涵与西方国家的宪政民主制度紧密结合：具体地，"以权利制约权力"的消极制约意涵与宪政制度紧密结合，以法律的形式明确了公共权力的边界和行使规范；而积极制约意涵则与民主制度深度融合，通过一系列主动的政治参与——如投票、参与利益集团影响公共政策、游行示威——来保障人民主权，体现了私权利对公权力的制约。

"公权力—私权利"的二元对立，不仅区分了公共领域和私人领域，也延伸出了"国家—社会"的二元结构。在社会领域中，享有私权利的主体不仅有公民个人，还有形形色色的社会组织。因此，"以权利制约权力"在"国家—社会"的二元结构下还有另外一个版本的叙事——"以社会制约权力"[2]，活跃于公民社会之中的、代表不同阶层和利益集团的、多元的、数量庞大的社会组织，享有自治和独立的地位，能够汇集并整合无数公民个体的诉求，能够较之于弱小分散的公民个体，更有组织、成体系地对国家的公权力传导压力并形成制约。托克维

---

[1] 对西方自由主义"以权利制约权力"的总结，参见王英津：《论政治权力与政治权利关系的二重性》，载于《中国人民大学学报》2003年第5期；李昭：《权利制约权力的理论及实践思考》，载于《天津师范大学学报（社会科学版）》2002年第4期。

[2] 对西方自由主义"以社会制约权力"的总结，参见郭道晖：《社会权力与公民社会》，译林出版社2009年版，第223~230页；周灏：《以社会制约权力——试论托克维尔的宪政思想》，载于《学术论坛》2008年第7期。胡智强：《社会对权力的制约与社会和谐》，载于《当代世界与社会主义》2006年第3期。

尔在分析美国民主时，其所观察到的自由结社组织对个体公民力量的整合以及对公民"权利—义务"意识的培养，以及由出版自由所带来的政见的合理化辩争①，正是美国社会"以社会制约权力"的生动体现。

"以权利制约权力"作为一种政治体制外的制约思路，是对"以权力制约权力"这一体制内分权的补充。虽然分权在很大程度上能防止独裁和专断，但仍然存在着部门间合谋以及系统性腐化变质的可能。正如洛克所指出的那样，当国家的公共权力"试图变其统治为专制并试图奴役或毁灭其人民时，人民便可以诉诸最后手段，通过行使抵制或革命的权利，在反对压迫性和否定了自然法的实在法的过程中维护自然法"②，就此形成对公共权力的制约。

（三）以法律制约权力

在上述的"以权力制约权力"和"以权利制约权力"这两种权力制约路径中，法律都扮演着重要的角色。基于法律在制约公共权力方面的重要功能，自由主义理论中也有诸多学者倡导"以法律制约权力"。柏拉图就曾指出，倘若一个国家的法律失去了权威，那么这个国家就危险了，反过来，如果法律在官员之上，官员皆服从法律，那么国家就会得到神的赐福。③ 古希腊的法治思想经过不断发展和完善，及至西方近代与社会契约和人民主权等思想深度结合，法律被视为规范社会公共生活的根本力量，也就此确立了法治的自由主义政治传统。

近代以来，西方自由主义认为法治所追求的理想状态是公共权力的掌握者依据正义之法来治国理政，这一理念起源于古希腊时期亚里士多德所谓的"优良法治的一层含义是公民恪守已经颁布的法律，另一层含义是公民们遵从的法律必定是优良得体的法律"④。法治的两项核心原则是法律至上和良法之治⑤，其中法律至上所指涉的是所有公共权力应在法律范围内行使、不应僭越，而良法之治则要求法律本身应是正义的，能够使公权力和私权利得到合理配置。从法律至上和良法之治这两个维度来解析"以法律制约权力"，分别对应着两种制约路径：其一，"法律至上"之于权力制约的作用点在于，公共权力的配置和运行不是掌权者的任

---

① 托克维尔：《论美国的民主》，北京出版社 2007 年版，第 48~53 页。
② 洛克：《政府论》，北京出版社 2007 年版，第 136 页。
③ 柏拉图：《法律篇》，引自法学教材编辑部：《西方法律思想史资料选编》，北京大学出版社 1983 年版，第 25 页。
④ 亚里士多德：《政治学》，中国长安出版社 2010 年版，第 89 页。
⑤ 有关法治与权力制约的讨论，参见胡玉鸿：《以法律制约权力辨》，载于《华东政法学院学报》2001 年第 6 期；刘金国：《权力腐败的法律制约》，载于《中国法学》2000 年第 1 期；郭道晖：《对反权力腐败的法哲学启蒙——评林喆著〈权力腐败与权力制约〉》，载于《法学研究》1998 年第 2 期。

性而为，而是由法律所规定的，法律限定着公共权力的配置关系和运行边界，这也是博登海默所描绘的法治图景——"在法律统治的地方，权力的自由行使受到了规则的阻碍，这些规则迫使掌权者按一定的行为方式行事"①；其二，"良法之治"之于权力制约则体现在，法律绝不是掌权者的统治工具，在人民主权的理念下，良法体现的不是掌权者的意志，而是人民的意志，唯其如此，才堪称良法。

"以法律制约权力"与前述的"以权力制约权力""以权利制约权力"具有紧密的内在联系，其作用的发挥贯穿于公共权力从来源到配置再到运行的全周期：首先，在公共权力的来源阶段，"以法律制约权力"与社会契约论联系紧密，人民与国家订立的契约、所划定的公私权范围，正是通过法律予以确认，一旦确认后，只有在人民主权的前提下，法律（契约）才能修改并被视为良法，在这一维度上，"以法律制约权力"与"以权利制约权力"紧密相连；其次，在公共权力的配置阶段，权力配置与分立的依据均来自于法律的授权，不同权力的互动关系由法律来界定，野心与野心间的冲突空间和限度也要由法律来设置，"以法律制约权力"为"以权力制约权力"提供了制度依据；最后，在公共权力的运行阶段，法律至上发挥着"非人格化"的功用，通过稳定明确的制度与程序，限制公共权力在运行过程中由权力主体的主观能动性而引发的恣意和过度裁量。

第三节　马克思主义的权力制约逻辑

一、公共权力的起源与特质

马克思主义认为，公共权力作为一种社会关系，属于上层建筑的一部分。在原始社会生活中，由于生产力低下，人类以个体生存面临多方面的自然威胁，为了维护自身的生存发展、提高抵御风险的能力，人们在生产活动中进行联合，并就此有意识地建立了一定的合作关系，公共权力正是伴随着生产活动中的联动合作而产生的：人们在共同体范围内选出一部分人轮流来组织集体劳动、产品分配等经济活动，并让其管理着整个共同体内以祭祀、宣战与媾和为代表的公共事务。公共权力发挥着管理与服务的功能，维护着整个共同体的公共利益并受到共同体的监督。

---

①　博登海默：《法理学：法律哲学与法律方法》，中国政法大学出版社1999年版，第358页。

当原始社会发展为阶级社会之后，情况发生了变化，原始社会中原本公开的、流动掌握的公共权力逐渐固定掌握在了统治阶级手中，其性质也发生了变化。正如恩格斯所指出的那样，"一切政治权力起先都是以某种经济的、社会的职能为基础的，随着社会成员由于原始公社的瓦解而变为私人生产者，因而和社会公共职能的执行者更加疏远，这种权力不断得到加强"①。统治阶级借助国家这种"虚幻的共同体"控制了原本属于全体社会成员的公共权力，公共权力因而体现出鲜明的阶级性与压迫性，在阶级社会中，任何一种统治或秩序，总会维护或代表某一或某些阶级的利益，抑制另一些阶级力量的发展。因此，在马克思主义看来，阶级社会中的公共权力是统治阶级为了维护自身的利益，运用政治的、军事的、法律的或意识形态的手段控制和支配被统治阶级的政治力量，它以被统治阶级的服从为目的，对整个社会进行政治统治。②

在以阶级社会作为主要考察对象时，公共权力、政治权力和国家权力这三个概念在内涵上是紧密相连的。在马克思主义的学说中，阶级社会中的政治权力必然表现为国家权力，统治阶级只有运用国家机器才能实行阶级统治，政治权力的本质是阶级统治权。政治（国家）权力被恩格斯称为"第三种力量"，这种力量作为表面上的调停人而在形式上获得了对于相互冲突阶级的独立性，但在阶级对立社会，这种力量最终不免要成为某个阶级实现自身利益的工具，"它越是成为某个阶级的机关，越是直接地实现这一阶级的统治，它就越加独立"③。伴随着这种独立性的加强，这种力量也就越来越脱离社会并凌驾于社会之上。正是在这一意义上，国家权力是一种与全体固定成员（人民大众）相脱离的特殊公共权力。

虽然阶级社会中的统治阶级寄希望于国家这一统治工具来永久掌握公共权力，但马克思主义认为政治（国家）权力这种特殊的公共权力形态在未来的人类社会中并不会永远维持下去——"阶级差别在发展进程中已经消失而全部生产集中在联合起来的个人的手里的时候，公共权力就失去政治性质。"④随着生产力的进步，阶级差别会消失，那么原本存在于公共权力中的、统治阶级用以压迫被统治阶级的构成部分也会随之消失，此时公共权力将回归其本来面目，重新为全体社会成员掌握，并服务于全体社会成员，维护全体社会成员的共同利益。

---

① 《马克思恩格斯选集》（第三卷），人民出版社 2012 年版，第 563 页。
② 王沪宁：《政治的逻辑：马克思主义政治学原理》，上海人民出版社 2004 年版，第 107 页。
③ 《马克思恩格斯选集（第四卷）》，人民出版社 2012 年版，第 259 页。
④ 《马克思恩格斯选集》（第一卷），人民出版社 2012 年版，第 422 页。

二、公共权力为什么会被滥用：来自权力异化的解释

马克思主义在"权力异化"的概念框架下对公共权力滥用原因展开分析。在马克思主义的公共权力观点中，在最初的原始社会状态以及超越了阶级社会后的共产主义社会中，公共权力是不存在被滥用的风险的。公共权力被滥用的风险是自人类进入阶级社会开始产生的，当原始社会转变为阶级社会，公共权力便开始其异化的进程，并伴随着私有制的整个存在阶段。而当共产主义社会取代阶级社会之后，公共权力的异化属性也将被予以纠正。

从历史唯物主义的基本观点来看，经济基础决定上层建筑，公共权力的异化有其经济领域根源。在原始社会阶段，公共权力真实地维护着共同体内部的共同利益，人们由此对于公共权力持"自由的、自愿的尊敬"[①] 态度，此时的公共权力处于其最本真和最纯正的状态。随着生产效率的提高、需要的增长以及人口的增多，共同体内部的分工开始不断细化和复杂化，生产力的提高致使剩余产品产生并开始增多，但分工的差异却使得劳动及其产品的分配均等化逐渐难以维持。其后，私有制出现了，单个人的利益或单个家庭的利益开始与由所有互相交往的个人所构成的共同利益产生矛盾，财产总量的差别使得共同体内部逐渐分化出不同的阶级，公共权力也就此开始异化。

在私有制下，谁掌握组织劳动生产和产品分配的公共权力，谁就能够为自己分配更多的产品。而占有的私有财产愈多，就愈是能够利用其占有的产品去支配其他占有较少者的劳动，也就此拥有更多的公共权力，从而形成有产者相对于无产者的强势地位。当掌握生产资料、占有更多私有财产的有产者逐渐固定地掌握公共权力，此时的公共权力不再满足共同体中所有成员的利益诉求，而是被掌握公共权力的个人或团体更多地用来为自身谋取特殊利益。阶级社会中的公共权力表现出了极强的压迫性和侵犯性，违背了其服务共同体和维护共同体利益的设立初衷，反而侵害着共同体内大多数成员的利益，其所扮演的角色也从"社会的公仆"异化为"社会的主人"[②]。正是在阶级社会中公共权力发生的这种异化，使其在本源上就具备了被滥用的必然性。

---

① 《马克思恩格斯选集》（第四卷），人民出版社 2012 年版，第 188 页。
② 《马克思恩格斯选集》（第三卷），人民出版社 2012 年版，第 54 页。

三、马克思主义的权力制约思路

马克思主义认为公共权力的异化是一种历史现象，面对权力制约的难题，根本之策是彻底的社会改造——随着共产主义社会的到来，作为历史产物的阶级和国家将会消亡，取而代之的是"自由人的联合体"，到那时阶级社会中原本带有鲜明政治属性的公共权力将从阶级统治的工具回归为实现共同利益的工具，此时公共权力被滥用的社会基础也就此消解。如果说将旧有的阶级社会改造为共产主义社会是马克思主义对待公共权力异化问题的最优解决办法和根本目标，那么无产阶级专政阶段的改造建设就是对公共权力异化问题的次优解决办法和为实现根本目标而做的过渡步骤。在无产阶级专政的框架下，马克思主义特别强调权力监督、人民民主以及法律重要作用。

（一）权力监督：以权力制约权力的马克思主义叙事

在无产阶级专政体制下，要防止权力的滥用必须实施有效的权力监督，这是该时期的集权需要决定的。集权可以分为一般意义上的集权和专制集权，一般意义上的集权是具有普遍性的，任何一种国家形式都需要一般集权，"集权是国家的本质、国家的生命基础"[1]，在由资本主义向共产主义过渡的时期，即便是无产阶级专政政权也必须保留一定的国家职能和官僚机构。同时，出于巩固新生无产阶级政权、与敌对势力进行强有力斗争的现实需要，"无产阶级的无条件的集中制"[2] 是非常必要的。在导致巴黎公社最终失败的诸多原因中，缺乏集中和权威是关键因素。但集权不应是无限度的，在无产阶级专政阶段，即便其革命政党具有先进性且新政权下公职人员是由人民通过民主选举产生的，但集中的公共权力仍然存在被滥用的风险，因此仍有必要建立权力监督机制。马克思和恩格斯以巴黎公社的实践为参考，初步提出了一些权力监督的设想，强调无产阶级专政下公社的勤务员们应该在公众监督之下进行工作[3]，而就公社内部而言，还应设立公社委员会，该"委员会握有公社的最高权力，与管理员、社长共同颁布法律，监督其他公职人员"[4]。

列宁结合其革命斗争的经验，一方面强调无产阶级国家"要完全地和无条件

---

① 《马克思恩格斯全集》（第四十一卷），人民出版社1982年版，第396页。
② 《列宁选集》（第四卷），人民出版社2012年版，第135页。
③ 《马克思恩格斯全集》（第十七卷），人民出版社1963年版，第590页。
④ 《马克思恩格斯全集》（第四十二卷），人民出版社1979年版，第230页。

地主张坚强的政权和集中制"①，另一方面也十分重视党内高层领导个人专权的风险管控。列宁认为："有必要成立一个同中央委员会平行的监察委员会……有权接受一切申诉和审理（经与中央委员会协商）一切申诉，必要时可以同中央委员会举行联席会议或把问题提交党代表大会。"② 通过这种于权力主体外部另设监督主体的方式，列宁期望通过中央监察委员会来对政治局的决策活动进行直接监督，从而及时发现潜在的危害并预防可能犯下的错误。除却中央监察委员会的制度构想以外，列宁认为还应建立起一套自下而上的监督体系，在这个体系中居于主导地位的是一个党政合一、相对独立的最高监察机关。为此，在他的极力推动下，苏俄改组工农检查院，在从工人和农民中选拔骨干作为工作人员的基础上，还进一步要求这些工作人员必须经过党内民主推荐和知识考核，以此来保障监督机构干部队伍的业务能力和政治素养。列宁希望将工农检查院打造为一个有权监督国家机关一切单位的权力监督机构。他认为，工农检查院的监督"应毫无例外地涉及一切国家机构：地方的、中央的、商业的、纯公务的、教育的、档案的、戏剧的等等——总之，各机关无一例外"③。

列宁关于权力监督的探索给予了中国共产党人诸多启迪。在瑞金苏维埃政府时期，毛泽东就提出了"每个革命的民众都有揭发苏维埃工作人员的错误缺点之权"④。在抗日战争时期，毛泽东又提出"共产党是为民族、为人民谋利益的政党，它本身决无私利可图。它应该受人民的监督，而决不应该违背人民的意旨"⑤。不仅如此，在党内也要使广大党员监督党的领袖人物，要对领导机关和领导干部发挥监督作用。1949 年 9 月 29 日，具有宪法性质的《中国人民政治协商会议共同纲领》明确规定要"在县市以上的各级人民政府内，设人民监察机关，以监督各级国家机关和各种公务人员是否履行其职责，并纠举其中之违法失职的机关和人员。人民和人民团体有权向人民监察机关或人民司法机关控告任何国家机关和任何公务人员的违法失职行为"⑥。新中国成立后不久，中央政府就成立了人民监察委员会（后改为监察部），专门行使对国家机关人员进行行政监察的职责。此外，基于早期对党内监督机构的探索经验，党中央还决定成立党的纪律检查委员会。为了提高监督机构的独立性与权威性，党的纪律检查委员会在 1955 年改为监察委员会，使其不再直属同级党委，而是实行垂直领导。

---

① 《列宁选集》（第三卷），人民出版社 2012 年版，第 308 页。
② 《列宁全集》（第三十九卷），人民出版社 2017 年版，第 323 页。
③ 《列宁选集》（第四卷），人民出版社 2012 年版，第 792 页。
④ 《毛泽东著作专题摘编》（下），人民出版社 2003 年版，第 2161 页。
⑤ 《毛泽东选集》（第二卷），人民出版社 1991 年版，第 809 页。
⑥ 《建国以来重要文献选编》（第一册），人民出版社 1992 年版，第 6 页。

（二）人民民主：以权利制约权力的马克思主义叙事

在资产阶级社会中，资产阶级统治者有其自身的特殊利益诉求，这种利益与全体人民的共同利益是不一致的。而无产阶级专政下，议行合一的国家机关将选举权、监督权、罢免权有机统一起来，公共权力的行使者与所有者是一体的，行使者来自所有者中，并对所有者负责，与所有者保持着利益的根本一致。

在马克思和恩格斯的设想中，一方面，在选举方面无产阶级专政应实行真正的普选，由全民投票直接选出的市政委员来组成公社，公社将同时兼管行政和立法，掌握着"一切有关社会生活事务的创议权"①。另一方面，在任命和罢免公职人员方面，所有公职人员均由公社任命，对全体人民负责，而且随时可以被替换罢免。不仅如此，所有公职人员都只领取工人工资水平的薪金，从而使公职人员的身份地位工人化，避免了从社会地位和收入因素出发对公职的追逐。

列宁在马克思恩格斯的基础上，进一步发展了民主理论。首先，在对民主的理解上，列宁认为民主不是指一国当中所有的人都能行使公共权力，而是"一个阶级对另一个阶级、一部分居民对另一部分居民使用有系统的暴力"②。因此民主具有鲜明的阶级性，不存在超越阶级的民主。无产阶级民主专政就意味着对人民（无产者和一般穷人）实行民主和对敌人（资产阶级）实行专政的统一。其次，在具体操作层面，在苏维埃政权建立初期，苏维埃民主制的实践体现了对巴黎公社式的直接民主的尝试——为了保证政权的人民性，废除了旧的官僚机构，强行解散立宪会议，确立了全部政权归苏维埃，实行普选制和罢免制，积极吸收劳动者参与国家管理，强调要加强国家机关同人民群众的密切联系。列宁指出，要把国家官吏变成对人民负责的、可以撤换的、领取微薄薪金的"监工和会计"③。在列宁看来，日益简化的公务处理和权力监督将由所有人轮流行使，最后就不再成其为特殊阶层的特殊权力，所有人都是监督者，真正的民主监督也就此达成。④

中国共产党基于长期的革命实践和建设探索，也实现了对民主理论的继承和发展。在抗日战争和第三次国内革命战争时期，毛泽东对于中国未来应该建设什么样的民主制度进行了深入思考。1939年毛泽东在《青年运动的方向》一文中就曾明确提出"建立一个人民民主的共和国"⑤的主张。此后在《新民主主义

① 《马克思恩格斯选集》（第三卷），人民出版社2012年版，第167页。
② 《列宁选集》（第三卷），人民出版社2012年版，第184页。
③ 《列宁选集》（第三卷），人民出版社2012年版，第153页。
④ 《列宁选集》（第三卷），人民出版社2012年版，第154页。
⑤ 《毛泽东选集》（第二卷），人民出版社1991年版，第563页。

论》《论人民民主专政》等著作中，毛泽东更为具体地阐释了人民民主就是对人民内部实行民主，人民不仅享有言论、出版、集会、结社、选举等基本权利，更有着管理国家各项事务的权力。① 1945 年，面对黄炎培"共产党如何跳出历史周期率"的提问，毛泽东提出了著名的"民主新路"，即"只有实行人民民主专政，让人民群众监督政府，政府才不会松懈，只有人人起来负责，才不会人亡政息"②，中国才能跳出"其兴勃焉，其亡也忽也"③ 的历史周期。结合中国的具体国情，毛泽东还划分了"人民"的范围——"在中国，在现阶段，是工人阶级，农民阶级，城市小资产阶级和民族资产阶级"④。新中国成立后，毛泽东又将人民的范围概括为"在现阶段，在建设社会主义的时期，一切赞成、拥护和参加社会主义建设事业的阶段、阶层和社会集团"⑤。

（三）真正的法律：以法律制约权力的马克思主义叙事

马克思主义的"真正的法律"是对自由主义"以法律制约权力"的法治观的扬弃。一方面，马克思主义同自由主义一样，认为国家权力机关和人民都应"在法律范围内活动"⑥，并认可保护自由的法律在"限制政府的绝对权力"⑦ 上发挥的作用。另一方面，马克思主义揭露并批判了阶级社会中法治的虚伪性，认为阶级社会中的法律制定和执行掩盖了阶级统治的本质，无法真正地对统治阶级所掌握的公共权力形成制约，"法律至上"不过是在"表达法律的自私自利"⑧ "良法之治"所体现的也并非是人民的真实意志，而是居于优势地位的统治阶级和有产者的意志。马克思指出，真正的法律是"人民意志的自觉表现，因而是同人民的意志一起产生并由人民的意志所创立"⑨，因此以法律制约权力的首要前提是法律应体现人民的真实意志。

改革开放后的中国更加强调法律与制度的规制作用，就此重点发展了"以法律制约权力"的权力制约思路。改革开放以来的"以法律制约权力"体现了两方面意涵：其一是法律至上，维护法律的权威，明确主张依法治国，要求党政机

---

① 参见《毛泽东选集》（第二卷），人民出版社 1991 年版，第 674～675 页；《毛泽东选集》（第四卷），人民出版社 1991 年版，第 1475 页。

② 《毛泽东年谱（1893－1949）》（修订本）（中册），中央文献出版社 2013 年版，第 611 页。

③ 于俊道、李捷：《毛泽东交往录》，人民出版社 1991 年版，第 28 页。

④ 《毛泽东选集》（第四卷），人民出版社 1991 年版，第 1475 页。

⑤ 《毛泽东文集》（第七卷），人民出版社 1999 年版，第 205 页。

⑥ 《马克思恩格斯全集》（第二十二卷），人民出版社 1965 年版，第 91 页。

⑦ 《马克思恩格斯全集》（第十二卷），人民出版社 1962 年版，第 576 页。

⑧ 《马克思恩格斯全集》（第一卷），人民出版社 1995 年版，第 287 页。

⑨ 《马克思恩格斯全集》（第一卷），人民出版社 1995 年版，第 349 页。

关的公共权力须在法律的授权与监督下行使，"公民在法律和制度面前人人平等，党员在党章和党纪面前人人平等"① 以及全党同志特别是领导干部要坚持在宪法和法律范围内活动，带头维护宪法和法律的权威；其二是以非人格化的、稳定长效的法律明确界定职权范围，从而规范公共权力的配置与运行，"我们的党政机构以及各种企业、事业领导机构中，长期缺少严格的从上而下的行政法规和个人负责制，缺少对于每个机关乃至每个人的职责权限的严格明确的规定"② 和 "必须使民主制度化、法律化，使这种制度和法律不因领导人的改变而改变，不因领导人的看法和注意力的改变而改变"③ 等表述则是这一意涵的集中表现。

---

① 《邓小平文选》（第 3 卷），人民出版社 1994 年版，第 332 页。
② 《邓小平文选》（第 3 卷），人民出版社 1994 年版，第 328 页。
③ 《邓小平文选》（第 2 卷），人民出版社 1994 年版，第 146 页。

第三章

中国特色社会主义监督体系的基本理论问题

基于不同的理论渊源，不同国家和地区形成了不同的权力监督模式。这些监督模式必须符合自身的实际，立足于各自的政治制度、思想文化、社会风俗等。任何一个国家和地区都不可能照搬他国的监督模式。监督是一个系统性的工程，必须以系统性的思维去构建完善的监督体系，实现对权力的全方位、全过程监督。中国在长期的实践探索中逐渐形成了比较完善的监督体系，推动了整个国家的权力监督工作。与世界上很多国家和地区不同，作为一个走中国特色社会主义发展道路的国家，中国建构的监督体系在理论来源、监督理念等方面都有其自身的显著特色。在对中国特色社会主义监督体系进行系统性研究之前，有必要探讨清楚几个基本理论问题。

第一节 中国特色社会主义监督体系的本质特征

大多数国家和地区立足于自身经济、政治、文化、社会等方面的实际情况，构建了适合本国和本地区实际的监督体系，以更好规范权力的行使。不同监督体系在内涵和外延上是有区别的。对监督体系的内涵进行科学地界定，能够更清晰地划分研究范围，明确研究方向，同时也能够更准确地突出不同监督体系的特点。本节从概念界定的角度出发研究中国特色社会主义监督体系的内涵，为相关问题的研究奠定基础。

一、中国特色社会主义监督体系之"社会主义"

一个国家和地区监督体系的构建，与一个国家和地区所处的经济、政治、文化、社会等方面的环境息息相关，必须立足于这个国家的基本国情，尤其要与其政治制度相适应。因此，理解中国特色社会主义监督体系，首先要认识社会主义监督体系，明确在社会主义制度下构建的监督体系具有什么样的特点，从而更好地把握中国特色社会主义监督体系的基本特征。

基于社会主义制度的特点，社会主义监督体系的特点可以归结为以马克思主义理论为指导、以信奉共产主义的执政党为领导核心和以人民民主为原则：首先，以马克思主义理论为指导。以马克思主义理论为指导思想是社会主义国家的基本特征。关于权力监督，不论是马克思、恩格斯还是列宁，都形成了一系列关于监督的思想。后人在这个基础上又进行了新的发展，为不同时期社会主义国家的监督工作提供了基本的理论指导。对于社会主义监督体系来说，马克思主义理论尤其是关于监督方面的理论，应成为指导其发展的基本理论。不同国家在这一基础上，再结合自身的实际进行深化和运用。其次，社会主义监督体系一般是由信奉共产主义的执政党来领导。监督体系与国家的政治制度密切相关，社会主义国家的政治制度决定了社会主义监督体系应由信奉共产主义的执政党来领导。无论监督体系的构成如何，信奉共产主义的执政党应成为领导核心，运用马克思主义理论来指导监督工作的开展，并借助权力监督来确保各项工作方向的正确性。最后，社会主义监督体系应坚持人民民主的原则。这里的人民民主，既体现为监督的目的是维护广大人民群众的利益，也体现为监督工作的开展有赖于发挥人民群众的智慧和力量。中国特色社会主义监督体系就是在这些基本特征的基础上，结合中国自身的特点进一步具体化，呈现出符合中国国情的、有助于对权力进行高效监督的、具有"中国特色"的监督体系。

二、中国特色社会主义监督体系之"中国特色"

所谓"特色"，顾名思义，就是有自身的特点，在同样的维度下，与世界其他国家和地区是不同的。而"中国特色"同样体现出中国与世界其他国家和地区相比所具有的独特之处。什么是"中国特色"？可以从哪些维度来界定"中国特色"？对这些问题的把握，是进一步理解中国特色社会主义监督体系内涵的基本要求。改革开放以来，中国共产党结合中国的基本国情，在党风廉政建设和反腐败斗争实践中不断探索和总结，走出了一条中国特色反腐败道路。习近平在十九届中央纪委四次全会上也指出："党的十八大以来，我们探索出一条长期执政条件下解决自身问题、跳出历史周期率的成功道路，构建起一套行之有效的权力监督制度和执纪执法体系，这条道路、这套制度必须长期坚持并不断巩固发展。"这条道路，就是中国特色反腐败道路。中国特色反腐败道路是中国长期以来历史积淀和现实探索高度融合的成果，具有鲜明的特点。关于中国特色社会主义监督体系中的"中国特色"，可以放入中国特色反腐败道路这一语境中去理解。与其他国家和地区的监督体系相比，中国特色社会主义监督体系的特殊之处集中体现在以下几个方面。

一是构建中国特色社会主义监督体系的思想理论基础是马克思主义监督思想、中国传统廉政治理理念以及不同时期中国共产党形成的监督思想。中国共产党人坚持以马克思主义为指导思想，在开展监督工作过程中同样也要以马克思主义关于监督的思想作为重要理论基础。同时，中国传统的廉政治理思想，包括中国古代监察思想，也是构建中国特色社会主义监督体系的重要思想来源。而中国共产党在不同时期的实践探索中所形成的监督思想，也是中国特色社会主义监督体系不断发展和完善的思想动力。中国特色社会主义监督体系以这些思想理论作为构建的基础，并在运行过程中体现出这些理论所提倡的理念，如加强党的自我监督、实现标本兼治、发挥人民群众的力量等，是中国特色社会主义监督体系与其他监督体系所不同的表现之一。

二是中国特色社会主义制度决定了中国特色社会主义监督体系的核心领导主体是中国共产党。在中国特色社会主义制度这一背景下，中国特色社会主义监督体系必须建立在中国共产党领导的基础上。中国特色社会主义监督体系的构成、运行都体现了中国共产党的领导地位，如强调党内监督的主导地位、党委在监督工作当中的主体地位等。这与其他国家和地区的监督体系有着明显的区别，也是中国特色社会主义监督体系的显著特征。

三是以人民当家作主为核心的政治体制决定了中国特色社会主义监督体系的广泛参与性。在中国，权力是属于广大人民群众的，人民群众通过全国人民代表大会和地方各级人民代表大会行使国家权力。社会主义国家人民当家作主的本质，要求权力向人民全面负责。与此相适应的，人民也有权利来监督国家权力的行使。广大人民群众秉持着人民当家作主这一理念，更愿意以主人翁的姿态参与到国家权力监督的过程中。人民群众的广泛参与，注重发挥监督合力的作用，是中国特色社会主义监督体系的一个重要特点。在这一制度的要求下，中国特色社会主义监督体系强调自上而下监督和自下而上监督的相互配合。这与国外政治制度设计中的以一种权力制约另一种权力、以一个机构制约另一个机构的逻辑有很大的不同。①

　　总之，基于党中央的重要阐述和学术界的相关探讨以及对中国特色社会主义监督体系的两个维度分析，本书所讨论的中国特色社会主义监督体系，是在中国共产党领导下，立足于中国国情，结合中国特色社会主义制度的本质特征，以党内监督为根本，实现不同监督形式的有机结合，形成对党和国家权力开展全面监督的体系。

第二节　中国特色社会主义监督体系建构的逻辑思路

　　中国特色社会主义监督体系根植于中国特色社会主义制度，在属性划分上属于政治文明建设范畴。因此，中国特色社会主义监督体系的建构过程始终遵循了以中国特色社会主义政治制度为基础的政治逻辑，始终以加强党的建设和提高国家治理水平为双重价值旨归。② 这也成为建构中国特色社会主义监督体系的总体思路和逻辑。在设计中国特色社会主义监督体系具体的框架、内容以及运行方式时，都牢牢立足于中国特色社会主义政治制度，把加强党的建设和国家的治理作为监督的重要目标，体现出中国在治国理政方面的政治理念，同时也充分呈现出"监督"在国家权力运行框架中的作用，确保了决策和执行的科学性、有效性，最终实现党的自我完善与国家治理体系和治理能力现代化。

一、体系建构的政治逻辑：政治制度决定监督的权力来源和领导主体

　　从一定意义上来说，监督是一种政治行为。政治制度是决定一个国家或地区监督模式的根本要素。中国特色社会主义监督体系作为中国政治文明建设的重要部分，也同样受到政治制度的影响。政治制度对监督模式的影响，主要反映在监督权力的来源和行使方面。因此，中国特色社会主义政治制度决定了中国特色社会主义监督体系中监督的权力来源和领导主体。中国的根本政治制度是人民代表大会制度，这一根本政治制度明确了国家的一切权力属于人民，国家权力

---

　　① 齐卫平：《反腐倡廉道路的中国特色问题思考》，载于《华东师范大学学报（哲学社会科学版）》2015 年第 5 期。
　　② 宋伟、过勇：《新时代党和国家监督体系：建构逻辑、运行机理与创新进路》，载于《东南学术》2020 年第 1 期。

的行使必须对人民负责，受人民监督。而人民要当家作主，根本保障是坚持中国共产党的领导。这一政治逻辑在中国特色社会主义监督体系中的体现是监督权力来源于人民，目的是更好地行使人民赋予的权力，形式是在党的领导下开展党和国家监督。

一方面，中国特色社会主义监督体系中监督的权力来源于人民。改革开放以来，"我们确立了一套体现人民意志、保障人民权益、激发人民创造活力的社会主义民主政治制度"①。社会主义民主政治制度的核心，在于保障人民的利益，要切实认识到"权为民所赋"，做到"利为民所谋"。《中华人民共和国宪法》（以下简称《宪法》）也明确规定，中华人民共和国的一切权力属于人民。对权力进行监督，是一种权力的行使过程，而这一权力实质上来自人民。这一理念体现在建构中国特色社会主义监督体系上，就是要坚持以人民为中心的根本价值取向。这就要求在建构中国特色社会主义监督体系时，要"充分认识人民的监督价值、体现人民的监督意愿、保障人民的监督权益、激发人民的监督活力"②。

另一方面，中国特色社会主义监督体系的领导主体是中国共产党。中国特色社会主义最本质的特征是中国共产党领导，中国特色社会主义制度的最大优势是中国共产党领导。中国共产党是中国特色社会主义事业的领导核心。党的领导是做好党和国家各项工作的根本保证，是战胜一切困难和风险的"定海神针"。党的领导地位不是自封的，是历史和人民选择的，是由党的性质决定的，是由我国《宪法》明文规定的。同时，从政治学的角度来说，中国共产党作为通过领导、组织与动员党员及人民实现国家战略使命的组织型政党，具有超强国家机构与超级政治组织的双重属性。③ 这也在很大程度上保障了党的领导的科学性，进一步巩固了党的执政地位。党的十九届四中全会明确将党的领导制度体系纳入国家治理体系中，提出把党的领导落实到国家治理各领域各方面各环节④，这其中自然包括对党和国家监督体系的领导。党的十八大以来，党和国家监督效能的显著提升⑤，在于始终坚持党的领导，这从实践层面验证了逻辑主线的合理性。

综上，坚持党的领导、坚持人民主体地位就成为建构中国特色社会主义监督

① 谢撼澜、谢卓芝：《改革开放以来党和国家监督制度建设的进程与经验》，载于《探索》2018年第5期。

② 贺洪波：《十八大以来健全党和国家监督体系的制度逻辑》，载于《探索》2019年第3期。

③ 鄢一龙：《党的领导与中国式善治》，载于《行政管理改革》2020年第1期；鄢一龙等：《大道之行：中国共产党与中国社会主义》，中国人民大学出版社2015年版，第2页。

④ 《中共中央关于坚持和完善中国特色社会主义制度推进国家治理体系和治理能力现代化若干重大问题的决定》，载于《人民日报》2019年11月6日。

⑤ 潘春玲：《十八大以来党内监督创新发展的依据、路径及成效分析》，载于《河南社会科学》2019年第6期；谢撼澜、谢卓芝：《改革开放以来党和国家监督制度建设的进程与经验》，载于《探索》2018年第5期。

体系的逻辑主线，体现了党的领导和人民当家作主、依法治国的有机统一，这也是中国与其他国家和地区在监督模式方面的最大不同。

二、体系建构的统合逻辑：对权力监督与权利监督两种控权思路的统合

中国特色社会主义监督体系在制度设计上将权力监督与权利监督这两种控权思路进行了统合，使得二者能够互为补充地发挥监督作用。其中，中国特色社会主义监督体系中的权力监督成分，主要体现为以党和国家监督体系为代表的、政治系统内部的自体监督，而权利监督成分则主要体现为以社会监督为代表的、来自政治系统外部的异体监督。中国特色社会主义监督体系对权力监督与权利监督这两种控权思路的统合，在制度上体现为党和国家监督体系同社会监督体系的协调与互补。

权力监督的控权思路是"以权力制约权力"在监督路径上的具体体现。权力监督的主要作用场域在于政治系统内部，其监督主体和客体都是政治系统内部的相关主体，通过设置一个专责监督机关来对行使公共权力的部门和人员进行监督，检查并纠正后者的违规行为。权力监督的作用方向一般表现为自上而下的监督或同级监督。权力监督是植根于民主集中制的控权思路，旨在防范公共权力被滥用的同时，尽可能地兼顾对公共权力部门事权完整性的保障——在必要的集权和政治集中制的基础上，通过另设监督主体的方式，使得监督主体在不干扰监督客体（也即作为被监督对象的特定公共权力部门）行使完整事权的前提下，对后者权力行使的过程和结果进行监控，防止后者滥用公共权力。

权利监督的控权思路则是"以权利制约权力"的延伸。权利监督的主要作用场域在于政治系统外部，其监督主体是政治系统外部的人民群众——既包括以组织形式存在的机构性主体，如媒体和社会组织，也包括零散的群众个体。权利监督的监督对象是政治系统内部的公共权力部门以及公职人员。权利监督的作用方向一般表现为自下而上或由外而内的监督。权利监督的合法性源于人民群众的主体地位，正因为"权为民所赋""利为民所谋"，因此当人民群众发现公共权力没有"权为民所用"时，人民群众能够行使自己的政治权利，对贪污腐败者和失职渎职者进行监督。在这一维度上，中国特色社会主义监督体系中的权利监督思路同马克思主义权力制约逻辑中"以人民民主制约权力"的控权思路一脉相承。

中国特色社会主义监督体系在建构制度的过程中，实现了对权力监督与权利监督的统合协调，使得二者能够互为补充地发挥监督作用。一方面，权力监督与

权利监督的并行不悖体现了自体监督与异体监督的有机融合，公共权力部门和公职人员将同时接受来自公共领域（政治系统内部）和社会领域（政治系统外部）的监督主体的审视，在多维度的监督网络下行使公共权力。另一方面，权力监督与权利监督还能够互相强化——政治系统内部的专责监督主体需要来自人民群众的民意支持和线索反馈，如巡视监督作为党内监督的一种权力监督形式，只有在充分调动了群众监督的积极性、从群众中捕捉到有价值的信息和线索后，方能更好地发现问题；政治系统外部的人民群众和其他社会主体在行使政治权利、开展群众监督和舆论监督时，其"意见表达"本质上仍然是一种"软约束"，只有当这些意见进入正式的政治系统内部并被专责监督主体所接收和转化时，"软约束"才能转化为真正能够对涉事主体形成问责和追究惩罚的"硬约束"，此时政治系统内部的权力监督就成为了权利监督发挥监督效能的保障条件。

三、体系建构的宗旨目标：马克思主义执政党建设的政治需要

马克思、恩格斯在《共产党宣言》中指出："在实践方面，共产党人是各国工人政党中最坚决的、始终起推动作用的部分；在理论方面，他们胜过其余无产阶级群众的地方在于他们了解无产阶级运动的条件、进程和一般结果。"[1] 这揭示了马克思主义执政党的先进性本质，也成为中国共产党自成立以来始终坚持的目标。在长期的革命、建设和改革历程中，中国共产党通过不断增强党自我净化、自我完善、自我革新、自我提高的能力，真正成为了中国工人阶级的先锋队，同时也成为中国人民和中华民族的先锋队，在推动中国历史前进中发挥着不可替代的领导核心作用。然而，中国共产党执政过程中也出现了不少腐败问题，极大地影响了党的先进性和纯洁性，也影响到整个国家的有序发展。可以说，一个政党的先进性并非与生俱来，而是要基于其长期的自我保持和追求先进性的政治活动。

中国共产党发展成世界第一大执政党，靠的是铁的纪律，靠的是从严治党。保持政党的纯洁性和先进性，要求其勇于进行自我革命，提高自我净化的能力。而自我净化提高能力是中国共产党的独特优势。[2] 对于中国共产党来说，建构中国特色社会主义监督体系是保持先进性的重要途径，是不断加强马克思主义执政党建设的必然需要。党的十八大以来，党中央进一步深化对中国特色社会主义监

---

[1] 《马克思恩格斯选集》（第一卷），人民出版社1995年版，第264页。
[2] 林振义：《自我净化提高能力是中国共产党的独特优势》，载于《求是》2016年第21期。

督体系的认识，将党的建设与监督体系建设紧密联系在一起，以此来保持党的先进性并巩固其领导地位。这是对党执政规律和治国理政规律的深刻认识，也反映了党中央对监督的高度重视，体现了党自我革命、自我净化的决心和方向。

四、体系建构的价值效益：推动国家治理体系和治理能力现代化

党的十八届三中全会通过的《中共中央关于全面深化改革若干重大问题的决定》提出："全面深化改革的总目标是完善和发展中国特色社会主义制度，推进国家治理体系和治理能力现代化。"在此，将"推进国家治理体系和治理能力现代化"上升到"全面深化改革的总目标"的高度，突出了国家治理体系和治理能力现代化的重要性。在党的十九届四中全会上通过的《决定》中，再次强调要"坚持和完善中国特色社会主义制度、推进国家治理体系和治理能力现代化"。可以说，新时代推动国家治理体系和治理能力现代化，对于全面深化改革、实现国家发展目标具有非常重要的意义。中国特色社会主义监督体系是国家治理体系的重要组成部分，其本身的发展对于推动国家治理体系现代化具有重要价值。同时，监督体系的有效运行也能够推动国家治理各个环节的高效运作，对于提高国家治理能力现代化也有积极的作用。在新发展阶段，要完成全面建设社会主义现代化国家这一战略目标，需要提升国家治理体系和治理能力现代化。基于监督体系与国家治理体系和治理能力现代化之间的密切联系，在构建中国特色社会主义监督体系时，要以推动国家治理体系和治理能力现代化为重要目标，确定明确的发展方向。

一方面，健全完善的中国特色社会主义监督体系是国家治理体系和治理能力现代化的重要标志。国家治理体系是在党的领导下管理国家的制度体系，包括经济、政治、文化、社会、生态文明和党的建设的各领域体制机制、法律法规安排；国家治理能力则是运用国家制度管理社会各方面事务的能力，包括改革发展稳定、内政外交国防、治党治国治军等各个方面。[1] 不论是国家治理体系还是国家治理能力，都体现出党的建设在其中的重要性。党的十九届四中全会提出了全面实现国家治理体系和治理能力现代化的"三步走"目标，每一个目标的实现都需要中国特色社会主义监督体系的健全完善。纵观全球来看，廉洁高效通常是衡量一个国家治理体系和治理能力水平的重要指标，这与中国特色社会主义监督体系的建构目标相一致。事实上，党的十八大以来国家治理体系和治理能力水平的

① 莫纪宏：《国家治理体系和治理能力现代化与法治化》，载于《法学杂志》2014 年第 4 期。

显著提高与党中央着力推进党和国家监督体系建设直接相关①，监督体系的有效运行清除了国家治理中的不良因素，促进党的执政能力、国家治理体系和治理能力以及治理效率的同步提升。

另一方面，建构中国特色社会主义监督体系是实现国家治理体系和治理能力现代化的重要支撑。坚持和完善中国特色社会主义制度、推进国家治理体系和治理能力现代化是全党的一项重大战略任务。而国家治理体系和治理能力是一个国家制度和制度执行能力的集中体现，这种执行能力主要表现为能否将制度优势充分转化为治理效能。要将制度优势充分转化为治理效能，很大一部分取决于国家治理体系的运行是否科学合理、各项制度是否能够真正得到有效实施。中国特色社会主义监督体系是实现这一目标的重要支撑，是保证国家治理体系中各项制度、各项权力始终按照党和国家顶层设计运行的重要保障，是推进国家治理体系和治理能力制度化、规范化、廉洁化发展的重要力量。为此，在建构中国特色社会主义监督体系时，要将体系的定位和价值纳入整个国家治理体系和治理能力现代化的重大战略任务当中。

第三节　中国特色社会主义监督体系建构的基本原则

监督是国家治理的重要内容，监督体系属于国家治理体系的组成部分。建构监督体系必须与国情民情相适应，否则是低效或无效的。在建构中国特色社会主义监督体系时，应立足于中国的国情，确定建构的基本原则。建构中国特色社会主义监督体系，一方面涉及建构的框架，另一方面涉及建构的内容。因此，本节将中国特色社会主义监督体系建构的基本原则分为遵循的思路原则和内容原则两大部分。

一、中国特色社会主义监督体系建构遵循的思路原则

中国特色社会主义监督体系的建构是一个深入改革的过程。同时，中国特色社会主义监督体系作为一个监督系统，在建构过程中也应遵循系统性、整体性、协同性的原则。此外，监督体系的内涵会随着社会的发展，尤其是经济发展阶段

---

① 秦德君：《党的建设与国家治理：新时代中国特色社会主义创新主线——党的十八大以来政治创新的结构、逻辑与空间》，载于《理论与改革》2019 年第 5 期。

的变化而不断完善。因此，建构中国特色社会主义监督体系，还要遵循动态性的原则。综上所述，中国特色社会主义监督体系建构遵循的思路原则包括系统性原则、整体性原则、协同性原则和动态性原则。

一是系统性原则。依据系统思维观念，每个事物都是一个系统，每个系统均由内在的要素构成，系统与要素之间、系统内部的诸要素之间互相关联、相互依存。[①] 系统性主要表现为一个系统层次分明，系统内部不同要素之间的界限明晰，但又具有一个有效的运行机制，使不同要素之间"彼此之间存在相互依存、相互制约、相互促进的社会系统论的关系"[②]。中国特色社会主义监督体系是由不同类型的监督形式构成的。在对中国特色社会主义监督体系的构成要素进行划分时，不能是各种监督形式的简单堆砌，而是要按照一定的逻辑将其进行统筹分类，确保同一类型的监督形式能够进行有效整合，同时保证监督体系的周延性。在做好监督体系的类型划分后，还要明确不同类型监督的监督范围、监督定位和监督职责，并在此基础上构建科学合理的运行机制，使监督体系内的监督形式都能够以一定的运行方式来实施并发挥作用，从而达到理想的监督效果。

二是整体性原则。每一个事物都是一个整体，每一个整体都由其内在的各个部分构成，整体与部分之间形成不可分割、相互影响的关系。所谓的整体性原则，主要是把研究对象看成是一个由不同要素构成的整体，并从整体和部分之间的相互关系出发来分析研究对象的特征、运动规律等，进而从整体上更好地把握研究对象的性质。整体性原则要求事物在发展的过程中要统筹兼顾事物的各个部分，把每一个部分看作是有机联系的统一整体，积极发挥各个部分的作用，推动整体功能的实现。在中国特色社会主义监督体系中，各类监督构成了一个整体，同时也保留着各个部分所具有的监督优势，不应强调哪种监督形式更有效，而是要从整体发展的角度来看待不同监督形式所扮演的角色和所能发挥的作用。在建构中国特色社会主义监督体系时，要以整体性思维去看待不同类型的监督，明确各自的职责和定位，在积极推动各类监督作用发挥的前提下，探讨如何更好地发挥出不同监督形式的整体性功能。要从监督目标的整体性上引导不同监督形式的作用方向，从而使它们能够朝着同一个方向使力，整体推进、重点突破、相互协调、相互作用，实现监督作用的整体最大化。

三是协同性原则。协同是事物各要素在整体发展运行过程中配合联动，既加强了个体的力量，也增强了集体的力量，推动事物不断前进。事物在发展过程中必然会面临诸多矛盾和困难，在这种情况下就需要各要素的协同。这也是事物发

---

① 曾家华：《把握好改革的系统性、整体性、协同性》，载于《当代广西》2018 年第 16 期。
② 郭庆松：《机构改革的系统性整体性协同性考量》，载于《中共中央党校（国家行政学院）学报》2019 年第 1 期。

中国特色社会主义监督体系的理论与实践

展过程中体现系统性、整体性优势的重要条件。中国特色社会主义监督体系是一个系统，也是一个整体。而要真正发挥其监督作用，要充分调动各类监督，在明确各自分工的基础上，做好相互补充、相互配合，朝着同一个目标发力。因此，在建构中国特色社会主义监督体系时，要对各个监督类型进行顶层设计，既要划分各自的职责分工，也要考虑到不同监督形式之间如何做好配合，发挥每一个监督形式自身的作用，同时也规划好其与其他监督形式的协调、互补方式，使不同监督形式在内容、主体方面相互衔接，同时做到有主有次、有统有分，避免相互重叠，更要避免互相抵触、相互冲突，推动整个中国特色社会主义监督体系各项工作的协调发展、高效运行。

四是动态性原则。事物总是变化的，会随着环境、条件的变化而动态发展。事物的动态发展，要求人们不能用一成不变的眼光去看待问题，同时还要根据实际变化来更新对事物的认识，提出更符合实际的建议。因此，要用动态的思维去认识事物和解决问题。只有这样，才能够把握事物发展的阶段，提出更有针对性的解决方案。建构中国特色社会主义监督体系，既要解决认识论层面的问题，又要解决方法论层面的问题。这就意味着建构中国特色社会主义监督体系，要以动态思维去指导。一方面，要认识到中国共产党对监督体系的内涵及其运行的认识是不断发展变化的，在理论层面要秉持开放的原则和态度，不断根据实际情况更新完善监督体系的内容。另一方面，要认识到监督体系在运行过程中所面临的问题不是一成不变的，且随着社会的发展，监督对象、监督方式、监督手段等也会发生变化，应结合新的变化调整或完善监督体系的运行机制，做到与时俱进。

二、中国特色社会主义监督体系建构遵循的内容原则

明确中国特色社会主义监督体系的内容，是建构中国特色主义监督体系的基础工作。只有明确内容，才能进一步界定监督类型及对应的监督主体、监督对象、监督方式，进而为实践提供思路参考。为了实现这一目标，在建构中国特色社会主义监督体系时内容的界定要遵循四个原则。

一是突出党的领导原则。在中国的反腐败工作中，坚持党的领导是"中国特色"的突出特点，坚持党的领导是中国特色反腐败的立足之点。[①]作为反腐败工作的重要策略，监督工作也要在党的领导下开展。中国特色社会主义监督体系是中国国家治理体系的重要内容。中国共产党是国家治理的主体，也是国家治理的

---

① 王瑞娟：《对中国特色反腐败的几点思考》，载于《中共山西省委党校学报》2017 年第 5 期。

领导核心。因此，对于中国特色社会主义监督体系来说，必须坚持党的领导。在建构中国特色社会主义监督体系时，应将突出党的领导贯穿其中。突出党的领导，既体现在具体监督形式的主导地位，也体现在党在整个监督体系运行过程中处于领导地位。在这一原则的指导下，中国特色社会主义监督体系要求将党内监督置于主导地位，即在其他监督形式的运行过程中，党的领导必须贯穿其中，确保整个监督体系的方向是符合党和国家发展需要的。

二是以人民为中心原则。在中国，人民是权力的所有者，"权为民所赋"的政治逻辑决定了"权为民所用""权受民监督"的政治实践。[①] 以人民为中心是中国共产党的执政理念，也是中国政治制度的重要体现。在建构中国特色社会主义监督体系时，在内容上要遵循以人民为中心原则，在监督体系的构成要素及其运行等方面都要充分体现这一理念。为此，建构中国特色社会主义监督体系，不仅需要体现党组织、国家机关的监督，还需要充分体现不同主体的监督力量，如民主党派、民众、媒体等，赋予这些监督力量相应的权利和保障，形成主体多元、领域广泛、相互联系的权力监督体系。此外，对于不同的监督形式，虽然其主体有所区别，但在实际运行过程当中，要将民众的参与作为一个重要环节，提供参与的渠道，真正发挥人民在监督工作当中的作用，形成人人都是"监督员"的良好环境，探索中国特色社会主义"大监督"格局。

三是精准定位原则。中国特色社会主义监督体系这个整体要发挥作用，有赖于不同部分发挥出各自的作用。对于整体中的各个部分，只有明确了各自的定位和职责，才能更好地界定要求和任务，进而集中精力履行好自身的职责。在建构中国特色社会主义监督体系时，不仅要将所有的监督要素进行形式上的归类，还要从内容上对它们进行界定，即明确它们各自的任务和要求，以及在整个监督体系当中应发挥的功能和作用。通过在理论层面划好每一类监督形式的"责任田"，力求在实际工作当中能够做到"守土有责"。当然，在定位精准的前提下，中国特色社会主义监督体系中不同监督形式之间还要做到协调合作、互为补充、资源共享，实现在各司其职基础上的协同发展。

四是监督对象全覆盖原则。对监督对象的清晰界定是开展权力监督的重要前提。只有实现对所有权力及其主体的全方位、全过程监督，才能更有效地防止权力的滥用，规范权力的运行。在建构中国特色社会主义监督体系时，必须做到将所有的权力都纳入监督对象当中，不留权力监督范围的空白。在这一过程中，除了要实现对公权力的监督外，还要加强对委托权力的监督。随着社会的发展，有

---

① 张晋宏、李景平：《新时代党和国家监督体系的内在逻辑与建构理路》，载于《山西师大学报（社会科学版）》2019 年第 1 期。

一部分公权力会通过委托的形式，在一定时期内以委托权力的方式行使。这一方面提高了政府运行的效率，发挥了社会不同的资源力量，但另一方面也有可能会产生委托权力的异化。因此，监督体系也要将这类委托权力置入其监督范围。在这一原则的要求下，在建构中国特色社会主义监督体系时就要在已有权力配置和运行的基础上，对应形成不同的监督形式，并整合到一起，形成一个监督体系，推动每一种权力及其运行过程都能够得到有效的监督。

第四节　中国特色社会主义监督体系的基本构成及相互关系

中国特色社会主义监督体系是一个全面完整的系统，由不同的监督形式有机融合而成。同时，中国特色社会主义监督体系又是一个动态发展的系统，其内容会随着实践的发展不断丰富和完善。中国共产党自成立以来，不断从理论和实践层面对监督体系的基本构成进行界定、丰富和完善，以搭建分工协作有序、运行高效规范的监督体系。但无论实践如何发展，中国特色社会主义监督体系的基本构成是相对稳定的。

一、中国特色社会主义监督体系的划分逻辑

中国特色社会主义监督体系由不同的监督形式组成。但不同监督形式之间并非简单的机械罗列，而是遵循一定的内在逻辑，体现中国特色社会主义监督体系的全面性、系统性和统一性。[1]　科学划分中国特色社会主义监督体系的基本构成，首先要把握中国的政治体制。在中国，一方面，中国共产党与国家机器之间存在密切联系。作为执政党，中国共产党在国家机构中处于核心地位，党和政府在人员组织上是一体的。在这种领导方式下，党和政府关系具有很强的内在统一性，党是决策核心，政府是政策执行主体。[2]　另一方面，中国共产党与国家机器之间

---

① 张晋宏、李景平：《新时代党和国家监督体系的内在逻辑与建构理路》，载于《山西师大学报（社会科学版）》2019年第1期。

② 林尚立：《集权与分权：党、国家与社会权力关系及其变化》，引自陈明明主编：《革命后的政治与现代化》，载于《复旦政治学评论》第1辑，上海辞书出版社2002年版，第167页。

具有相对独立性。在政府系统之外，还存在广大的党员以及渗透于整个社会的党的基层组织。① 由此可知，尽管中国共产党与国家机器之间存在着紧密的联系，但两者不是一回事。② 党的权力与国家权力之间虽有部分重叠，但两者之间还是相对独立的。③

中国特色社会主义监督体系的基本构成要实现对国家权力监督的全覆盖。中国特色社会主义监督体系的核心目标在于全面监督国家权力的运行过程，做到监督无死角、无盲区，使国家权力真正能够在各方监督下规范运行。对国家权力监督的全覆盖，包含两层内容：一是权力监督主体的全覆盖；二是权力监督对象的全覆盖。要做到这一点，就必须确保中国特色社会主义监督体系的划分能够将不同的监督主体囊括其中，且这些监督主体的监督对象能够覆盖国家权力运行过程中的所有主体。

从当前中国的政治体制来看，在划分中国特色社会主义监督体系的基本构成时，中国特色社会主义应作为两个不同的监督主体存在。中国共产党在中国政治体制中具有特殊地位，是当代中国政府运行过程的中枢，将国家机关的权力统一于一身，事实上构成了一种社会公共权力，相当于国家组织而又超越了国家组织。④ 可见，中国共产党在整个国家权力运行过程中处于领导地位，同样也要对国家权力进行监督。而国家权力的实际行使者是国家机关。国家机关在中国共产党的领导下进行国家治理，具体推动各项工作的开展。同时，国家机关本身不仅具有决策权、执行权，同时也具有监督权，因此也需要国家机关履行好监督权。在此基础上，要考虑到仅有党内监督和国家监督还不能构成完整的监督体系。从某种意义上说，党内监督和国家监督都可以看成是同体监督，仍存在监督上的局限性。此外，还必须有异体监督来弥补同体监督存在的不足。在中国，人民群众才是权力的所有者，他们把权力委托给党和国家，自然也应具有对这些权力的行使进行监督的权力。因此，社会监督也应该成为中国特色社会主义监督体系中必不可少的组成部分。

二、中国特色社会主义监督体系的协同发展

具体来看，中国特色社会主义监督体系是由十二种监督形式构成，包括纪

① 徐勇：《中国农村村民自治》，华中师范大学出版社 1997 年版，第 152～153 页。
② 景跃进：《党、国家与社会：三者维度的关系——从基层实践看中国政治的特点》，载于《华中师范大学学报（人文社会科学版）》2005 年第 2 期。
③ 林尚立：《集权与分权：党、国家与社会权力关系及其变化》，引自陈明明主编：《革命后的政治与现代化》，载于《复旦政治学评论》第 1 辑，上海辞书出版社 2002 年版，第 153～154 页。
④ 胡伟：《政府过程》，浙江人民出版社 1998 年版，第 98 页。

律监督、派驻监督、巡视监督、监察监督、人大监督、民主监督、行政监督、司法监督、审计监督、统计监督、舆论监督以及群众监督。这十二种监督形式之间也是相互联系、相互促进的，在监督实践中实现了不同监督之间的协同发展。

首先，形成了"四个全覆盖"的权力监督格局。当前，纪律监督、监察监督、派驻监督和巡视监督共同构成"四个全覆盖"的权力监督格局。纪检监察机关是党内监督、国家监察专责机关，要聚焦监督这个基本职责、第一职责，切实加强纪律监督、监察监督、派驻监督和巡视监督。党的十八大以来，党中央通过推进党的纪律检查和国家监察体制改革，中国特色社会主义监督体系的全面性、系统性、协调性显著增强，形成了由纪律监督、监察监督、派驻监督和巡视监督共同构成的"四个全覆盖"权力监督格局。其中，纪律监督得到深层次革新，纪检机关充分发挥党内监督专责机关作用，坚持把纪律挺在前面，深化运用监督执纪"四种形态"，实现了由"惩治极少数"向"管住大多数"拓展；国家监察体制改革不断深化，实现对所有行使公权力的公职人员监察全覆盖，成为健全中国特色社会主义监督体系的创制之举；派驻机构改革持续推进，进一步强化"派"的权威、释放"驻"的优势，发挥"探头"作用，延伸监督触角，把制度优势转化为治理效能；巡视巡察监督深化政治"体检"，力度、广度、深度和效果大幅提升，成为党之利器、国之利器。"四个全覆盖"是有机整体，形成权力监督新格局，实现党内监督和国家监督无盲区、无死角、无空白，确保权力规范有序、顺畅高效运行。

其次，推动了专责监督和职能监督的相互配合。专责监督，主要是指纪检监察机关日常开展的监督活动，包括纪律监督、监察监督、派驻监督、巡视监督等监督形式所开展的监督活动。这些监督活动由专门的机构来负责推动，有明确的制度规范和要求。但是在某些专业性较强的领域，则需要更专业的监督力量来给予支持。而其他监督形式中，包括人大监督、民主监督、行政监督、司法监督、审计监督、统计监督，基本都属于专业领域的监督活动。尤其是司法监督、审计监督、统计监督，其专业性很强。其中，司法监督是由国家司法机关依据法定职权，依照法定程序，对法律实施的情况进行监督；审计监督是审计机关为了维护国家财政经济秩序，提高财政资金使用效益，促进廉政建设，对其审计管辖范围内政府机关、财政金融机构和企业事业组织的财政收支、财务收支，对领导干部履行经济责任、自然资源资产和生态保护责任情况所开展的监督活动；统计监督是统计监督机关（一般是国家统计机关）根据统计调查和统计分析，及时、准确地从总体上对经济、社会和科技的运行状态实行全面、系统的定量检查、监测和预警，以促进经济、社会和科技活动按照客观规律的要求，协调、稳定、健康发展。这些监督形式能够为专责监督提供专业领域的信息来源，形成更多有价值的信息线索，弥补了专责监督在一些专业领域存在的监督"盲区"。此外，与专责监督相比，职能监督在监督工作方面也有一定的局限性，如监督队伍、监督手段等还存在一些不足，影响了其监督成果的转化。在这一过程中，专责监督则可以为职能监督提供更专业的支持和保障，促进监督效果的提升。可以说，将这些监督形式纳入中国特色社会主义监督体系中进行统筹规划和发展，能够有效地促进专责监督和职能监督的统筹推进。

最后，促进了党的内部监督和外部监督的融合发展。党的内部监督主要是党组织对自身组织、成员的思想和行为进行监督；党的外部监督则是党外的组织或人员对党组织及其成员的行为进行监督。不论是党内监督还是党外监督，都有助于及时发现党组织及其成员存在的违纪违法行为，同时实现对所有行使公权力的公职人员的监督全覆盖。中国特色社会主义监督体系所涵盖的十二种监督中，既包括党的内部监督，如纪律监督、派驻监督和巡视监督，也包括党的外部监督，如监察监督、人大监督、民主监督、行政监督、司法监督、审计监督、统计监督、舆论监督、群众监督等。将这些监督形式统筹起来，能够从内部和外部两个方面全方位加强对权力的监督，进一步规范党组织及其成员的行为，同时约束行使公权力的公职人员的行为。其中，舆论监督和群众监督更是拓宽了社会监督的渠道，便于广大民众参与到对权力的监督过程中，充分调动了他们的监督积极性，也进一步增强了监督实效。

第五节　中国特色社会主义监督体系的模式特征

中国政治制度的显著优势在很大程度上决定了中国特色社会主义监督体系的特殊优势。中国特色社会主义监督体系立足于中国的政治制度，受经济、政治、文化、社会等多方因素的影响，必然呈现出与其他国家和地区不同的结构特征。与其他国家和地区的监督体系或监督模式相比，中国特色社会主义监督体系的模式特征主要体现为党在监督体系运行中的领导核心地位、党内监督的主导地位作用、不同监督形式的有机融合三个方面。

一、中国共产党是监督体系运行的领导核心

中国特色社会主义制度的最大优势是中国共产党的领导。在中国特色社会主义伟大事业中，中国共产党是领导核心。我国宪法的序言中反映了中国共产党带领中国人民进行革命、建设、改革所取得的伟大成就，并确立了在历史和人民的选择中形成的中国共产党的领导地位。[①] 在长期的发展过程中，中国共产党以持续的先进性、取得的举世瞩目成就来不断巩固其领导地位。在中国，党政军民学，东西南北中，党是领导一切的。党的十八大以来，党中央反复强调要坚持党对一切工作的领导，并将其置于新时代坚持和发展中国特色社会主义基本方略的第一条。因此，中国特色社会主义监督体系的运行，同样也要坚持中国共产党的核心领导地位。始终"坚持党对一切工作的领导"，是构建中国特色社会主义监督体系的政治保证。这也是中国特色社会主义监督体系的显著特征。

中国共产党对中国特色社会主义监督体系的领导核心，主要体现在政治领导、思想领导、组织领导等方面。其中，在政治领导方面，中国特色社会主义监督体系坚持党的政治纲领和政治原则，及时反映并推动落实党的重大决策部署，为其他各项工作的开展提供了政治保障。在思想领导方面，始终坚持马克思主义理论对监督工作的指导，运用认识论和方法论的科学理论，指导实践工作，包括制定正确的方针政策以及相应的制度规范。在组织领导方面，主要体现在监督工作必须以党的要求为基本遵循。各级党委对监督工作进行领导，承担主体责任，确保各项监督工作方向的正确性。同时，形成了一定的领导机制，为加强党委对监督工作的组织领导提供了机制保障。综上所述，党的执政能力，对监督工作的运行情况起着决定性作用。只有坚持在党的统一领导下，监督工作才能有效运行。新时代坚持党对权力监督的集中统一领导，最根本的是坚持以习近平同志为核心的党中央的统一领导和指挥。[②]

二、党内监督在监督体系中占主导地位

世界政党发展史表明，一个政党特别是执政党要行稳致远，就必须加强自身

---

① 参见《中华人民共和国宪法》中"序言"部分。

② 吴建雄：《开创党和国家监督体系现代化的新境界》，载于《新疆师范大学学报（哲学社会科学版）》2019 年第 6 期。

建设、强化自我监督，保证权力运行不偏离正确轨道。① 中国共产主义为指导思想建立起来的无产阶级政党，党内监督是马克思主义政党学说的重要内容，也是无产阶级政党建设的重要内容。② 党内监督的实质，就是中国共产党按照全面从严治党的要求进行自我约束和自我完善。中国共产党自成立以来，始终非常重视加强自身的建设。尤其是党的十八大之后，党中央对党内监督的重视提高到了前所未有的高度。习近平强调："对我们党来说，外部监督是必要的，但从根本上讲，还在于强化自身监督。"我们要总结经验教训，创新管理制度，切实强化党内监督。③ 可以说，加强党内监督，是马克思主义政党的应有品格，是我们党的优良传统和政治优势，也是全面从严治党的必由之路。

党内监督的重要作用反映到中国特色社会主义监督体系当中，就体现为党内监督在监督体系中的主导地位。中国共产党的执政地位决定了党内监督在党和国家各种监督形式中是最基本的、第一位的。同时，党内监督的优势也保障其在监督体系当中的重要地位。具体表现为：一方面，党内监督对于其他监督形式具有重要的示范引领作用。作为一种强组织、强保障的监督形式，党内监督在开展监督工作方面具有更多的资源，包括领导资源、组织资源、人才资源等，所承担的职责也更为重要。如果党内监督失效，其他监督形式也必然失灵。这在理论和实践层面都得到了有力的证明。另一方面，党内监督对于其他监督形式具有统领作用，能够在党的强有力领导下凝聚其他监督力量，把准监督的方向，形成强大的监督合力，共同实现监督目标。可见，在中国特色社会主义监督体系中，党内监督始终处于统领地位。④ 2018 年 12 月，习近平在中共中央政治局第十一次集体学习时也强调了党内监督为主的理念：党的十九大提出构建集中统一、权威高效的国家监察体系，把组建国家监察委员会列在深化党中央机构改革方案第一条，着眼点就是构建党统一领导、全面覆盖、权威高效的监督体系，形成以党内监督为主、其他监督相贯通的监察合力。在中国，只有充分发挥党内监督的带头作用，带动其他监督，完善监督体系，才能为全面从严治党提供强有力的制度保障。⑤

---

① 汪永清：《加强党内监督是全面从严治党的题中应有之义》，载于《人民日报》2016 年 12 月 9 日。

② 张东明：《党内监督：党自我调节、自我净化的关键抓手》，载于《中国社会科学报》2017 年 2 月 23 日。

③ 习近平：《在第十八届中央纪律检查委员会第六次全体会议上的讲话》，人民出版社 2016 年版，第 21～22 页。

④ 张晋宏、李景平：《新时代党和国家监督体系的内在逻辑与建构理路》，载于《山西师大学报（社会科学版）》2019 年第 1 期。

⑤ 吴建雄：《开创党和国家监督体系现代化的新境界》，载于《新疆师范大学学报（哲学社会科学版）》2019 年第 6 期。

三、不同监督形式有机融合

中国特色社会主义监督体系是由多种监督形式共同构成的。不同监督形式之间虽有分工，定位和目标也存在差异，但并非"各自为战"，而是以维护党和人民群众根本利益为出发点和归宿，各司其职、优势互补，共同构成功能嵌合、系统集成的监督体系。[①] 同时，不同监督形式之间又有一定的主次划分。党内监督在监督体系中处于主导地位，其他监督形式的监督效果会受其影响。但即使是这样的层次划分，也不影响不同监督形式之间的有机融合，因为不同监督形式的价值归旨是相同的，都是为了加强对权力的监督，推动国家治理体系和治理能力现代化，保障人民的权力得到规范行使。这一共同目标将不同的监督形式聚集到一起，同向发力，同时也推动实现对权力全方位、全过程的监督。

中国特色社会主义监督体系中不同监督形式有机融合，具体体现在不同监督形式之间实现了统领与补充、同体监督与异体监督、自我监督与社会监督、自上而下监督与自下而上监督的有机统一。中国特色社会主义监督体系中不同监督形式定位明确，职责明晰，并在实践过程中为其他监督形式助力，积极整合社会力量参与监督工作，集中反映了中国政治制度中以人民为中心、人民当家作主的理念和追求。在中国特色社会主义监督体系中，不同监督形式之间既有分工又有协调，党内监督为主导，各类监督有机贯通、相互协调，这是中国特色社会主义监督体系的显性结构特征。[②]

---

① 张晋宏、李景平：《新时代党和国家监督体系的内在逻辑与建构理路》，载于《山西师大学报（社会科学版）》2019 年第 1 期。

② 宋伟、过勇：《新时代党和国家监督体系：建构逻辑、运行机理与创新进路》，载于《东南学术》2020 年第 1 期。

第四章

纪律监督

严明纪律和规矩，是我们党区别于其他政党的显著特征，是我们党不断从胜利走向胜利的重要保障。党章第七章规定，党的纪律是党的各级组织和全体党员必须遵守的行为规则，是维护党的团结统一、完成党的任务的保证。党组织必须严格执行和维护党的纪律，共产党员必须自觉接受党的纪律约束。毋庸置疑，纪律的生命力在于执行。如果纪律得不到有效执行，就难以发挥应有的作用。党的纪律监督就是以党章党规党纪为基本依据，以纪律处分作为主要监督处置手段，对党的各级组织和全体党员进行督查、约束和控制。[①] 新时代加强党的纪律监督是中国共产党实现依规治党、推进全面从严治党的重大举措。

第一节 纪律监督的历史演进

纪律监督是党的纪律建设的重要组成部分。中国共产党自诞生以来就十分重视纪律建设和纪律监督。党的一大纲领中涉及纪律的内容占有突出位置，15条中有6条涉及纪律，坚定了"纪律立党"的基础。在长期的发展历程中，党的纪律建设作用显著。其中，党的纪律监督体系走向成熟，纪律监督的实施主体、监督内容、监督举措等内容也不断完善，以适应不同时期党的建设新形势

---

① 高国彬：《中国社会主义监督学》，湖北人民出版社1990年版，第54页。

与新要求。

一、新民主主义革命时期：纪律监督的初步形成

新民主主义革命时期，党的纪律监督内容随着党自身发展需要和中国革命形势变化不断完善。1921 年，党的一大召开标志着中国共产党的诞生，至此中国革命事业焕然一新。党的一大通过的《中国共产党纲领》明确指出，"在加入我们的队伍以前，必须与那些与我们的纲领背道而驰的党派和集团断绝一切联系"，"在党处于秘密状态时，党的重要主张和党员身份应保守秘密"，"地方执行委员会的财政、活动和政策，必须受中央执行委员会的监督"。这是党的第一份纲领性文件对党的纪律作出具体阐述。1922 年党的二大通过的党章专门设置"纪律"一章，对党的纪律提出了明确的要求，纪律规定进一步强化了党中央的权威，体现出马克思主义无产阶级政党的自觉性和纪律性。

此外，这一时期党的纪律执行程序化要求逐渐清晰。党的二大通过的党章还提出了六种开除党籍的情形，这是党的对具体纪律处分适用情况的规定。党的五大首次提出"政治纪律"这一概念——"党内纪律非常重要，但宜重视政治纪律"，第一次从党组织和党员的角度细化了纪律处分的类型，明确了根据违规情况予以不同处分，且有了明文规定，实现执行纪律有据可依。党的六大通过的党章将遵守党的纪律确定为"所有党员及各级党部之最高责任"，标志着党对纪律建设重要性的进一步增强。党的七大召开时，我们党的规模之大已经远远超过建党之初，是一个有 121 万党员的政党。毛泽东指出，我们党一直在同党内存在的各种不纯正的思想作斗争，几年来的整风工作收到极大成效，应当更大地开展党内的思想教育。毛泽东思想建党的指引对党的纪律监督提出了更高的要求，在党的七大通过的党章总纲部分中对党的纪律性作了明确阐述，并要求党必须把"破坏党的纲领和党章、党纪而不能改正的人"① 清理出去，以纯洁党的组织。这一时期，党的纪律监督重点是清除党内违纪分子和混入党内的投机分子，以纯洁党的风气，维护党的团结，保证党的路线方针政策在全党的贯彻落实。

二、新中国成立到十一届三中全会前夕：纪律监督的丰富发展

1949 年新中国成立，党的建设迈入新历史阶段，加强和改进党的领导和党

---

① 宋功德：《党内法规的百年演进与治理之道》，载于《中国法学》2021 年第 5 期。

的建设成为党的社会主义事业，更加重视执政条件下的纪律建设，纪律监督在内容和形式上取得新发展。新中国成立初期，国内外形势错综复杂，在新环境下如何加强执政党自身建设我们党的经验比较缺乏，党的纪律建设面临着严峻的挑战，官僚主义等不正之风在部分党组织和党员干部中盛行，党员干部违纪违法现象时有发生。

这一时期强化党的纪律监督的实践探索主要表现是：一方面，党把纪律监督与发动群众相结合，把群众监督作为纪律监督的有益补充，在全党开展"三反"运动、"整风整党"运动，以克服资产阶级思想对无产阶级队伍的腐蚀，克服党内机关的不良作风和思想问题，密切党和人民群众的血肉联系。另一方面，加强党内纪律监督的规范性。具体来说，一是明确了纪律监督的专责主体，重设党内专责监督机关，成立中央和各级党的纪律检查委员会，开展检查和处理违反党纪的党员和党组织。二是以党内规定的形式细化党的纪律要求，为党的纪律监督提供依据。三是坚持"惩前毖后，治病救人"，严肃审慎处理党纪问题。例如，在"三反"运动中，刘少奇起草的中央《关于三反运动中处理党纪问题的指示》强调，"对于党员的处分，必须既严肃又慎重，必须分清是非轻重，不许再有自由主义的态度，也不许轻率地处分党员"，"在送请批准时，必须附送受处分者本人对处分的意见"，并提出党员有申诉的权利，体现出了纪律监督的严肃性和保护性，把严管与厚爱融合起来。1956 年，党的八大通过的党章指出，"党是以一切党员都要遵守的纪律联结起来的统一的战斗组织"，缺乏纪律约束，社会主义事业就会受阻，人民利益维护就会受挫，要求全党加强纪律规范。

这一时期，党的纪律监督在加强党组织纯洁性、维护党内团结的基础上，强调对党组织和党员廉洁性和人民性的要求，是无产阶级政党在执政初期自觉抵制资产阶级腐朽思想和生活方式腐蚀、巩固党的执政基础和执政地位的重要武器。在具体实践中，我们党查处了一批违纪党员干部，在全党起到了教育警示作用，也使全党进一步认识到了资产阶级腐朽思想侵蚀的危险性和加强执政党建设的重要性。后来在"文化大革命"期间社会主义建设事业遭受了严重挫折，党的纪律监督也面临重创。

三、党的十一届三中全会至十八大前夕：纪律监督走向制度化

党的十一届三中全会以后，我们党成功开辟中国特色社会主义道路，作出把党和国家的工作中心转移到经济建设上来的决定。中国共产党是社会主义的领导核心，党必须适应改革开放和现代化建设的需要改善和加强党的领导与自身建

设，把执政党的党风提高到关系党的生死存亡的高度，强调要切实转变党的作风。1979 年初，中国共产党中央纪律检查委员会恢复重建后在北京举行第一次会议，重点围绕党维护党规党纪紧密搞好党风这个中心工作展开。邓小平明确指示："各级纪律检查委员会和组织部门的任务不只是处理案件，更重要的是维护党规党纪，切实把我们的党风搞好。"党的十二大党章对文本进行了重新布局，党章重新专列"党的纪律"部分，共计五条，核心是强化"共产党员必须自觉接受党的纪律的约束"这一思想。在此后的党章修正中，"党的纪律"都有专章部署。党的十三大以后，党中央坚持党要管党、从严治党方针，严惩腐败问题，高度重视党组织、党员的遵纪守法情况，抓住领导干部这个关键，严厉惩处领导干部投机倒把、以权谋私的行为。1997 年 2 月，中共中央印发的《中国共产党纪律处分条例（试行）》是党的纪律最为具体、系统、完善的法规，也是党内处理违纪案件的基本依据，是党中央加强党的作风建设和纪律建设，使党的纪律监督逐步制度化、法制化的重要举措。党的十六大后，党把党风廉政建设和反腐败工作放在重要位置，着力构建结构合理、配置科学、程序严密、制约有效的权力运行机制，大力加强权力监督制度和机制建设，党的纪律监督也随之走向制度化和体系化。

这一时期，随着改革开放不断扩大和深入，我们党作为执政党面临的挑战和风险也逐渐增多，党中央从经济建设这个中心任务出发，总结党的建设的经验和教训，坚持思想建党与制度治党并重，聚焦党风廉政建设和反腐败工作，加强纪律监督，探索有效的党内监督形式，严惩腐败问题，保障了新时期经济发展和社会稳定。

总体来说，我们党从革命时期开始就高度重视党的纪律建设，党的纪律作为维护党的团结统一，保持党的纯洁性和廉洁性的规范和手段，在不同时期都发挥重要作用。但是，一段时期以来，由于监督乏力等主客观原因，我们党内一度面临组织涣散、纪律松弛等严重问题。基于这一判断，党的十八大以来，党中央壮士断腕、刮骨疗毒，坚定不移强化纪律监督，用纪律管全党、治全党，以零容忍态度惩治腐败，持之以恒推进党的自我革命，全面从严治党打开新局面。

第二节　纪律监督的内涵与功能

纪律监督是党的纪律建设的关键环节，是党内监督的重要组成部分。党的纪律既是党组织和党员干部的行为底线，又是拒腐防变的有力武器，既是党内监督的内容，又是党内监督的尺子。① 纪律监督的目的是用党的纪律条文约束党员的行为，保证党的组织和党员，尤其是党员领导干部按照党章和党内法规办事用权，防止党内不良倾向的发生，揭露和纠正一切损害党的利益、涉嫌违反党纪国法的行为，保持和发扬党的优良传统和好作风。

一、纪律监督的内涵

纪律监督由"纪律"和"监督"两个词组合而成。纪律是指社会的各种组织（如政党、政府机关、军队、团体、企业事业单位、学校等）规定其所属人员共同遵守的行为规则，包括履行自己的职责、执行命令和决议、遵守制度、保守秘密等，以巩固组织，确立工作秩序，完成组织所承担的任务。纪律具有约束和规范的功能。任何组织都要有一定的纪律，因为组织是人们为实现一定的目标而结合起来的集体，无论是政治目标还是其他目标，要实现它们都需要有统一的行为规则使组织的成员团结起来、步调一致。从词源上理解，"监"是监察的意思，"督"也是督查、促进之义。"监督"在《辞海》中的解释是："古之遣将，上设监督之重，下设副二之任。"② 原意是指对派出打仗的军官进行监察和督促。后来，监督一词用意越来越广泛，但其基本含义是指从旁察看、监视、检查并督促，防止出错并纠正错误。因此，监督就是监督者依据相应的行为规范，采取一定的方式对被监督者的行为进行规范和约束，进而被引申为约束、限制、检查、纠正等深层意义。由此来看，纪律监督的一般含义就是监督者依据组织的共同行为规则，采取一定的方式对被监督者进行的约束、限制和纠正活动。

在我国的政治语境中，纪律监督主要指代中国共产党纪律监督，是政党组织的有效监督形式。党的纪律是党章的重要组成部分，根植于党的肌体之中，因此纪律监督是任何其他监督形式所不能替代的。有学者指出，党的纪律监督就是以党章党规党纪为基本依据，以纪律处分作为主要监督处置手段，对党的各级组织和全体党员进行督查、约束和控制。③ 本章沿用此概念进行具体阐释。

就纪律监督主体而言，从广义层面上看，在党内监督体系中，纪律监督的主体是多元的，包括党委（党组）、纪律检查机关、党委组织部门、党的基层组织和党员等。从狭义层面上看，党的各级纪律检查委员会是纪律监督的实施主体，这是由其党内监督专责机关的定位和职责决定的，纪律检查机关在党的纪律监督

---

① 赵洪祝：《党内监督必须把纪律挺在前面》，载于《中国纪检监察》2016年第22期。
② 《辞海（缩印本）》，上海辞书出版社1980年版，第1688页。
③ 高国彬：《中国社会主义监督学》，湖北人民出版社1990年版，第54页。

工作方面是责无旁贷的。

就纪律监督对象而言，党纪的一致性决定任何党组织和党员在纪律面前都一律平等，必须遵照执行，不能搞特殊、有例外；纪律的度量衡对任何违规违纪、破坏法规制度的党员和组织都一样，执行同一标准，不以权势大而破规，不以问题小而姑息，不以违者众而放任，不留"暗门"、不开"天窗"，坚决防止"破窗效应"。

就纪律监督内容而言，党章及党纪党规等党内法规是纪律监督的主要依据。党的十八大之后，在整合原来各项纪律的基础上，党的纪律形成了六个大类，即党章明确规定的政治纪律、组织纪律、廉洁纪律、群众纪律、工作纪律和生活纪律。2015年1月，习近平在十八届中央纪委五次全会上对党内规矩的内容进行了总结，强调要加强纪律建设，把守纪律讲规矩摆在更加重要的位置。

就纪律监督执行而言，纪律监督主要采取自上而下监督模式，综合运用谈心谈话、询问查询、信访举报、听取汇报、抽查核实、专项检查、实地督导等多种方式履行职责，紧盯重点领域和行业，聚焦关键少数，重点发现形式主义、官僚主义等问题。

就纪律监督问责而言，监督执纪"四种形态"是纪律监督释放以纪律管党治党综合效应的重要抓手。党的十九大通过的党章规定，运用监督执纪"四种形态"，让"红红脸、出出汗"成为常态，党纪处分、组织调整成为管党治党的重要手段，严重违纪、严重触犯刑律的党员必须开除党籍。从实效来看，监督执纪"四种形态"为解决"纪律松弛、管党治党宽松软等问题"找到对策，抓早抓小和严管厚爱成为监督执纪新理念。同时，有学者指出，监督执纪"四种形态"的提出和推行可以说是中国减少腐败存量的有益尝试，取得了明显的成效。①

二、新时代纪律监督的功能

督促党员自觉遵守纪律、惩处破坏纪律的行为，是纪律监督的天然职责。一方面，党的纪律条文是纪律监督的基本内容。没有纪律，监督也就失去了方向。党章中的纪律要求为纪律监督工作提供了根本遵循。党对党组织和全体党员行为约束的直接表达，就是形成具体的、清晰明确的纪律要求和实体化的纪律条文，作为党组织和全体党员是否遵守纪律的标尺。另一方面，纪律监督以严格执行纪律为武器，对破坏党章党规党纪的行为进行教育、警示和惩戒。各级党组织要以

---

① 潘春玲、过勇：《党的十八大后直面挑战：减少腐败存量》，载于《河南社会科学》2017年第5期。

纪律为尺子管党治党，同违反纪律的行为作斗争，发现问题就及时提醒告诫，违反纪律动辄则咎，作出组织处理，直至给予纪律处分，使纪律真正成为带电的高压线。

第一，纪律监督是维护纪律刚性与党的宗旨意识相统一的保障。我们党是靠革命理想和铁的纪律组织起来的马克思主义政党，纪律严明是党的光荣传统和独特优势。中国共产党是中国工人阶级的先锋队，是中国人民和中华民族的先锋队，党员具有共同的理想信念、理论基础和组织基础，并对自身使命有着高度的自觉性。党的纪律的刚性体现在任何违反党章党规党纪的行为和活动都必须接受党的纪律处分，纪律标尺的刻度清晰明确，不能随意调整。从本质上说，纪律监督是党的纪律检查机关以纪为尺，度量党员干部是否行差踏错，是否思想滑坡，是否背离党的宗旨、政治目标和理想信念，并通过批评教育、组织处理、纪律处分等方式，对相关问题做到"抓早抓小，动辄则咎"。如果党员干部不守纪律，且党组织执行纪律乏力，那么就会造成党员干部作风漂浮、贪污腐败，破坏党与人民群众的关系。党员遵守纪律能够强化党员干部的宗旨意识，带动发扬好的作风，密切党员干部与群众的关系，进而巩固党的执政基础和执政地位。

第二，纪律监督是构建"四个全覆盖"权力监督格局中的核心内容。党的十八大以来，通过深化党的纪律检查和国家监察体制改革，形成了纪律监督、监察监督、巡视监督、派驻监督"四个全覆盖"的权力监督格局。由于纪律监督、巡视监督与派驻监督都属于党内监督，且"四项监督"严格意义上都依托于党的纪律检查机关，具有相同的组织基础，在此重点探讨纪律监督与监察监督的关系。从对象范围上看，纪律监督的对象是党组织和全体党员，可以看作一种从"身份性质"出发的监督机制；监察监督的对象是行使公权力的公职人员，是一种基于"权力属性"出发的监督机制。中国共产党是中国特色社会主义事业的领导核心，党员在国家公职人员中占绝大多数。因此，纪律监督和监察监督的对象具有较大的重合性，在权力监督格局中互为补充。从查处的案件中发现，党员干部的违法犯罪行为都是从违纪开始的，且违纪行为与职务违法犯罪行为一般情况下存在密切的关联。这一现实决定了党内监督必须与监察监督相互配合，坚持纪在法前，加强纪律与法律的衔接，推动形成监督合力。

第三，纪律监督是一体推进"三不"体制机制构建的关键环节。当前，党风廉政建设和反腐败斗争形势依然严峻复杂，腐败这个执政党的最大风险仍然存在。坚持思想建党和制度治党相结合作为党的十八大以来管党治党的重要经验，既体现了依规治党与以德治党相统一，也体现了我们党从制度层面消除腐败机会和人的动机层面弱化腐败动机的考量。习近平强调："我们提出那么多要求，要多管齐下、标本兼治来落实，光靠觉悟不够，必须有刚性约束、强制推动，这就是纪律"。① 惩治腐败和纠治不良作风，最根本的是要通过纪律执行落到实处。一方面，把纪律挺在前面，把监督端口向前移，以事实为依据，以纪律为准绳，判断性质，区别程度，定性量纪；另一方面，充分发挥建章立制和纪律宣传教育的治本作用，扎紧制度的笼子，推进"不能腐"，强化纪律对党员干部培养、教育和改造的功能，使党员干部牢固确立法律红线不能触碰、法律底线不能逾越的观念，做到"不敢腐"和"不想腐"。

第三节　党的十八大以来纪律监督的创新发展

党的十八大以来，习近平高度重视从根本上管党治党，重点解决管党治党宽松软问题，在继承党重视纪律、严明纪律优良传统基础上，把党的纪律挺在前面，强化纪律监督，做到有纪必依、执纪必严、违纪必究，以铁的纪律全面从严治党。新形势下，我们党立足实际，坚持问题导向和靶向思维，切实加强党的纪律建设，把政治纪律摆在首位，不断推动纪律监督创新发展。

一、构建新时代党的纪律体系，纪律监督的指向性更加明确

从纪律的本质属性上看，党的纪律体现的是党内贯彻与执行的施行导向，是针对全体党员的严格规范。② 2015 年和 2018 年先后修订的《中国共产党纪律处分条例》在整合原来各项纪律的基础上，创造性地将党员违纪行为分为违反政治纪律、组织纪律、廉洁纪律、群众纪律、工作纪律和生活纪律六类，形成了党的纪律体系的主要内容。党的十九大提出："重点强化政治纪律和组织纪律，带动廉洁纪律、群众纪律、工作纪律、生活纪律严起来。"这表明在党的纪律体系中，六类纪律有不同的指向和位次关系。把党的政治纪律放在首位，是因为新时代党的建设总布局中，政治建设对纪律建设发挥统领作用，同样也应该表现在政治纪律在整个纪律建设中的牵引和带动作用上。遵守党的政治纪律是遵守党的全部纪律的重要基础，关系全党能否坚持"四个自信"、坚定"四个意识"、做到"两个维护"。同时，党的组织纪律性是增强自身凝聚力和号召力的保障，党面临的

---

① 《习近平关于全面从严治党论述摘编》，中央文献出版社 2016 年版，第 5 页。
② 刘卫东、王建华：《新时代党的纪律建设的生成动因与实践要求》，载于《中共福建省委党校学报》2019 年第 1 期。

形势越复杂、肩负的任务越艰巨，就越要保持党的团结统一。加强党的组织纪律性是解决全面从严治党现实问题的必然要求和关键举措。总体而言，六类纪律内涵不同但相辅相成。党的六类纪律与党的廉洁自律规范从约束和激励两个维度出发，构成了党员干部必须遵守的纪律和道德要求。

二、把党的纪律挺在前面，纪律监督的震慑力更加凸显

治国必先治党，共产党员的任何违法行为必然违反党规党纪。一个时期以来，在管党治党实践和党内法规制度建设中，存在纪法不分问题，把公民不能违反的法律底线作为党组织和党员的纪律底线，降低了对党员的要求，最后造成的结果就是"违纪只是小节、违法才去处理""要么是好同志、要么是阶下囚"的不良后果。① 正因如此，党规党纪严于国家法律成为新时代加强党的纪律建设的重要原则。把党的纪律和规矩挺在前面，主要从两个方面强化纪律监督：一是强化纪律教育宣传，从教育、培养和改造党员干部的主观世界着手，用党的纪律和规矩武装头脑，牢固树立纪律的边界意识和底线思维；二是强化纪律执行，党委和纪检监察机关强化对党管干部的监督，选择和运用思想教育、批评和自我批评的方法等武器，提高本领，同各种不良思想、现象和行为作有效的斗争。只有把纪律挺在前面，才能够防微杜渐，防止小错酿成大错，真正发挥"惩前毖后，治病救人"的作用，实现教育与惩戒相结合，做到宽严相济。

三、深化运用监督执纪"四种形态"，纪律监督的有效性更加彰显

政治与腐败问题交织是我国腐败案件较为显著的一个特征，其直接表现为党员干部的腐败问题与违纪违规行为相伴。党的十八大以来，我们党在减少腐败存量、遏制腐败增量这一目标上提出监督执纪"四种形态"，给纪律之尺打上四个刻度，在"违纪"到"违法"的发展轨迹中设置了"关卡"，防止党员干部走向"违法"，保护大多数。② 运用监督执纪"四种形态"的核心内容是：经常开展批评和自我批评、约谈函询，让"红红脸、出出汗"成为常态；党纪轻处分、组织调整成为违纪处理的大多数；党纪重处分、重大职务调整的成为少数；严重违纪

---

① 张由涛：《从纪法混同到纪挺法前》，载于《中国纪检监察》2016 年第 1 期。

② 潘春玲、过勇：《党的十八大后直面挑战：减少腐败存量》，载于《河南社会科学》2017 年第 5 期。

涉嫌违法立案审查的成为极少数。这是我们党治理模式的改进和监督执纪方式的创新，有利于各级党组织以党的纪律为尺子，从点滴抓起，综合运用批评教育、组织调整、组织处理、党纪处分等手段，让党内政治生活严肃起来，及时匡正苗头性问题，管住大多数。

四、建立健全党纪党规制度体系，纪律监督的法治化程度提升

创新党内法规制度、把各项纪律和规矩立起来是全面从严治党、从严治吏的重要内容。从内容层面上看，党的纪律呈现为六类纪律；从制度形态上看，党的纪律以党章、准则、条例等党内法规形式存在。完善党内法规是制度治党的关键环节，是强化以党章党规党纪为尺，保证党的纯洁性、保证党员言行一致、党内团体和政治生态风清气正的重要载体。党的十八大以来，党中央开展了党的历史上第一次党内法规和规范性文件集中清理工作，加快补齐党建方面的法规制度短板，党内法规制度体系建设取得重大进展。2018 年中央再次修订《中国共产党纪律处分条例》，突出政治纪律，提高纪律建设的政治性、时代性、针对性。此后基本上形成了以党章为根本遵循，以《中国共产党纪律处分条例》为核心，以《新形势下党内政治生活若干准则》《中国共产党廉洁自律准则》《党内监督条例》《中国共产党问责条例》等制度规定为框架的党规党纪制度体系。

第四节　完善纪律监督的思考

制定纪律是为了执行，强化纪律监督是保障铁规发力、禁令生威。新发展阶段全面从严治党面临新形势和新任务，释放党的纪律监督效能要从实践中总结经验与教训，也要不断优化制度和环境，为纪律监督提供有利条件。

一、坚持挺纪在前

法律是治国之重器，纪律是政党之戒尺。党的性质和宗旨决定了党纪必须先于国法、严于国法。[①] 我们党从成立之日起，就把为中国人民谋幸福、为中华民

---

① 《坚持纪在法前、纪严于法》，载于《人民日报》2015 年 10 月 23 日。

族谋复兴作为自己的初心和使命。我们党作为执政党，如果自身不硬，心中没有人民，没有自我革命的意识，必然会被人民和历史抛弃。一方面，必须牢固树立党章权威。党章明确规定："党的纪律是党的各级组织和全体党员必须遵守的行为规则，是维护党的团结统一、完成党的任务的保证。"党章是管党治党的总规矩，是全党必须遵循的总章程。强化党的纪律监督，最根本的就是维护党章的权威，切实发挥保障落实党的路线、方针、政策的作用。另一方面，提升党内法规的质量和执行力。一是扎紧以权力为核心的制度之笼，增强党员干部的纪律意识和权责对等观念，切实明确各项制度中的监督保障机制。二是扎紧以监督执纪为核心的制度之笼，明确监督执纪的制度依据、权属界面、政策原则等，破除纪律不执行、执行不到位、选择性执行、执行尺度不统一等问题。在制度建构上，既要扎紧制度篱笆，防止"牛栏关猫"，又要强化制度执行，防止制度成为"稻草人"和"橡皮筋"。

二、坚持执纪从严

加强党的纪律建设，维护纪律是关键。没有规矩，不成方圆。党章明确规定，党员必须履行"自觉遵守党的纪律"，"模范遵守国家的法律法规"的义务。从对党员的要求上来说，党纪严于国法。纵观党的十八大以来查处的党员干部，无一不是在违法之前首先违纪。纪严于法就是要求各级纪检监察机关必须坚决摒弃"违纪是小节、违法才处理"的惯性思维，将工作思路、方式和重点转向违纪问题，依法依规处置问题线索，优化问题线索集中管理和集中排查，强化线索问题研判，着重发现共性问题和苗头性问题。以监督执纪"四种形态"为抓手，明确各种形态的特征性问题、应用范围和边界标尺等，补齐"好同志"与"阶下囚"中间的执纪"短板"。监督执纪"四种形态"是针对性解决全面从严治党现实问题而形成政党治理创新成果，体现了"惩前毖后、治病救人"的原则和"把纪律挺在前面"的要求。尤其要在用好第一种形态上下功夫，充分发挥防微杜渐的保障功能，真正改变监督执纪"四种形态"应用不平衡、苗头性问题得不到及时匡正的现状。

三、持续强化教育

一是加强党对政德建设的领导。就是要通过组织创新和制度、方法创新，将党的主张和人民期待转变为新时代的政德要求，并经由严格的纪律约束，变为全体党员干部的行为准则和行动自觉。二是完善政德功能，增强政德实践的操作性。全面从严治党和依法治国在价值上具有一致性，突出执行纪律没有例外，强调用权必受监督。政德之于党员干部，本质上也是一种无须提醒的道德要求。两者在实践中实际是一体的，共同作用于公务员权力运行。三是必须以党内纪律文化建设为根本性支撑。对党的纪律建设而言，党内纪律文化建设是一项根本性工程，决定了党的纪律建设实效的长远之计。因此，应将党内纪律文化的核心内容融于党的纪律监督实践的各个环节，构筑党内纪律文化的物质载体。同时，还应不断丰富纪律文化的形象载体，包括仪式、口号、榜样等，让纪律文化这一集中体现党性的党内文化支撑全体党员干部的精神世界。

第五章

派 驻 监 督

派驻监督是中国特色社会主义监督体系的重要内容。派驻监督的建立与发展经历了一个比较曲折的历史过程，这与中国的发展以及纪检监察体制的变迁密不可分。党的十八大以来，在一体推进党的纪律检查体制改革和国家监察体制改革过程中，派驻监督实现了理论和实践层面的创新发展，在党风廉政建设和反腐败工作中的作用显著提升。

第一节　派驻监督的内涵

随着现代政府职能的扩张，一些职能部门通过向特定机关派驻机构或人员以满足自身工作的需要。例如，财政部门向政府重点项目派驻财政监察组以强化财政监督，① 检察机关向监狱派驻检察室以强化对刑事执行情况的监督检查，军队向国防工业企业派出代表或设军事代表机构以强化对企业履行武器装备采购合同情况进行监督等。在国外，这种情况也比较普遍。例如，法国的经济与财政部设置财政监察专员，派驻到中央各部门以及法国的 22 个大区，乌克兰的国家监督检查总局在全国范围内设立派驻机构。在我国的反腐败体系中，纪检监察机关根据党章和《中华人民共和国监察法》（以下简称《监察法》）的规定，向党和国

---

① 宋立根：《政府重点项目派驻财政监察制度探讨》，载于《财政监督》2013 年第 31 期。

家机关派驻纪检监察机构或人员，代表派出机关在驻在部门履行纪检监察职能。

《中国共产党纪律检查委员会工作条例》规定：派驻机构是派出它的党的纪律检查委员会和监察委员会的组成部分，派驻机构根据派出机关授权开展监督执纪问责工作。[①]《监察法》规定：各级监察委员会可以向本级中国共产党机关、国家机关、法律法规授权或者委托管理公共事务的组织和单位以及所管辖的行政区域、国有企业等派驻或者派出监察机构、监察专员。[②]在具体的派驻方式上，省级和设区的市级监察委员会依法向地区、盟、开发区等不设置人民代表大会的区域派出监察机构或者监察专员。县级监察委员会和直辖市所辖区（县）监察委员会可以向街道、乡镇等区域派出监察机构或者监察专员。[③]综上所述，在现代语境中，纪检监察派驻制度是指纪检监察机关向党和国家机关派出一定数量的人员并授予相关职权，成为特定范围内履行党的纪律检查职能和国家监察职能的常设机构，是纪检监察机关的重要组成部分。

第二节　派驻监督的历史演进

新中国成立后，我们党着手建立系统完备的纪检监察制度。随着国家形势发展的需要，尤其是党的八届十中全会明确要求，党的各级监察委员会应当加强对同级国家机关的党员的监督工作。为此，《关于加强党的监察机关的决定》提出建立纪检监察派驻制度，以强化党和政府机关的组织性与纪律性，确保党的路线方针和各项具体政策得到贯彻落实。在派驻层级方面上，中央监察委员会可以派出监察组常驻国务院各部门。各省、市、自治区党的监察委员会在必要时，可以派监察组或监察员驻省、市、自治区人民委员会所属的各部门进行工作。监察组的主要职能是：（1）监督检查党员干部遵守党章、党纪，共产主义道德，国家法律、法令，执行中央的政策、决议的情况；（2）根据中央监察委员会的指示，直接检查或者协助所在部门的党组织检查所属党员违反党的纪律、共产主义道德和国家法律法令的案件。在领导体制方面，驻国务院所属各部门的监察组受中央监察委员会直接领导，对有关业务方面重大问题的检查处理，受所在部门党组的指导，也称为"一重领导，一重指导"的管理模式。

---

① 《中国共产党纪律检查委员会工作条例》（2021年12月6日中共中央政治局会议审议批准）第四十三、四十四条。
② 《中华人民共和国监察法》第十二条。
③ 《中华人民共和国监察法实施条例》第十二条。

改革开放以后，随着纪检监察机关的恢复重建，纪检监察派驻制度进入了新的发展阶段。1982 年党的十二大党章规定，党的中央纪律检查委员会根据工作需要，可以向中央一级党和国家机关派驻党的纪律检查组或纪律检查员。1983 年 3 月 2 日，中央纪委印发《关于健全党的纪律检查系统加强纪检队伍建设的暂行规定》规定：中央纪委派驻各部门的纪律检查组或纪律检查员，在中央纪委直接领导和驻在部门党组指导下进行工作。各派驻纪检组的人员均列入驻在机关编制，其政治和生活待遇由驻在机关按规定安排。这一时期沿袭了过去"一重领导，一重指导"的管理模式，但进一步界定了派驻机构的职责以及确定派驻机构的人员职数。①

1993 年，中央纪委、监察部合署办公以后，派驻机构的领导体制和设置模式得到进一步优化。同年 2 月，中央纪委、监察部下发的《关于中央直属机关和中央国家机关纪检监察机构设置的意见》规定，派驻纪检、监察机构实行中央纪委、监察部和所驻在部门党组、行政领导的双重领导，纪检、监察业务以中央纪委、监察部领导为主。这就是"双重领导，一个为主"管理模式。派驻的范围主要集中于中央直属机关、中央国家机关中的一些重要经济部门、意识形态部门、国家司法和行政执法监督部门，其他部门可内设纪检、监察机构。

2000 年 9 月 4 日，中共中央纪律检查委员会、中共中央组织部、中共中央机构编制委员会办公室、监察部下发《关于加强中共中央纪委、监察部派驻纪检、监察机构管理的意见》，进一步明确了"中央纪委、监察部派驻纪检、监察机构是中央纪委、监察部的组成部分，受中央纪委、监察部和驻在部门党组（党委）、行政的双重领导，以中央纪委、监察部领导为主"。2004 年 4 月 1 日，中央纪委、中央组织部、中央编办、监察部联合下发《关于对中央纪委监察部派驻机构实行统一管理的实施意见》，明确了派驻机构由中央纪委监察部直接领导，重要情况和问题直接向中央纪委监察部请示、报告。中央纪委监察部对派驻机构的业务工作和干部工作实行统一管理，派驻机构的后勤保障仍由驻在部门负责。此外，中央纪委还出台了一系列文件，加强对派驻机构的业务管理和干部管理。

综上所述，自纪检监察派驻制度建立以后，其领导体制、管理体制、职责定位以及履职保障机制等内容一直处于改革和完善过程中，但始终未能完全发挥制度设计初衷的功能。这表明，要使派驻制度有效地运转起来，还有赖于通过纪检监察体制的整体性重塑为其营造良好的运行环境。

---

① 参见《中共中央纪律检查委员会关于健全党的纪律检查系统加强纪检队伍建设的暂行规定》（1983 年 3 月 2 日）。

第三节 派驻监督的功能定位

党的二十大报告对健全和完善党和国家监督体系作出了重大部署，提出健全党统一领导、全面覆盖、权威高效的监督体系，完善权力监督制约机制的明确目标。派驻机构作为纪检监察机构的组成部分，是履行党内监督和国家监察职能的重要平台。在新的起点上，要取得全面从严治党更大战略性成果，就必须充分发挥派驻监督的重要作用。

派驻监督是党和国家监督体系的重要组成部分，本质上是上级纪委对下级党组织监督的有效机制。习近平指出，派驻机构监督是党和国家监督体系的重要内容，我们实行单独派驻和综合派驻相结合，实现对中央一级党和国家机关全面派驻。各派驻机构强化监督执纪问责，"派"的权威和"驻"的优势明显增强。[①]党的十九大以来，中央纪委国家监委在深刻总结党的十八大以来派驻监督经验的基础上，进一步深化派驻机构改革，并采取一系列有力举措，充分实现了党内监督和国家机关监督、党的纪律检查和国家监察的有机统一。

派驻监督是构建"四个全覆盖"监督格局的关键内容。派驻监督是贯通纪律监督、监察监督、巡视监督的重要环节。首先，派驻监督是履行党内监督职责的专责机关，通过日常监督把纪律挺在前面，深化运用监督执纪"四种形态"，推动纪律监督的落实。其次，根据《关于深化中央纪委国家监委派驻机构改革的意见》，派驻机构被赋予监察权，同时履行监督执纪问责和监督调查处置，将监督监察范围拓展到所有党和国家机关中履行公权力的公职人员，推动了监察监督的实现。最后，巡视监督是党之利器、国之利器，但巡视监督的作用能否充分发挥，关键在成果运用。派驻监督通过检查和督促驻在部门落实巡视整改情况，可以有效地确保驻在部门做好巡视监督的"后半篇"文章，确保巡视监督的落地。

派驻监督是实现抓"关键少数"和管"绝大多数"相统一的有效途径。习近平在十九届中央纪委二次全会上指出，要坚持抓"关键少数"和管"绝大多数"相统一。"老虎"要露头就打，"苍蝇"乱飞也要拍。[②] 一方面，根据党章

[①] 《习近平在中纪委第六次全体会议上的讲话》，载于《人民日报》2016年5月3日。

[②] 《习近平在十九届中央纪委二次全会上发表重要讲话强调 全面贯彻落实党的十九大精神以永远在路上的执着把全面从严治党引向深入》，新华网，http://www.xinhuanet.com/politics/2018-01/11/c_1122246305.htm，2018-01-11。

及其他相关规定，派驻机构的重要职责就是加强对驻在部门领导班子及其成员的监督。派驻机构通过参加或者列席党组会议、谈心谈话、约谈等方式加强对党员干部的约束，抓住党员干部这一"关键少数"。另一方面，派驻机构以持续化、常态化的日常监督，从苗头性问题抓起，通过用谈话函询、提醒诫勉等手段，管住"绝大多数"。派驻监督在很大程度上实现了由"惩治极少数"向"管住大多数"的深度拓展。

第四节 党的十八大以来派驻监督的创新发展

党的十八大以来，党中央高度重视党风廉政建设和反腐败工作，并把反腐败体制机制创新作为推进国家治理体系和治理能力的重要举措。在此背景下，派驻机构改革不断深化，其核心要义在于切实提高派驻机构的监督能力。

第一，推动派驻机构领导体制的科学化、具体化。党的十八大以来，党中央陆续出台了《关于加强中央纪委派驻机构建设的意见》《关于全面落实中央纪委向中央一级党和国家机关派驻纪检机构的方案》，其中重点内容就是加强中央纪委对派驻机构的直接领导。党的十九大之后，派驻机构的领导体制更加具体化、程序化和制度化。《关于深化中央纪委国家监委派驻机构改革的意见》中明确提出，建立中央纪委常委会统一领导、中央纪委国家监委统一管理，中央纪委副书记（常委）、国家监委副主任（委员）分管，相关职能部门分工负责、协调配合的派驻工作领导体制，加强对派驻机构的指导、管理、服务和保障。2022年6月，中办印发《纪检监察机关派驻机构工作规则》明确规定，派驻机构由派出机关直接领导、统一管理。派出机关相关部门根据职能职责，加强对派驻机构的指导、联系、服务和保障。这些改革举措显著提升了派驻机构的独立性，提高了派驻机构的权威性。

第二，完善派驻机构统一管理。主要体现在三个方面：一是在业务管理方面，进一步强化派出机关对派驻机构信访举报、问题线索处置、查办案件等工作的督促检查和指导协调。二是在人事制度方面，强化派出机关在纪检监察组组长人选上的话语权，明确由派出机关会同组织部门提名及考察。就纪检监察干部而言，其培训、交流和使用等也一并由派出机关负责。三是在物质保障方面，明确派驻机构工作经费在驻在部门预算中单列。有的地方也在探索派驻机构工作经费完全由派出机关负责，彻底剥离派驻机构与驻在部门的利益关联，在一定程度上减少派驻机构对驻在部门的依附性。

第三，优化派驻机构设置模式。在以综合派驻为主、单独派驻为辅的前提下，一些地方进一步探索精细化派驻机构设置模式。在省级层面，主要体现为压缩派驻机构的总体数量，增加单个派驻机构的人员。例如，浙江省一级派驻机构由 35 家减少至 25 家，减少单独派驻。派驻机构编制数平均达到 9.8 名，编制最少的由原来的 4 名增加到 8 名。① 贵州省级层面派驻机构数从 35 家减少为 24 家，增加单个派驻机构编制，每个组的编制数平均不低于 10 人。② 在市、县一级，表现为成立派驻机构"协作区"。例如，重庆合川将 13 个派驻纪检监察组分为 4 个派驻机构协作组，在派驻机构协作组内部建立协调小组、文秘小组、初核小组和审查小组，以此整合派驻机构的人员力量。③

在行业性、领域性派驻机构设置方面，党的十九大之后，中央纪委国家监委分类施策推进派驻机构体制机制创新。具体表现为：中管企业设立企业纪检监察组或者监察专员办公室，由国家监委赋予监察权；中管金融企业内设纪检机构改设为中央纪委国家监委派驻纪检监察组；中管高校纪委书记的提名、考察、任命，改由中央纪委国家监委会同主管部门党组进行。通过这些体制机制改革，派驻机构的职责更加聚焦，履职能力不断增强，专业性也得到大幅度提高。

专栏

"三位一体"融合发力 破解派驻监督难题

江苏省纪委监委驻省发展和改革委员会纪检监察组主动适应纪检监察体制改革发展新形势新任务，积极落实"三转"要求，探索构建"三位一体"监督机制，有效破解了派驻监督覆盖不全、嵌入不深、监督乏力等问题。

第一，"三重一大"精准监督：紧盯权力运行关键点。"三重一大"精准监督着眼于"三重一大"事项的决策和实施。监督单位在研究重大决策部署，确定择优竞争、资金分配、人事任免等关键环节时，须提前 3 个工作日申报。纪检监察组综合研判事项风险等级，将其分为一般事项、关注事项和重点事项，进行分类处置。综合进驻以来，纪检监察组共受理有关"三重一大"事项近 300 件，发

---

① 《从 35 家减为 25 家浙江开启新一轮省级派驻机构改革》，中央纪委国家监委网站，https://www.ccdi.gov.cn/yaowen/201812/t20181226_185789.html，2018 – 12 – 26。

② 《贵州开启新一轮省级派驻机构改革》，中央纪委国家监委网站，https://www.ccdi.gov.cn/yaowen/201903/t20190301_189679.html，2019 – 03 – 07。

③ 《重庆合川：强化纵向统一领导和横向协作配合》，中央纪委国家监委网站，https://www.ccdi.gov.cn/gzdt/pzjd/201902/t20190216_188680.html，2019 – 02 – 16。

出廉政风险提示函、监督意见书近 20 份，有效防范了廉政风险。

第二，重点领域专项监督：防范系统性、行业性风险。重点领域专项监督是针对中央重大决策部署落实情况，以及日常监督中发现的具有行业特点的普遍性问题，深入查找系统性、行业性风险隐患。例如，2018 年纪检监察组就政府专项引导资金监管情况开展专项督查，检查相关职能处室人员的履职情况，深入服务对象、项目企业及相关部门听取意见，发现部分地区不同程度存在以各种名目截扣专项资金的问题，廉政风险隐患较大。

第三，驻点巡查综合监督：全面把握被监督单位政治生态。驻点巡查综合监督突出政治监督，通过开展日常驻点监督和集中巡查监督，综合了解被监督单位落实全面从严治党、推进党风廉政建设总体情况，对被监督单位的政治生态作出评价。进驻以来，纪检监察组开展驻点监督 200 多次，个别谈话 100 多起，提出监督建议 30 余条，为被监督单位政治生态精准画像提供了依据。

第四，"三位一体"监督机制的成效。一是"两个责任"更加清晰。通过定期沟通，督促被监督单位党组织切实落实管党治党主体责任，建立完善制度 20 余项。二是日常监督更加精准。将通过信访、举报发现问题的被动监督转变为嵌入权力运行全过程的主动监督，把事后监督变成事前监督。三是纪法震慑更加有力。派驻以来，纪检监察组共批评教育党员干部 68 人，立案 6 件，其中给予党纪处分 5 人，移送司法机关 1 人，3 名副局级干部因履行"一岗双责"不力作专门检查，形成了有力震慑。

资料来源：《"三位一体"融合发力破解派驻监督难题》，载于《中国纪检监察报》2019 年 6 月 5 日。

第四，赋予派驻机构监察权。派驻机构履行监察权将有力提升日常监督的能力。在过去的体制下，派驻全覆盖存在一个制度性的空白地带，即纪律检查机关只能依据党内法规对党员进行监督，缺乏依据对党和国家机关中履行公权力的公职人员中的非党员开展日常监督。国家监察体制改革的不断深化有效地弥补了这一监督空白。从行政监察升格为国家监察，将监察范围拓展到所有党和国家机关中履行公权力的公职人员，有效地解决了过去监察范围过于狭窄的问题。根据《监察法》的相关规定，各级监察委员会可以向同级党和国家机关派驻（出）监察机构（专员），根据授权履行国家监察职责。这为派驻机构履行国家监察权提供了法律依据。2018 年 10 月，中央办公厅印发的《关于深化中央纪委国家监委派驻机构改革的意见》中就根据《监察法》的规定，授予派驻机构履行国家监察权，具体包括监督、调查和处置三项内容。

第五，提升派驻机构的制度化水平。党的十八大以来，中央纪委不断加强派驻机构制度建设，出台了一系列相关制度，对推动派驻监督规范化发展发挥了重要作用。一些地方对派驻机构制度建设也进行了积极的探索创新，通过出台相关制度，明确派驻机构的工作流程、内部管理、自身建设以及与驻在部门的联系机制等多方面内容。例如，北京市专门制定《北京市纪委市监委派驻机构工作操作指南》，在全市范围内对派驻机构的监督程序、办案程序、档案管理等问题进行统一化管理。浙江省纪委监委专门制定干部管理工作办法，着力强化对派驻机构干部的统一管理。这些制度增强了派驻机构工作的规范化水平（见表 5 - 1）。

表 5 - 1　　　　党的十八大以来关于派驻制度改革的重要文件

序号	时间	文件名称	改革的主要内容
1	2013 年	《中央关于全面深化改革若干重大问题的决定》	全面落实中央纪委向中央一级党和国家机关派驻纪检机构，实行统一名称、统一管理
2	2014 年	《关于加强中央纪委派驻机构建设的意见》	规范机构设置，实现派驻机构全覆盖； 聚焦主业，强化监督执纪问责
3	2014 年	《党的纪律检查体制改革实施方案》	逐步落实中央纪委向中央一级党和国家机关派驻纪检机构
4	2015 年	《中央纪委派驻纪检组组长、副组长提名考察办法（试行）》	中央纪委派驻纪检组组长副组长的提名、考察以上级纪委会同组织部门为主
5	2016 年	《关于全面落实中央纪委向中央一级党和国家机关派驻纪检机构的方案》	中央纪委共设置 47 家派驻机构，综合派驻 27 家、单独派驻 20 家，实现对 139 家中央一级党和国家机关派驻纪检机构全覆盖
6	2018 年	《中央纪委国家监委统一设立派驻机构》（通告）	中央纪委国家监委统一设立派驻机构，名称为中央纪律检查委员会国家监察委员会派驻纪检监察组
7	2018 年	《关于深化中央纪委国家监委派驻机构改革的意见》	赋予中央和国家机关派驻机构监察权； 推进中管企业、中管金融企业、党委书记和校长列入中央管理的高校纪检监察体制改革
8	2018 年	《中央纪委国家监委派驻纪检监察组、纪检监察工委措施使用管理办法》	中央纪委国家监委派驻（派出）机构可以由工作人员持派驻（派出）机构的相关文书，查询、冻结涉案单位和个人的存款、汇款、债券、股票、基金份额等财产

当前，派驻监督也存在一定的理论问题值得深入探讨：第一，派驻机构是否有必要承担与派出机关同样的职能。从派驻机构所承担的职能来看，它与派出机关并没有太大的差异，同样要履行监督检查、审查调查职能。但是，派驻机构的资源禀赋、权力配置等与派驻机关还存在一定差距，在这种情况下可能潜在地造成监督和办案之间的困境。第二，在派驻机构独立性不断提高的前提下如何化解信息不对称的难题。减少密切联系与进行专业化的监督一定程度上存在矛盾：如果派驻机构不与驻在单位保持密切的联系，那么监督的效果也很难实现；如果派驻机构与驻在单位保持密切的联系，派驻机构的独立性则会陷入信任困境。第三，派驻机构内部领导关系不完善。例如，在推进高校纪检监察体制改革过程中，一些地方形成了中央纪委国家监委派驻机构、省（区、市）纪委监委及其派驻机构三者之间条块分割又相互交叉的特殊管理体制。

第五节　完善派驻监督的思考

统一管理改革以后，派驻机构的独立性、权威性、专业性都有较大程度的提高，但仍旧存在需要完善的地方，如何进一步发挥派驻监督在党和国家监督体系中的作用是要深入思考的问题。

第一，强化派驻机构的政治监督职责。派驻监督本质上是政治监督，各级纪检监察机关派驻机构都应当把强化政治监督作为深化派驻机构改革的出发点和落脚点，扎实落实监督第一职责。派驻机构强化政治监督，就是要紧紧围绕贯彻落实习近平新时代中国特色社会主义思想和党的二十大精神、党的路线方针政策和党中央重大决策部署执行情况、遵守党的政治纪律和政治规矩情况、贯彻执行《中共中央关于加强党的政治建设的意见》等党内制度文件情况等方面开展政治监督，坚决维护习近平总书记党中央的核心、全党的核心地位，维护党中央的权威和集中统一领导，为统筹推进"五位一体"总体布局、协调推进"四个全面"战略布局提供坚强政治保证。

第二，发挥派驻机构建立"不能腐"机制的主导作用。党的十九届中央纪委三次全会提出了分类推进派驻机构体制机制创新的目标任务，推动中管企业、中管金融企业、中管高校派驻机构改革深入发展。然而在一体推进不敢腐、不能腐、不想腐背景下，派驻机构在"不能腐"的机制建立方面还没有发挥充分作用。派驻机构长期驻在某一部门，对该部门和行业的法律制度、业务流程比较熟悉，对驻在单位以及该行业的腐败风险有深入了解，能够精准地发现和掌握监督单位及其业务科室在工作制度方面的缺陷，对于推进建立相应"不能腐"机制具有一定天然优势。从实践层面来看，有一些地方的派驻机构已经根据巡视（巡察）的整改意见督促驻在部门不断完善各项规章制度，包括党委议事规则、干部任免、财务管理等方面，有效降低了腐败风险，从而逐步推动了"不能腐"机制的建立。

第三，运用大数据推动派驻机构监督方式创新。随着国家监察体制改革的不断深化，派驻机构监督对象的规模和类型发生了很大变化，监督工作的难度不断提升。在新形势下，如何实现从"形式全覆盖"到"实质全覆盖"的高质量发展，成为派驻机构必须解决的问题。大数据为派驻机构监督方式创新提供了新的思路，这也是当前廉政监督模式创新的重要趋势。在大数据时代，派驻机构可以充分利用信息化监督方式，将监督"天眼"嵌入到具体工作流程中，还可以建立领导干部廉政风险预警系统等数据库，不断拓展派驻监督的深度和广度，从而有效提升监督效率，真正做到关口前移、抓早抓小。

第四，加强派驻机构的专业化建设。随着形势的发展，派驻机构干部纪检监察专业知识比较欠缺的问题比较突出。一方面，随着派驻机构工作队伍的不断增员，很多干部来自其他部门和单位，纪检工作经验不足，不少干部从事纪检工作的年限较低；另一方面，派驻机构干部针对业务部门开展监督工作时，对应重点监督哪些环节、如何综合运用多种监督方法等问题还缺乏基本的研判。派驻监督是一项高度专业的工作，只有具备一支专业化的队伍，监督工作才能实现质性飞跃。

第六章

巡 视 监 督

巡视监督作为加强党内监督的战略性制度安排，在中国特色社会主义监督体系中处于枢纽地位。党的十八大以来，党中央对加强和改进巡视监督作出一系列重大决策部署，赋予了巡视监督新的活力。巡视监督不断发展创新，在中国特色社会主义监督体系中的战略性地位日益凸显。

第一节　巡视监督的内涵

巡视监督是在中国古代历史和党的发展历史中都运用过的监督方式。这种上级对下级开展巡回监督的方式，与中国自秦代以来的国家统一模式相契合。这些历史经验为现在的巡视监督提供了宝贵借鉴，党的十八大以来，党中央对巡视监督机制进行了全面创新，形成了适应新时代要求的巡视制度。

一、巡视监督的定位

党的十八大以来，党中央充分借鉴了古代巡视和不同时期党的巡视监督的发展经验，进一步界定了巡视监督的具体内涵，明确了巡视监督的定位。巡视是政治巡视，其根本任务是督促做到"两个维护"。巡视是对党组织和党员领导干部的巡视，是政治巡视不是业务巡视，不对被巡视单位的日常工作、业务工作进行检查。关于政治巡视的内涵，可以从两个方面来理解：从对象上看，政治巡视要巡视的并非一个地方、部门、监管机构或企业，而是该地区、部门、单位的党组织和党员干部；从内容上看，政治巡视就是要从政治上看问题，聚焦党的领导、党的建设、全面从严治党、党风廉政建设和反腐败斗争以及选人用人，着重把握被巡视单位党组织的领导核心作用是否能够充分发挥、领导班子凝聚力如何，是不是坚定地与党中央保持高度一致，是不是在管党治党上体现"严"的要求。

习近平进一步明确了政治巡视的功能定位。他提出："要坚持政治定位，与时俱进深化政治巡视。要聚焦'两个维护'根本任务，紧扣党委（党组）履行党的领导职能责任加强政治监督。重点围绕贯彻新发展理念、构建新发展格局、推动高质量发展，加强对党的十九届五中全会精神、'十四五'重大部署落实情况的监督检查。"① 时任中央纪委书记赵乐际同志明确强调，要深入贯彻巡视工作方针，把"严"的主基调长期坚持下去，进一步把握好政治巡视的定位和重点，更加精准客观发现和推动解决问题，充分发挥全面从严治党利剑作用。②

二、巡视监督的特点

巡视监督本身的定位和功能使其具备了与其他监督形式不同的特点，它是一种主动性、过程性、系统性监督。

第一，巡视监督是主动性监督。巡视监督是由上级主动对下级开展的监督，与日常监督相比，具有更强的主动性。从这一角度来说，巡视监督是一种主动性监督。首先，巡视是党章赋予的重要职责。巡视制度是党内法规明确规定的，具有强有力的党内法规依据。其次，巡视监督的主动性体现在巡视制度运行的独立性。巡视监督主体与监督对象有效分离，实现了巡视机构处于相对独立、超脱的地位。同时，巡视监督充分利用了中央权威，增强了巡视监督的权威性和震慑力，保障了巡视监督的独立性。最后，巡视监督的主动性还体现在巡视监督的权威性。巡视监督是上级党组织直接授权、针对特定监督对象的一种制度设计，是对下级党组织领导班子及其成员特别是主要负责人进行的权威监督，弥补了现行权力监督体系中的薄弱环节，在一定程度上推动解决了监督过程中存在的"同级监督较软"的难题，克服了党对中高级干部特别是"一把手"监督比较薄弱的弊端。

---

① 《习近平关于坚持和完善党和国家监督体系论述摘编》，中央文献出版社、中国方正出版社 2022 年版，第 115 页。
② 赵振宇、马直辰：《聚焦职能责任　深化政治巡视——十九届中央第六轮巡视工作动员部署会观察》，载于《中国纪检监察》2020 年第 19 期。

第二，巡视监督是过程性监督。从巡视监督的监督对象、监督程序来看，巡视监督主要是对权力运行的过程进行监督，属于一种过程性性监督。过程性监督的优势在于通过主动针对权力运行的全过程进行监督预防，有效控制萌芽、发展和形成过程中的违纪违规行为，使违纪违规行为可以在其萌芽或发展过程中就得到治理，起到预防的作用。作为与审计监督、统计监督等结果性监督不同的监督形式，巡视监督主要关注权力运行的过程规范。违纪违规行为的发生，是一个逐渐演变的过程，如果能够对其过程进行有效监控，可以避免"小问题"变成"大问题"。因此，巡视监督围绕权力运行的过程发现过程中可能存在的漏洞，及时补上，从而达到防范问题产生的目的。

第三，巡视监督是系统性监督。巡视监督并不是单个监督形式和单个部门的工作，需要多种监督形式和多个部门的综合协调。从这一角度来说，巡视监督是一种系统性、综合性的监督，具有系统整合的特点和优势。首先，巡视监督的系统性体现在实现不同监督形式的有机融合。从纵向监督的角度看，巡视监督实现了自上而下与自下而上监督的结合。一方面，巡视机构具备对被巡视党组织党的建设状况进行检查的权力，是上级对下级的监督；另一方面，在巡视监督过程中，为了全面了解下级党组织的情况，除了对党组织的基本材料进行检查、听取相关人员的汇报外，还可以多渠道获取信息，提高信息的全面性、准确性。从横向角度来看，巡视监督有效带动了其他监督形式的实施。巡视监督重在发现腐败问题和线索。在巡视过程中，巡视机构通过与其他监督机构的交叉合作，带动了其他监督形式尤其是群众监督和舆论监督的实施。其次，巡视监督的系统性还体现在推动多个部门和环节的协调发展。巡视监督的特殊地位和权威性，为其协调不同部门和环节、整合各方资源提供了可能性和保障，能够系统整合相关部门资源，形成监督合力，推动巡视监督的高质量开展。

第二节　巡视监督的历史演进

一、中国古代巡视监督的发展

为了加强王权统治，中国古代历代统治者通过自上而下的巡视制度，不断加强对官吏的监督和管理。巡视监督在中国古代得到了一定的发展。

第一，中国古代巡视制度萌芽阶段。相传尧舜禹时期就有了自上而下的巡察。尧舜每五年率百官巡狩四方，考察所属部落首领们政纪公德，逐步形成"五载一巡狩"的惯例。夏商周循此制，西周设立"方伯"对各诸侯进行监察。春秋战国时期的巡视还是以君王为主，相国、郡守也可以巡视地方，但巡视偶然性较大，巡视范围较为宽泛。这一时期，君王巡视的主要目的除了监控纠察官吏外，还考察农业生产情况和维护部族间的秩序，以加强对诸侯、部落的控制等。这一时期巡视主要依君王的意愿，没有形成制度，也不是专职巡视，巡视和监察活动比较简易，仅是巡视制度的萌芽阶段。但巡视制度基本理念、思路和初步机制形成。这一时期的巡视形式被后期各朝各代借鉴和沿用，为我国古代建立比较完备的巡视制度奠定了基础。

第二，中国古代巡视制度形成阶段。秦加强中央集权统治，设置了以御史大夫为首的从中央到地方的监察机构，派出监察地方的官员为监御史、监察史，以巡察百官。自此，秦建立了较为完整的御史监察机制，奠定了后世巡视制度基础。汉承秦制，将御史大夫改为御史台，隶属于少府。汉武帝始设刺史制度，制定《六条问事》，定期对地方巡视监察。由于刺史无权监察县级官员，西汉中期在郡一级设督邮，是郡内唯一的专职监察官，负责对县级官员巡视监察，但督邮没有处罚权。此外，此时开始规定监察官员也必须接受监督，开启对监察官员监督的先河。魏晋时，御史台发展成为独立的监察机关，由皇帝直接管理，不再归少府管理。南北朝时，司隶校尉等合归御史台，御史台已不在百官之列，为直接受命于皇帝的监察机构，地位独特。这一时期巡视工作的显著特征是分层分部相结合，已初步建立了相关制度，职权较清晰，各司其职。

第三，中国古代巡视制度规范阶段。隋设三台分理监察体制，在沿用御史台制度基础上，以御史大夫为主，设监察御史及增设司隶、谒者巡视监察各地。唐监察机构更加健全，形成了监察机构和谏议组织两个系统。各部职责明晰，分工明确，相互配合，形成对中央和地方的系统分察，法规完备，历朝均效仿。玄宗开元二十年，建立正式规范——每道设一名采访处置使，三年一奏，随后全国划分为十五道。此制是中央对地方的经常性巡回监察制度，巡按使代天子出巡，与不定期出巡的御史互为补充。宋承唐制，并另立谏院，御史可参与言事谏诤，形成台谏合一制度，并以监察御史权力为重。地方巡察机构统称监司，皇帝可通过监司出巡制掌控地方官吏。这一时期与之前相比，中央对地方巡视监察体系呈多元化和多层面化发展。

第四，中国古代巡视制度完善阶段。巡视制度在元代得到强化。元朝将全国分22个监察区，增设中央御史台派出机构即江南、陕西行御史台，以管治各道；改提刑按察司为肃政廉访司，察院派肃政廉访使常驻地方。"御史巡按制度"正式确立于明成祖时期，设都察院，内设十三道监察御史共110人，平时他们在京城都察院供职，称为内差或常差，再从中选派巡按御史，奉命巡按地方，称外差或特差。明朝采取的多种巡视监察方式相互交叉又互为补充，形成了较为完备的巡视体系。清沿用明制，由监察御史及提刑按察使共同负责地方巡察。此外，进一步强化六科给事中的职权，将其收归都察院，与十五道监察御史分掌中央和地方巡察，台谏合一。这一时期，巡视监察法规逐渐系统化，地方巡视系统更加严密，巡视官员之间的互相监督进一步强化，巡视制度趋于成熟。

二、新中国成立前巡视监督的探索

中国共产党自成立以来就注重发挥巡视监督的作用。在建党初期，我们党就进行了巡视监督方面的探索，建立并逐渐完善党的巡视制度。1922 年，党的二大党章中第三章第十五条明确规定："中央执行委员会得随时派员到各处召集各种形式的临时会议，此项会议应以中央特派员为主席。"这是巡视监督最初的党内法规依据，也是党的文件中最早规定设立中央分派各地指导工作的特派员。大革命时期，我们党对于监督、指导工作更加重视。1925 年，中央扩大执行委员会通过的《组织问题议决案》明确提出"应当增加中央特派的指导员，使事实上党对于区及地方实行指导全部工作"。议决案同时还要求区及地方委员会"派人到所属各处监督日常的党的工作"。这是中央重视巡视工作的开端和标志。[①]

党的巡视监督是在土地革命时期形成和成熟起来的。大革命失败以后，中国共产党生存环境的恶化，党内巡视监督的重要性更为凸显。1927 年 11 月，中央临时政治局扩大会议通过的《最近组织问题的重要任务决议案》明确指示："应当开始建立各级党部的巡视指导制度。"[②] 1928 年 10 月，中央发布"第五号通告"，正式颁布党内《巡视条例》，并要求各省各地参照该条例建立的巡视制度，除支部外党的各级组织都有权派出巡视员去监督、指导下级组织的工作。这标志着党的巡视制度的正式确立。1931 年 5 月 1 日，中央通过的《中央巡视条例》对中央巡视员的资格条件、主要职权和工作中的基本任务作出了具体规定，要求巡视员必须严格履行有关教育和纪律等方面的责任，提出巡视员的一系列工作方法。条例还将巡视员视为"中央对各地党部考察和指导工作的全权代表"，具有很高的权威性。对党的巡视制度的基本内容的规定更为规范，标志着党的巡视制度日趋成熟。

---

① 中共福建省委党史研究室：《中国共产党巡视制度的历史回顾与启示》，载于《福建党史月刊》2015 年第 12 期。

② 中共中央党史研究室、中共档案馆：《中国共产党组织史料》（第 8 卷），中共中央党史出版社2000 年版，第 147 页。

全面抗战爆发以后，我们党面临严峻的革命形势。为及时了解地方情况以及动员一切力量参加抗战，党中央要求继续开展巡视监督。1938 年 11 月，在党的六届六中全会上制定的《关于各级党部的工作规则与纪律的决定》中明确指出："各级党的委员会为了了解下面的情况，上级党委得向下级党委派遣巡视员，传达上级党委的意见，考察下面的情形报告上级党委。"1942 年的延安整风、1947 年的土地改革等数次运动都探索运用了专项巡视，为新中国成立初期党的各项工作中运用专项巡视提供了宝贵的实践经验。

三、新中国成立后至党的十八大前巡视监督的演进

1949 年新中国成立之后，党的巡视监督得到进一步发展。巡视监督开始运用专项巡视的方法，在镇压反革命、土地改革和"审干"等专项工作中进行了尝试，基本保障了党中央开展各项工作意图的有效实现。在整党整风运动时期，巡视员制度呈现出监督检查性质，有别于土地改革运动时期的土改巡视。1952 年 3 月，政务院要求各级法院、检察院等机关单位率先实行巡视检查制度。1953 年 3 月 27 日，中央要求"上级监委应采取定期巡视或举行小型专题会议等方法"，率先在监委系统开展整党巡视。从 1957 年反右运动到"文化大革命"期间，党和国家的监察机构和党内外各项监督制度一直被弱化乃至取消，巡视监督也因此而被搁置。"文化大革命"结束后，伴随着改革开放拉开帷幕，加强和完善党内监督迫在眉睫。为确保党领导社会主义经济建设的大政方针不走偏、不落空，党的巡视监督的重新恢复被提上日程。

1978～1990 年期间，巡视监督恢复重启。1982 年机构改革将部分老同志任命为巡视员。1983 年 10 月《中共中央关于整党的决定》进一步要求，县级以上党委应设立包括退出第一线工作老同志在内的巡视员。这是改革开放以来第一次在党内法规中提出选派巡视员。1990 年 3 月，党的十三届六中全会通过的《中共中央关于加强党同人民群众的联系的决定》正式从中央层面提出了建立巡视制度。1992 年 10 月，党的十四大报告提出："完善对各级党委机关的监督与巡视。"1995 年，中央决定省级以上纪委实行巡视制度。1996 年 1 月，党的十四届中央纪委六次全会将巡视制度正式确立为党内五大监督制度之一。同年 3 月，中央纪委制定了《关于建立巡视制度的试行办法》，就巡视干部的选派、巡视组的任务、职权、纪律和管理等方面作出了具体规定。1998～2000 年，历次中央纪委第二～第七次全会均对巡视工作进行部署。这一期间，巡视工作重视程度日益提高。由此，党中央在理论和实践双重层面开启了巡视监督全面恢复的新历程。

21 世纪以来，中国共产党高度重视对党内监督制度的建设和完善，密切关

注党员领导干部的腐败问题，在系统总结既往巡视监督的有益经验的基础上开辟了党内巡视监督规范化、制度化发展的新阶段。2002 年 11 月，党的十六大报告明确指出："改革和完善党的纪律检查体制，建立和完善巡视制度。"巡视监督自此步入规范化、制度化发展的新阶段。2003 年，中央批准在中央纪委、中央组织部设立巡视组和巡视工作办公室。同年 12 月，中央颁布了《中国共产党党内监督条例（试行）》，首次以党内法规形式把巡视制度确定为党内监督的十项制度之一，且确定为唯一自上而下的监督制度地位。在此，巡视工作进入了制度化、规范化、经常化的新时期。2007 年 10 月，党的十七大报告进一步提出："健全纪检监察派驻机构统一管理，完善巡视制度。"新修订的十七大党章把"党的中央和省、自治区、直辖市委员会实行巡视制度"写入第二章"党的组织制度"里。这是巡视制度首次写入党章，巡视制度以党内根本大法的形式确定下来。随着巡视制度在政策层面的不断完善和规范，巡视机构日益健全，巡视人员队伍日益专业，巡视任务更加清晰明确，巡视工作在全国范围内推行条件日臻成熟。

第三节　巡视监督的功能与定位

巡视监督有其自身的特点，在中国特色社会主义监督体系中形成独特优势，同时在监督体系的整体发展过程中发挥了驱动作用，带动了其他监督形式的协调发展。

一、巡视在中国特色社会主义监督体系中具有独特优势

巡视监督是一种自上而下的监督形式。巡视监督本身的定位和功能使其具备了其他监督形式不具有的特点，也形成了其在监督过程中的优势。这些特点和优势有力地促进了巡视监督作用的充分发挥，同时也进一步巩固了巡视监督在中国特色社会主义监督体系中的地位。

第一，巡视监督具有很强的权威性和独立性。权威性和独立性是实现有效监督的重要保障。权威性和独立性紧密联系，权威性越高，独立性也会越高。巡视监督是上级党组织对下级党组织的监督，是针对下级党组织领导班子及其成员，特别是"一把手"进行监督的制度设计。为了确保巡视监督的权威性，真正起到发现问题、形成震慑的效果，不论是中央政策层面，还是制度层面，都给予巡视监督充分的授权，为巡视监督提供政治保障。派驻监督也是上级对下级进行监督。但由于派驻机构长期与驻在单位打交道，与巡视监督所形成的"纯外部"监

督相比，在权威性和独立性方面相对较弱。从这个层面来说，巡视监督具有很强的权威性和独立性，这也成为巡视监督的独特优势。

第二，巡视监督能够动员最广泛的监督力量。巡视监督的权威性和独立性为其赋予了其强大的动员能力，在很大程度上打破了信息壁垒。这是巡视监督的特点，也是其优势所在。巡视监督是一种综合性监督。与其他监督形式相比，巡视监督在开展过程中带动了多种监督形式的协调合作。巡视监督不仅与纪律监督、监察监督、派驻监督形成了全覆盖的权力监督格局，还调动了司法监督、审计监督、统计监督、群众监督等党外监督主体，形成了广泛的监督力量，为其深入开展监督工作、全面了解相关信息创造了良好的条件。在巡视监督过程中，巡视组通过深入被巡视单位、深入群众，广泛听取和收集各方面意见与建议，摸到实情，耐心、细致地捕捉到有价值的信息和线索，有效提高了监督质量。从巡视制度运行的特性看，自上而下的巡视与自上而下的权力运行相匹配，表现出巨大的权威性、震慑力，无其他监督模式可以与之相比。[1]

第三，巡视监督能够有效破解同级监督难题。从一定意义上来说，巡视监督是同体监督和异体监督的有机统一，实现了同体监督异体化，在权威性和独立性上都很高，能够对"一把手"进行严格的监督，有效破解了同级监督难的困境。巡视监督能够较好地打破同体监督和异体监督的界限，形成"同体监督异体化"的模式。从某种意义上说，巡视监督属于党内监督，是党组织内部的"同体监督"；同时，巡视监督还可以视为上级党组织对下级党组织的"异体监督"。因此，巡视监督能够实现同体监督和异体监督的有机融合，激发两种监督的优势，弥补不足，最大程度地发挥监督的功能。相较于其他监督形式来说，这也是巡视监督的独特优势之一。

第四，巡视监督能够推动解决中央和地方信息不对称的问题。推动国家治理体系和治理能力现代化是党中央提出的明确战略目标。但是，当前我国国家治理还存在一些难题，突出表现为中央与地方之间信息不对称，容易导致中央对地方的领导作用弱化，影响中央重大政策方针部署的落实。如何强化中央对地方的监督，是提高国家治理水平需要加以解决的重要难题。巡视监督是目前党内监督体系中最具权威性的监督形式，虽然不直接处理具体的违纪违规问题，但可以广泛地收集违法违纪线索，其所发挥的基础性监督作用是其他纪检监察工作所不能代替的。[2] 而巡视监督的发展则在一定程度上推动了这些问题的解决，发挥了监督的作用，也体现出巡视监督在党和国家监督体系中的独特优势。在中国特色的党

---

① 彭前生：《巡视制度运行绩效可持续性的制度困境与应对》，载于《天津行政学院学报》2017 年第 5 期。

② 庄德水：《巡视监督应实现全覆盖和长效化》，载于《中国党政干部论坛》2014 年第 3 期。

99

领导的国家体制下，党内巡视制度是独立于行政系统内部监督机制的信息传递渠道。[①] 巡视监督是中央、省级党组织了解基层党组织党的建设、政策执行情况的重要方式。巡视监督能够深入到基层，了解群众的意愿和诉求，获取问题线索相关信息，有效地解决了监督过程中存在的信息不对称难题。

二、巡视在中国特色社会主义监督体系中发挥纽带作用

在中国特色社会主义监督体系中，巡视监督联结着不同的监督形式。巡视监督是一项系统性的监督活动。在监督过程中，巡视监督起牵头引领作用，带动其他监督形式开展工作。巡视监督在中国特色社会主义监督体系中的作用，集中体现在其在中国特色社会主义监督体系中所发挥的纽带作用。

第一，巡视监督推动了中国特色社会主义监督体系的创新发展。巡视监督是党的自我监督的创新形式。巡视监督的完善发展，在一定程度上破解了以往"一把手"监督难的问题，创新优化了中国共产党的自我监督模式。党的领导机关和领导干部特别是主要领导干部，是党监督的重点对象。但是，以往的权力监督主要是以相对弱势的权力去监督制约相对强势的权力，在实际工作中形成了权力监督过程中存在的监督不到位、监督效力不够等现象，集中表现为"同级监督太弱"的问题。而巡视监督的建立和实施，在一定程度上割断了监督者与被监督者的利益关系，同时强化了党内自上而下的监督权力，有效克服了对党的中、高级干部，特别是对"一把手"监督普遍薄弱，甚至处于虚化状态的弊端，破解了党内的权力监督困境。这在一定程度上修复了党和国家监督体系存在的局限性，有助于促进监督体系的进一步完善。此外，巡视监督也有效推动形成"大监督"格局。巡视监督的整个实施过程，就是调动不同监督形式共同合作的过程，对于形成大监督格局，进而推动党和国家监督的有序运行具有重要作用。

第二，巡视监督实现了中国特色社会主义监督体系对权力监督的全覆盖。巡视监督的发展，对于推动权力监督全覆盖具有重要作用。党的十八届三中全会通过的《中共中央关于全面深化改革若干重大问题的决定》明确了改进中央和省区市巡视制度，做到对地方、部门、企事业单位全覆盖。巡视实现一届任期内全覆盖这一硬性要求的提出，表明了党内监督无空白、无禁区、无例外的明确态度，彰显了党中央坚决惩治腐败的坚定决心。对巡视监督在时间、空间上全覆盖的要求，为深化权力监督全覆盖奠定了基础条件。从一定意义上说，巡视监督是中国特色社会主义监督体系实现权力监督全覆盖的有效载体。党的十八大以来，巡视

---

① 侯学宾、陈越瓯：《党内巡视制度功能的新阐释》，载于《治理研究》2019 年第 35 期。

监督不仅在规章制度上有全覆盖的要求,在实践中也实现了全覆盖,有效促进了党和国家监督全覆盖目标的实现。巡视监督是全面从严治党的利剑,巡察是巡视向基层的拓展和延伸,因此巡视监督推动了全面从严治党向基层延伸。

第三,巡视监督提升了中国特色社会主义监督体系的整体运行效能。在实现自身功能作用的同时,巡视监督也推动了中国特色社会主义监督体系的不断完善,在权威性和标本兼治功能实现方面都产生了带动和促进作用。一方面,巡视监督提高了中国特色社会主义监督的权威性。相较于其他监督形式来说,巡视监督具有更高的权威性,在实施过程中处于强势地位。这一特点更有助于监督工作的开展。巡视监督的高权威性和强震慑力,从整体上提升了中国特色社会主义监督体系的权威性。另一方面,巡视监督凸显了党和国家监督的标本兼治功能。巡视监督既是治标之举,也是治本之策。在治标方面,巡视监督通过发现问题线索,并移交给相关部门进行处理,有助于减少腐败存量,形成震慑作用。从巡视工作实践不难发现,巡视监督带动了地方纪检监察、司法部门提高对腐败行为检举、调查、处理的进度和力度,有利于提升权力监督体系运行实效。① 巡视监督不仅着眼于治标,推动减少腐败存量,遏制腐败增量,更着力于治本,有力促进严肃党内政治生活,净化党内政治生态。可见,巡视监督在增强中国特色社会主义监督体系标本兼治功能方面具有突出的驱动作用。

第四节 党的十八大以来巡视监督的创新发展

党的十八大以来,党中央立足于新的时代背景,将巡视提升到党内监督战略性制度安排的新高度,进一步深化和完善巡视制度,推动巡视监督实现了前所未有的发展及创新探索。与之前的巡视制度相比,党的十八大之后巡视监督更加系统化、科学化、规范化,在理论、制度和实践层面都取得了重要创新,为发挥中国特色社会主义监督体系的整体功能提供了有力的支撑和保障。

一、党的十八大以来巡视监督的理论创新

理论是实践的先导,科学的理论往往能够有效地指导具体实践,提高实践的成效。党的十八大以来,我们党在开展巡视监督的过程中不断进行理论层面的总结和提炼,实现了巡视制度理论的创新,为巡视监督提供科学的理论指导。

---

① 刘占虎:《巡视监督:当代中国过程防腐的主导机制》,载于《中州学刊》2015 年第 12 期。

第一，将巡视定位为重要战略性制度安排。党的十八大以来，我们党立足于党风廉政建设和反腐败工作的严峻复杂形势，从坚持和加强党的全面领导以及全面从严治党的战略大局出发，在理论上赋予巡视制度更高的价值。巡视监督的战略性地位主要体现在巡视监督不仅是加强党的建设、推动党风廉政建设和反腐败工作的重要举措，而且在中国国家治理格局中占据重要地位。巡视监督具有很强的政治性、导向性与时效性。在长期的历史发展过程中，巡视监督逐步走向规范化，推动对各地各部门在经济、政治、文化等方面执行党的路线方针政策和决议、决定情况的检查工作。党的十八大以来，巡视监督作为全方位、开创性改革的重要一环，被赋予了新的活力和功能，逐步形成聚焦党的政治建设、肩负维护"两个维护"根本政治任务的监督形式。因此，必须长期坚持和完善巡视监督，充分发挥其自身优势，提升党的监督效能，进而推进国家治理体系和治理能力现代化。

第二，加强巡视监督的顶层设计。党的十八大以来，党中央更加注重从理论上加强对巡视监督的顶层设计，在明确工作方向的同时，明确巡视监督的具体思路，实现了巡视监督宏观层面和微观层面工作思路的有机结合。党的十八大以来，党中央高度重视巡视监督，也注重加强巡视监督的顶层设计，明确巡视监督工作的基本方向。中央政治局会议、中央政治局常委会 23 次会议研究巡视工作①，听取巡视汇报，审议巡视专题报告。党中央制定巡视工作五年规划，确立巡视工作方针，深化巡视政治定位，完善巡视工作格局，强化巡视成果运用，对加强和改进巡视工作作出一系列重大决策部署。

第三，以政治巡视作为巡视监督的根本定位。党的十八大以来，巡视监督经历了不断深化的发展过程。最突出的变化是巡视监督的内容越来越聚焦，站位越来越高，定位越来越准。明确政治巡视的定位，是党的十八届中央巡视工作的重大理论创新成果。时任中央纪委书记赵乐际同志明确指出，要牢牢把握高质量发展要求，坚守政治巡视定位，坚持巡视工作方针。党的十八大以来关于政治巡视的重要论述，体现出党对巡视监督的规律性认识提升到了新的水平，实现了理论上的创新。

二、党的十八大以来巡视监督的制度创新

党的十八大以来，为了更好地推动巡视监督，发挥其"利剑"作用，我们党积极推动制度建设，为巡视监督提供重要的制度保障。注重巡视制度的修订完善、与时俱进是党的十八大以来推动巡视工作实践发展的重要特征，也为巡视工

---

① 坚定不移深化政治巡视 推动全面从严治党向纵深发展［EB/OL］. 新华社，http：//www. xinhuanet. com/politics/2017－07/14/c_1121322284. htm？isappinstalled＝0，2017－07－14.

作提供了强有力的制度支撑。《中国共产党巡视工作条例》（以下简称《巡视工作条例》）是巡视工作的重要遵循，应根据实践发展需要不断完善。随着时代与形势的发展变化，2015 年 8 月，党中央对《巡视工作条例》在实施过程中遇到的一些新情况与新问题进行了适当的增补与调整。在党的十八届六中全会后，党中央为更好地落实十八届六中全会精神和习近平重要讲话精神，决定再次对《巡视工作条例》作一定的调整、补充、修改与完善，使其更有效地发挥巡视监督在全面从严治党中的作用（见表 6 - 1）。

表 6 - 1 　　　　　《中国共产党巡视工作条例》的修订内容

序号	修订重点	修订内容
1	深化政治巡视	第三条规定中突出"深化政治巡视"
2	对地方、部门、企事业单位党组织开展巡视	第二条第一款把原来的"实现巡视全覆盖、全国一盘棋"改为"全面巡视"
3	规定主体责任和监督重点	第二条第四款规定"开展巡视巡察工作的党组织承担巡视巡察工作的主体责任"
4	要求对中央和国家机关开展巡视	第五条第三款修改为"中央巡视工作领导小组应当加强对省、自治区、直辖市党委，中央有关部委，中央国家机关部门党组（党委）巡视工作的领导"
5	增加市县巡察制度	第二条第三款规定"党的市（地、州、盟）和县（市、区、旗）委员会建立巡察制度，设立巡察机构，对所管理的党组织进行巡察监督"

第一，主体责任更加明确。《巡视工作条例》明确主体责任，真正实现了责任的具体化。《巡视工作条例》把主体责任进行了归类并细化为四种类型：一是派出巡视组党组织的主体责任；二是有关机关、部门和单位的支持配合责任；三是巡视工作人员的履职责任；四是被巡视地区（单位）及其工作人员的配合责任。新《巡视工作条例》特别指出了"四种责任"，即党委的主体责任、有关单位的支持配合责任、巡视组的履职责任和被巡视地区（单位）的配合责任。新《巡视工作条例》对责任追究的适用的类别、对象、情形与方式等进行了明确的规定，基本上形成了完整的巡视工作责任体系。

第二，突出政治巡视定位。《巡视工作条例》明确写上了"政治巡视"要求。政治巡视是党的十八大以来巡视工作中积累的新经验与新方法，是针对在巡视过程中遇到的新情况和新问题作出的重要决策，也是《巡视工作条例》增加的新内容，目的是发挥巡视工作的政治监督功能。巡视工作要做到：一方面，要明确坚定政治方向。要始终与党中央保持高度一致，有坚定的政治信仰，坚决维护党的领导核心和党中央权威。另一方面，要查找政治偏差。要时刻防止党的领导弱化、党的建设缺失、全面从严治党不力，对待问题要看准、看深、看透，防止产生政治偏差，突出政治自觉、政治定力、政治敏锐力、政治鉴别力、政治忠诚与政治担当，真正发挥好全面从严治党的政治导向作用。

第三，实施全面巡视。《巡视工作条例》突出了"全面巡视"。从 2009 年《巡视工作条例》出台实施到党的十八大召开，这一期间党的巡视工作的范围还没有做到全覆盖，巡视的重点和对象主要针对省部级单位。党的十八大以来，党的巡视工作力度和范围逐步加大，由省部委逐渐延伸到军队、企事业和基层等单位，而《巡视工作条例》提出"全面巡视"内涵十分丰富，不仅指巡视的时空范畴、涉及的层级与单位的扩大，巡视的次数增加，还包括巡视的方式与方法的创新与多样，目的是把全面从严治党要求落实到巡视工作全部过程与各个环节，切实做到监督无禁区、无死角，真正实现巡视工作的常态化。

三、党的十八大以来巡视监督的实践创新

党的十八大以来，巡视监督遵循党中央提出的各项要求和部署，在理论创新、制度创新的基础下，探索实践上的创新，在巡视工作机制、内容、方式方法等方面取得了突破性进展。

第一，巡视工作机制更加优化。在巡视工作的组织领导机构方面，党的中央委员会成立的巡视工作领导小组向中央负责并报告工作。巡视组组长"一次一授权"成为提高巡视监督独立性的重要方法，这种配置方法可以有效降低巡视过程中的信息不对称性，从而提高发现问题的概率。十八届中央首次实现一届任期内巡视监督全覆盖。党的十八大以来，中央巡视工作领导小组通过增加巡视组数量（巡视组由 10 个增为 15 个）、增加巡视轮次（从每年 2 轮增至 3 轮）、创新方式方法等形式，坚持常规巡视与专项巡视相结合，围绕不同阶段的不同主题，先后完成对省区市、中央和国家机关、中管国有重要骨干企业和金融机构、中管高校的巡视，实现了党委在一届任期内实现巡视全覆盖的基本目标（见图 6 - 1）。

第二，巡视内容更加聚焦。《巡视工作条例》围绕党的政治纪律、组织纪律、廉洁纪律、群众纪律、工作纪律、生活纪律对"四个着力"监督内容进行了规定。以"聚焦中心任务、围绕'四个着力'"，"发现问题、形成震慑"为指导，巡视工作转变职能、重新定位，收窄了巡视内容，让巡视回归了监督本位，有效

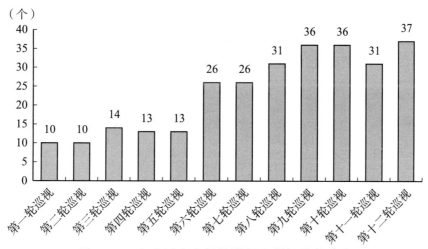

图 6 - 1　十八届中央每轮巡视党组织数量分布

防止了巡视工作的泛化和监督力量的分散，使巡视工作更加聚焦，更加有的放矢。① 党中央明确要求突出政治巡视，强调巡视是政治巡视，而不是业务巡视。巡视工作的主要内容，按照《巡视工作条例》的规定包括：监督巡视对象执行党章和其他党内法规、遵守党的纪律，落实全面从严治党主体责任和监督责任的情况。

　　第三，巡视工作方法更加有效。2013 年 11 月，党的十八届三中全会首次明确提出了巡视全覆盖目标。面对 270 多个中央巡视对象的艰巨任务，按照过去的常规方法，不可能在一届任期内把所有对象巡视一遍，巡视工作方法不断发展演化，常规巡视、专项巡视、机动巡视综合运用，而且在探索中形成了"回头看"的监督检查模式。党的十九大之后，中央巡视工作领导小组有序推动新一轮巡视。2018 年 2 月，十九届中央第一轮巡视正式开始。此轮巡视中央共派出 15 个中央巡视组，突出净化党内政治生态主题，对 30 家单位开展巡视。2018 年下半年，中央巡视组首次围绕一个主题、集中在一个领域开展脱贫攻坚专项巡视。2019 年，中央巡视组共开展两轮常规巡视和脱贫攻坚专项巡视"回头看"，覆盖108 个地方、单位党组织，十九届中央巡视全覆盖任务完成率超过 50%。2019 年12 月 25 日，中央巡视组对中央脱贫攻坚专项巡视的 26 个地方和单位全部开展"回头看"。这是党的十九大后中央巡视首次"回头看"，并加强与 2019 年脱贫攻坚成效考核工作的统筹衔接（见表 6 - 2）。

---

　　① 《剑指问题 形成震慑》，载于《中国监察》2014 年第 8 期。

表 6 - 2　　　　　　　十九届中央巡视工作开展情况

巡视轮次	巡视时间	巡视对象及数量	巡视类型
第一轮巡视	2018 年 2 ~ 5 月	30 个地方、单位党组织	常规巡视
第二轮巡视	2018 年 10 ~ 11 月	26 个地方、单位党组织	脱贫攻坚专项巡视
第三轮巡视	2019 年 3 ~ 6 月	3 个中央单位、42 家中管企业党组织	常规巡视
第四轮巡视	2019 年 9 ~ 11 月	37 个中央和国家机关单位党组织	常规巡视
第五轮巡视	2020 年 5 ~ 6 月	35 个中央和国家机关单位党组织	常规巡视

资料来源：此表根据党的十九大以来中央巡视工作安排整理而成。

第五节　完善巡视监督的思考

党的十八大以来，巡视监督在加强权力监督、推动全面从严治党方面发挥了积极作用，也有效解决了国家治理过程中面临的困境，取得了显著成效。然而，随着全面从严治党的不断深化，巡视监督需要不断结合新的发展要求进一步优化和完善，助力党和国家监督体系的高效运行，同时也为推进国家治理体系和治理能力现代化提供重要保障。因此，要继续在理论和实践层面进行深入探索，推动巡视监督的高质量发展。

一、坚定不移深化政治巡视

旗帜鲜明讲政治是我们党作为马克思主义政党的根本要求，也是我们党区别于其他政党的突出优势。党中央将巡视定位为政治巡视，凸显了巡视坚持政治本位、聚焦政治监督的重要性。党的十八大以来，巡视监督紧扣党中央重大决策部署，把"两个维护"作为巡视根本任务，有力维护了党中央集中统一领导，保障了人民群众利益，服务了党和国家工作大局，提升了党治国理政的质量和效率，确保了巡视监督始终沿着正确的政治方向发展。党的二十大报告指出，推进政治监督具体化、精准化、常态化、增强对"一把手"和领导班子监督实效。① 未来还要牢牢坚持巡视监督的政治巡视定位,坚定不移深化政治巡视,不断强化党中央的集中统一领导。

一方面,要深化对政治巡视定位的理解把握,聚焦"两个维护"强化政治监督。巡视是政治巡视,本质是政治监督,这一定位决定着巡视监督的方向、地位和作用。党的十九大后,巡视监督在继承中创新发展,紧紧围绕推动落实党的路线方针政策和党中央重大决策部署,聚焦"两个维护"根本任务开展监督,进一步彰显了政治巡视维护党中央集中统一领导、保障人民群众利益、服务党和国家工作大局的独特作用,为深化政治巡视、强化政治监督赋予了更加明确的内涵要求,探索了更为有效的路径方式。实践表明,政治巡视、政治监督是历史的,也是现实的、具体的,要自觉把巡视监督的聚焦点、着力点放到督促增强"四个意识"、坚定"四个自信"、做到"两个维护"上,特别是落到实际行动上、具体工作中。对于下一阶段的巡视监督来说,同样需要结合不同时期党中央决策部署的要求,深化政治巡视。这是政治巡视所体现出来的内涵要求。

另一方面,要深化对巡视工作方针的理解把握,自觉担负发现问题、推动解决问题的职能责任。"发现问题、形成震慑,推动改革、促进发展"是新形势下的巡视工作方针,是党中央结合巡视实践发展确立的。党的十八大以来,巡视监督之所以成为管党治党之利剑,关键在于坚持问题导向,始终把发现问题作为主要任务。巡视监督是坚持和加强党的领导、全面从严治党、巩固党的执政地位的重大制度安排,决定了巡视工作方针必须牢牢把握、长期坚持,发现问题、形成震慑这个生命线不能丢,推动改革、促进发展这个目标不能变。要把全面贯彻巡视工作方针作为践行初心使命的具体行动,把"严"的主基调长期坚持下去,树牢问题意识,坚持实事求是,更加精准、客观、全面地发现问题、反映问题并推动解决问题。

二、不断提升巡视监督效能

巡视监督效能是指开展巡视监督所达到的效果。从巡视监督的定位出发,巡视监督效能主要体现在发现问题、形成震慑、遏制腐败、倒逼改革、促进治理等方面所发挥的作用或产生的效果。党的十八大以来,通过不断的改革和完善,巡视监督效能有了很大的提高。但是,巡视监督在实践中仍然存在一些问题,导致效能出现逐层递减的现象。同时,随着全面从严治党的不断深入以及国家治理体

---

① 习近平:《高举中国特色社会主义伟大旗帜 为全面建设社会主义现代化国家而团结奋斗——在中国共产党第二十次全国代表大会上的报告》,人民出版社 2022 年版,第 66 页。

系和治理能力现代化的发展要求，需要巡视监督进一步提高效能，发挥自身优势，最大限度地实现巡视监督在完善党和国家监督体系、推动国家治理体系和治理能力现代化方面的作用。概括起来，巡视监督效能最主要的是精准发现问题和有效推动解决问题两大方面的效果。在下一阶段，可以主要从提高精准发现问题的能力和提升解决问题的能力两大方面着手，不断提升巡视监督效能。

一方面，要完善和创新巡视监督体制机制。党的十八大以来，党中央加大巡视监督工作力度，把巡视监督作为加强党风廉政建设和反腐败工作的利器，不仅实现了对地方、部门和企事业单位的巡视监督全覆盖，而且修订了《巡视工作条例》，明确巡视监督的地位、作用和运行规范，并进一步完善体制机制，积累了一定的经验。但从当前巡视监督的开展情况看，还存在一些体制机制方面的不足，影响巡视监督效能的提升。因此，下一阶段巡视监督工作应进一步完善和创新巡视监督体制机制，通过理顺巡视工作的领导体制、创新巡视工作的方式方法、探索适应巡视监督需要的干部人才建设机制、健全巡视监督的考核机制等举措，为提升巡视监督效能提供体制机制保障。

另一方面，要加大巡视反馈的整改及督查力度。巡视监督的根本目的是解决问题。如果只是发现了问题却不能真正解决问题，巡视监督效能就要打折扣。这就要求必须重视巡视成果运用，做到案件有着落。从实践看，巡视成果运用中存在的一个突出问题是消极对待、不整改。能否推动解决问题是影响巡视监督效能的重要因素。要严格整改时限，加大对巡视整改实施的评判，将巡视回访作为巡视整改的重要手段，凡是接到整改不力的信息，就可进行回访。同时，可以探索建立巡视再监督机制，即对于已被巡视的地区和单位要进行再巡视，重点是相查巡视整改情况。如果在整改期间态度不积极、举措不到位、效果不明显，应该追究有关领导的责任，需要问责的应坚决执行。对整改不力的单位及主要责任人实行年度考核评优否决。在巡视组离开后，仍有违反相关规定的行为，应该加重处罚。此外，要形成巡视威慑的长效化机制，如建立巡视组负责人到被巡视单位督办的制度、巡视组督查督促巡视整改任务完成情况制度、巡视组派员复查验收整改任务完成情况制度等。

三、着力深化巡视巡察一体化发展

巡察是在巡视取得宝贵经验的基础上，党中央对巡视监督体系的进一步丰富和创新，是推动全面从严治党向基层延伸的有力抓手。巡视与巡察定位不同，各有侧重，互为补充：巡视权威大、站位高，但存在对基层问题了解不充分等不足；巡察比较熟悉基层情况，但容易出现压力层层递减和监督独立性不足的问题。近年来的实践证明，只有把巡视和巡察有机结合起来，着力深化巡视巡察一体化发展，才能扬长避短、优势互补、相互借力，更好地发挥"利剑"作用。党的十九大报告明确提出，深化政治巡视，坚持发现问题、形成震慑不动摇，建立巡视巡察上下联动的监督网。这为巡视巡察工作的发展提供了根本遵循。未来要进一步加强巡视巡察一体化建设，助力全面从严治党向基层延伸、向纵深发展。

一方面，推动巡视巡察一体化发展，必须夯实巡视巡察的主体责任。巡视监督的权威性和震慑性要高于巡察监督，这种权威性层级的差异也会影响到各自监督效果。推进巡视巡察一体化，就要在权威性方面也能够实现上下贯通，确保党的权威能够一贯到底，消除监督过程中的障碍。这要求层层传导压力，层层压实责任，在传导压力和责任的过程中推动权威性和震慑力的向下传导。《中央巡视工作规划（2018－2022年）》明确了完善党委（党组）书记听取巡视巡察汇报情况报备制度，建立巡视巡察工作规划、年度计划报备制度，下级巡视巡察机构定期向上一级巡视巡察机构报告制度；还明确了建立巡视巡察工作约谈制度、考核评价制度、责任追究制度。这些制度的建立充分发挥了中央统一领导、分级负责的体制优势，有利于层层传导压力、层层落实责任。各级党委要把主体责任牢牢扛在肩上，责无旁贷地当好领导者、执行者、推动者，切实发挥党委在巡视巡察上下联动中的主导作用。

另一方面，推动巡视巡察一体化发展，必须加强对巡视巡察工作的指导督导。要强化巡视对巡察的示范传导、政策指导和典型引导，做到各级巡视巡察机构同频共振、同向发力。一方面，全面加强对省区市巡视工作指导督导，及时传导党中央关于巡视工作的部署要求。另一方面，省区市统筹巡察工作开展督导，把下级市县党委巡察工作作为巡视监督内容，督促市县党委切实落实主体责任。可以通过查阅资料、听取汇报、个别约谈、发放问卷、实地检查等方式，对市县党委主体责任落实情况、巡察工作领导小组组织实施情况、巡察办履职尽责情况、巡察组工作开展情况、相关部门支持配合情况、队伍建设情况进行全方位督查。而市县统筹巡察开展情况，由市委巡察工作领导小组于每轮巡察结束后向省委巡视工作领导小组书面报告综合情况。总之，省区市在实践中，要严格落实巡视巡察报告报备制度，随时掌握市县情况，及时总结经验，强化对统筹巡察全过程的监督指导。

专栏

广州市试点"巡审结合"

"巡审结合"试点工作是中央巡视办 2020 年交给广州的任务。广州市委将推进"巡审结合"试点作为贯彻落实中央关于完善党和国家监督体系决策部署的重要举措，制定《关于开展"巡审结合"试点工作的实施意见》，市委巡察机构会同审计部门坚持因地制宜、分类施策，根据被监督单位的职能职责和特点，扎实推进试点各项工作。

一是巡审融合。对信访反映比较多、管理比较混乱、问题比较突出且经济属性比较强的重点单位，同时派出巡察组和审计组，以"嵌入式"方式开展监督。在保证审计组依法独立开展审计的基础上，将审计组整体"融入"巡察组，与巡察组"同吃同住同学习同工作"，做到宜统则统、宜分则分、统分结合，实现监督思维、监督特点、监督手段的贯通。如以"融合"方式对某单位开展监督，通过人员互派共用、资料互享共有、问题互研共判、线索互挖共核，发现该单位工程项目围标串标、未按规定招标、低价出租物业等多个重大问题，涉及违规资金数亿元。

二是巡审联合。对已列入审计年度计划，并列入同时段巡察对象的单位，同步派出巡察组和审计组，以"并进式"方式开展监督，减少重复监督。巡察组、审计组在按照各自工作规范分别组织实施的同时，做到同步进驻、双向协助、问题共商。2020年以"联合"方式对3个单位同步开展监督，发现了一批突出问题并有效督促整改，其中某单位通过巡察整改，收回违规出租出借物业8.5万平方米，上缴财政1.67亿元。

三是先审后巡。对审计机关已完成审计、认为有必要跟进巡察的单位，或巡察机构认为拟巡察单位有必要先行进行审计的，实行"先审后巡"。2020年共对52个单位以"先审后巡"方式开展巡察，根据审计机关提供的资料，巡察组有效提升了发现问题的精准度，并将审计发现问题的整改情况作为巡察监督重点，有力推动了审计整改落实。

四是先巡后审。对巡察机构已完成巡察、认为有必要跟进审计的单位，或审计机关认为拟审计单位有必要先行进行巡察的，实行"先巡后审"。如2020年1月集中巡察国企后，协调市审计局迅速跟进，对巡察发现问题较多的2家市管企业开展专项审计，其中一家企业审计发现经济方面问题81个。

在四种结合方式中，将相互派员支持贯穿始终。根据工作需要，选派审计机关干部，或依托审计人才库抽调其他单位审计人员参加巡察工作，发挥其熟悉经济、财务工作的专业优势。2019年以来先后抽调市审计局3位局领导担任市委巡察组组长、副组长，其中一名同志因巡察工作表现出色被提拔为二级巡视员。通过巡审结合，巡察干部查找经济方面问题更有信心、更有办法，审计干部也表示"找人谈话更顺了，提交资料更快了"。在市委第十轮以"融合""联合"方式对3个单位同步开展巡察监督与审计监督时，3个巡察组平均发现问题线索 14 条，是其他巡察组的 2 倍；平均立案 7.3 件、诫勉 7.3 人，分别是当轮其他巡察组的 3.7 倍、4.1 倍，监督效能得到极大提升，实现了"1＋1＞2"的效果。

资料来源：由广州市纪委市监委提供。

第七章

监察监督

　　监察监督是中国特色社会主义监督体系的重要组成部分。监察监督是指监察机关依法对公职人员政治品行、行使公权力和道德操守情况进行监督检查，督促有关机关、单位加强对所属公职人员的教育、管理、监督。[①] 中国监察制度的发展经历了一个比较曲折的历程，这与国家经济社会的发展和党的纪律检查制度的发展历史密不可分。党的十八大以来，以习近平同志为核心的党中央从加强党反腐败工作统一领导高度改革和完善国家监察体制，强化对公权力的监督，为国家监督体系的发展完善提供了制度保证。自 2016 年起，国家监察体制改革围绕两条主线，分三个阶段迅速推进，使中国的反腐败机构、反腐败法律和反腐败战略更加健全完善有效。

第一节　中国监察制度的历史演进

　　中国监察制度有着悠久的发展历史。中国古代监察制度历经千年发展而从未间断，形成于战国、秦汉时期，发展于三国两晋南北朝、唐朝，完备于宋朝、元朝、明朝，并在清朝达到顶峰。中国古代监察制度的主要功能是"掌司风纪，察中外百司之职，辨其治之得失，与其人之邪正"，机构完善、法律健全、运行有

---

① 参见《中华人民共和国监察法实施条例》。

序，有效地维护了吏治清明、政治稳定和国家统一，充分反映了中华民族的创造精神。近代以来，孙中山深受中国传统监察思想与制度的影响，将监察权纳入"五权"架构。中国共产党领导的工农民主政权、抗日民主政权和解放区人民民主政权并逐步建立起工农检查机关、人民监察院等监察机构，初步形成了具有中国特色的、适合当时需要的监察制度，开启了中国特色社会主义监察体系的初始探索。这些内容为新中国监察制度的建立奠定了历史依据和现实参考。

新中国成立后，我们党建立了相对完善的监察制度。1949年10月，中央人民政府第三次会议决定成立中央人民政府政务院人民监察委员会，作为全国监察工作的领导机关，负责监察政府机关和公务人员是否履行其职责。[①] 1954年11月，人民监察委员会改为监察部。20世纪50年代后期，随着我国的政治、经济形势的变化，由于精简机构等原因，1959年4月第二届全国人民代表大会第一次会议决议撤销监察部。监察机构被撤销后，也导致一些问题的产生，以致在一个时期内，在国家行政机关和工作人员中，违反党纪的由党的纪律检查委员会管，违反国法的由公安、检察、法院等政法部门管，而违反政纪的却没有一个机关专司行政监察的部门来管。改革开放以后，随着依法行政历史任务的提出，建设监察制度与法制重新提上议事日程。1986年12月，第六届全国人民代表大会常务委员会决定设立中华人民共和国监察部。[②] 1987年7月，监察部正式挂牌办公，监察机关以廉政监察为重点，全面发挥监察职能，为维护政治稳定、促进经济发展服务，各项工作都取得了显著成效。在这一时期制定的《中华人民共和国行政监察条例》是我国政府加强法制建设的重大成果，是进一步健全和完善我国行政监察制度的一项基础性建设，对保证行政监察机关依法监察，促进各级行政机关及其工作人员廉洁高效、遵纪守法，具有十分重要的意义。

1993年后，我国实行纪检、监察合署办公模式。从新中国成立之初到1993

---

① 其主要任务是：（1）监察全国各级国家机关和各种公务人员是否违反国家政策、法律、法令或损害人民及国家之利益，并纠举其中之违法失职的机关和人员。（2）指导全国各级监察机关之监察工作，颁发决议和命令，并审查其执行。（3）接受及处理人民和人民团体对各级国家机关和各种公务人员违法失职行为的控告。

② 在六届全国人大常委会第十八次会议分组会上，委员们对恢复、确立国家行政监察体制进行了审议，许多委员表示赞成国务院提出的这一议案。王甫委员说，现在一些国家工作人员失职渎职现象不同程度地存在，设立监察部对加强政纪十分必要。何英委员说，恢复设立监察部是适应改革和建设的需要。我们有些干部违反国家政策、法令、纪律，以权谋私，脱离群众。设立监察部就可以对人民揭发出来的违纪行为进行调查、处理。尽管我们正在强调精简机构，但对属于改革和建设必需的机构还是要设立。杨克冰委员说，设立监察部是政治体制改革的一个步骤，设立监察部可以解决党政不分的问题，也是广大群众的愿望。胡绩伟委员希望，国家监察部要用改革的精神建立起一个最少官僚主义、相当模范的部门。张承先、王永幸、雷洁琼、刘瑞龙等委员认为，为了使国家监察机构更有效力地行使监督权，应将监察部改为监察委员会。张承先委员说，监察部监察的对象包括部长、省长，一个部级单位怎么能够实施监督？建议提高监察部的地位，设国家监察委员会，使他们行使职权有切实保障。

年以前，行政监察机关和党的纪律检查机关采取分立模式，二者在各自权限和范围内履行相应职责。1993 年，党中央根据当时反腐败斗争形势依然严峻的局面，着眼于加强纪检、监察两项工作的原则，中共中央、国务院决定中央纪委、监察部合署办公，实行"两套人马，一块牌子"的运行模式。党的纪律检查机关负责监督党员领导干部，行政监察机关负责监督非党员领导干部。合署后的中央纪委履行党的纪律检查和行政监察两项职能，对党中央全面负责。合署后的监察部依照宪法规定仍然属于国务院序列，接受国务院领导。纪检、监察合署模式一直延续，在实践中得到了进一步的发展和完善。

综上所述，自新中国成立以来，监察制度经历了建立、撤销、恢复重建和合署办公的历史发展阶段，加深了我们党对监察制度在国家监督体系中作用的认识。实践表明，监察制度是在维护国家政权体系稳定、高效运行方面有其独特的功能和价值。

第二节　监察监督的内涵与功能

监察监督是专门监督机关对国家公权力监督的最主要形式，目的是实现权力监督的全覆盖，把行使公权力的所有公职人员都纳入监察监督的对象范畴。较之其他类型的监督，监察监督是对公权力最直接最有效的监督，是国家监督体系最重要的组成部分。

一、监察监督的内涵

我国有着悠久的监察制度历史，监察监督在不同发展阶段呈现出不同的内涵。国家监察体制改革后，原先的行政监察机构从行政机关中脱离出来，形成了独立于行政系统的监察机构。根据现行《中华人民共和国宪法》（以下简称《宪法》）《中华人民共和国监察法》（以下简称《监察法》）的规定，监察监督的性质是国家监察机关开展的专门监督。从内涵看，监察监督主要由监察的主体、对象和职责等要素构成。

监察的主体为监察机关。《宪法》第一百二十三条和《监察法》第三条规定，各级监察委员会是行使国家监察职能的专责机关。监察委员会分为四级，分别是国家监察委员会、省级监察委员会、市（地）级监察委员会、县级监察委员会。在产生方式上，各级监察委员会由本级人民代表大会选举产生，监察委员会主任由本级人民代表大会选举，副主任、委员由监察委员会主任提请本级人民代表大会常务委员会任免；在领导方式上，地方各级监察委员会对本级人民代表大会及其常务委员会和上一级监察委员会负责，并接受其监督。在四级监察机构中，国家监察委员会作为最高监察机关，在我国监察体系中居于最高地位，这主要体现在：第一，国家监察委员会的组成人员由全国人民代表大会及其常务委员会选举或者任命产生。其中，国家监察委员会主任由全国人民代表大会选举产生，其他组成人员由主任提名，全国人大常委会任免。第二，国家监察委员会负责全国监察工作，领导地方各级监察委员会的工作。第三，国家监察委员会有权办理各级监察机关管辖范围内的监察事项。①

监察的对象为所有行使公权力的公职人员。国家监察体制改革前，有相当一部分行使公权力的公职人员处于监督的空白地带，实现监察全面覆盖，将所有的公职人员纳入监察对象范围，是监察体制改革的重要目标之一。根据《监察法》的规定，监察监督的对象为所有行使公权力的公职人员。具体而言，公职人员分为六大类：一是公务员和参公管理人员。此类人员是监察监督的关键和重点对象，包括中国共产党机关、人民代表大会及其常务委员会机关、人民政府、监察委员会、人民法院、人民检察院、中国人民政治协商会议各级委员会机关、民主党派机关和工商业联合会机关的公务员，以及参照《中华人民共和国公务员法》管理的人员。二是法律、法规授权或者受国家机关依法委托管理公共事务的组织中从事公务的人员。在我国，事业单位的人员基于法律授权或政府委托也行使着不同程度的公权力，同样属于监察监督的对象。三是国有企业管理人员。习近平指出："国有企业是中国特色社会主义的重要物质基础和政治基础，关系公有制主体地位的巩固，关系我们党的执政地位和执政能力，关系我国社会主义制度。"国有企业的这一属性使得其内部管理人员也行使着部分公权力，进而成为监察监督的对象。四是公办的教育、科研、文化、医疗卫生、体育等单位中从事管理的人员。此类人员主要是该单位及其分支机构的领导班子成员，以及该单位及其分支机构中的国家工作人员。五是基层群众性自治组织中从事管理的人员。基层群众性自治组织中从事管理的人员，包括村民委员会、居民委员会的主任、副主任和委员，以及其他受委托从事管理的人员。六是其他依法履行公职的人员。"其他依法履行公职的人员"的判断标准主要是，其是否行使公权力，所涉嫌的职务违法或者职务犯罪是否损害了公权力的廉洁性。②

---

① 参见中央纪委国家监委法规室编：《〈中华人民共和国监察法〉释义》，中国方正出版社 2018 年版，第 77 页。

② 中央纪委国家监委法规室编：《〈中华人民共和国监察法〉释义》，中国方正出版社 2018 年版，第 114 页。

监察的职责为监督、调查和处置。为深入开展反腐败工作，加强对所有行使公权力的公职人员的监督，《监察法》赋予监察委员会监督、调查、处置三项职责。首先是监督职责。监督是监察机关的首要职责，监督的根本目的是发现问题、纠正偏差，抓早抓小、防微杜渐，惩前毖后、治病救人。监督的内容主要是"对公职人员开展廉政教育，对其依法履职、秉公用权、廉洁从政从业以及道德操守情况进行监督检查"。监察机关履行监督职责的方式主要包括教育和检查，前者是对公职人员的理想信念的廉洁教育，旨在树立不想腐的自觉；后者主要是加强日常监督，通过收集群众反映、座谈走访、查阅资料、召集或者列席会议、听取工作汇报和述责述廉、开展监督检查等方式，促进公职人员依法用权、秉公用权、廉洁用权。其次是调查职责。调查是让监察监督"长牙带电"的重要保障，是开展廉政建设和反腐败工作的重要基础。监察调查的核心是对涉嫌贪污贿赂、滥用职权、玩忽职守、权力寻租、利益输送、徇私舞弊以及浪费国家资财等职务违法和职务犯罪进行调查，具体包括职务违法和职务犯罪调查两个类型。为确保监察调查职责的有效履行，《监察法》授权监察机关可直接行使谈话、讯问、询问、查询、冻结、调取、查封、扣押、搜查、勘验检查、鉴定、留置等 12 项调查措施，在必要情况下可通过其他机关采取通缉、技术侦查、限制出境 3 项措施。最后是处置职责。根据职务违法或职务犯罪的调查结果，监察机关可给出不同的处置方式：一是对违法的公职人员依照法定程序作出警告、记过、记大过、降级、撤职、开除等政务处分决定。二是对不履行或者不正确履行职责的，按照管理权限对负有管理责任的领导人员作出问责决定，或者向有权作出问责决定的机关提出问责建议。三是对被调查人涉嫌职务犯罪，监察机关经调查认为犯罪事实清楚，证据确实、充分的，移送检察机关审查起诉。四是对监察对象所在单位廉政建设和履行职责存在的问题等提出监察建议。

二、监察监督的功能定位

党的十八届六中全会决定深化国家监察体制改革，建立集中统一、权威高效的监察体系。国家监察体制改革重塑原先行政监察模式，实行纪委监委合署办公，构建了集中统一、权威高效的国家监察体系。新时代开展反腐败斗争，必须发挥监察监督的重要作用。

监察监督是实现党和国家监督全覆盖的重要制度设计。党的十八大以来，党中央推进国家监察体制改革的一个重要目标就是在党内监督全覆盖的同时，实现国家监察全覆盖。监察全覆盖至少包含两个维度的要求：一是监察权主体全覆盖。国家监察体制改革以来，党中央领导制定监察法组建四级监察委员会，同时通过派驻监察制度向本级中国共产党机关、国家机关、法律法规授权或者委托管理公共事务的组织和单位派驻监察机构，以及向地区、盟、开发区等不设置人民代表大会的区域派出监察机构或者监察专员，构筑起了纵向到底、横向到边的立体监督网络。二是监察对象全覆盖。行政监察模式下，监察对象存在着范围较窄的弊端，国家监察制度将所有行使国家公权力的机关纳入监察对象范围，有效消除了监督工作上的"空白"。

监察监督是"四项监督"的重要组成部分。党的十九届四中全会通过的《中共中央关于坚持和完善中国特色社会主义制度　推进国家治理体系和治理能力现代化若干重大问题的决定》提出，要"推进纪律监督、监察监督、派驻监督、巡视监督统筹衔接"。二十届中央纪委二次全会强调，要按照党统一领导、全面覆盖、权威高效的要求，推动完善纪检监察专责监督体系，促进纪律监督、监察监督、派驻监督、巡视监督统筹衔接常态化制度化。监察监督作为"四项监督"中唯一的国家监督制度，发挥着统筹衔接党内监督和国家监督的重要作用。推进"四项监督"的贯通协同，必须把监察监督的特点、优势发挥出来，切实增强监督的针对性和有效性，实现各展所长、优势互补。

监察监督是纪检监察专责监督体系的关键支撑。党的纪律检查机关和国家监察机关是党和国家自我监督的专责机关，在党和国家监督体系中处于主干位置、发挥保障作用。国家监察模式下，监察委员会与纪委合署办公的根本目的就是要加强党对反腐败工作的统一领导，把执纪和执法贯通起来，汇聚反腐败斗争强大合力。纪委监委合署办公，既执纪又执法，承担着维护党章党规、维护宪法法律的重要任务和职能，对健全党统一领导的反腐败工作体系、完善国家监督体系、提升党和国家治理能力具有重大意义。

监察监督的核心是政治监督。政治监督是纪检监察机关的首要职责、根本职责。以政治监督为核心，既是监察监督有别于人大监督、民主监督、行政监督、司法监督、群众监督、舆论监督的鲜明特色，也是监察监督中居于根本和统领地位的使命任务。监察监督必须把政治监督贯穿监督工作的始终，既要加强日常监督，查清职务违法犯罪事实，进行相应处置，还要开展严肃的思想政治工作，进行理想信念宗旨教育，体现政治标准和政治要求，努力取得良好的政治效果、纪法效果和社会效果。

第三节　党的十八大以来监察监督的创新发展

党的十八大以来，监察监督制度发生重大变化，以国家监察体制改革为节点，监察监督实现了从行政监察向国家监察的制度转型。国家监察体制改革是完善国家监督体系的重大制度创新。国家监察体制改革是对过去反腐败体制机制的重塑，既涉及行政监察机关、党的纪律检查机关、检察机关、公安机关反腐败职能的整合，也涉及监察对象、手段、职能的程序再造，赋予了监察监督新的内涵和任务。

一、国家监察体制改革背景

在推进国家治理体系和治理能力现代化的背景下，国家监察体制改革旨在解决我国反腐败体制机制长期存在的一些困境。

一是反腐败机构数量偏多，力量过于分散。经过长期的发展，我国形成了多机构执行反腐败职能的模式，包括党的系统的纪律检查机关、司法系统的检察机关、行政系统的行政监察机关、审计机关以及兼具行政和司法属性的公安机关。由于上述反腐败机构隶属于不同的系统，领导不一，而且在实际运行过程中存在一定的重复和交叉地带，导致在具体案件的查办中存在重复劳动、资源浪费、法律障碍等问题，整体合力并不能得到制度的持续保证，极大地弱化了监察能力。

二是监察对象范围狭窄，公权力运行存在监察真空。监督是权力正确运行的根本保证。同党内监督相比，行政监察覆盖面过窄，就是"狭义政府"的概念，对于人大、司法、政协等机关中的非党员干部，纪委无权管理，行政监察机关也无权管理，这就导致对公权的监督存在一定的空白地带，进而成为滋生腐败的温床。

三是反腐败法律依据缺失。根据我国《立法法》的规定，限制人身自由的强制措施只能由法律规定。党的纪律检查机关不是一个国家机构，也并非司法执法部门，其采取的"双规"措施来源依据是党内法规，并非国家法律。由于缺乏法定授权，"双规"引起了比较大的争议，影响了腐败案件的调查工作。

二、国家监察体制改革的主要内容

自 2016 年初习近平提出要创新国家监察体系至今，国家监察体制改革大体经历了从试点到全国推开再到制定监察法的阶段：第一阶段是从 2016 年 10 月开始，中央决定在北京、山西、浙江开始试点；第二阶段是党的十九大决定在全国范围内推广改革的试点，各省也陆续成立了监察委员会；第三阶段是从 2018 年 2月至今，在深化党和国家机构改革背景下，国家监察体制改革步入深度融合阶段。

第一阶段的核心内容是完成转隶工作、组建各级监察委员会和试履行监察权。一是转隶工作。转隶工作主要涉及检察机关反贪污、贿赂及预防职务犯罪等部门的人员及职能的转移。试点地区首先明确转隶对象。例如，浙江省要求转隶部门及人员必须是检察机关反贪污贿赂、反渎职侵权和预防职务犯罪部门及人员。其次，对于转隶的人员，充分考察他们的性格、专业和特长等因素。最后，保证试点期间待遇不变。鉴于监察体制改革与司法机关员额制改革同时进行，北京市明确提出，保持转隶干部原有工资待遇不变，检察官员额制继续执行。二是组建三级监察委员会。根据党的十八届中央纪委七次会议要求，试点单位确保在2017年3月底完成省级监察委员会组建工作，6月底完成市、县两级监察委员会组建工作。从试点地区实践来看，均提前完成了中央的部署。在组建监察委员会的过程中，也同步调整内设机构，将执纪监督和执纪审查部门职责分开，执纪监督部门负责联系地区和部门的日常监督，执纪审查部门负责对违纪行为进行初步核实和立案审查。使执纪监督、执纪审查、案件审理各环节相互协调、相互制约。三是试履行监察权，其中以留置权为关键。试点地区制定留置措施操作指南，对留置条件、审批、备案、期限、实施、讯问、解除、场所安全、被留置人合法权益保障等作了详细规定，确保严格规范、谨慎稳妥使用留置措施。例如，山西省纪委监委机关《审查措施使用规范》也对留置的适用对象和使用条件、留置场所和时限、审批权限和程序、留置场所的安全保护、被留置人合法权益等保护问题系统规范。

第二阶段是国家监察体制改革在全国范围推广。党的十九大报告指出，将试点工作在全国推开，组建国家、省、市、县监察委员会。十八届中央纪委向十九大的工作报告中也明确提出，按照中央确定的时间表和路线图，将国家监察体制改革试点工作在全国各地推开，组建省市县监察委员会。在党的十九大闭幕5天后，中共中央办公厅就印发了《关于在全国各地推开国家监察体制改革试点方案》（以下简称《方案》），部署在全国范围内深化国家监察体制改革的探索实践。《方案》要求其他28个省（自治区、直辖市）设立省、市、县三级监察委员会，整合反腐败资源力量，完成相关机构、职能、人员转隶，明确监察委员会职能职责，赋予惩治腐败、调查职务违法犯罪行为的权限手段，建立与执法机关、司法机关的协调衔接机制。

第三阶段是深化发展阶段，主要内容是制定监察法。《监察法》在整合《行政监察法》《刑事诉讼法》以及其他国家法律和党内法规的基础上制定的。《监察法》授予监察机关采取强制措施和强制执行的权力，可以对涉案财产和账户实施查封、冻结、扣押等措施。同时，监察程序得到进一步完善，规定监察委员会采取调查措施时应当全程录音录像等，其重大意义在于明确监察机关享有监督、调查和处置的权限，并将反腐败权力纳入法治的轨道运行。

专栏

监察体制改革的"北京方案"

2016 年 11 月 13 日至 14 日，北京市委召开市深化监察体制改革试点工作小组第一次会议，审议通过了工作小组职责等 5 个制度文件，正式启动改革试点工作。北京市委把试点工作列为改革"一号工程"，市、区两级都由书记担任"施工队长"。

2017 年 1 月 20 日，北京市人大常委会选举产生监察委主任，并任命监察委副主任及委员。2017 年 3 月 21 日，北京市纪委、市监委公布内设机构设置及人员配备方案，标志着市监委转隶组建工作完成。按照监督、审查分设的思路，市纪委、市监委设立 17 个纪检监察室。其中，8 个室负责执纪监督，8 个室负责执纪审查，1 个负责追逃追赃和防逃工作。2017 年 4 月 18 日，北京市 16 个区的监察委全部成立，并于同年 6 月完成组建工作。在此基础上，北京市纪委监委制定《关于区监察委员会向街道派出监察组和向乡镇派出监察办公室的意见》，实现所有乡镇街道监察机构、监察人员、监察职能"三到位"，并探索向村（社区）派出监察专员，把监察职能延伸到社区、村。

北京市、区两级监委自成立后，积极稳妥适用相关措施。2017 年，全市共使用谈话 7 494 次、讯问 1 024 次、询问 2 570 次、查询 7 777 次、冻结 129 次、调取 5 603 次、查封 14 次、扣押 226 次、搜查 67 次、勘验检查 24 次、鉴定 42 次、留置 68 人，其中，移送司法机关 42 人。市区监委均有留置案件，对 12 项调查措施均已完成试用。2017 年 4 月 7 日，北京市通州区永乐店镇财政所出纳李华因涉嫌利用职务便利将公款转入个人股票账户用于股票交易，被通州区监委报经区委同意后立案调查并采取留置措施。5 月 5 日，李华被通州区人民检察院执行逮捕。6 月 12 日，通州区人民法院公开开庭审理此案并一审作出判决。这是北京市开展监察体制改革试点工作以来，首例采取留置措施后移送审查起诉并宣判的案件。

国家监察体制改革后，北京市实现了对所有行使公权力的公职人员监察全覆盖，全市监察对象 99.7 万人，较改革前增加 78.7 万人。2017 年，运用监督执纪"四种形态"处理 12 494 人次，同比增长 58.6%；追回在逃人员 31 名，是 2016 年的 2 倍，取得重大突破。

资料来源：《北京开展国家监察体制改革试点工作纪实（上）（下）》，载于

《中国纪检监察报》2017年6月1日；《北京：探索监察职能向基层延伸》，载于
《中国纪检监察报》2018年3月31日；《对试点工作进行自查评估——将制度优
势转化为治理效能》，中央纪委国家监委网站；《积极探索实践 形成宝贵经验
国家监察体制改革试点取得实效——国家监察体制改革试点工作综述》，中央纪
委国家监委网站。

三、国家监察体制改革的成效

一是反腐败机构设置模式更加合理。我国的职务犯罪调查权由监察机关统一
行使，改变了我国长期以来的"二元制"的反腐败调查模式，能够有效解决职权
分散、效率低下、重复劳动的问题。这一点在试点地区查办的多起案件中已经得
到了充分的证明。为了配合调查权的统一行使，《监察法》规定，腐败案件线索
由监察机关归口管理，检察机关、公安机关、审计机关等国家机关在工作中如发
现公职人员涉嫌贪污贿赂、失职渎职等职务违法或者职务犯罪问题线索，都应当
移送监察机关，由监察机关依法调查处置。这种做法的好处是明确了线索管理的
责任，而且有利于保护举报人的隐私。

二是反腐败法律制度更加完善。《监察法》赋予了监察委员会相对广泛的职
务违法犯罪调查权限，这样的权力配置与腐败衍生、腐败违法到腐败犯罪的关联
性特征高度契合，创设非刑事手段和刑事手段并用的腐败治理模式。[1] 赋予监察
机关较大的调查权限符合查办腐败案件的一般规律，能很好地适应和应对腐败日
益复杂化和查处难度日益加大的严峻形势。[2]

三是反腐败战略更加完备。监察体制改革以后，所有履行公权力的公职人员
都被纳入监督范围，进一步凸显了监督在中国特色社会主义监督体系中的作用。
这也为监察机关针对各个部门进行专业化的制度设计，建立健全制度体系，进而
消除腐败发生的机会提供了可能。

第四节 监察监督的理论问题探讨

监察监督存在一些亟待深入探讨的理论问题，主要体现在纪委与监委的关系

---

① 吴建雄：《国家监察体制改革的前瞻性思考》，载于《中国社会科学报》2017年2月15日。

② 张瑜：《从"应然"层面解析国家监察体制相关概念及内涵》，载于《行政法学研究》2017年第
4期。

以及监察对象范围的界定。

第一，纪委与监委的关系分析。纪委和监委关系是监察体制改革的一个核心问题。根据《监察法》的规定，各级监察委员会同党的纪律检查机关合署办公。通过对比1993年纪检监察机关的合署办公体制和当前的合署体制，二者存在很大的不同。从1993年到监察体制改革之前，纪委和行政监察机关基本还保持各自的领导体系和工作机构，纪委书记和监察部长（厅长、局长、处长）并非同一个人。当前的合署体制进一步推动了纪委和监察机关的一体化发展。除中央一级外，地方的纪委书记就是监委主任，纪委副书记就是监委副主任，监委委员也大多是纪委常委或委员。纪委和监委的工作部门也是完全整合在一起，这是加强党对反腐败工作统一领导的需要。然而，如何保持纪委和监委既在工作机制上实现融会贯通又能够相对独立，是在改革中需要进一步探索完善的内容。

第二，监察对象与范围问题分析。我国监察机关的监察对象主要是履行公权力的公职人员，但在其他国家监察机关可以对所有公民，而不仅仅是履行公权力的公职人员进行监督。根据我国《刑法》的规定，贪腐贿赂类犯罪并非身份犯，普通公民同样能够成为贪污贿赂类犯罪的主体。目前按照各级监委的工作方式，其核心的运行逻辑还是按照党管干部原则实行分级管理。然而，随着公权力廉洁水平的不断提升，私领域特别是商业领域的腐败案件所占比例或将不断提高，但是在现实中一些行贿受贿的企业的负责人主要还是由公安机关的经济侦查部门来查办，监察监督还没有覆盖到这些领域，这也成为国家监察制度长期改革需要探讨的问题。

第五节　深化监察监督改革的思考

深化监察监督改革不仅需要系统深入的论证，同时需要在实践中不断地探索与创新，以期进一步推动监察监督科学化发展，把中国特色社会主义监察体系的优势转化为治理腐败的效能。

一、不断完善、落实以《监察法》为核心的监察法规体系

《监察法》是我国第一部专门性的反腐败法律，存在大量的条文需要进一步细化说明，其中比较重要的内容是监察机关与司法机关的工作衔接。为实现《监察法》与《刑事诉讼法》的有效衔接，2018年10月对《刑事诉讼法》进行了修

订，为监察机关与司法机关的线索移送、工作协助配合、证据衔接或转化、案件移送与审查等问题提供了法律依据。2021 年 7 月、8 月，我国相继出台了《中华人民共和国监察法实施条例》和《中华人民共和国监察官法》，对《监察法》内容进行细化完善，推进监察工作规范化、法治化、正规化发展。下一步，应着重提高法律执行的刚性，确保监察权始终在法治轨道上运行。

二、健全地方监察体系，推动监察职能向基层延伸

我国现行监察机构层级为中央、省、市、县四级，纪律检查机构则是中央、省、市、县、乡五级，在国家监察体制改革背景下便出现了"一条腿长一条腿短"的局面。如何推进监察职能向基层延伸，实现对所有行使公权力的公职人员监察全覆盖，是各级纪检监察机关面临的重大课题。十九届中央纪委二次全会指出，全面推进国家监察体制改革。推动监察工作向基层延伸，使群众身边的公职人员受到严密监督。全国一些地方进行了有益探索。例如，北京市纪委监委明确各区（县）纪委监委向乡镇派出监察办公室，与乡镇纪委合署办公，不再保留乡镇监察科，原有监察干部转为派出监察办公室工作人员，编制、经费、人事关系等仍按原渠道管理。与北京模式不同的是，重庆采取分片派驻监察室的模式，即一个派驻监察室负责监督若干数量的乡镇，派驻监察室不受乡镇党委的领导，与乡镇纪委是业务指导关系。两种模式各有优劣势：北京模式的优势在于走集约化的发展路线，授予乡镇纪委干部一定的监察权，提高了基层干部的监督能力和威慑力，但劣势在于派驻监察室的独立性差一些，对于监察员有特定身份要求，可能会导致一些愿意承担纪检工作但不具备特定身份的干部离开纪检岗位；重庆模式的优势在于派驻监察室的独立性相对较高，对乡镇纪检干部给予必要的指导，劣势在于增加了行政层级，而且派驻监察室与乡镇纪委、县纪委监委的关系难以厘清。对此，还需要更为合理的制度设计。

三、加强对监察机关的监督和制约

经过监察体制改革后，监察委员会实现了权力的集中统一，能够充分发挥制度优势，提高监察效能。同时，也应注意对监察委员会的监督。对监察委员会的监督有两种：第一种是内部监督，现在的中央纪委国家监委内部设有干部监督室，作用就是自我监督；第二种是来自外部的监督，包括人大的监督，因为纪检监察机关是由人大选举产生的，也要接受人大监督；另外，还要接受社会公众、舆论的监督。各级监察委员会逐步建立健全监察工作信息发布机制，在主流媒体

和主要网站第一时间发布监察工作信息，主动公开工作流程，自觉接受人民群众和新闻媒体监督。尤其是对于社会广泛关注、涉及人民群众切身利益的重大案件查办等工作，监察机关要严格执行有关规定，及时将有关情况向社会公开。此外，还要处理好依法监督与非法干预的关系，监察机关依法独立行使监察权正是针对行政机关、社会团体或个人的非法干预而言的，这是监察机关履行监察职能的重要保证。

第八章

人大监督

我国的人民代表大会制度是中国共产党在长久的革命实践中，结合马克思主义学说产生的重大制度创新。根据我国宪法规定，全国人民代表大会拥有最高立法权、决定权、任免权以及监督权，为了确保我国法律能有效实施，人民群众的利益得到有效保障，人大监督作为一种强制性权力，依法对任何国家机关及其工作人员的权力进行制约和监督。① 党的十八大以来，党中央对各项监督工作更加重视，习近平对人大监督工作作出重要部署，强调人大监督是代表国家和人民进行有法律效力的监督，要实施正确、有效的监督，对人民负责，受人民监督。人大监督工作的不断改进，更能使人大制度的优势得以充分发挥，促进我国各项发展的稳定。

第一节　人大监督的历史演进

人大监督是代议制民主政治发展的逻辑要求。马克思主义国家学说把人民监督作为新型无产阶级国家的重要基石，认为只有人民掌握选举权和监督权，才能最终保证国家政权的性质。在实现途径上，马克思认为代议制是无产阶级政权组

---

① 《习近平在庆祝全国人民代表大会成立 60 周年大会上的讲话》，载于《人民日报》2014 年 9 月 6 日。

织的最好民主形式，"代议机构由选民直接选举产生并直接受选民监督，同时由它任命政府官员并对他们实行监督，保证了政权始终掌握在人民手中"①。列宁把马克思国家理论付诸实践，建立了工人代表苏维埃，这种组织区别于一般的组织，是工人阶级和广大劳苦群众所掌握的政权。他认为"正是苏维埃与劳动人民接近，才造成一种特别形式的罢免制和另一种自下而上的监督制"②，而且这种方式"最能反映人民民主的本质，它是苏维埃政权的真正人民性所在，也是社会主义民主的重要特点"③。概而言之，无产阶级国家政权属性决定了政体的组织形式，是代议机关履行监督职能的政治基础。

人大监督是在中国新民主主义革命和社会主义革命不同历史时期逐渐形成的一种具有中国特色的权力监督和制约机制。在中央苏区时期，中国共产党将马克思主义国家学说同中国革命实际相结合，创造性地建立了苏维埃政权。《中华苏维埃共和国宪法大纲》明确规定：苏维埃政权是属于工人、农民、红色战士及一切劳苦民众的。在苏维埃政权下，所有工人、农民、红色战士及一切劳苦民众都有权选派代表掌握政权的管理。全国工农兵苏维埃代表大会是最高政权机关，在大会闭会期间，全国苏维埃临时中央执行委员会为最高政权机关。全国苏维埃代表大会及中央执行委员会具有最高的法律制定和监督权、审查并批准预算决算权等。

在延安时期，抗日民主政权改变了中华苏维埃共和国时期工农兵代表大会制度，"实行最适合于抗战的彻底的民主制度"④。根据《陕甘宁边区各级参议会组织条例》规定，边区参议会的监督权包括"监察及弹劾边区各级政府之政务人员""批准关于民政、财政、建设、教育及地方军事各项计划""通过边区政府所提出之预算案""议决边区政府主席或政府委员及各厅厅长提交审议事项""督促及检查边区各级政府执行参议会决议案之事项"等。到华北人民政府时期，中国共产党创造性地将议会、人民代表会议改为人民代表大会，由此奠定了人民代表大会制度的雏形。

1949年6月，毛泽东《论人民民主专政》一文系统阐述了中国人民民主专政国家政权的理论基础，为新中国人民代表大会制度的建立做了理论铺垫。新中国成立后，《中国人民政治协商会议共同纲领》明确要求：人民政府委员会向人民代表大会负责并报告工作。1954年《宪法》规定：中华人民共和国全国人民代表大会是最高国家权力机关，具有监督宪法的实施、监督国务院、最高人民法

① 《马克思恩格斯全集》（第十七卷），人民出版社1963年版，第603页。
② 《列宁选集》（第三卷），人民出版社1995年版，第527页。
③ 蔡定剑：《社会主义的监理理论及实践》（上），载于《政法论坛》1989年第1期。
④ 西北五省区编纂领导小组、中央档案馆：《陕甘宁边区抗日民主根据地：文献卷》（上），中共党史资料出版社1990年版，第189页。

院和最高人民检察院的工作、撤销国务院的同宪法、法律和法令相抵触的决议和命令等权力。改革开放以后，人大监督在国家民主法制生活中的重要性逐步凸显。到 20 世纪 80 年代中期，人大的各种监督机制基本形成。为了进一步推动人大监督制度化、法制化发展，2006 年 8 月 27 日第十届全国人民代表大会常务委员会第二十三次会议通过了《中华人民共和国各级人民代表大会常务委员会监督法》，规定人大监督权的内容包括听取和审议人民政府、人民法院和人民检察院的专项工作报告、审查和批准决算，听取和审议国民经济和社会发展计划、预算的执行情况报告，听取和审议审计工作报告、法律法规实施情况的检查、规范性文件的备案审查，监督方式包括询问和质询、特定问题调查。

综上所述，人大监督是中国共产党在革命时期形成的，在建设和改革的不同历史时期进一步发展，最终形成的具有中国特色的监督机制。人大监督在保证人民当家作主的国家性质、确保行政机关依法行政、司法机关公正司法方面发挥了重要作用。

第二节　人大监督的功能与定位

全国人民代表大会作为我国最高权力机关，统一行使国家权力。建立完善的人大监督制度是健全中国特色社会主义监督体系的重要一环。我国的政治体制决定了人大的地位。与西方国家不同的是，中国是单一制国家，从秦时期的大一统开始，逐步形成了民族相互融合的局面。新中国成立以来，我们通过一系列探索，形成了一套适合自己国情的中国特色社会主义道路。

根据宪法规定，全国和各级人民代表大会是人大监督的主体，其监督对象总体概括为由各级人大及其常委所产生的国家机关，对人大负责，受其监督，也就是"一府一委两院"及其组成人员。按照《中华人民共和国各级人民代表大会常务委员会监督法》（以下简称《监督法》），人大的监督内容包括法律监督和工作监督。法律监督主要针对宪法和法律的执行情况，人大及其常委会为了有效地保证所有法律、决议及各类规范性文件符合我国基本方针，统一对此进行审核与整理。同时，人大及其常委依法通过组织执法检查工作来监督宪法和各部门法律的实施情况。工作监督则是对"一府一委两院"进行合法合规性、政治思想的高度一致性、对人民利益工作方面的执行力以及工作人员的敬业程度的监督，包括国家财政、外交、人事、军事等工作方面。根据《监督法》的规定，人大及其常委会通过听取和审议专项工作报告、执法检查、审查和批准决算、质询与质问、撤职案的审议和决定的方式来监督。

人大监督工作的完善是全面推进依法治国、社会主义民主政治的必然要求，也是为了稳定各项改革发展任务、维护人民根本利益、构建和谐社会的必经之路。人民代表大会是我国最高权力机关，国家行政机关、审判机关、检察机关都由人大产生，对人大负责，受人大监督。通过人大监督，确保了行政权、司法权、监察权得到正确行使，确保公民、法人和其他组织的合法权益得到尊重和维护。

第三节 党的十八大以来人大监督的创新发展

党的十八大以来，习近平对新形势下的人大监督工作作出诸多重要指示，不断扩大监督范围，同时整合监察力量，健全我国监督机构。在不断强化自我监督、完善党和国家监督体系的背景下，人大监督的内涵和外延发生了显著的变化。

一、人大监督在国家监督体系的凸显

在党的十八大以前，人大的工作重点主要侧重于立法工作方面，在监督工作方面有一些欠缺。2016 年，中央决定先行在北京、山西、浙江开展监察体制改革试点，先行设立监察委员会；2017 年，全国人大常委会通过了《关于在全国各地推开国家监察体制改革试点工作的决定》，于 2018 年正式成立了国家监察委员会，作为我国最高监察机关，同时接受人大的监督，自此，人大从对"一府两院"的监督增加为对"一府一委两院"的监督。[①] 此项改革的目的在于形成一个集中、高权威的反腐败机制，一定程度上可以提升监督工作效率，也使人大监督的作用在国家监督体系中更为凸显。

二、人大的内部组织架构更便于监督工作开展

全国人民代表大会及其常务委员会主要由工作机构和办事机构、专门委员会

---

① 《宪法修正案（2018）》，第四十四条：宪法第六十七条"全国人民代表大会常务委员会行使下列职权中第六项（六）监督国务院、中央军事委员会、最高人民法院和最高人民检察院的工作"修改为"（六）监督国务院、中央军事委员会、国家监察委员会、最高人民法院和最高人民检察院的工作"；增加一项，作为第十一项"（十一）根据国家监察委员会主任的提请，任免国家监察委员会副主任、委员"，第十一项至第二十一项相应改为第十二项至第二十二项。

这两部分组成。工作机构和办事机构包括办公厅、法制工作委员会、预算工作委员会、香港特别行政区基本法委员会、澳门特别行政区基本法委员会；专门委员会包括民族委员会、宪法和法律委员会、监察和司法委员会、财政经济委员会、教育科学文化卫生委员会、外事委员会、华侨委员会、环境与资源保护委员会、农业与农村委员会、社会建设委员会。党的十八大以来，对人大的组织架构也有了一定调整，新增了监察和司法委员会，由全国人大内务司法委员会改制而来，其职责是为了配合深化国家监察体制改革、完善国家监察制度体系、推动实现党内监督和国家监督的有机统一。该委员会成立至今，开展了监察体制改革和监察法实施情况的调研，了解国家监察体制改革的最新进展和监察法实施情况，并提出有关工作的意见和建议，同时参与政务处分法、监察官法等立法工作，推动完善监察法配套法律，形成一定制度体系。制度建设的完善不仅从高度上对整个体系有了方向性指导，还加强了中央与地方人大对口委员会的工作联系，了解了地方人大监察监督工作开展的情况，对基层的工作有了进一步指导。

三、人大监督运行机制更加完善

从监督内容上看，人大监督现在更加着重加强对大局服务精神与民生保障工作的关注。例如，对"十三五"规划开展执法检查、调研，推动我国经济的高质量发展；融入"一带一路"建设，视察检查跨境经济合作项目，提高我国对外发展的工作水平，一定程度上提高我国现代化经济建设。与此同时，监督工作加强以人民为中心的思想，解决群众最关心的现实问题，如环境问题、食品安全、药品安全、交通安全、养老问题、扶贫脱贫问题等，在各地的实践中均取得了不错的效果。

专栏

全国人大监督工作纪实

监督权是宪法和法律赋予全国人大常委会的一项重要职权。2020年，全国人大常委会以习近平新时代中国特色社会主义思想为指导，紧紧围绕党和国家工作大局，聚焦统筹推进疫情防控和经济社会发展、坚决打好三大攻坚战、决胜全面建成小康社会，主动作为，持续加强和改进、不断拓展和深化监督工作。听取和审议有关报告30个，检查6部法律和1个决定实施情况，开展2次专题询问、6项专题调研，主动审查备案法规1 310件——2020年，全国人大常委会依照法定职责，寓支持于监督之中，有效监督宪法法律的实施，有效监督行政权、监察权、审判权、检察权的行使。

一、助力决胜全面建成小康社会

2020 年初，来势汹汹的新冠肺炎疫情，给全社会带来前所未有的挑战。危难之时，全国人大常委会迅速行动、果断出手，尽显国家权力机关亲民本色和担当品格。在作出全面禁止野生动物非法交易和食用的决定后，全国人大常委会充分发挥人大制度优势，及时调整监督工作计划，对野生动物保护"一决定一法"开展执法检查，推动依法取缔和严厉打击非法野生动物市场和贸易，革除滥食野生动物陋习，切实保障人民群众生命健康安全。2020 年，继大气污染防治法、水污染防治法执法检查之后，栗战书委员长继续挂帅担任执法检查组组长，对土壤污染防治法开展执法检查。同年 10 月，全国人大常委会会议审议执法检查报告并进行专题询问，进一步强化土壤污染管控和修复，用法治力量保障老百姓吃得放心、住得安心。

二、人大监督有力增进民生福祉

2020 年，人大监督工作触角，更全面、更充分延伸到百姓生活的各个细节，有力增进了民生福祉。围绕公共文化服务保障、慈善事业健康发展、社会保险制度改革、节约粮食反对浪费、民族团结进步创建等民生领域热点问题，全国人大常委会扎实推进监督工作。通过执法检查、专题调研等常态化监督形式，为民生社会事业发展提供更加有力的法治保障。2020 年 8～10 月，全国人大常委会对公共文化服务保障法开展了执法检查。这是十三届全国人大常委会首次对文化方面法律的实施情况进行检查。此次执法检查用法治推进城乡公共文化服务体系一体建设，着力打通公共文化服务"最后一公里"，精准有效对接群众文化需求，把文化产品自主选择的"遥控器"交到群众手中。在这些执法检查中，网上问卷调查、网络征求意见、第三方评估、随机抽查等创新方式方法的运用，让公众感受到人大民生监督与时俱进的时代气息。

三、管好"国家账本"，看好政府"钱袋子"

2020 年，全国人大常委会围绕预决算、审计和国有资产管理开展的监督，尤其是深化预算决算审查监督和国有资产管理监督工作，已经形成了一整套有效制度机制，把公共财政置于阳光之下，让人们真切地感受到人大监督的"铁腕气质"和"刚性本色"。为贯彻落实党中央加强对政府全口径预算决算审查和监督的部署，全国人大常委会继续推进预算审查监督重点向支出预算和政策拓展改革，于 2020 年 6 月听取和审议了国务院关于 2019 年中央决算的报告，批准了 2019 年中央决算。每年 6 月听取和审议审计工作报告，12 月听取和审议审计查出问题整改情况报告，是全国人大常委会的常态化监督工作。2020 年，全国人大常委会听取和审议审计查出问题整改情况的报告并开展了专题询问。

四、加强监察、执法和司法监督，让公平正义可触可感

2020 年，全国人大常委会将监督的目光投向反腐败国际追逃追赃、公安机关执法规范化建设、民事审判工作、认罪认罚从宽制度等党中央决策部署、民众高度关注、关乎社会和谐稳定的重点领域，通过强有力的人大监督，推动改进相关工作，促进监察、执法和司法更加公平公正。

公安机关执法工作量大面广，其执法活动是否规范公正，关系群众切身利益，关乎社会公平正义。时隔 7 年后，2020 年 8 月，全国人大常委会再次就公安机关执法规范化建设听取和审议专项工作报告。认罪认罚从宽制度是司法体制改革的重大成果，体现了中国特色社会主义刑事司法制度的优势。这些年，全国人大常委会不断加强对认罪认罚从宽制度的立法保障和监督支持。2020 年 10 月，全国人大常委会听取并审议了最高人民检察院关于人民检察院适用认罪认罚从宽制度情况的报告，通过人大监督推动检察机关进一步健全和细化认罪认罚案件办理全流程，加大常态化巡查、督查、评查力度，强化检务公开，确保廉洁公正司法。

资料来源：《不平凡的 2020 年，不平凡的监督答卷》，http://www.npc.gov.cn/npc/c30834/202103/5f8205cb111144a699a7c3611fd3a801.shtml。

从监督形式来看，除了人大监督的例行方式以外，更加注重多级联合协同合作，"单打独斗"往往不如团结合作，多地采取了两级或者两级以上的人大来联合开展监督工作，不仅促进了各级单位之间的沟通，还能提高工作效率。以北京为例，近年怀柔区开展执法检查和工作评议时，采取区镇联动的工作模式，由区人大常委会牵头，镇人大常委会配合，协调统一主题、要求、时间后，在全区对两级政府进行联合监督；在进行食品安全执法检查时，市人大常委会要求区县人大常委会联合行动，将检查结果汇总，一并写入检查报告。[①]再如江苏省盐城市，区镇两级人大通常是以一个整体来推进工作，并且开展了"五联"形式，即"联合确定议题、联手推进工作、联系指导方式、联动开展活动、联结一体平台"，[②]保证了监督议题的科学合理、区镇人大的工作同步、活动质量的有效提高、互动平台的良好建立。

人大监督在近几年的工作中，助力打好三大攻坚战，推动中央重大部署的落实，同时坚持问题导向，增强实效，多次开展随机抽查，听取和审议的专项报告较党的十八大之前也有大幅增长。据不完全统计，从党的十八大以来截止到 2021 年 10 月底，全国人大常委会公开的审议意见有 245 件，就 2018 年的人大监督工

---

① 席文启：《近年来人大监督在北京的实践》，载于《人大研究》2017 年第 4 期。

② 吴家祥、陈爱华、王晓聪：《关于区镇联动的实践与思考——以江苏省盐城市大丰区为例》，载于《人大研究》2016 年第 10 期。

作来说，召开了五级人大代表及群众代表的座谈，加开了一次常委会会议，在听取审议报告中，对执法检查中发现的 22 家企业的 38 个问题进行了点名批评。① 2020 年，人大听取和审议有关报告 30 个，检查 6 部法律和 1 个决定实施情况，开展 2 次专题询问、6 项专题调研，主动审查备案法规 1 310 件。② 这体现了人大监督的工作得到有效增强，同时也在不断进行积极的探索和实践创新。

第四节　完善人大监督的思考

由于各种因素的影响，人大监督工作存在着不同程度的挑战和问题，在实践之外，诸多学者也对人大监督的工作有很多思考和争论，不同角度的看法也将会促进人大监督工作的不断改进。

一、人大监督与监察监督的关系问题

目前学界讨论得比较多的是人大监督与监察监督的关系问题。人大如何去监督监察机关，监察机关是否可以对人大进行监督，也就引出了谁来监督监督者，以及人大监督与监察机关之间如何相互产生作用的问题。需要明确的是，人大监督与监察监督的对象和职能是不同的。人大依法代表国家和人民行使权力，作为行使监督权的主体，监督对象是其他国家机关及其选举或决定的官员，不是国家机关中的所有公职人员。同时，人大自身受人民监督，对人民负责，不受其他国家机关的监督。而监察委员会的监察职能是依法对所有行使公权力的公职人员进行监察，简单来说就是对"个体"的监督而非"机关"。人民代表大会是国家权力机关，只有人大才能监督其他国家机关，其他国家机关作为被监督者，就算有监督职能，也不可反向监督人大，由人大产生的其他国家机关只可产生横向的权力制约关系，监督不能作为代替其他国家机关的职权，制约不能侵蚀其他国家机关的核心职权领域。③ 我国监察体制改革的实质在于国家监督权的重新配置，通过机构和职能的整合，其设立独立于行政、审判、检察的监察机关，相当于代

---

① 参见《十三届全国人大二次会议新闻发布会》。

② 《"数"说 2020》，中国人大网，http://www.npc.gov.cn/npc/c30834/202101/511bfeae900e4f a8840f52b5d2a18397.shtml。

③ 秦前红：《国家监察法实施中的一个重大难点：人大代表能否成为监察对象》，载于《武汉大学学报（哲学社会科学版）》2018 年第 6 期。

人大对所有公职人员行使监察权。由此可见，很多工作需要人大与监察委员会相互配合，如何衔接和配合好两者之间的工作值得更进一步的探讨。

二、人大是否监督人大代表的问题

根据《宪法》与《监督法》的相关规定，人大监督的对象是由各级人大及其常委会所产生的国家机关及其组成人员，讨论比较多的是人大代表是否是人大监督的工作对象，这个问题目前还没有明确界定。人大代表是由人民群众选举代表自己行使权力的人，有的人大代表是公职人员，而有的人大代表不是公职人员，所以人大对于公职人员的监督并不能完全运用到对人大代表的监督上，对于人大代表的监督可能需要一个针对性制度来进行管理。

党的十八大报告中充分肯定了人大的工作，同时也提出了更高的要求。党中央坚持完善人民代表大会制度，提出了新理念、新思想、新战略，对于人大监督工作也提出了加强和改进的指示。随着国家监察体制的深化改革，人大监督需要发挥出重要的作用。习近平在党的十九大上也特别强调要健全人大监督制度，保证公民、法人和其他组织合法权益得到切实保障。①

三、推动人大监督工作的规范化制度化建设

地方各级人大的工作中还存在工作机制不健全的情况，因此需要健全各级人大工作的监督机制和程序。一是对于地方各级人大及其常委会，需要整顿作风，对于基层的不良之风要通过明确的工作制度来进行有效治理。二是对于不同国家机关的监督需要建立不同的制度，需要有针对性，与其他监督形式形成合力。例如，人大不仅对宪法和法律实施情况进行监督检查，坚决纠正违宪违法的行为，维护宪法的权威，还要结合监察监督、行政监督、司法监督、审计监督等监督形式，制定更加规范的制度，加强权力制约。同时，人大各专门委员会之间要加强合作沟通，一个问题的出现可能涉及多个部门的工作，如某领域涉及法律相关问题，需要与宪法和法律委员会或者监察和司法委员会联合起来开展工作，从更加专业的角度去解决问题。

---

① 习近平：《决胜全面建成小康社会　夺取新时代中国特色社会主义伟大胜利——在中国共产党第十九次全国代表大会上的报告》，人民出版社 2017 年版，第 82 页。

四、加强人大监督评价机制

无论是实施监督一方还是被监督一方，都要让他们充分认识到依法履行职责的责任，高度重视和支持人大的各项工作。从实施监督的一方来说，需要提高各级人大及常委会工作人员的整体责任感，让他们充分认识到其中的利害关系，具备专业的工作能力，坚决杜绝权力腐败的问题。由于政府单位的特殊性，工作人员之间不存在激烈的竞争关系，容易导致人员懈怠，因此可以促进良性竞争，重用干实事的人员。同时，可以采取适当的评价机制，强化工作人员的使命感和责任感。从被监督一方来说，评价机制的建立可以更好地了解政府做了什么样的工作，接受人大监督就是接受人民监督，从而更好地为人民服务。只有建立良好的监督氛围，得到各方的支持，才能更好地开展监督工作。

五、推动执法检查的规范

《监督法》赋予了人大及其常委会开展执法检查，是监督工作中的主要工作形式。在对法律的实施情况进行监督检查的过程中，各项工作是否规范关系到检查结果是否真实有效。由于地方区域的不同情况，全国人大无法顾及到每个地区的具体情况，所以由各级人大及其常委会来制定"执法检查办法制度"是最高效和最具有针对性的措施。要从执法检查主体及对象开始落实，每一次执法检查都要明确执法检查的原则、检查前准备、检查计划、方案拟定、检查形式及步骤、检查报告撰写、听取以及审议，每一个环节都要做到规范化，有益于保证执法检查的实效性。

第九章

民 主 监 督

作为中国特色社会主义监督体系的重要组成部分，民主监督是中国特色社会主义民主政治的重要形式之一，是多党合作和政治协商制度的重要内容，具有鲜明的特点和优势，有着其他监督形式不可替代的独特作用。民主监督既是我国各民主党派和无党派人士的一项基本职能，也是人民政协的主要职能之一。民主监督既是参加人民政协的各党派团体和各族各界人士通过政协组织对国家机关及其工作人员的工作进行的监督，也是中国共产党与各民主党派和无党派人士之间进行的相互监督。①

第一节　民主监督的历史演进

民主监督职能的发展经历了一个从无到有、从虚到实的不断完善和规范的过程。民主监督的渊源最早可以追溯到延安时期的"三三制"政权的实施，正是抗日民主统一战线在政权构成上的具体实现，从而在制度上保证了各党派和广大群众对共产党以及政府的监督制约。1949年9月中国人民政治协商会议第一届全体会议的召开，标志着人民政协的正式建立，也使得民主监督有了具体的依托组织。新中国成立初期，各民主党派不仅参加了新政权的筹备、组建和正式成立，

---

① 林尚立主编：《中国共产党与人民政协》，东方出版中心2010年版，第207页。

还在新政权中担任了重要领导职务。各民主党派还通过双周座谈会、协商座谈会等形式与共产党就国家重大事务进行民主协商，为巩固国家新生政权和恢复国民经济建设提出了许多宝贵的意见。

1956 年 4 月，毛泽东在《论十大关系》中正式提出"长期共存、互相监督"的观点。1956 年 9 月，中国共产党第八次全国代表大会正式将"长期共存、互相监督"的方针写入政治报告，要求共产党坚持此方针，不断加强同各民主党派、无党派人士的合作共事。这一方针成为社会主义时期处理中国共产党与民主党派关系的基本方针。但随后的一段时期，由于历史原因，民主监督出现了低潮、曲折甚至是停滞的状态。

1978 年 2 月，中国人民政治协商会议第五次会议在北京召开，标志着我国民主监督制度正式恢复。邓小平当选为第五届全国政协主席，并在政协五届二次会议上重新强调了政协监督职能的重要性，指出人民政协是我国政治体制中发扬社会主义民主，实行相互监督的重要形式。1982 年 12 月，第五届全国政协五次会议上通过了《中国人民政治协商会议章程》，规定人民政协要"对国家的重大政策方针和群众生活的重要问题进行政治协商，并通过建议和批评发挥民主监督作用"。1987 年，中国共产党坚持"长期共存、互相监督，肝胆相照、荣辱与共"的方针，作为完善社会主义民主政治的若干制度的一项重要内容写进了党的十三大报告中。至此，作为多党合作和政治协商制度一部分的民主监督正式成为中国社会主义民主政治建设的重要内容。

1989 年，中共中央发布《中共中央关于坚持和完善中国共产党领导的多党合作和政治协商制度的意见》，标志着我国民主监督更加制度化和规范化。1993 年，这一制度被写入宪法，使中国特色民主监督制度有了宪法保障。1994 年 3 月，第八届全国政协二次会议通过了修订的《中国人民政治协商会议章程》，该章程第二条正式明确，政协的"主要职能是政治协商和民主监督"。2006 年 2 月，中共中央颁布的《关于加强人民政协工作的意见》（以下简称《意见》）进一步明确和规定了民主监督的性质和内容。《意见》指出，"人民政协的民主监督是我国社会主义监督体系的重要组成部分，是在坚持四项基本原则的基础上通过提出意见、批评、建议的方式进行的政治监督"，"它是参加人民政协的各党派团体和各族各界人士之间进行的互相监督"。

第二节　民主监督的功能和定位

民主监督既包括民主党派的民主监督，也包括人民政协的民主监督。具体而言，民主监督存在两组监督主体和对象：一是中国共产党与各民主党派和无党派人士之间的相互监督，因中国共产党处于领导和执政地位，更需要自觉接受民主党派的监督。二是政协委员对国家机关及其工作人员工作进行的监督。两者存在密切的联系：民主党派和无党派民主人士是人民政协的主要组成部分，而人民政协也是各民主党派开展工作的重要平台。但两者在基本性质和监督渠道上也略有不同：一是监督依据的不同。《中国共产党统一战线工作条例》对民主党派的民主监督职能进行了规定："民主党派的基本职能是参政议政、民主监督、参加中国共产党领导的政治协商。"①《中国人民政治协商会议章程修正案》则对人民政协的民主监督职能进行了规定："中国人民政治协商会议全国委员会和地方委员会的主要职能是政治协商、民主监督、参政议政。"② 二是监督渠道的不同。民主党派的民主监督不仅可以通过人民政协发挥作用，还可以通过人民代表大会、各级政府机关发挥监督作用。

民主监督是聚焦于国家顶层设计和重大方针政策落实的监督。《中国人民政治协商会议章程修正案》规定："民主监督是对国家宪法、法律和法规的实施，重大方针政策、重大改革举措、重要决策部署的贯彻执行情况，涉及人民群众切身利益的实际问题解决落实情况，国家机关及其工作人员的工作等，通过提出意见、批评、建议的方式进行的协商式监督。"③2017 年 3 月，中共中央印发的《关于加强和改进人民政协民主监督工作的意见》明确了目前人民政协开展民主监督的方式主要为会议监督、视察监督、提案监督、专项监督和其他形式监督。④

民主监督的基本性质为协商式的监督。《中国人民政治协商会议章程修正案》强调，民主监督是协商式的监督，"协商是方式和原则，监督是手段和途径，协助党和政府解决问题、改进工作、增进团结、凝心聚力是目的"⑤。民主监督这一性质与人民政协政治协商的基本性质相同，是中国共产党在长期的执政和建设国家的过程中，依据马克思列宁主义统一战线理论、政党理论、民主政治理论以及我国古代"合和文化"、基层协商民主的历史文化渊源所确定的具有中国特色的政党监督性质，包涵了中国文化中和而不同、兼容并蓄、平等协商的特点。在我国，各民主党派和共产党并不是竞争对抗的双方，而是站在统一战线上、拥有共同政治目标的合作双方。监督提出的批评建议也不是为了打压对方，而是为了能够相互帮助，共同进步。这一目标一致、同心协力的监督形式，避免了西方

---

　　①　中共中央印发《中国共产党统一战线工作条例（试行）》. 新华网，http：//www. xinhuanet. com//politics/2015 –09/22/c_1116645297. htm，2015 – 09 – 22。

　　②③⑤　中国人民政治协商会议章程修正案. 新华社，https：//baijiahao. baidu. com/s？ id = 1596074621387674865&wfr = spider&for = pc，2018 – 03 – 27。

　　④　《关于加强和改进人民政协民主监督工作的意见》。

国家党派之间以竞选为目的的监督所产生的不必要的冲突和内耗，能够更好地将精力集中于解决问题。所谓协商，是希望监督双方能够在真诚平等、相互尊重的基础上，以相互促进为目标，坦诚相见、畅所欲言、实事求是、深入探讨、出谋献策。

作为我国的执政党，中国共产党的执政地位并不是与生俱来的，而是得到群众的认可所给予的。共产党需要不断地自我提升和完善，才能够更好地应对日新月异、竞争激烈的国际局势，满足群众不断提升的对美好生活的要求。民主监督是党执政的一面镜子，通过其他党派和团体对于共产党顶层设计建设的监督和建议，不断完善共产党的执政政策，推动决策的科学化，保障政策的落地实施，能够更好地增强共产党自我净化、自我完善、自我革新、自我提高的能力。

民主监督是中国特色社会主义监督体系的重要组成部分。民主监督为社会主义协商民主的重要实现形式和监督体系的重要组成部分，对于加强党对各项工作的领导、发展全过程人民民主、推进国家治理体系和治理能力现代化具有重要意义。人民政协是具有中国特色的政治组织和民主形式，不是国家权力机关。民主党派是接受中国共产党领导、同中国共产党通力合作的亲密友党，是中国特色社会主义参政党。这些性质决定了民主监督是一种非权力性的监督。虽然对比权力性的监督，民主监督具有非权力性和柔性的特征，不具有强制约束力，但也因为人民政协并非权力机关而较少受到体制内权力和利益的羁绊，不容易被权力影响和制约，从而能够从更加客观实际的角度开展监督。同时，民主监督群体主要由各党派和社会各团体在各行各业的人员组成，涉及的行业领域广泛且与群众有密切的联系，能够更深入全面地了解群众的需求和情绪，更有针对性地开展监督。但是民主监督同样也存在作为异体监督的缺点。相对于同体监督而言，异体监督更难及时全面地获取监督对象的信息，这就需要完善好监督机制，建立及时全面的信息交流平台，确保信息获取的及时性、准确性和充分性。

相比于同为异体监督的社会监督而言，民主监督具有政治性和组织性的优势，还具有精英构成的主体优势和沟通顺畅的渠道优势。首先，中国共产党领导的多党合作和政治协商制度是我国的一项基本政治制度，民主监督是建立在我国基本政治制度和政治体制框架之上的，也是发挥我国基本政治制度的重要途径，在基本制度安排上具有明显的政治优势。而高度的政治性也是保证民主监督这种非权力性监督对国家权力机关产生影响力的重要条件。其次，民主监督群体主要由各党派和社会各团体在各行各业的精英构成，具有良好的受教育水平和广泛的社会影响力，能够更好地发现问题，并提出行之有效的建议。最后，依托人民政协平台或以各民主党派为单位开展的民主监督也更有组织性和纪律性，能够长期、有针对性、有组织性地对某些重大政策的部署落实进行监督。通过人民政协和其他交流平台，民主监督也能够获得更为畅通的表达渠道，提高沟通效率，保障监督能够有序、顺利地开展。

第三节　党的十八大以来民主监督的创新发展

党的十八大以来，党和国家领导人高度重视民主监督工作的开展，并陆续出台了多个文件，推动民主监督工作的规范化、制度化、常态化。在监督保障上，党中央先后通过了《关于加强社会主义协商民主建设的意见》《关于加强政党协商的实施意见》《中国共产党统一战线工作条例》等一系列党内法规和政策文件，为各界别人士发挥民主监督作用提供了有力保障。在监督对象上，习近平在党的十九大报告中强调，要"加强人民政协民主监督，重点监督党和国家重大方针政策和重要决策部署的贯彻落实"，并在党的十九届四中全会上强调，要"健全相互监督特别是中国共产党自觉接受监督、对重大决策部署贯彻落实情况实施专项监督等机制"。在监督方式上，党中央出台的《关于加强和改进人民政协民主监督工作的意见》对参加人民政协的各党派团体和各族各界人士在政协组织的各种活动中开展民主监督的有关情况进行了明确，规定民主监督的主要形式为会议监督、视察监督、提案监督和专项监督，并鼓励各级政协结合实际情况积极探索创新民主监督的方式方法。

专栏

脱贫攻坚中的民主监督

在2016年6月21日召开的各民主党派中央开展脱贫攻坚民主监督工作启动会上，中共中央将开展脱贫攻坚民主监督的工作委派给各民主党派，并明确8个民主党派分别对口8个中西部省区，重点就贫困人口精准识别、精准脱贫等情况开展民主监督。除了承担各自定点扶贫工作任务之外，中央统战部还组织协调包括民主党派在内的统一战线各成员单位，共同参与和支持各地方政府脱贫攻坚的任务计划。2017年8月，中央统战部、国务院扶贫开发领导小组办公室印发了《关于支持各民主党派中央开展脱贫攻坚民主监督工作的实施方案》，明确了脱贫攻坚民主监督的工作原则、重点内容、主要形式和保障机制。

作为民主党派参政议政、开展监督的主要渠道，各地方政协就成了开展脱贫攻坚民主监督的主要平台，各地方政协纷纷响应中央和上级政府的政策号召，对地方党委和政府贯彻落实精准扶贫精准脱贫基本方略情况进行监督，在政协的组织领导下多次深入一线充分了解当地脱贫攻坚的实际情况和遇到的困难，依托政协平台提供力所能及的帮助和支持，及时向当地和上级政府反馈发现的问题，并发挥民主党派智力密集的优势，帮助地方党委、政府出主意、想办法，提供高质量的解决方案。

在 2020 年 2 月召开的各民主党派中央脱贫攻坚民主监督工作座谈会上，中共中央政治局常委、全国政协主席汪洋表示，开展脱贫攻坚民主监督，是以习近平同志为核心的中共中央作出的重大决策部署，是发挥民主监督优势、促进脱贫攻坚任务落实的制度安排。突如其来的新冠肺炎疫情给决战决胜脱贫攻坚带来了挑战。疫情是 2020 年影响脱贫质量的最大因素，精准施策是保证质量的重要举措，要督促地方进一步提高工作的精准性，逐县逐村逐户提出克服疫情影响的具体办法，有针对性地解决好贫困群众外出务工、农畜产品积压、扶贫项目复工等难题。

脱贫攻坚民主监督是党中央赋予人民政协的一项新任务，是各民主党派第一次对一项国家重大战略工程和重要政策落实进行监督。2020 年底，习近平总书记在中共中央政治局常委会会议上指出，经过 8 年持续奋斗，我们如期完成了新时代脱贫攻坚目标任务，现行标准下农村贫困人口全部脱贫，贫困县全部摘帽，消除了绝对贫困和区域性整体贫困，取得了令全世界刮目相看的重大胜利。在这场脱贫攻坚战中，中国共产党委托民主党派对脱贫攻坚工作开展情况进行专项民主监督，是对民主党派的高度重视和信任。而各民主党派也没有愧对党和国家的期许，出色地完成了脱贫攻坚的任务，提升了民主监督的能力、拓展了民主监督渠道、完善了民主监督制度、丰富了民主监督内容，发挥了团结各界力量的重要作用。

资料来源：《各民主党派中央脱贫攻坚民主监督工作座谈会召开》，中国政协网，http：//www. rmzxb. com. cn/c/2020 - 02 - 21/2525012. shtml。

虽然党的十八大以来，党中央不断提高对民主监督的重视程度，陆续出台了多项相关政策，但很多领导干部仍存在对民主监督的内容、方法和机制把握不到位的问题，在具体实践中容易出现"不敢监督""不愿监督""不善监督"的情况。对民主监督的重点把握不够到位，容易在实践中出现没有聚焦重点政策方针，监督没有特色和力度的问题。关于民主监督机制，目前大部分的民主监督主要是依托政协已有的各项活动和工作机制开展的，但政协已有的机制主要是围绕政治协商职能设置的，民主监督和政治协商之间虽然互有关联，而工作方式和频率并不完全相同，这给政协日常开展监督活动带来了困难。尽管党中央在不断出台各项规定完善的民主监督机制，但目前民主监督在组织领导、权益保障、知情反馈、沟通协调等机制建设中仍缺乏具体的措施和规定，需要进一步补充和细化。具体到地方政协而言，民主监督还存在层级效率递减的问题，尤其是在市县层级，常常出现基础工作不够扎实和人员力量薄弱的问题。对此，习近平强调，"要为政协组织开展工作创造有利条件，选优配强政协领导班子"①。

第四节　完善民主监督的思考

一、高度重视民主监督在国家监督体系中的重大作用

民主监督在中国特色社会主义监督体系中发挥着重要作用。中共中央印发的《关于加强和改进人民政协民主监督工作的意见》强调，民主监督"是我国社会主义民主政治的独特创造和一项重要制度安排，在国家政治生活中发挥着不可替代的重要作用，并随着社会主义建设和改革开放事业不断发展而发展"②。民主监督是依据我国站在同一战线上的政党关系所设立的监督方式，是执政党与参政党之间互相监督、相互促进的重要渠道。民主监督重点聚焦于我国顶层制度设计和建设，通过提出意见和建议的方式来不断督促共产党完善自我、提升自我，提高共产党治国理政的能力，以更好地适应瞬息万变的国际局势，实现中华民族的伟大复兴。作为党外的异体监督，民主监督不仅具有异体监督客观性的优势，还有精英构成的主体优势和沟通顺畅的渠道优势，是中国特色社会主义监督体系中不可或缺的一部分。同时，作为最广泛的爱国统一战线，政协还有凝聚思想、汇聚力量的重要作用。政协不仅囊括了我国所有的参政党派，更囊括了各党派团体和各界别的精英人群。通过民主监督的平台，政协能够充分收集到社会各界的声音和建议，让各党派团体充分交流、彼此了解、相互协商、凝聚共识，充分体现了共产党执政为民、以人民为中心的发展理念。

二、进一步完善民主监督的保障机制

民主监督依托于人民政协的平台开展，其监督机制有待进一步完善。对此，应

---

① 《习近平在中央政协工作会议暨庆祝中国人民政治协商会议成立 70 周年大会上的讲话》，新华网，http：//www.xinhuanet.com/politics/leaders/2019 – 09/20/c_1125020851.htm，2019 – 09 – 20。
② 参见《关于加强和改进人民政协民主监督工作的意见》（2017）。

当鼓励各地方政协充分发挥民主监督作用，结合地方需要对民主监督机制不断探索和完善，并加强与其他部门的协作交流，形成合力，以起到更好的监督作用。

具体而言，首先，要将日常监督工作规范化。民主监督依托政协的会议、提案和督查机制有序开展，但需要进一步加以完善，形成闭环，才能起到更好的监督效果。相比提案工作发现问题、进行调查、提出意见、得到反馈的工作机制而言，监督是一个相对更为日常和长期的工作，一次的提案或者调查可能无法起到良好的作用，这就需要建立起频率更高、更为长期规范的监督机制，将监督工作常态化、规范化，才能够发挥良好的监督作用。例如，可以将日常监督的工作反馈和商讨融入到长期多次召开的双周座谈会中，进一步丰富座谈会的内容，同时完善民主监督的工作机制。其次，要鼓励地方政协结合地方实情进行创新，丰富监督形式。对于各地方政协而言，因为各地区的具体发展情况不同，政府工作聚焦的重心和重点内容也存在差异，同时政协的工作环境和人力物力资源也各不相同，这就需要各地方政协在原有政策的基础之上进行调整和创新，建立更加符合地方实际情况和需求，也更加容易运作的监督机制。最后，要建立好与其他相关部门的对口联系制度，加强合作交流。人民政协和各民主党派要加强与党委、政府、人大等相关部门的协作交流，建立对口制度，便于双方进行信息沟通。只有能够及时全面地掌握当地政府开展工作的情况，才能够更好地针对重点的工作领域展开有序的监督。双方应当充分利用互联网大数据平台，建立起稳定并且及时全面的信息交流平台。同时，应当多列席对方的工作会议，尤其是重点领域的政策会议，一方面可以进行及时的交流和互动，另一方面也可以提出有效的建议并互相商讨，进一步完善和丰富政策安排。目前，民主监督主要集中于检察院、法院等执法机构，与其他政府部门的交流监督相对较少，这也是未来可以进一步提升和加强的地方。

三、强化人民政协对重大决策落地的监督

习近平强调，政协的工作要"聚焦党和国家中心任务履职尽责"[1]。"民主监督的重点是党和国家重大方针政策和重要决策部署的贯彻落实情况。"[2] 相对于行政监督、督查监督等同体监督而言，民主监督作为异体监督在对于各项日常政策的执行落实方面并没有信息资源上的优势，在人力上也相对有限，所以民主监

---

[1] 《习近平在中央政协工作会议暨庆祝中国人民政治协商会议成立 70 周年大会上的讲话》，新华网，http：//www.xinhuanet.com/politics/leaders/2019 – 09/20/c_1125020851. htm, 2019 – 09 – 20.

[2] 参见《关于加强和改进人民政协民主监督工作的意见》（2017）。

督应当明确其自身特点和优势，最大化地利用已有的监督资源，聚焦于党和国家顶层设计的政策落实，坚持问题导向，查找薄弱环节，充分发挥民主监督人才荟萃、智力密集、联系广泛、位置超脱的优势，深入调查研究，深度协商交流，提出有根据、可操作的意见、批评和建议。目前，我国已经进入全面建设社会主义现代化国家新时期，完成好"十四五"规划，实现"两个一百年"奋斗目标，实现中华民族伟大复兴的中国梦是目前党和国家工作的重点，也是人民政协开展民主监督的重点内容。党的十九届五中全会通过的《中共中央关于制定国民经济和社会发展第十四个五年规划和二〇三五年远景目标的建议》中提到，民主监督议题应有一定比例，并围绕"十四五"规划实施情况开展民主监督。

人民政协应当有针对性地、有序地开展监督工作，协助党和国家更好地完善重点领域的工作内容，确保政策的科学性、合理性以及政策落实的完整到位，提升共产党的民主执政能力。具体到监督机制而言，人民政协可以开展特约监督和专项监督。根据党委和政府的工作安排和需要，推荐政协委员以兼职形式参加聘请单位行政、司法、党风廉政、行业作风建设等有关内容的民主监督活动。此外，还可以开展专项监督，在已有监督组分工的基础之上，根据当地工作的重难点问题开设专项监督。

第十章

行 政 监 督

行政监督作为对国家行政机关开展监督的方式，历来为党和国家所高度重视，在规范行政执法、促进依法行政、建设法治政府方面发挥着广泛且有效的监督作用。党的十九届四中全会提出："必须坚持一切行政机关为人民服务、对人民负责、受人民监督，创新行政方式，提高行政效能，建设人民满意的服务型政府。"近年来，建设服务型政府目标的强调对于行政监督进一步提质增效提出了更高要求，由此也衍生出行政监督如何重新定位这一重要理论问题。

第一节　行政监督的历史演进

行政权是国家权力的重要组成部分，围绕着行政权力开展的行政监督有广义与狭义的概念区分。广义的行政监督指政党、立法机关、司法机关、行政监察机关、政府以及社会对于国家行政机关及其公务人员行政行为实施监督活动的总称。而本章聚焦于狭义的行政监督，即指对国家行政机关内部进行的监督活动。参考 2010 年国务院新闻办公室发布的《中国的反腐败和廉政建设》白皮书中对于政府内部监督的定义，行政监督主要包括层级监督和监察监督。层级监督指各级政府、政府各部门的上级对下级、政府对部门、行政首长对工作人员的行政行为进行监督。监察监督指监察机关全面履行法定职责，开展执法监察、廉政监察和效能监察，依法对监察对象行使职权、履行职责、勤政廉政等情况实施监督。①

行政监督最初是通过行政监察制度发挥监督职能，其发展与行政监察制度的改革完善密切相关，主要包括人民监察制度的初创、调整（1949~1959年）和国家行政监察制度的恢复、重组（1986年至今）两个阶段。1949年，中国人民政治协商会议第一届全体会议通过《中国人民政治协商会议共同纲领》，要求设立人民监察机关以监督各级国家机关和各种公务人员履职情况，并纠举违法失职的机关和人员，发挥了部分行政监督职能。新中国成立初期，国家机关和企业部门中消极怠工、阳奉阴违、贪污浪费、官僚主义、强迫命令和压制批评等违法乱纪行为频发。为适应国家经济建设需要，保证经济建设计划顺利完成，政务院着手健全财经部门监察制度建设。1951年6月，中央人民政府政务院正式批准政务院人民监察委员会提出的关于在国家业务部门内建立监察制度的建议，并于同年9月，在政务院财政经济委员会所属财政部、贸易部、重工业部、燃料工业部、纺织工业部、铁道部、邮电部等7个部门内，先行设置监察机构。这些监察机构作为部门内部机构，其编制名额在各部门名额内调配解决，在行政上受各部门领导，在监察业务上受政务院人民监察委员会指导。1952年12月，政务院进一步要求在省（市）以上各级人民政府财经机关及国营财经企业部门，均设立监察室，以履行监察职能。

1959年，国务院监察部被撤销，一段时间内对国家行政机关人员的监督工作由各国家机关负责，权力监督主要依赖于政党监督和司法监督，行政监督一度中断。②直至十一届三中全会后，党和国家的经济重心转移到社会主义现代化建设中来，才逐步恢复了国家行政监察体制，成立监察部，履行行政监督职能。

可见，我国在行政监督发展过程中做出了很多有益的探索：党的十四大明确提出建立社会主义市场经济体制的改革目标，加速推进与其相适应的政府职能转变；党的十五大在强调优化政府运行过程与机制的基础上，进一步明确政府为人民服务的价值导向；党的十六大提出"完善政府的经济调节、市场监管、社会管理和公共服务的职能"；党的十七大将服务型政府建设与行政体制改革有机结合起来；党的十八大提出"建设职能科学、结构优化、廉洁高效、人民满意的服务型政府"，进一步将服务型政府建设的内容具体化。行政监督始终根据服务型政府建设的需要而不断调整完善。党的十八大以来，党中央逐步推进国家监察体制改革，推动了行政监督体系的重大变革。国家监察委员会的成立促使政府内部行

---

① 《中国的反腐败和廉政建设》白皮书，国务院新闻办公室，http://www.scio.gov.cn/zfbps/ndhf/2010/Document/836473/836473_4.htm，2010-12-29。
② 《历史沿革》，中央纪委国家监委网站，http://www.ccdi.gov.cn/xxgk/lsyg/201712/t20171230_159887.html，2020-02-28。

政监察机关的监察职能从政府层级体系中独立出来，行政监督进一步聚焦于行政系统内部的层级监督。自此，以全面深化"放管服"改革为引领，不断加强监管创新，推进服务型政府建设迈向新阶段。

第二节　行政监督的功能定位

行政监督是国家行政机关在行政隶属关系之间产生的监督活动，是行政监督体系中最基本的监督机制，在行政管理过程中形成了较为完备的体系，发挥了主力作用。① 行政监督制度在《中华人民共和国宪法》《中华人民共和国国务院组织法》《地方各级人民代表大会和地方各级人民政府组织法》《立法法》之中都有明确的法律规定。在中央层面，根据《中华人民共和国宪法》和《地方各级人民代表大会和地方各级人民政府组织法》规定，国务院是我国最高国家行政机关，对全国各级国家行政机关实行统一领导、管理和监督。② 关于下级部门，根据《中华人民共和国国务院组织法》第十条规定："各部、各委员会工作中的方针、政策、计划和重大行政措施，应向国务院请示报告，由国务院决定。"③ 在地方层面，根据《地方各级人民代表大会和地方各级人民政府组织法》规定，省、自治区、直辖市的人民政府的各工作部门受人民政府统一领导，并且受国务院主管部门的领导或者业务指导。

就监督的主体与客体关系而言，行政监督主要包括政府上下级之间、各级政府对其工作部门以及行政首长对其工作人员的监督。④ 第一，上级行政机关对下级行政机关不仅有管理和领导关系，也负有监督责任，监督内容包括机构运作、政策制定与执行、社会经济事务运行等各方面；第二，各级政府对其下设工作部门及各组成部门负有监督责任，除下设职能部门外，还包括人民政府直属机构、办事机构、派出机构、特设机构和议事协调机构等；第三，各级行政机关的行政首长对其下级行政机关的工作人员负有监督责任，国务院实行总理负责制，下属各部、各委员会和地方各级人民政府实行首长负责制，设立办事机构和办事部门。

行政监督以层级行政机关之间的领导关系为基础，在我国国家监督体系中发

---

① 陈奇星等：《行政监督新论》，国家行政学院出版社 2008 年版，第 2 页。

② 郭志平主编：《行政监督》，北京出版社 2005 年版，第 189 页。

③ 《中华人民共和国国务院组织法》，中国人大网，http：//www.npc.gov.cn/wxzl/gongbao/1982 – 12/10/content_1478493.htm。

④ 彭和平：《公共行政学》（第五版），中国人民大学出版社 2015 年版，第 269 页。

挥着直接、全面、强效的独特作用。第一，行政监督将业务开展和监督工作有机结合，监督机制较为直接，在实际工作过程中开展指导、检查、督促、考核、奖惩、激励、审查、处理以及行政复议等监督流程，保证行政效能，实现行政正义；第二，行政监督可以覆盖政府行政工作的全过程，监督内容更加全面，相比于其他国家监督实践中对于事前监督和事后追责环节的过度重视，行政监督可以发挥自身优势，提升对于行政中间环节的监督力度；第三，基于行政机关内部上下级行政隶属关系建立起来的行政监督较为有效，作为行政监督主体的上级行政机关及其领导者对下级机关及其工作人员同时拥有领导权力和监督权力，能够通过直接的行政措施来实现监督意图，很少产生对峙局面。

第三节　党的十八大以来行政监督的创新发展

党的十八大报告提出，要按照建立中国特色社会主义行政体制的目标，建设职能科学、结构优化、廉洁高效、人民满意的服务型政府。党的十八大以来，以建设廉洁高效政府为目标，各级政府积极加强服务型政府建设，"放管服"改革有序推进，主动进行政务公开，提升了行政监督效能。国家监察体制改革也在全国范围内稳步推进，行政监察的部分职能从政府机构内部独立出来，形成了全面覆盖国家机关及其公务员的国家监察体系。改革有效整合了国家监督力量，提升了国家监督的法治化水平。

一、服务型政府监督模式建设

党的十八大以来，各级政府积极创新行政体制和管理方式，推动政务信息的公开、共享和双向参与，使对国家行政机关及其工作人员的监督工作更加高效。第一，积极推进政务公开，建立高效的政务服务体系，不断完善各级政府及部门的"政务大厅"，推行"一站式服务"，并在基层建立"政务超市"，提高政府透明度，也在政府内部打通监督环节，改进行政监督方式。第二，加强电子政务平台建设，利用信息技术手段对行政过程进行留痕、开展监督，避免以行政系统内部层级监督为主的行政监督存在主观性的内在缺陷，推动行政系统内部监督的独立化运行，提高监督效率，降低监督成本。例如，行政审批电子监察系统的运行既提高了行政审批效率，也为行政监督提供了依据。第三，积极推进政府绩效管理，规范政府收支管理和公务消费，降低行政成本，提高政府公信力和执行力。

二、政府督查工作的推广完善

国家监察体制改革之后，政府督查成为行政监督开展的重要形式。为了进一步加大行政监督力度，扩大内部监督范围，我国自上而下、全方位地推进了各级政府督查工作。以2018年国务院大督查工作为例，国务院派出督查组作为行政监督工作的主体，对各地区、各部门开展了专项督查工作，以进一步确保党中央、国务院的重大决策部署和政策措施得以贯彻落实。督查工作明确提出要"围绕经济社会发展和改革存在的突出问题，围绕深化'放管服'改革和转变政府职能，切实发挥督查'利器'作用，推动各项政策落实和措施见效"①。

如图10-1所示，国务院大督查通过单位自查和实地督查相结合的形式，派遣督查组前往各省、自治区、直辖市和新疆生产建设兵团以及国务院下属各部门单位，合理运用问责和激励手段，依法依规将督查工作落到实处。推广到国家行

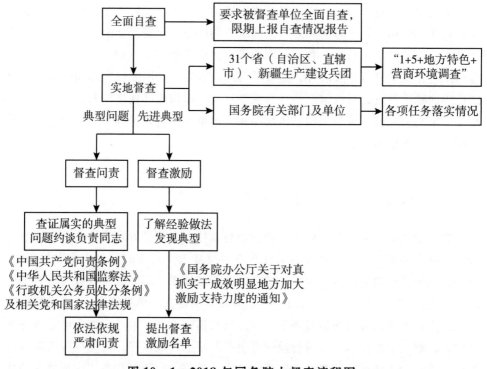

图 10 - 1 2018 年国务院大督查流程图

资料来源：《国务院关于开展2018年国务院大督查的通知》，中国政府网。

---

① 《国务院关于开展2018年国务院大督查的通知》。

政体系中，地方各级政府也相继开展了政府上下级机关之间的督查工作。2019年，中共中央办公厅和国务院办公厅印发《法治政府建设与责任落实督察工作规定》，进一步明晰了国家行政督察工作的任务要求，理顺了行政督察的工作流程。完善相关规定的根本目标是推进法治政府建设与政府责任落实，政府督查成为政府全面正确履行职能，推进职能转变和简政放权、放管结合、优化服务的重要举措。

三、行政问责机制的改革完善

行政问责制是一项重要的政府责任制度。行政问责的客体是各级政府及其公务人员，主要是负有直接或间接领导责任者；行政问责的主体一方面包括同体的问责主体即行政机关的上级领导，另一方面包括党的监督机构、人大、司法机关等异体的问责主体。[①] 行政问责的范围十分广泛，包括在工作中出现的不履行或者未正确履行法定职责，以致影响行政秩序和行政效率，贻误行政工作，或者损害行政管理相对人的合法权益，给行政机关造成不良影响和后果的所有行为。[②] 其中，以上级政府部门对下级部门及其工作人员的监督为主的同体行政问责就是政府内部监督的重要形式，也是政府发挥行政监督职能的重要抓手。

我国对于行政问责制度的实践探索始于 2003 年。为了有效应对"非典"疫情，我国在《公共卫生突发条例》中对于处理突发公共卫生事件过程中各级政府及有关部门的法律责任和义务进行了明确规定，并查处了一大批隐瞒疫情或防治不力的政府官员。2003 年 8 月，《行政许可法》规定了政府的行政许可行为和法律责任。2004 年 4 月，《全面推进依法行政实施纲要》明确提出"权责统一"是依法行政的基本原则，对决策责任追究、行政执法责任制以及完善行政复议责任追究制度等作了明确的规定。2006 年，《中华人民共和国公务员法》进一步明晰了公务员向上级政府承担的责任，将行政问责法制化规范化。

关于行政问责，我国至今没有形成专门的法律法规，当前针对行政问责制度的规定主要是以政府令的形式推行。例如，2011 年北京市人民政府审议通过了《北京市行政问责办法》。2016 年 4 月，《湖北省行政问责办法》落地生效，也对行政问责情形、方式及适用、问责程序等进行了明确规范。[③] 行政问责制的不断规范化是一个治理趋势，党的十八大以来配合党内监督问责的改革完善，对于行政问责的主客体和范围、程序都有了进一步的规范。可以说，行政问责是国家依

---

① 周亚越：《行政问责制的内涵及其意义》，载于《理论与改革》2004 年第 4 期。
② 顾杰：《论我国行政问责制的现状与完善》，载于《理论月刊》2004 年第 12 期。
③ 《湖北省行政问责办法》，湖北省人民政府，http://gkml.hubei.gov.cn/，2016 - 03 - 04。

法决策，保障决策正确性的重要举措，充分凸显了行政决策的公益价值和依法治国的法治精神。[①]

四、理顺行政监督的层级关系

国家监察体制改革施行后，原隶属于行政机关内部的行政监察机构职能被整合进独立的国家监察委员会职权范围，通过外部机构对行政机关及其工作人员进行监督更具独立性、透明度、执行力和协调性。国家监察体制改革重新理顺了行政监察机关和行政机关之间的隶属关系，明确监察机关由人大产生。对于分离出行政监察职能的行政监督也是一次重大的改革创新，以行政层级关系为基础的行政监督成为政府内部监督的主要抓手。国家监察体制改革之后，如何进一步加强行政监督，提升行政机关工作效率和行政监督的法治化水平，正是监管型政府向服务型政府转型的内在要求。

专栏

浙江宁海县村级小微权力清单三十六条

农村是全面推进依法治国的基点、重点和难点，农村的法治状况和水平决定着中国的法治状况和水平。长期以来，村干部手中的小微权力缺乏有效的制度制约，村级治理面临着"村官巨腐""小官大贪"等腐败治理困境。2013 年，中共十八届三中全会通过的《中共中央关于全面深化改革若干重大问题的决定》提出："推行地方各级政府及其工作部门权力清单制度，依法公开权力运行流程"。为进一步响应中央关于推进法制农村建设的号召，2014 年开始，宁海县推行了《村级小微权力清单三十六条》，通过对权力进行制度规范，有力保障了群众的知情权、决策权和监督权，以权力清单为契机，开启服务型政府建设的新方式和新途径。

《宁海县村级小微权力清单三十六条》（以下简称"36 条"）涵盖了村级重大事项决策、项目招投标管理等 19 项村级公共权力事项，村民宅基地审批、困难补助申请、村级印章使用等 17 项便民服务事项，运行四年来，全部实现了村级小微权力内容的全覆盖。36 条标本兼治地推进农村基层党风廉政建设和依法治理，切实把基层公权力"关进笼子"，实现监察职能向基层延伸的有益探索实践。

---

① 赵长明：《行政问责法治化之路径探索》，载于《行政与法》2020 年第 10 期。

（1）界定用权边界。通过组织上百次会议、访谈上千名群众，广泛听取意见建议，从原先散落在各部门的制度文件中梳理出《宁海县村级小微权力清单36条》。小微权力清单合理界定了村级组织和村干部的权力边界，堵住了暗箱操作的老路、谋取私利的歪路。老百姓说它就是村里的"法"，干部群众都要依"法"办事。

（2）规范决策程序。充分发挥基层党组织的领导核心作用，始终在党的领导下推进基层群众自治工作，重大决策必须经过"五议决策法"，大小村务必须按时按规公开，确保了群众的知情权、参与权、监督权，真正改变了群众"形式上有权、实质上没权"的现象。用村干部的话说：我们把权力还给了群众，群众把信任投给了我们。

宁海县村级权力清单三十六条

一、村级重大决策事项	四、村级工作人员任用事项	七、村民宅基地申请事项	九、村民用章管理事项
1. 村级重大事项"五议决策法"流程图	10. 民兵连干部和预建党支部成员任用流程图	20. 农村宅基地审批流程图	27. 印章管理流程图
二、村级采购事项	11. 治调人负任用流程图	八、村民救助、救灾款申请事项	28. 户口迁移流程图
2. 物资、服务采购流程图	12. 文书、出纳（报账员）任（聘）用流程图	21. 低保（五保）申请流程图	29. 分户流程图
3. 微型工程流程图	13. 临时用人、用工流程图	22. 救灾、救济款物发放流程图	30. 殡葬管理流程图
4. 小型工程流程图	五、阳光村务事项	23. 被征地农民基本生活保障参保登记办事流程图	31. 水、电开户申请流程图
5. 法定规模标准以上工程流程图	14、党务公开流程图	24. 困难救助申请流程图	十、计划生育服务事项
三、村级财务管理事项	15. 村务公开流程图	25. 残疾人两项补贴申请流程图	32. 流动人口婚育证明办理流程图
6. 财务开支票据审批流程图	16. 财务公开流程图	26. 党内关爱基金申领流程图	33. 计划生育家庭奖励扶助金发放流程图
7. 现金支取（转账支付）流程图	六、村级集体资源和资产处置事项		十一、服务村民其他事项
8. 非村干部报酬补贴发放流程图	17. 集体资源性资产处置流程图		34. 矛盾纠纷调解流程图
9. 招待费支出流程图	18. 财产物资管理流程图		35. 党员组织关系迁转流程图
	19. 集体土地征收及征收款发放流程图		36. 发展党员工作流程图

（3）明晰操作流程。围绕36条要点设置，绘制形成45张权力运行流程图，

明确每项村级权力事项名称、具体实施责任主体、权力事项来源依据、权力运行操作流程、运行过程公开公示、违反规定责任追究等6方面内容，使干部群众都能"看图说话""照单办事"。同时，凸显精简务实原则，除大中型工程招投标等重大事项外，大部分村级事务办理流程都控制在5个环节左右。群众办事还享有一次性告知、限期答复、按时办结等权利，有效防范了村干部推诿扯皮、故意刁难等情况，极大提高村级办事效率。

资料来源：任建明、过勇主编：《廉洁创新的中国实践：首届"中国廉洁创新奖"获奖案例集》，社会科学文献出版社2019年版。选取时有所删减。

第四节　完善行政监督的思考

行政效能监督是行政监督的重要内容之一。行政效能监察是制定于1997年、修订于2010年的《行政监察法》中明确提出的监察职能之一，可以进一步增强政府部门对于提高行政效能的激励。随着国家监察体制改革的深入推进，监察委员会对于原有的监察职能进行了划分，国家监察委员会作为外部监督机构，以反腐败为突出任务，较好地统归了行政监督所承担的执法监察和廉政监察职能，取得了突出成效，但对于效能监察尚无具体落实办法。

少数地方和部门的政府职能转变尚不到位，少数干部仍存在不作为、不善为、乱作为的现象，影响了决策部署落地生效。特别是少数国家公职人员在行使国家权力时，出现了以玩忽职守、滥用职权、徇私舞弊等渎职行为为代表的"消极腐败"现象。随着国家对于"消极腐败"问题的日益关注，对于官员渎职行为的打击力度也逐渐加大。以人民检察院直接立案侦查的渎职侵权案件数和人数为例，统计数据显示，2010年后相关查处案件数和人数都呈现显著上升（见图10-2）。虽然2015年以来查处案件数和查处人数都呈现下滑趋势，但每年仍然保持了一定的数量，"消极腐败"问题并未得到彻底解决。效能监察缺位带来的"消极腐败"问题影响了行政职能的有效发挥，以致政策执行过程浮现出象征执行、选择执行等诸多效能问题。这就要求政府深入推进行政监督体制机制改革，落实效能监督职责，促进政府服务提质增效。

廉政体制改革的核心是要"降低治理成本，提高治理收益"①。在国家监督体系中，行政监督在监督方式、监督职能侧重上都有独特之处，可以发挥直接、

---

① 胡鞍钢：《构建中国特色的国家廉政体系》，载于《检察日报》2007年5月29日。

全面、强效的制度优势，具有其他监督形式无可替代的优越性。因而在职能整合过程中，由行政层级监督承接其行政效能监察的职责，结构调整幅度最小，最能发挥内部监督优越性，是最节约、高效的改革方式。有效发挥行政监督的作用，可以有力缓解外部监督的压力，保证监督体系常态化运行，和其他监督形式相互配合以真正从根源上遏制腐败、达成建设廉洁高效政府的治本之效，从根本上推动政府的职能转型。[1] 具体建议如下：

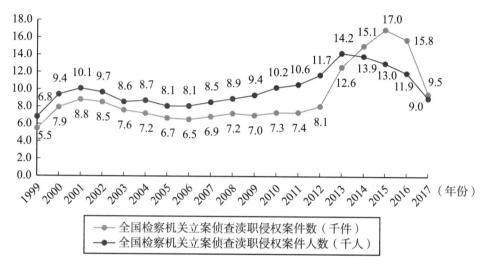

图 10 - 2　渎职侵权案件数和人数变化图（1999 ~ 2017 年）

资料来源：历年《中国检察年鉴》，中国检察出版社；历次最高人民检察院向全国人民代表大会所做的工作报告；国家统计局官方网站国家数据库。

一、进一步强化"一岗双责"，落实领导干部监督责任

《中共中央关于加强对"一把手"和领导班子监督的意见》明确："各级领导干部要从政治上认识领导职责中包含监督职责，增强监督意识，履行监督责任。"监督是领导干部的"分内事"，是不可放弃、不可荒废的政治责任。抓好"一把手"和领导班子的监督，压实主体责任，落实"一岗双责"，以领导干部为行政目标的第一责任人，寓监督于领导之中，进一步解放领导干部在行政机关内部的监督效能，做到责任的层层落实。具体来说其生效机制如下：第一，基于一致利益的效能激励。建构于层级政府架构之上的"一岗双责"保障了监督主体与监督客体具有利益一致性，官员晋升机制为上下级行政机关工作者提供了正向

---

① 钱晓萍：《行政监察法概论》，中国政法大学出版社 2016 年版，第 89 ~ 92 页。

"激励"的预期，鼓励其取得更高的行政绩效；而违规违纪行为面对的处分后果，为行政机关工作者提供了一致的"约束"预期。"一岗双责"机制可以通过塑造"激励"和"约束"两种预期，较好实现降低监督成本的目的。第二，基于垂直领导的高度权威。"一岗双责"机制的核心权力来自于行政机关上下级之间的垂直领导关系。国家监察体制改革重新理顺了行政监察机关和行政机关之间的层级关系，垂直领导成为行政监督的主要特征。监督权力由上级机关和部门向下级纵向传递，下级机关和部门只受上级的单向领导，对上级负责，具有高度组织性和权威性，保证监督权力能够有效行使。

二、加强过程监督，补齐效能监督短板

对于当前行政监督过程中存在的效能监督缺失的问题，需要进一步整合监督职能、强化过程监督，遏制"消极腐败"问题的发生。第一，以过程管理和监督为手段，在管理与监督的有机结合中落实效能监督举措。在行政工作过程中结合党风廉政建设目标和业务工作要求行使监督责任，对于问题环节直接进行纠正和指导，可以同时实现对于隐蔽性高、监督难度大的行政效能进行监督，节约监督时间和成本。第二，健全过程监督体制机制，促进政府职能转变。具体做法包括建立规范化的行政审批、评议、奖惩机制，压实领导责任，结合政府督查工作推进专项检查，以集中治理行政效能方面的突出问题。第三，扩展过程监督的生效途径，通过行政过程的公开公示将过程监督与群众监督相结合，在各监督主体间形成监督合力，借助外部力量对政府行政效能和职能转变开展监督。

三、推行权力清单制度，提升政务公开水平

行政机关工作通常在行政机关内外有着较高的信息不对称性，对于具有高度隐秘性的腐败行为，通过进一步提升政务公开水平，可以帮助行政监督介入行政过程，发挥行政监督的优势作用，拓展行政监督的广度和深度。第一，完善政务大数据信息平台，整合行政信息，利用电子信息进行留痕，增强信息交换，保存监督内容，降低监督成本。第二，强化政务公开水平，加强"互联网+督察"等平台建设，完善信访举报、行政审批公开、公务员财产网上申报等系统建设，推动政府数据、重大决策公开、公示，进一步打破政府层级之间和政府与群众之间的信息壁垒，扩大监督力量。第三，推广权力清单制度，将政府部门行使的行政职权，包括每项职权的依据、行使的主体和职权运行流程等，以清单形式明确列

示，并向社会公布，接受社会监督。第四，增强监督主体专业性，提高监督客体的服务意识，上级行政机关及其工作人员要积极利用信息数据平台和权力清单制度规范开展监督工作，节省监督效能，下级行政机关及其工作人员要主动提供数据和规范，接受监督，建设阳光服务政府。

第十一章

司法监督

司法不仅是维护公民权利的重要方式，还是监督国家机关及其工作人员权力最为重要的手段之一。司法监督以国家司法机关为监督主体，对于防止权力扩张、维护国家权力结构平衡发挥着不可或缺的重要作用，在中国特色社会主义监督体系中发挥着不可替代的独特作用。在依法治国的背景下，分析司法监督在中国特色社会主义监督体系中的功能定位与实现路径，对于进一步发挥司法监督的作用具有重要的理论价值和实践意义。

第一节　司法监督的历史演进

司法权作为独立的国家权力，在国家政治运作过程中占据着重要位置，司法制度也不断发展。新中国成立后，在建设社会主义法制过程中，中央人民政府废除了国民党时期的法院制度，与旧的司法体制作出了旗帜鲜明的决断，也中止了中国移植西方资本主义国家司法制度的活动，同时开始全面引进苏联司法体制模式，创建并发展了自己的司法体系和运作机制。1949 年 9 月，中国人民政治协商会议通过了具有临时宪法作用的《中国人民政治协商会议共同纲领》。其中，第 17 条明确规定："废除国民党反动政府一切压迫人民的法律、法令和司法制度，制定保护人民的法律、法令，建立人民司法制度。"《中华人民共和国中央人民政府组织法》第五条规定："中央人民政府委员会组织最高人民法院和最高人民检察署，以为国家的最高审判机关及检察机关。"中国人民政治协商会议通过的《中华人民共和国政府组织法》明确规定："最高人民检察署对政府机关、公务人员和全国国民之遵守法律，负最高的检察责任。"根据《中央人民政府最高人民检察署试行组织条例》的规定，最高人民检察署设立三个处，其中第二处的主要职能是负责刑事案件侦察、检举以及公诉等事项，其中就包括了对公职人员滥用权力犯罪案件的侦察事项。在《中共中央建立各级检察署的指示》中，要求在各大行政区、各省市都建立相应的检察署，到 1951 年则要在各个县内普遍设立检察署，并认为检察工作不同于一般司法工作，要求负责检察工作的干部必须政治品质优良、能力相当、作风正派。为了进一步规范检察机关的监督职能，1951年制定的《中央人民政府最高检察署暂行组织条例》规定：检察署隶属于人民政府，地方各级检察机关在领导体制上实行双重领导。检察机关在惩治职务犯罪方面扮演了重要角色。1954 年 9 月 20 日，全国人大通过了《宪法》，将人民检察署的名称改为人民检察院，并规定了检察机关的设置、职权与基本原则等。1954年宪法颁布后，出台了《中华人民共和国人民法院组织法》《中华人民共和国人民检察院组织法》，将宪法的原则具体化，对审判监督和检察监督进行更详细的规定。1957 年以后，"左"倾思想蔓延到了司法界，人民法院的内部监督工作受到很大影响，在地方，司法行政渐趋合一，公、检、法合并，在"有案办案，无案生产"的口号下，审判工作已经变得越来越可有可无，监督制度也没有可能发挥其应有的作用。① "文化大革命"期间，全国司法机关被全部撤销，直至 1978年才恢复。

1978 年《宪法》规定：最高人民检察院对于国务院所属各部门、地方各级国家机关、国家机关工作人员和公民是否遵守宪法和法律，行使检察权。这标志着我国人民检察制度的恢复和重建。1979 年，全国人大通过《中华人民共和国人民检察院组织法》，该法在充分肯定 1954 年《中华人民共和国人民检察院组织法》中行之有效的制度基础上，首次明确规定"中华人民共和国人民检察院是国家的法律监督机关"。1979 年通过的《中华人民共和国人民法院组织法》重申了"人民法院独立进行审判，只服从法律"的原则。1999 年 10 月，最高人民法院为贯彻十五大"依法治国"的方针，面对人民法院改革的严峻考验，颁布并实施了《人民法院五年改革纲要》，成为之后五年法院改革的纲领性文件。审判方式改革和司法改革向纵深方向发展也为我国法院制度的现代化转型起到了推动作用。

2016 年 7 月，第十四次全国检察工作会议首次提出"检察监督体系"的概念，强调要以深化司法体制改革为契机，以维护社会公平正义和司法公正为目

---

① 汤唯、孙季萍：《法律监督论纲》，北京大学出版社 2001 年版，第 232 页。

标，完善检察监督体系，提高检察监督能力。2018 年 3 月 11 日，全国人大通过了宪法修正案，此次宪法修订吸收了监察体制改革成果，确立了监察权的宪法地位。同年 3 月 20 日，全国人大通过了《监察法》，将检察机关的部分职权整合到监察机关。随后，《中华人民共和国人民检察院组织法》完成了第三次修订，明确了检察机关的性质、任务、工作的基本原则和工作体制，完善了检察机关的设置、职权和行使职权的方式。

第二节　司法监督的界定与功能定位

司法监督是中国特色社会主义监督体系的重要组成部分，有着丰富的内涵。相较于其他监督形式，司法监督有其自身的功能定位，在推动完善监督体系方面发挥重要作用。

一、司法监督的界定

近现代司法权的产生与发展，除了解决纠纷之外，在权力制约与监督方面发挥着重要作用。由于各国政治制度、历史发展的多样性，司法在不同国家的模式也不尽相同。西方国家在分权理论指导下，一般采取立法权、司法权、行政权三权分立的权力架构，"司法大体上等于诉讼"[①]，司法通常指法院适用法律对案件进行审判的诉讼活动，而司法机关仅指审判机关即法院，此为一元司法模式。在这一权力架构下，检察权不是第一位阶的权力，是从属于其他权力之下的权力。例如，美国检察机构与司法行政机构合而为一，其所行使的权力属于国家行政权，而非司法权。

在我国，对于司法的界定存在"一元司法模式"说和"二元司法模式"说的争论。前者认为我国的司法与西方国家的司法属于同一范畴，即仅指审判；而后者认为在我国，司法不仅仅指审判，还包括检察，即司法权包括审判权和检察权。对于司法的不同界定，应当回归至中西方的政治体制及宪政实践的分析。我国实行议行合一的人民代表大会制度，《宪法》规定执行审判职能的人民法院、执行法律监督职能的人民检察院，均是由人民代表大会授权产生。而西方大多数国家司法权专门由法院来行使，是在三权分立体制下设立的司法制度，与我国在

---

① 陈光中、崔洁：《司法，司法机关的中国式解读》，载于《中国法学》2007 年第 2 期。

人民代表大会制度下的司法权划定是不同的。我国的司法属于"二元司法模式"，即司法是指法院和检察院依据法定职权和程序，具体适用法律处理案件的专门性活动。

根据我国《宪法》的规定，权力机关和司法机关之间是决定与执行、监督与被监督的关系，司法监督权不得超越自身位阶，即司法监督对象不涉及国家权力机关实施的活动。依据司法权行使主体职能进行划分，司法监督包括法院审判监督与检察机关法律监督两个类型。其中，审判监督是由法院通过刑事诉讼及行政诉讼程序所实施的监督行为；法律监督是由检察机关对诉讼活动与行政活动所进行的监督。诉讼监督倾向于监督司法裁判，行政检察监督趋向于规制公共行政，分别追求诉讼活动和国家管理的过程公平与结果公道。[1] 独立行使审判职能的法院与独立行使法律监督职能的人民检察院协调衔接，形成分工负责、互相配合、互相制约的司法监督模式。例如，对于职务犯罪案件移送检察机关依法审查起诉后，由法院依法审理判决腐败犯罪案件。

二、司法监督的价值功能

立足于我国人大制度根本遵循并结合国家权力结构模式，司法监督以国家司法机关为监督主体，在防止权力扩张、维护国家权力结构平衡方面发挥着不可或缺的重要作用，在中国特色社会主义监督体系中有特殊的功能价值和特点。

第一，司法监督是法律权威的体现，与"依法治国"要求一脉相承。随着依法治国成为国家治理的基本方略并逐步深入推进，以法治方式实现权力监督已成为趋势。习近平指出，要善于用法治思维和法治方式反对腐败，加强反腐败国家立法，加强反腐倡廉党内法规制度建设，让法律制度刚性运行。[2] 全面推进依法治国，司法机关在权力监督中必须依靠法律规定、按照法律程序进行监督，即在法律框架内独立、自主、合法地进行权力监督。以法治思维和法治方式监督权力，就要充分发挥司法监督的作用。只有法律规定的属于法律监督的情形出现以后，才能启动法律监督程序。除此之外，司法监督不可干涉其他权力的行使。司法机关依据国家法律对腐败行为进行司法处置，就是将国家治理腐败的意志付诸现实的国家行为。相比于其他监督形式，司法监督因其法定主体、专业方式及鲜明的公正、高效、权威的品质而不可替代。[3] 倘若没有司法监督的存在，腐败行

---

① 秦前红：《两种法律监督的概念分野与行政检察监督之归位》，载于《东方法学》2018 年第 1 期。

② 中共中央国家机关工作委员会：《学习习近平同志关于机关党建重要论述》（修订本），党建读物出版社 2016 年版，第 68 页。

③ 魏涛：《司法监督的品质是怎样练成的》，载于《人民法院报》2017 年 8 月 8 日。

为很难得到强力惩处，权力监督体系便会空转。只有充分发挥司法监督的威慑力和警示保障作用，才能不断提高权力监督的法治化水平，这也是新时代依法治国理念在权力监督领域的重要体现。

第二，司法监督是权力监督体系中的最后环节，具有后位性。在我国现行反腐败制度体系之下，党员干部的贪污贿赂、侵权渎职等腐败犯罪行为，既触犯党内规章，也违反刑事法律。党纪与法律的"二元反腐败治理结构"决定了党员干部的腐败犯罪行为会受到纪检监察部门和刑事司法机关的双重处理，而最终做出处罚决定的往往是审判机关。相较于其他监督形式，司法监督的程序性规定更为明确，不管是审判监督还是检察监督都有法定的程序性规则，必须依法启动、依法实行。例如，在刑事诉讼法中，从立案、侦查、提起公诉，到一审、二审、死刑复核、审判监督、执行，各个环节环环相扣，构成了司法监督的特有方式。司法监督是极为严厉的，通过追究法律责任，甚至剥夺生命，以达到监督目的。从一定意义上讲，司法监督是党和国家监督体系中强制性程度最高的一种监督机制，也可以说是党和国家利用监督手段、维护公权力依法正确行使的"最后一道防线"。① 司法监督不仅可以直接惩治违法犯罪，而且还能够发现导致犯罪产生的主客观因素特别是相关管理监督制度的漏洞与缺失，维护并形成良好体制机制和权力运行秩序，达到防止同类案件再度发生的目的。②

第三节　党的十八大以来司法监督的创新发展

党的十八大以来，在全面从严治党不断向纵深发展的形势下，司法监督在多个方面实现了创新发展，取得了新的成效。

一、严厉惩治腐败犯罪

司法机关通过行使审判权、检察权，依法惩治腐败犯罪。犯罪一般分为普通犯罪与职务犯罪，司法监督针对的是腐败犯罪，腐败犯罪一般属于职务犯罪。司法对腐败犯罪的惩治主要依据《刑法》《刑事诉讼法》等法律，但法律并未对"腐败犯罪"进行界定。有学者认为腐败犯罪是一个体系犯罪集合，以现行刑法

---

① 王松苗：《推动纪检监察监督与司法监督贯通衔接》，载于《中国纪检监察报》2020 年 8 月 13 日。
② 吴建雄、夏彩亮：《中国特色社会主义监督体系的优势》，载于《人民周刊》2019 年第 19 期。

典为基础，包括侵占类、贿赂类、挪用类、渎职类与赃物处置类等五种类型。[1]
也有学者认为，腐败犯罪是指国家公职人员违反或偏离公共职责，私用或滥用公
共权力，由此不仅损害了国家公共职务的廉洁性，而且侵犯了国家公共管理职能
和秩序。[2] 对涉嫌腐败犯罪的行为，监察委员会调查终结后移送检察机关依法审
查、提起公诉，由人民法院负责审判。通过对职务犯罪案件提起公诉和公开审
判，实现罪刑相适应，发挥司法机关对腐败犯罪的震慑作用和预防教化功能。党
的十八大以来，中国的党风廉政建设和反腐败工作被提上前所未有的政治高度，
以雷霆之势严惩腐败犯罪。法院对构成犯罪的腐败行为进行惩处，通过对犯罪人
人身自由乃至生命的剥夺，使腐败犯罪受到应有惩罚，充分发挥司法反腐的刑罚
威慑力和警示保障作用。根据党的十八大以来最高人民法院工作报告，各级法院
不仅依法审判一般国家工作人员腐败犯罪，还对周永康、孙政才、令计划、苏
荣、秦光荣等原省部级以上干部的重大案件进行审理，在强力反腐态势下腐败案
件量呈现"先持续增长后减少"的趋势（见图 11 - 1）。依法追究和惩处腐败分
子彰显了中央反腐败的决心和力度，是依法治国、法治反腐的必然要求。[3]

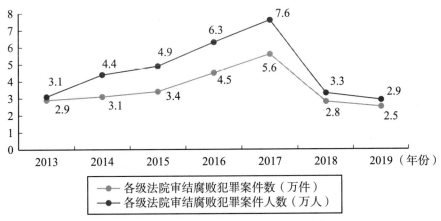

图 11 - 1　2013 ~ 2019 年各级法院审结贪污贿赂等腐败犯罪案件情况

资料来源：2013 ~ 2019 年最高人民法院工作报告。

　　权力监督不仅要面向司法系统之外的领域，更要坚决面向司法系统自身领
域。司法权作为国家公权力的重要组成部分，和其他权力一样有着天然膨胀的秉
性，若公权私用或权力滥用，将造成重大损失。较之其他腐败现象，司法腐败严

---

①　赵秉志：《论我国反腐败刑事法治的完善》，载于《当代法学》2013 年第 3 期。
②　林喆、马长生、蔡雪冰：《腐败犯罪学研究》，北京大学出版社 2002 年版，第 11 ~ 12 页。
③　过勇、李松锋：《贪污受贿案件刑事量刑的实证研究》，载于《经济社会体制比较》2018 年第 1 期。

重地危及国家政权的巩固，人民群众最为关注和痛恨。① 2018 年 10 月修正的《刑事诉讼法》规定，人民检察院在对诉讼活动实行法律监督中发现的司法工作人员利用职权实施的非法拘禁、刑讯逼供、非法搜查等侵犯公民权利、损害司法公正的犯罪，可以由人民检察院立案侦查。2019 年对司法工作人员侵犯公民权利、损害司法公正犯罪立案侦查 871 人，坚决清除司法队伍中的害群之马。针对容易发生司法不公问题的重点领域和关键环节，推动健全司法权力运行机制，让司法腐败无法藏身，让正义以公众看得见的方式实现。

二、深化行政活动监督

党的十八届四中全会通过的《中共中央关于全面推进依法治国若干重大问题的决定》提出"强化对行政权力的制约和监督"，并将司法监督作为行政权力监督的重要一环。鉴于行政权的天然扩张性，对其不加约束必然失控并损害公民权益，而行政诉讼正是通过诉讼程序来实现司法权对行政权的监督。《行政诉讼法》第 1 条明确规定，该法是"为保证人民法院公正、及时审理行政案件，解决行政争议，保护公民、法人和其他组织的合法权益，监督行政机关依法行使职权"。中国的司法审查是法院依法对行政机关行政活动的合法性和合理性进行的法律监督，而不是司法审判权和行政管理权之间的制约关系。② 在行政诉讼中，法院审查行政行为时需要"依据"行政法规，这也导致法院司法审查的主要功能在于监督，而非制衡行政权，这与西方国家的司法审查权不同。根据《行政诉讼法》的规定，法院通过审理行政案件，有权撤销违法的行政行为。同时，为了提升司法权威，促进行政机关主动接受监督，《行政诉讼法》规定"被诉行政机关负责人应当出庭应诉。不能出庭的，应当委托行政机关相应的工作人员出庭"。司法审查明确了法治政府与社会之间的权力界限，将行政权严格限制在法律规定的范围内，对行政权的依法运行起到了重要作用，进一步明确了行政权在国家权力系统内的法定职能。根据最高人民法院数据统计，党的十八大以来行政诉讼类案件数量稳步上升（见图 11 - 2）。

针对行政机关所存在违法行为或者行政不作为的情况，检察机关可以通过提起公益诉讼的方式督促其予以纠正。2017 年 6 月 27 日，第十二届全国人大常委会结合理论界的创新性研究及不断丰富的试点实践，作出了《关于修改〈中华人民共和国民事诉讼法〉和〈中华人民共和国行政诉讼法〉的决定》，将检察公益

---

① 吴建雄：《论司法反腐》，载于《人民检察》2015 年第 5 期。

② 肖金泉等：《中国司法体制改革备要》，中国人民公安大学出版社 2009 年版，第 13 页。

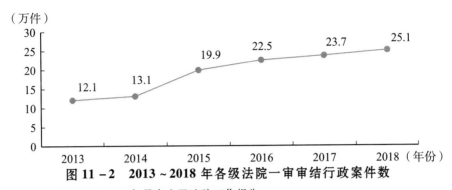

图 11－2　2013～2018 年各级法院一审审结行政案件数

资料来源：2013～2018 年最高人民法院工作报告。

诉讼制度正式纳入《民事诉讼法》和《行政诉讼法》，适用于生态环境和资源保护、国土资源保护、国有资产保护等领域，填补了公益保护的司法救济空白。随着公益诉讼制度的全面确立，检察机关可以"公益诉讼人"的身份通过提起行政公益诉讼的方式来纠正行政机关的违法行为或不作为。检察机关对于行政机关存在违法实施行政行为或者存在行政不作为情况的，可以提出纠正行政违法的检察建议，以督促其履行职责；在行政机关拒绝履行职责时，检察机关可以向法院提起行政公益诉讼。根据最高人民检察院的工作报告显示，2018 年各级人民检察院共立案办理行政公益诉讼 108 767 件，向行政机关发出检察建议 101 254 件，97.2% 得到采纳，促使行政机关依法履职。[1]

三、加强诉讼活动监督

一般认为，检察机关对法院裁判的抗诉是最具有监督意义的行为，它被认为是检察机关在认为法院审判不公的情况下采取的监督性、纠错性法律手段。[2] 检察机关展开法律监督的最基本途径是参与和监督诉讼活动[3]，对不当诉讼活动进行监督，进而保障司法权力依法运行。按照诉讼的性质不同，检察工作已经形成刑事诉讼检察监督、民事诉讼检察监督和行政诉讼检察监督三大诉讼监督并行的格局。习近平在主持中央政治局第二十次集体学习时专门强调"要加强民事检察工作"[4]。检察机关要坚决贯彻这一要求，以保障民法典切实实施为重点，加强

① 《2018 最高检工作报告全文》，最高人民检察院网站，https：//www.spp.gov.cn/spp/tt/201803/t20180309_369886.shtml。

② 蔡定剑：《监督与司法公正——研究与案例报告》，法律出版社 2005 年版，第 195 页。

③ 樊崇义：《检察机关深化法律监督发展的四个面向》，载于《中国法学评论》2017 年第 5 期。

④ 《习近平主持中央政治局第二十次集体学习并讲话》，中国政府网，http：//www.gov.cn/xinwen/2020－05/29/content_5516059.htm。

对民事司法活动的监督，畅通司法救济渠道，健全对不服生效民事裁判申诉的受理、审查机制，加大监督力度。根据 2019 年最高人民检察院工作报告，各级检察机关办理诉讼活动违法监督案件 411 686 件次，对认为确有错误的刑事裁判提出抗诉 8 302 件，提出民事抗诉 5 103 件，对认为确有错误的行政判决、裁定提出抗诉 156 件。① 通过对确有错误的法院裁判提出抗诉，维护司法公正公信，努力让人民群众在每一个司法案件中感受到公平正义。

执行是审判活动的延伸，案件进入执行阶段，违法风险不但没有降低，反而更可能会导致恶劣的结果。在减刑、假释、暂予监外执行等领域，若执行监督权不能实现同步监控，先前所有程序正当性的努力就可能付诸东流。② 执行监督既有诉讼监督的特点，又不完全等同于诉讼监督，"兼具刑事性与行政性、诉讼性与非诉讼性，是一种独立的复合性法律监督权"③。最高人民检察院的工作报告显示，2013～2017 年在执行领域检察机关共监督纠正 11.8 万人。2013 年 1 月至 2018 年 9 月，全国各级检察院对明显超标的执行、消极执行、选择性执行、违法处置被执行财产等违法情形提出检察建议 135 145 件，法院采纳 123 914 件，采纳率达 91.7%。

总体来说，党的十八大以来司法机关不断提高监督能力，在中国特色社会主义监督体系中发挥着重要的作用。但司法监督机制仍存在一些问题，司法机关还未能充分发挥其监督作用。例如，行政诉讼领域存在"行政案件立案难""判决往往对被告有利"和"判决难以执行"等问题。④ 对此，《中共中央关于全面推进依法治国若干重大问题的决定》强调，完善行政诉讼体制机制，合理调整行政诉讼案件管辖制度，切实解决行政诉讼立案难、审理难、执行难等突出问题。

第四节　完善司法监督的思考

当前，司法监督成效显著。但随着形势的不断发展，其在监督过程中会遇到新的问题。应从顶层设计方面进一步完善司法监督。

---

① 《2019 年最高人民检察院工作报告》，最高人民检察院网站，https://www.spp.gov.cn/spp/tt/201903/t20190312_411422.shtml。
② 周伟：《刑事执行检察：监所检察理论与实践的发展》，载于《国家检察官学院学报》2013 年第 4 期。
③ 周伟：《刑事执行检察的若干问题》，载于《人民检察》2013 年第 24 期。
④ 林莉红：《中国行政诉讼的历史、现状与展望》，载于《河南财经政法大学学报》2013 年第 2 期。

一、坚持检察机关法律监督的定位

随着监察体制改革及司法改革的不断深入，迫切需要对检察机关法律监督职能进行梳理，聚焦主业。如何准确界定法律监督职能与国家监察职能在国家权力结构中的定位，释放法律监督机关履行职责，与国家监察机关有效监督公权力这两项制度的优势，是权力监督战略布局中的重大命题。《宪法》《监察法》等法律确定了监察机关与检察机关应当相互配合与制约。当监察委员会结束调查，认为被调查对象确实涉及刑事犯罪时，应当将案件移送检察机关，由检察机关行使相应的批捕和公诉权。根据 2019 年最高人民检察院工作报告，检察机关受理各级监委移送职务犯罪 24 234 人，同比上升 50.6%。其中，已起诉 18 585 人，同比上升 89.6%；不起诉 704 人，退回补充调查 7 806 人次，不起诉率、退补率同比分别增加 1.1% 和 16.3%。[①]

从权力相互制约的角度出发，检察机关作为法律监督机关，如果认为现有证据无法证明被监察对象涉嫌犯罪的，可以撤销案件，或将案件退回监察委员会，或要求监察委员会补充调查。在全面依法治国和依规治党的大背景下改进反腐过程中的执纪移送司法程序，前提是实现纪法分开确保执纪和司法机关依纪依法独立行使职权，关键在于坚持党的领导下执纪和司法机关的协调配合，进一步明确反腐执纪移送司法的条件、内容、方式，建立通报反馈和监督问责机制，健全程序规范和证据转化规则。坚持检察机关法律监督的宪法定位，聚焦主责主业，履行好法律监督职能，是建设中国特色社会主义法治国家的要求，也是全面深化改革和全面依法治国的要求，更是检察机关新时代的使命。

二、强化行政检察监督

国家监察体制改革使得检察机关迎来了自恢复重建以来的最大变革，检察机关完成了侦查贪污贿赂犯罪职能、机构调整和人员转隶。失去了职务犯罪侦查权的检察机关，究竟如何针对公职人员行使法律监督权？[②] 行政检察监督应当成为检察机关法律监督工作的重要突破口。随着反腐败斗争取得压倒性胜利，人民群众的呼声更多地体现在行政不作为、乱作为方面，检察机关立足诉讼活动，可以

---

① 《2019 年最高人民检察院工作报告》，最高人民检察院网站，https：//www. spp. gov. cn/spp/tt/201903/t20190312_411422. shtml。

② 陈瑞华：《论检察机关的法律职能》，载于《政法论坛》2018 年第 1 期。

从刑事、民事、行政案件中发现行政执法缺位等问题，通过诉前检察建议、公益诉讼等手段，对行政机关的履职行为进行监督，这意味着检察权的领域从"三大诉讼"拓展至行政执法活动，助力实现建设"职责明确、依法行政的政府治理体系"的改革目标。①

在全面推进依法治国的背景下，中央对法律监督越来越重视，并赋予检察机关行政违法行为监督、行政强制措施监督、提起公益诉讼等新的监督职能。检察机关对行政非诉执行监督是对人民法院行政非诉执行活动实行法律监督的一项重要职能，就其功能来说，既监督人民法院公正司法，又促进行政机关依法行政。应当强调的是，检察机关对行政执法活动的监督并不等同于漫无边际的监督，必须从合理配置监督权出发，划定职权边界，而不是取代行政机关，代替行政执法。同时，对检察机关尊重行政机关自主权不能僵化和机械理解，而忽视了行政执法检察监督的启动前提正是由于行政机关的违法行为导致公共利益受到损害，检察机关只应在行政权理性行使的情况下给予行政机关必要的尊重。

三、促进党纪监督与司法监督的有机衔接

党的纪律与国家法律都是国家治理体系的重要制度支撑，是国家治理能力现代化的统一体，具有规范效力上的"形式"与"实质"辩证统一的特征。② 我国反腐败活动呈现以党纪反腐为先导、监察反腐为主责、司法反腐为保障的鲜明特征。执纪机关和司法机关是当前反腐败工作的主要力量，既不能互相替代或互相割裂，也不能混为一体；既不能以纪律追究代替法律追究，也不能以法律追究代替纪律追究。党纪国法蕴含着权力监督的逻辑，需要统筹法律和纪律两把"尺子"，必须形成党纪监督和司法监督相辅相成、相互促进、相互保障的格局，实现执纪执法贯通。在这方面，国家已出台了一系列法规制度，以保障党纪监督与司法监督的有序开展。但在实践中，仍存在协作机制失衡、案件转移不畅、监督机制单向等司法监督弱化、虚化的现象。

对此，应当实现纪委监委与司法协作，构建科学的权力结构与权力运行和监督制约法治体系在权力监督中形成监督合力。这就要求运用法治思维和法治方式，把握严格执纪与公正司法的不同功能与内在联系，通过反腐执纪与反腐司法的有机衔接和有效实施，推进反腐败工作的法治化。纪法衔接具体是指对于党员

---

① 胡卫列：《中国特色民事行政检察的制度实践与理论探索——民事行政检察30周年综述》，载于《国家检察官学院学报》2018年第6期。

② 徐汉明：《国家监察权的属性探究》，载于《法学评论》2018年第1期。

根据党内法规规定构成违纪、根据法律法规规定构成违法的行为，分别由纪律检查机关或相关党组织与司法机关通过移送材料等相互支持配合的方式先后对其进行纪律追究和法律追究的过程。在全面依法治国和依规治党的大背景下改进反腐执纪移送司法程序，前提是实现纪法分开确保执纪和司法机关依纪依法独立行使职权，关键在于坚持党的领导下执纪和司法机关的协调配合，进一步明确反腐执纪移送司法的条件、内容、方式，建立通报反馈和监督问责机制，健全程序规范和证据转化规则，在推进纪委及时移送和检察院提前介入中实现纪委和检察院职能的动态调整，使反腐执纪和司法机关各自执好党纪和国法的尺子，形成严厉惩治腐败合力。

四、深化司法改革

全面推进司法体制改革是贯彻落实依法治国重大决策部署的必然要求，也是建立公正高效权威的社会主义司法制度的内在要求。当前司法制度存在的诸多问题已经严重妨碍了司法权的正常合法运行，破坏了司法的公正和尊严，削减了司法监督的有效性。尽管司法机关监督职能的发挥完善不能全部寄希望于司法体制改革，但是司法体制改革能为司法机关公正高效权威的履行监督职能提供基础。《法治中国建设规划（2020－2025年）》指出："紧紧抓住影响司法公正、制约司法能力的深层次问题，坚持符合国情和遵循司法规律相结合，坚持和加强党对司法工作的绝对领导。"目前司法制度面临多重困境，通过对省级以下法院检察院人财物统一管理，在一定程度上可以破除地方政府对司法机关查办腐败案件的干涉和地方保护主义，保障司法机关履行监督职能。

第十二章

审计监督

审计①是一种具有独立性的经济监督活动，是国家治理的工具。② 审计监督实质上是国家依法用权力监督制约权力的行为，是国家治理这个大系统中一个内生的具有预防、揭示和抵御功能的"免疫系统"，是国家治理的重要组成部分。③党的十一届三中全会后，结合经济改革和社会主义现代化建设的实际，党和国家正式决定实行审计监督制度。长期以来，审计监督在维护国家财经秩序、提高财政资金使用效益以及保障国民经济和社会健康发展中起到了重要作用。

第一节 审计监督的历史演进

我国的审计和审计监督经历了漫长的发展过程，积累了诸多宝贵经验。历史上，我国审计经历了从无到有、从混沌到明晰、从萌芽到成熟的发育生长过程。中国古代以"计""勾""稽""比""覆""磨""勘"等表述审查财物账计的

---

① 审计是商品商品经济发展到一定时期的产物，随着私有制的产生和财产所有权与经营权的分离而出现，其作为一种经济监督机制，可以分为国家审计、民间审计、内部审计三大系列，参见陈力生、杨罡、马佳易编著：《审计学（第三版）》，立信会计出版社 2018 年版。

② 本书从"国家审计"角度使用"审计"和"审计监督"。

③ 李金华：《国家审计是国家治理的工具》，载于《财经》2004 年第 24 期；刘家义：《论国家治理与国家审计》，载于《中国社会科学》2012 年第 6 期。

行为，从多种角度反映出审计在其漫长成长过程中所呈现的不同形态。[①] 宋代在财政（物资）管理部门三司之下设置审计机构三部勾院、都磨勘司、马步军专勾司等，后于南宋建炎元年，将诸军诸司专勾司改名为诸军诸司审计司，也称审计院，是我国审计史上第一次以"审计"命名的专职审计机构。[②] 至宋代，古人对审计制度方面的基本问题已经有了系统的认识，即对为什么要审计（审计动因）、审计谁（审计对象）、为谁审计（审计目标）、审计什么（审计内容、载体）、谁审计（审计主体）、怎么审计（审计的技术方法）进行了思考并形成了相应的审计制度。元明清时期审计则开始侧重如何提高审计工作效率，完善审计作用。[③] 到清朝时，都察院的六科给事中负责中央审计，在都察院下设十五道监察御史负责地方审计，在保证审计独立的基础上，使得审计机构设置更凸显专业性、单一性、统一性的特点。[④] 综观我国近代之前审计发展历程，从查账法、查询法发展到比较分析法、详查法、抽查法，从就地审计和定期审计发展到送达审计和不定期审计，逐步形成一个较全面、成熟的财经监督控制系统，与经济发展水平相适应，在维护幅员辽阔、统一的中央集权制封建国家发挥了应有的作用。[⑤] 清末，统治者参照日本及西方先进国家的审计制度，筹设专门职掌财政监督的审计院，并在规范层面初步设计了现代意义上的审计制度。民国时期，中央先后成立审计处、审计院作为专职审计机关，我国现代审计制度初步确立。国民政府时期，审计制度进一步发展，"监审合一"体制形成，审计机关组织严密、分工细致，并开展了广泛的审计实践活动。但是自清末至新中国成立的几十年间，中华大地或政局不稳、军阀混战，或一党独裁、吏治腐败，审计和审计监督始终未能在国家经济社会发展中起到应有作用。[⑥]

新民主主义革命时期，早期的审计工作主要服务于工人运动，1923 年安源路矿工人俱乐部成立的经济委员会审查部是中国共产党成立后最早领导设立的审计机构，1925 年中国共产党领导成立省港罢工委员会并下设审计局是共产党领导下成立的最早以"审计"命名的机构。[⑦] 1934 年初，中华苏维埃第二次全国代表大会召开，强调节约财政资金的重要性，并在会后颁布法规，建立审计监督制

---

① 李金华主编：《中国审计史（第 1 卷）》，中国时代经济出版社 2004 年版，第 3 页。
② 审计署审计科研所：《我国古代审计制度的典型代表有哪些》，审计署网站，http：//www. audit. gov. cn/n6/n37/c130305/content. html，2019 – 03 – 06。
③ 夏寒：《中国古代审计思想演进评述》，载于《审计研究》2018 年第 6 期。
④ 谭建立：《中国审计文化历史变迁的特征探讨》，载于《审计研究》2018 年第 2 期。
⑤ 方宝璋：《中国古代审计方法方式考论》，载于《审计研究》2017 年第 3 期。
⑥ 李相森：《论近代中国独立型审计制度及其历史启示》，载于《南京审计大学学报》2019 年第 1 期。
⑦ 审计署审计科研所：《中国共产党领导的新民主主义革命时期的审计是如何开展的》，审计署网站，http：//www. audit. gov. cn/n6/n37/c130306/content. html，2019 – 03 – 06.

度。新成立的中央审计委员会开展财政预决算审查、国家企业和群众团体财政收支检查、节省运动专项审计，并将结果在《红色中华》报上公布。① 历史证明，实行审计监督制度对于党取得革命与建设的胜利有着重要历史作用，特别是在一定程度上抑制了金融波动，维护了根据地的金融稳定，提高了党在人民群众中的信用，锻炼了党的执政能力。② 值得借鉴的是，党在根据地开展审计监督时注意采取群众路线，成立准基层群众审计组织，或吸收群众参加审计组织，或直接成立审计机构的基层群众组织，同时充分接受群众监督、公开基层账目和审计工作总结，取得了良好效果。③

新中国成立之初，延续革命根据地和解放区审计工作的做法，中央和地方政府的财政部门内部普遍设有审计机构，配有审计人员，履行审计监督职责，在恢复国民经济中起到了积极作用。社会主义改造完成并建立高度集中的计划经济体制后，新中国没有设立独立的审计监督机构，审计监督职能由财政部门的监察机构和业务管理机构，结合财政管理分别行使。"文化大革命"期间，国家财政经济工作遭到严重干扰和破坏，结合财政管理开展的审计工作也无法有效运转。④ 党的十一届三中全会拉开了改革开放的大幕，全党工作重点转移到社会主义现代化建设上来，对党和国家各方面工作展开全面拨乱反正，中国共产党人和中国人民踏上建设中国特色社会主义的伟大征程。20 世纪 80 年代初，我国已经拥有上百万个国营企业（含商业和农垦企业）和大量的行政事业单位，国营独立核算企业拥有 5 000 多亿元的固定资产和 3 000 多亿元的流动资产，每年有 1 000 多亿元的财政收支和几百亿元的预算外收支，财政财务活动非常广泛复杂，但财政经济管理和监督水平难以与之匹配。在充分研究和查阅国内外有关财政监督和审计机构资料的基础上，结合经济改革和社会主义现代化建设的实际，党和国家正式决定实行审计监督制度，设立审计机构，并将相关内容载入 1982 年《宪法》第 91 条和第 109 条。⑤ 1982 年 8 月 23 日，国务院发出《关于建立审计机关的通知》。1983 年 9 月 15 日，审计署正式成立。自此，我国的审计监督走上科学、全面发展的快车道。

---

① 中共中央党史和文献研究院：《中国共产党的一百年 新民主主义革命时期》，中共党史出版社 2022 年版，第 134 页。

② 张晓玲、魏明孔：《革命根据地审计监督制度的特点、历史作用及启示》，载于《审计与经济研究》2019 年第 5 期。

③ 朱灵通、何瑞铧：《革命根据地时期审计的群众路线：总结与借鉴》，载于《审计研究》2018 年第 6 期。

④ 审计署审计科研所：《1949 年至 1982 年的审计工作是如何开展的》，审计署网站，http：//www. audit. gov. cn/n6/n37/c130503/content. html，2019 - 03 - 13。

⑤ 审计署审计科研所：《1983 年审计署成立的背景是什么》，审计署网站，http：//www. audit. gov. cn/n6/n37/c130504/content. html，2019 - 03 - 13。

以审计署的成立为时间节点到党的十八大期间，我国审计体制发展和改革的历程主要分为初创和探索期（1983~1993年）、确立期（1994~2002年）、完善期（2003~2011年）。在初创和探索期，《审计法》尚未出台，审计工作开展的方式方法在探索中不断前进，审计监督的重点在反对腐败、促进增收节支、严肃财经法纪、整顿经济、差错纠弊。1994年《审计法》的颁布施行为审计监督提供了重要的法律保障，对财政系统和中央部门的审计成为核心内容。同时，自1996年起，作为审计监督的重要形式，审计署每年向全国人大常委会作审计工作报告。2003年审计公告制度的确立标志审计体制发展进入完善期，同年审计署发布第一份审计公告（审计内容为防治非典型肺炎专项资金和社会捐赠款物）。此后，除涉及国家秘密、商业秘密及其他不宜对外披露的内容外，所有审计结果和专项审计调查项目逐步做到全部向社会公告。2003年6月25日，时任审计长李金华代表审计署向全国人大常委会提交首份年度审计工作报告，曝光了一大批违规大案，一场严查乱管理、乱投资、违规挪用资金的"审计风暴"随即席卷全国。2004年6月23日，时任审计长李金华在向十届全国人大常委会第十次会议所作的《关于2003年度中央财政预算执行和其他财政收支的审计工作报告》中，再次揭露包括原国家计委、国家林业局、国家体育总局、国家科工委等部委存在预算外资金清理不彻底、挤占挪用财政专项拨款和其他有专项用途的资金等问题，引起社会较大关注，起到较好的审计监督效果。与此同时，2006年修订后的《审计法》增加了效益审计和经济责任审计内容，使这一时期审计监督向前迈出一大步。

第二节　审计监督的功能定位

根据《宪法》和《中华人民共和国审计法》，国家实行审计监督制度，国务院和县级以上地方人民政府设立审计机关，依照法律规定的职权和程序，独立行使审计监督权。审计机关为了维护国家财经秩序，提高财政资金使用效益，促进廉政建设，保障国民经济和社会健康发展，对其审计管辖范围内政府机关、财政金融机构和企业事业组织的财政收支、财务收支，对领导干部履行经济责任、自然资源资产和生态保护责任情况进行审计监督。在各种监督形式中，审计监督专业性强，突出强调对国有资源经管责任履行情况的监督，对这一监督方式的本质有经济监督论和国家治理免疫系统论两种主流观点。[1]

---

[1] 郑石桥：《党和国家监督体系中的国家审计：特质、定位及制度要求》，载于《中国审计评论》2019年第1期。

作为一种由国家机关开展的专门监督，我国的审计监督目前正从单一的监督财政、财务收支及其有关经济活动的真实性、合法性和效益，做好常态化"经济体检"工作，逐渐发展为将审计放在改革发展大局下审视，以经济监督为主业，密切关注重大政策措施的落实情况，把财政、金融、企业等各专业审计发现的问题贯通起来分析研判，协助各级党委政府揭示深层风险隐患，并从体制机制制度层面分析原因、提出建议。党的十八大以来，围绕新时代、新要求、新部署，审计事业更加奋发有为，已经形成了多元化的审计监督和治理格局[1]，"当前国家审计包括国家重大政策贯彻落实情况跟踪审计、财政审计、金融审计、企业审计、经济责任审计、民生审计、资源环境审计和领导干部自然资源离任审计、涉外审计"[2]。

改革开放以来，审计监督不断发展，在国家经济社会发展中的重要作用愈加凸显，其内容延伸到经济、政治、文化、社会和生态文明等多个领域，审计对象涉及管理、分配和使用公共资金、国有资产、国有资源的所有部门、单位和个人。据统计，仅在 1998~2010 年间，全国各级审计机关就对 43 万余名领导干部实施了经济责任审计，其中审计署审计了 151 名省部级党政主要领导干部和中央企业领导人员。参照审计结果，1.8 万名领导干部受到免职、降职、降级、撤职和其他处分。[3] 仅 2020 年，全国各级审计机关共向司法、纪检监察机关等移送问题线索近 4 000 件，涉及 4 000 多人；在领导干部经济责任审计方面，共审计 1.8 万名领导干部，查出负有直接责任问题 700 多亿元；向各级党委政府报送审计报告和信息 13 万多篇，提出建议 15 万多条，推动建立健全规章制度 6 000 多项。[4]

第三节　党的十八大以来审计监督的创新发展

审计是中国特色社会主义监督体系的重要组成部分，是推动国家治理体系和治理能力现代化的重要力量，在推进党的自我革命中具有独特作用。党的十八大以来，党中央加强对审计工作的领导，在构建集中统一、全面覆盖、权威高效的

---

① 胡智强：《论审计监督在治理体系中的制度定位与功能发挥》，载于《审计与经济研究》2020 年第 1 期。

② 胡泽君：《中国国家审计学》，中国时代经济出版社 2019 年版，第 325 页。

③ 审计署南京特派办理论研究会课题组：《省级党政主要领导干部经济责任审计创新研究》，载于《审计研究》2019 年第 2 期。

④ 《审计署 2021 年全国审计工作会议报道 . 全国审计工作会议在京召开》，审计署网站，http://www. audit. gov. cn/n9/n1794/n1795/c143041/content. html，2021 - 01 - 08。

审计监督体系，更好发挥审计监督作用上持续聚焦发力。特别是党的十九大以来，在党中央集中统一领导下，中央审计委员会推动审计体制实现系统性、整体性重构，走出了一条契合中国国情的审计新路子，审计工作取得历史性成就、发生历史性变革。①

一、构建集中统一的审计管理体制

2017 年 10 月，党的十九大作出"中国特色社会主义进入新时代"的重大判断，指出要"改革审计管理体制"。2018 年 2 月，党的十九届三中全会审议通过的《深化党和国家机构改革方案》决定组建中央审计委员会，作为党中央决策议事协调机构，将其办公室设在审计署。同时，着眼于"改革审计管理体制，保障依法独立行使审计监督权"，对审计署职责作出优化，将国家发展改革委、财政部、国资委和国有重点大型企业监事会的若干职责划入审计署，对派出审计监督力量进行整合优化。2018 年 5 月 23 日，习近平主持召开十九届中央审计委员会第一次会议，再次强调"审计是党和国家监督体系的重要组成部分"，提出"拓展审计监督广度和深度"，明确要求加大对党中央重大政策措施贯彻落实情况、对经济社会运行中各类风险隐患和对重点民生资金以及项目的跟踪审计、问题揭示力度。

2019 年 10 月，党的十九届四中全会审议通过《中共中央关于坚持和完善中国特色社会主义制度 推进国家治理体系和治理能力现代化若干重大问题的决定》，提出"要发挥审计监督、统计监督职能作用"。同年，县级以上地方各级党委政府对应的机构改革工作有序推进，地方省市县三级党委审计委员会依次成立组建，审计管理体制改革取得重大进展，党对审计工作的领导得到有效加强。2019 年，地方各级党委审计委员会制定审计计划、报告、整改和结果运用等制度 3 000 多项，各地向本级党委审计委员会报送各类请示、报告和信息等 14 万多份；全国共审计 10 万多个单位，为国家增收节支和挽回损失 4 000 多亿元，移送重大违纪违法问题线索 7 000 多件、涉及金额 700 多亿元。同时，审计署首次对中央一级预算单位实现审计全覆盖，实现对所有国定贫困县全覆盖（其中 2019 年审计 186 个）。② 2020 年 1 月，党的十九届中央纪委四次全会强调要"强化纪委监委监督的协助引导推动功能"，促进党内监督与其他各类监督方式贯通融合、协调协同。

---

① 参见十九届中央审计委员会第一次会议、二十届中央审计委员会第一次会议相关报道，分别载于《人民日报》2018 年 5 月 24 日、《人民日报》2023 年 5 月 24 日。

② 胡泽君：《充分发挥审计监督职能作用服务国家治理体系和治理能力现代化》，载于《旗帜》2020 年第 2 期。

党的十八大以来，审计监督的改革方向是构建集中统一、全面覆盖、权威高效的审计监督体系，更好发挥审计监督作用。其中，"集中统一"，是党对审计监督的集中统一领导，要求整个审计监督从上到下置于各级党组织的领导之下，同时以党内监督为主导，推动各类监督有机贯通、相互协调；"全面覆盖"，是指对所有管理使用公共资金、国有资产、国有资源的地方、部门、单位和人员的审计监督全面覆盖，做到无一遗漏，无一例外；"权威高效"，是指整个监督体系的运行要具有权威性，同时更好地转化为治理效能，增强人民群众在此方面的获得感。各级党委审计委员会成立后，党对审计监督的集中统一领导在制度层面得到有效的保障，下一步需要重点推进"全面覆盖"和"权威高效"两方面工作，即"拓展审计监督广度和深度"中的"广度"和"深度"两方面。

二、拓展广度，实现审计监督的全面覆盖

实现审计监督的全面覆盖，要求审计监督不仅仅局限于经济监督，应当实现审计对象和审计业务两个层面的"应审尽审"。这就要求审计机关适应在新时代新征程，不仅着眼于某些部门的经济问题，而且着眼于党和国家立足新发展阶段，贯彻新发展理念，构建新发展格局的全局开展工作。

以对国有企业的审计监督为例。党的十九届三中全会决定将国务院资产监督管理委员会的国有企业领导干部经济责任审计和国有重点大型企业监事会的职责划入审计署，在制度层面有效加强了对国有企业的审计监督。在此之前，审计署开展过对中央企业的审计监督。有研究依据 2010 ~ 2017 年审计署公布的中央企业审计结果公告，选取 2009 ~ 2016 年商业类中央企业控股上市公司为样本，证明国家审计全覆盖可以有效促进国有企业资产保值增值。通过扩大国有企业审计实施覆盖面，不仅能够完善国有企业公司治理结构，提高国有企业经营管理水平，有效防止国有资产流失，实现国有资产保值增值，而且可以推动中央企业提高发展质量和效益，推动国有企业深化改革、瘦身健体提质增效，推动国有资本做强、做优、做大，进而推动国有经济布局优化、结构调整和战略性重组，有效促进经济高质量发展。[①] 目前，通过整合审计力量、优化派出资源，审计署对中央企业的审计监督已经基本全面覆盖，但对中央企业下属的众多二三级单位尚未实现有效监督，未来积极扩大对国有企业及其控股上市公司的审计监督覆盖面将是消除审计监督盲区的一个重要方面。

[①] 郭檬楠、吴秋生：《国家审计全覆盖、国资委职能转变与国有企业资产保值增值》，载于《审计研究》2018 年第 6 期。

再如专业性较强的金融审计领域，受制于审计资源和审计力量的约束，现有的监督对象集中在国有金融机构。借助信息技术手段，国家主导的金融审计以数据分析为抓手，发挥国家金融领域"免疫系统"功能，为维护金融安全发挥积极作用。但是，从近几年的互联网金融非法集资、国际对冲基金做空市场等案例看，民间金融机构在信息技术的推动下野蛮生长，事实上成为系统性金融风险的重要因素。特别是以泛亚、e租宝非法集资案例为代表，以部分互联网金融机构为平台，甚至是主谋造成的非法集资案件，其带来的群体性事件和金融领域腐败已经成为威胁社会稳定的重要因素。虽然国家审计完全有理由不介入这些民间金融机构的审计，但是从防范和化解系统性金融风险、守住不发生系统性金融风险的底线角度出发，应当考虑扩展审计监督在金融方面的监督覆盖，更好服务国家治理的现实需求。目前，需从两方面加强相关工作：一是推进金融监管政策的绩效审计，竭力防止金融监管政策失误引发的系统性风险；二是加大力度建设金融审计大数据，协同市场监管、税务、海关等部门建立国家级金融审计关联模型，从金融监管和金融机构审计延伸到金融市场稳定审计，维护国家金融安全。①

除对国有企业和金融领域的监督覆盖外，对基层村、社区干部的监督同样实现了审计监督的全面覆盖。党的十八大以来，党中央坚持全面从严治党，带领全党"打虎""拍蝇"，党风廉政建设和反腐败工作不断向纵深推进。在此过程中，对基层"村官"的监督是一道难题。《监察法》出台前，包括村、社区干部在内的人员处于监督的空白地带。虽然村级微腐败往往与财务、经济问题相关，审计监督在这方面有独特的专业优势，但基层"熟人社会"的现实运行模式往往影响各种监督的独立性和有效性。在消除此类监督盲区时，基层面对人员、编制等资源有限的现实条件下，创新审计监督工作机制就有了更重要的意义。例如，山东淄博的"直审村官"模式通过改革机构设置、创新审计方式，由更高层级审计机关在党委政府的领导下盘活、统筹下级审计资源，降低"熟人"审计现象发生概率，提高审计工作的独立性和专业性。这一工作模式有效消除了基层审计监督的盲区，在加强村级财务管理监督、规范约束村级干部、维护农村基层和谐稳定、增强人民群众获得感等方面，取得了一定成效，对各地查处群众身边的"蝇贪蚁腐"有一定借鉴意义。

三、拓展深度，增强审计监督的权威高效

新时代要增强审计监督的权威性和高效性，有必要充分发挥政策措施落实情

---

① 张维：《国家审计维护金融安全的新形势与对策》，载于《审计与经济研究》2017年第1期。

况跟踪审计（以下简称"政策审计"）的作用。政策审计是审计机关依法对各地区、各部门贯彻落实国家重大政策措施和宏观调控部署情况，主要是贯彻落实的具体部署、执行进度、实际效果等进行监督检查。[①] 需要区分的是，政策审计是由审计机关代表公共资源所有者，即国家进行的所有权监督，政府其他行政部门进行的监督属于经营管理权监督的范畴。[②]

自 2014 年 8 月开展的政策审计，是国家经济发展新常态下审计监督的新使命，是审计监督推动全面深化改革、完善国家治理的有效方式，不仅要跟踪审计政策制定和执行的结果，还需分析查明原因及制度制定、执行的体制机制的背景问题，进而为政策的执行和完善提供建议。在更高层面，政策审计是通过审计监督确保党和国家大政方针得到贯彻落实的有效途径，是审计监督在党和国家监督体系中发挥重要作用的具体体现，能够在新时代以审计监督的特有优势推动各级机关以实际行动做到"两个维护"。以 2020 年第三季度国家重大政策措施落实情况跟踪审计结果为例，审计署围绕统筹推进常态化疫情防控和经济社会发展，聚焦做好"六稳"工作、落实"六保"任务，重点审计了清理拖欠民营企业中小企业账款、减税降费、清理规范行业协会收费、乡村振兴等方面政策措施落实情况，抽查了 980 个单位，涉及资金 1 585.2 亿元。此次审计发现部分地区清理拖欠民营企业中小企业账款任务未完成、虚报偿还金额，部分行业协会违规收费，部分地区落实落细乡村振兴政策措施和提高项目资金绩效较差等问题，对各地落实党和国家大政方针发挥了有力的督促检查作用。[③]

目前，政策审计仍处于发展探索阶段，其覆盖广、内容杂，涉及政策制定和落实过程中的各类专业知识，超出审计人员一般审计业务知识范畴，提升了审计机关准确评价政策落实情况的难度。同时，审计人员对宏观政策出台的背景、意图、主要内容和制度瓶颈等方面往往缺少系统了解和把握，宏观政策措施的研究能力较弱，进一步加大了"吃透政策"的难度。[④] 例如，各级发展和改革委员会具有审批、核准、审核重大外资项目、境外资源开发类重大投资项目和大额外汇投资项目的职责；财政部门具有管理行政事业单位国有资产、金融类企业国有资产的责任；各级国资委具有管理国有资产及资产保值增值的责任，审计机关职责优化之前审计并没有开展与此相关的监督活动，这方面的监督仍然存在空白领域。[⑤]

---

① 审计署审计科研所. 国家重大政策措施落实情况跟踪审计实施以来取得了哪些主要成效？审计署网站，http：//www. audit. gov. cn/n6/n37/c130727/content. html，2019 – 04 – 03。

②⑤ 王帆、谢志华：《政策跟踪审计理论框架研究》，载于《审计研究》2019 年第 3 期。

③ 2020 年第三季度国家重大政策措施落实情况跟踪审计结果（2021 年 1 月 5 日公告）. 中国政府网，http：//www. gov. cn/zhengce/zhengceku/2021 – 01/05/content_5577096. htm。

④ 王慧：《政策措施落实情况跟踪审计理论与实务研究综述》，载于《审计研究》2017 年第 2 期。

专栏

审计署 2014 年彩票资金审计案例

近年来，我国彩票销售额增长十分迅速，筹集的彩票公益金对支持社会福利、体育等公益事业的发展发挥了重要作用。对于彩票发行费和彩票公益金（以下称彩票资金）的筹集、管理、分配使用等情况，社会各界都极为关心。为保障彩票资金等民生资金的安全，促进有关部门加强管理，提高彩票资金的使用效益，审计署自 2014 年 11 月下旬至 12 月，组织开展了彩票资金审计。

此次审计涉及财政部、民政部及所属中国福利彩票发行管理中心、体育总局及所属体育彩票管理中心，北京、山西、辽宁、吉林、黑龙江、上海、江苏、浙江、山东、河南、湖北、湖南、广东、重庆、四川、云南、陕西、甘肃等 18 个省（市，以下统称省）的省级财政、民政、体育行政等部门及 228 个省市级彩票销售机构、4 965 个彩票公益金资助项目 2012 年至 2014 年的彩票发行费和彩票公益金。同时，对发现的重大问题，延伸审计到以前年度。

根据财政部门和彩票销售机构提供的数据，2012 年至 2014 年 10 月底，被审计的 18 个省彩票销售收入 6 687.84 亿元，其中，福利彩票 3 743.6 亿元、体育彩票 2 944.24 亿元。彩票销售收入中，中央集中和地方留成的彩票公益金共 1 855.54 亿元，占 27.74%；彩票发行费 940.39 亿元，占 14.06%；彩票奖金 3 891.91 亿元，占 58.2%。此次审计范围包括彩票发行费和彩票公益金，共抽查彩票资金 658.15 亿元，占同期全国彩票资金的 18.02%。

审计结果显示，存在虚报套取、挤占挪用、违规采购、违规购建楼堂馆所和发放津贴补贴等违法违规现象，问题资金占比超过 1/4。审计查出虚报套取、挤占挪用、违规采购、违规购建楼堂馆所和发放津贴补贴等违法违规问题金额 169.32 亿元，占抽查资金总额的 25.73%；涉及彩票公益金资助项目 854 个，占抽查项目数的 17.2%。一些地方还存在违规利用互联网销售彩票、彩票资金闲置等问题。审计结果着重指出，在被审计的 18 个省中，普遍存在互联网违规销售彩票的问题。公告显示，在被审计的 18 个省中，17 个省未经财政部批准，违规利用互联网销售彩票 630.4 亿元，其中福利彩票 133 亿元、体育彩票 497.4 亿元；向互联网彩票销售商支付佣金 66.7 亿元，其中挪用彩票公益金等财政资金支付 3.06 亿元。其中，北京、广东、上海的违规互联网彩票销售额均接近百亿元。相关专家表示，传统的彩票机构销售佣金约为 7% ~ 8%。但是审计发现，互联网销售彩票机构给销售商的佣金比例是 10% 以上，有的甚至达到 13%，甚至有的地方还不惜挪用公益金去支付佣金。

据审计署社会保障审计司主要负责人介绍，此次审计发现并向有关部门移送重大违法违纪问题线索90起，主要集中在彩票销售环节和资金使用环节。一是个别彩票主管部门和彩票机构的工作人员利用职务便利，在行政审批、开展业务合作等环节非法牟利；二是个别单位和人员在管理彩票资金过程中，通过弄虚作假等方式侵占彩票资金；三是个别彩票销售商通过少报投注数据的方式隐瞒、侵占彩票销售收入；四是部分公职人员违规经营彩票投注站。截至2015年5月31日，有关部门和地方已通过追回资金、上缴财政、调整会计账目等方式整改问题金额145.1亿元，其他问题正在进一步整改中。

资料来源：根据审计署2015年审计结果公告、时任审计署社会保障审计司负责人就彩票资金审计结果答记者问及相关报道整理而成。

第四节　完善审计监督的思考

新时代要更好发挥审计监督在中国特色社会主义监督体系中的作用，进一步以审计监督的特殊优势推动"两个维护"在党和国家各项事业中的落地生根，应当不断完善审计相关规章制度，加强审计结果运用，加强审计队伍专业化建设。

一、完善审计相关规章制度

更好发挥审计监督职能作用，首先要进一步增强制度供给。建立中央审计委员会，标志着改革审计管理体制迈出重要一步，但并不意味着改革审计管理体制的任务已经完成。[1] 习近平在十九届中央审计委员会第一次会议上明确指出要深化审计制度改革。建立中央审计委员会为改革审计管理体制提供了坚强的组织领导保障，为后续制度改革提供了重要支撑。[2]

以完善政策审计的相关法律法规为例，随着审计服务于国家治理这一角色定位的日益凸显和审计监督全覆盖的持续推进，在实施政策审计的过程中，审计监督的功能和定位与既有法律框架体系所规定的职责职能存在不相适应的地方。一是政策跟踪审计的工作内容已远大于现有法律框架体系所规定的传统财政收支、财务收支的概念。二是在实践中审计重点逐渐由微观的合规性审查向宏观的绩效

---

① 董大胜：《国家、国家治理与国家审计》，载于《审计研究》2018年第5期。

② 《习近平主持召开中央审计委员会第一次会议》，中国政府网，http：//www.gov.cn/xinwen/2018 – 05/23/content_5293054.htm。

性评价转变，但国家审计重点和职责转变后，现有法律规定调整相对滞后。三是政策跟踪审计目前缺乏一套规范的审计结论定性和处理处罚的法律依据，造成审计人员在审计中常有"吃不准"的现象。①

同时，应当重点完善各级审计机关向同级人大常委会的审计报告制度。目前，《审计法》尚未规定各级审计机关向同级人大常委会提交报告的时间和频次。以审计署为例，从 2003 年 12 月发布第一份防治非典审计结果公告以来，截至 2018 年 12 月底，已发布了 344 份审计结果公告。虽然在中央层面，审计信息公开的频次逐年递增，公开的内容不断扩大，但是与欧美国家审计机关相比，仍有继续改进和完善的空间。应当在《审计法》中增加审计结果社会公告的充分性和强制性的条款，还可以制定专门的审计结果公告办法以进行规范和指导。②

从 1982 年《宪法》确立审计监督制度以来，《审计法》的层级不断提高，内容不断完善，但现行《审计法》自 2006 年修改后沿用至今，已经不能完全适应经济社会发展需要。因此，及时修订《审计法》，满足党和国家对审计监督的要求，回应社会各界对审计监督的期待，为审计监督提供更强有力的根本法律保障，已经势在必行。2019 年 3 月，为全面贯彻落实党中央、国务院关于完善审计制度、加强审计工作的决策部署，推进审计法治化建设，保障依法独立行使审计监督权，充分发挥审计在党和国家监督体系中的重要作用，审计署起草的《中华人民共和国审计法（修订草案征求意见稿）》向社会征求意见，揭开了审计法修改的大幕。③ 2021 年 10 月 23 日，十三届全国人大常委会第三十一次会议表决通过修正后的《审计法》，为新阶段开展审计工作提供了重要的法律依据。当前，加快推动《审计法》的执行，完善配套制度和流程规范，让审计监督在法治化轨道上前进，是完善我国审计监督的内在要求和重要保证。

二、加强审计结果运用

二十届中央审计委员会第一次会议强调，审计整改"下半篇文章"与审计揭示问题"上半篇文章"同样重要，必须一体推进。加强审计结果运用，一是应当让审计结果切实导向审计问责，二是应当让审计监督与其他各种监督形式协调贯通，这是推进审计监督不断发展的又一重要方面。审计监督有其他反腐机制所不具备的专业性优势，可以在腐败的预防、阻止、发现、惩治、预警、控制等方面

---

① 审计署武汉特派办课题组：《国家重大政策措施贯彻落实情况跟踪审计创新与发展研究》，载于《审计研究》2018 年第 4 期。

② 周维培：《从"鉴证"到"问责"》，载于《审计研究》2019 年第 4 期。

③ 沈玲：《完善审计法，为审计监督发展提供支持》，载于《中国审计报》2019 年 11 月 27 日。

经常性、全方位地发挥重要作用，今后应当加强审计监督在腐败治理中的主导者责任和意识，以更加直接的方式参与到反腐败中。[①] 例如，为实现审计监督与监察监督高效对接，审计机关与监察委员会应当在反腐治理、廉政建设领域更加突出协作、配合。目前，审计移送处理制度仍然存在标准存争议、证据少衔接、跟踪存差距、依据欠规范等问题，特别是纪法衔接问题较为突出，迫切需要理顺审计移送纪检监察机关的制度。[②] 二十届中央纪委二次全会指出，发挥审计在反腐治乱方面的重要作用，加强与审计机关协调配合，用好审计监督成果。在与司法监督协调方面，有研究证实，在其他条件一定的情况下，提高政府审计移送力度可以显著提高以检察院为代表的司法机关的司法效率。[③] 可见，应当进一步提高审计监督与司法监督的协调对接力度，更好发挥监督合力。

三、加强审计队伍专业化建设

加强审计队伍建设是助力审计监督不断拓展的重要前提条件，是推进审计监督不断发展的重要支撑。随着审计监督范围不断扩大，新的审计领域不断涌现，对审计人员业务水平和综合素质的要求不断提升，专业结构不合理导致的供需矛盾进一步突出。同时，服务党和国家发展的"五位一体"总体布局和"四个全面"战略布局，以"一带一路"倡议为代表的国际审计合作不断增多，对各级审计机关提出了更高要求。目前，审计机关，特别是市县基层审计机关存在两方面较为突出的问题。一方面，审计人员自身能力不足，无法满足审计工作需要。一些市县审计机关调入人员随意性大，同时，非专业人士进入审计队伍，短时间内无法满足快速开展审计工作的需求。另一方面，审计人员专业知识结构不合理，特别是基层市县审计机关人员以财会、审计、经济管理专业人员居多。两方面综合作用，造成审计机关人力资源配置与未来一个阶段审计工作重点领域之间存在一定结构性矛盾。[④] 未来，应当不断深化对中国特色社会主义审计事业的规律性认识，提高审计服务党和国家大局的主动性契合性，应当注意充分把握新时代审计工作自身业务规律特点，一方面以机动灵活的培训教育和审计工作开展方式盘活审计系统内部既有人力资源，另一方面重点加强基层审计机关的人力资源规划工作并严把入口关，加强审计队伍专业化建设，打造经济监督的"特种部队"。

---

① 阚京华、周友梅：《腐败治理中国家审计的角色、功能定位及其影响因素分析——基于"国家廉政体系"视角的考察》，载于《南京审计学院学报》2015 年第 5 期。
② 胡耘通：《国家审计移送处理制度探析》，载于《审计研究》2017 年第 6 期。
③ 王光远、郑晓宇：《政府审计移送对司法效率的影响》，载于《审计研究》2019 年第 4 期。
④ 王志伟：《市县审计机关发展研究研讨会综述》，载于《审计研究》2018 年第 3 期。

第十三章

统 计 监 督

统计监督是国家对全社会进行监督所采取的各项手段的重要基础，监督人们按客观经济规律办事。① 统计监督根据统计调查和统计分析，及时、准确地从总体上对经济、社会和科技的运行状态实行全面、系统的定量检查、监测和预警，以促进经济、社会和科技活动按照客观规律的要求，协调、稳定、健康地发展。② 与其他监督手段相比，统计监督有两个显著特点：一是数量性的基础，二是全局性的高度。③

第一节　统计监督的历史演进

统计已经有几千年的历史，语源最早出现于中世纪拉丁语的 Status，指各种现象的状态和状况。18 世纪德国政治学教授亨瓦尔（G. Achenwall）在 1749 年所著《近代欧洲各国国家学纲要》绪言中，把国家学名定为 "Statistika"（统计），认为统计是关于国家应注意事项的学问。此后，各国相继沿用 "统计" 这个词，并把这个词译成各国的文字，日本最初译为 "政表" "政算" "国势" "形势"

---

① 杨美廉：《充分有效地发挥统计监督作用》，载于《统计研究》1991 年第 3 期。
② 国家统计局政策法规司编：《论统计监督》，中国统计出版社 1990 年版，第 7 页。
③ 国家统计局政策法规司编：《论统计监督》，中国统计出版社 1990 年版，第 7 ~ 8 页。

等，直到 1880 年在太政官中设立了统计院，才确定以"统计"二字正名。后经翻译，"统计"一词从日本传到我国，成为记述国家和社会状况的数量关系的总称。[1] 作为统计部门的一项重要职能，早在列宁时期就曾多次提出统计监督问题，"不论那时和现在，苏维埃全部政策的'关键'都在于组织、统计和监督，在于稳重地、审慎地、实事求是地处理实际问题，在于检查实际工作和研究我们的实际经验"[2]。"有决定意义的事情是对产品的生产和分配组织最严格的全民计算和监督。但是在从资产阶级手里夺取过来的那些企业、经济部门和经济领域中，我们还没有做到计算和监督。而不做到这一点，便谈不到实施社会主义的另一个同样非常重要的物质条件，即在全国范围内提高劳动生产率。"[3]

中国共产党领导下的统计调查事业自诞生之日起就传承了红色基因，流淌着革命血脉，成为党和国家事业的重要组成部分。[4] 毛泽东在青年时就非常重视调查研究工作，创作出《寻乌调查》《兴国调查》等著名调查名篇。20 世纪 50 年代初期，毛泽东要求开展工农业总产值和劳动就业两项调查。1952 年，朱德在第二届全国统计工作会议上强调"建立和健全统计工作已成为重要任务"[5]。同年，国家统计局正式成立，并提出要建立国家的管理和国家的监督，指出统计工作是最有力的武器。1962 年，刘少奇提出要加强统计工作。即使在"文化大革命"的环境中，周恩来仍然强调"统计工作不能取消，统计机构还要有"。1982 年，邓小平提出要将人均国民生产总值作为我国经济发展战略的核心指标。[6]

党的十一届三中全会后，我国统计工作从"文化大革命"中逐步得到恢复、发展和前进。在 1990 年 4 月召开的全国统计工作会议上，时任国家统计局局长张塞把信息、咨询、监督三者合为一体，作为统计整体功能进行了新的、较为完整的论述，为我国社会主义统计职能建设奠定了一个必要的基础。[7] 统计信息职能是指根据科学方法采集和提供信息。它是统计工作最基本的职能，是保证咨询、监督职能得以有效发挥的可靠基础和基本前提。统计咨询职能是指利用丰富的统计信息进行综合分析，提出咨询或对策建议，是统计信息职能的延续和深化。统计监督职能是指通过信息反馈来检验决策方案是否科学、可行，并对决策

① 国家统计局. "统计"词语的产生. 国家统计局网站，http：//www. stats. gov. cn/zs/tjws/tjbk/202301/t20230101_1912958. html，2023 – 01 – 01.

② 列宁：《列宁全集》（第 33 卷），人民出版社 1957 年版，第 308 页。

③ 列宁：《列宁选集》（第三卷），人民出版社 2012 年版，第 479 ~ 480 页。

④ 隗有田：《扬帆起航再出发——写在〈新中国统计 70 年〉首发之际》，载于《中国统计》2009 年第 9 期。

⑤ 中共中央文献研究室：《朱德年谱（新编本）》（下），中央文献出版社 2006 年版，第 1439 页。

⑥ 马建堂：《在纪念新中国政府统计机构成立六十周年座谈会上的讲话摘录》，载于《统计与咨询》2012 年第 4 期。

⑦ 方晓林、王科庶、李献唐：《社会主义统计的基本职能》，载于《统计研究》1990 年第 6 期。

执行过程中出现的偏差提出矫正意见，是在信息、咨询职能基础上的进一步拓展。这三种功能彼此依存，相互联系，彼此制约，相互促进。[①] 时任国务院总理李鹏指出，统计实际上是一个信息，统计的职能不仅仅是反映现在的经济状况、社会发展状况，而且还要作出预测。在信息社会，没有一个好的统计部门，无法指导工作。[②]

第二节 统计监督的功能定位

统计是党和国家重要的综合性基础性工作，统计监督是中国特色社会主义监督体系的重要组成部分。根据《中华人民共和国统计法》，我国统计的基本任务是对经济社会发展情况进行统计调查、统计分析，提供统计资料和统计咨询意见，实行统计监督。我国实行集中统一的统计系统，实行统一领导、分级负责的统计管理体制。统计用数字说话，用数字描述事物的发展，通过准确反映情况来实现，是各种监督手段的重要依据。

现阶段，党和国家对统计监督的要求已经不再限于对经济社会等发展状况的监督，逐步上升为对党风、政风的监督。统计监督已发展为由政府统计机构为主导，以统计科学方法为基础，通过独立调查和分析，对党中央重大决策部署落实情况、国家重大战略规划完成情况、经济和社会发展情况和趋势进行定量监测，对偏离发展目标情况进行监督和预警，通过统计业务全流程质量控制、数据质量审核评估、统计督察和执法监督检查，促进防范和惩治统计造假、弄虚作假责任全面履行，提高统计数据真实性，为党和国家宏观调控、科学决策提供扎实统计保障，推动实现经济社会高质量发展的制度安排。[③] 统计监督的具体途径在于通过统计执法检查、统计督查，查处各种统计违纪违法行为，肃清统计腐败现象，从而助推党风、政风的优化与改善。统计不仅是监督经济社会等发展状况的工具，还是监督党风、政风的手段。[④] 提升统计监督职能，是坚持和完善中国特色社会主义监督体系的必然要求，是推进国家治理体系和治理能力现代化的必然要求。

---

① 莫日达：《统计职能的历史演变和提出统计整体功能的重要意义》，载于《统计研究》1990 年第 6 期。

② 《李鹏总理说：统计部门是要加强的》，载于《中国统计》1992 年第 8 期。

③ 李一辰：《统计监督职能定位和实现路径探析》，载于《调研世界》2021 年第 2 期。

④ 李金昌：《完善统计体制》，载于《中国统计》2018 年第 1 期。

第三节　党的十八大以来统计监督的创新发展

党的十八大以来，党中央站在推进全面深化改革、全面依法治国的高度，在完善党和国家监督体系、统筹发挥不同领域部门职能作用层面，就深化统计管理体制改革、加强统计监督作出一系列重要部署。

2016年10月11日，习近平主持召开中央全面深化改革领导小组第二十八次会议，审议通过《关于深化统计管理体制改革提高统计数据真实性的意见》，指出防范和惩治统计造假、弄虚作假，根本出路在深化统计管理体制改革，要强化监督问责，依纪依法惩处弄虚作假。2017年6月26日，中央全面深化改革领导小组第三十六次会议审议通过《地区生产总值统一核算改革方案》和《统计违纪违法责任人处分处理建议办法》，并强调统计、组织和纪检监察部门要加强配合，各司其职，各负其责，严格按照党纪政纪有关规定对统计违纪违法现象作出严肃处理。《地区生产总值统一核算改革方案》是为了推动地区生产总值统一核算改革而制定的法规，对推进我国统计监督、更好地掌握国内经济社会发展真实情况、避免各地区数据与国家数据"打架"具有重要意义。2017年5月28日，国务院公布《中华人民共和国统计法实施条例》（以下简称《条例》）。相较于原有的《中华人民共和国统计法实施细则》，《条例》更加突出统计调查的组织实施和监督检查，将这两部分分别单列一章进行规范。同时，《条例》规范了统计执法检查工作，界定了失察与情节严重行为。[1] 这在一定程度上提高了统计监督的力度。

2017年10月，党的十九大指出要"完善统计体制"。2018年7月6日，习近平主持召开中央全面深化改革委员会第三次会议，审议通过了《防范和惩治统计造假、弄虚作假督察工作规定》，并要求开展防范和惩治统计造假、弄虚作假督察工作，维护统计法律法规权威，为经济社会发展做好统计制度保障。2019年10月底，统计监督正式写入党的十九届四中全会文件。尽管统计工作具有监督职能之前早有定位，但与审计监督并列写入党的文件仍属创新，如何更好地推动统计工作发挥监督职能更加引起学界重视。[2]

历史上一个时期内，受地方、部门利益驱动和体制、执法成本因素影响，统

---

[1] 王思彤：《统计法实施条例新在哪里》，载于《统计与咨询》2017年第4期。

[2] 宋伟、过勇：《新时代党和国家监督体系：建构逻辑、运行机理与创新进路》，载于《东南学术》2020年第1期。

计数据失真、统计监督弱化现象和"官出数字""数字出官"问题在某些地区时有发生，甚至一度愈演愈烈，社会各界对此深恶痛绝。新时代，统计监督是统计工作的突出职能，不仅包括监督统计数据的生产过程，也包括用统计数据进行监督的过程，而且更应当突出后者的重要意义。同时，在坚持党的领导和以党内监督为主导的背景下，党中央更加注重推动党和国家监督体系的各类监督均衡发展，形成监督合力。仅 2017~2018 年 4 月底，国家统计局就检查和查处 72 起重大统计违法案件，涉及 26 个省（区、市）、33 个市（州）、70 个县（市、区、旗）、2 051 家企业和 2 942 个固定资产投资项目，约谈告诫相关负责人 129 人次，处分处理 79 人次。2017 年，地方各级统计机构共立案查处 7 479 起统计违法案件，行政处罚 5 961 家企业，处分 162 人次。[1] 2018 年 9 月，国家统计局通报 5 起统计造假典型案件，并提出有关责任单位和责任人的处分处理建议，移送有关地方党委、政府依法依规进行严肃处理。2018 年，全国人大常委会组织对统计法实施情况进行专项执法检查，发现统计数据的虚报瞒报、拒报迟报、漏报重报、代填代报等统计造假、弄虚作假问题在一些地方和单位仍然存在。[2] 有的地方把统计机构作为地方计划目标完成的直接责任单位给予压力；有的要求企业按指定数据填报，甚至编造虚假企业和投资项目；还有些企业、项目统计数据的编造、虚报倍数超高，如天津滨海新区临港经济区违法企业平均虚报率高达 56 倍。[3]

专栏

宁夏回族自治区灵武市重大统计违纪违法案件和
山西省朔州市应县重大统计违纪违法案件

2018 年 3 月，国家统计局对宁夏回族自治区灵武重大统计违纪违法案件进行立案调查，并于当年 9 月公开通报了案件情况。次年 5 月 21 日，国家统计局发布关于宁夏灵武重大统计违纪违法案件责任追究情况的通报，完成对相关责任人的责任追究。通报指出，宁夏回族自治区党委、自治区人民政府积极贯彻落实党中央、国务院关于统计工作的决策部署，高度重视灵武重大统计违纪违法案件的责任追究和整改工作，依据中央《关于深化统计管理体制改革提高统计数据真实性的意见》《统计违纪违法责任人处分处理建议办法》（以下分别简称《意见》《办法》）和统计法律法规、党纪政务处分有关规定，对该案件中 42 名统计违纪

---

[1] 王博勋：《强化执法监督，杜绝"数字腐败"》，载于《中国人大》2018 年第 12 期。
[2] 于浩：《杜绝数据造假：眷清见底、挤干水分》，载于《中国人大》2018 年第 12 期。
[3] 胡建兵：《让"数据造假"者付出代价》，载于《中国纪检监察报》2018 年 6 月 28 日。

违法责任人进行了处分处理，其中厅级干部4人、处级干部8人。在该案中，纪检监察机关已决定给予灵武市委书记党内严重警告处分，灵武市委副书记、市长党内严重警告、政务记大过处分；灵武市发展和改革局局长受到撤销党内职务、政务撤职、降为科员处分；灵武市统计局局长受到撤销党内职务、政务撤职、降为科员处分；灵武市工业信息化局局长受到政务记大过处分，并调整为非领导职务；灵武市交通运输局、灵武市教育体育局、灵武市住房和城乡建设局、灵武市卫生和计划生育局、灵武市林业局、灵武市科技局等有关部门负责人分别受到政务警告等处分。

2018年5月，国家统计局对山西省朔州市应县重大统计违纪违法案件进行立案调查。2019年7月19日，基本完成对该案相关责任人的责任追究并将有关情况通报向社会通报。通报指出，山西省委、省政府认真贯彻落实党中央、国务院关于统计工作的决策部署，高度重视应县重大统计违纪违法案件的责任追究，积极组织整改，依据中央《意见》《办法》和统计法律法规、党纪政务处分有关规定，对该案件中17名统计违纪违法责任人进行了处分处理，其中厅级干部1人，处级干部7人。在该案中，时任应县县委书记受到撤销党内职务、政务撤职处分；时任应县县长受到党内严重警告、政务降级处分；分管统计工作的副县长和分管经信工作的时任副县长受到党内严重警告、政务降级处分；应县经信局分管商贸工作的副局长因严重干扰、妨碍统计执法检查，受到撤销党内职务、政务撤职处分；应县统计局局长受到撤销党内职务、政务撤职处分；应县统计局分管统计普查工作的副局长、应县统计局总统计师、应县经信局局长及分管工业企业的2名副局长受到党内严重警告、政务降级处分；时任山西省统计局总经济师兼投资统计处处长、山西省统计局投资统计处副处长、政策法规处副调研员因泄露国家秘密和向检查对象通风报信造成严重后果，受到党内警告、政务记大过处分。

资料来源：根据国家统计局官方网站、官方微博等相关报道整理而成。

第四节　完善统计监督的思考

新时代进一步加强我国统计监督工作，凸显统计监督在党和国家监督体系中的基础性作用，应当注意加强顶层设计和统计法治建设，同时应当特别注意加强与同样具有专业化、量化优势的审计监督之间的协同配合。

一、加强顶层设计、优化统计管理体制

著名经济学家、统计学家孙冶方曾说过："国家统计局在党的工作方面由党中央直接领导，在行政工作方面受全国人民代表大会常务委员会领导，并应同党的纪律检查委员会挂钩，这样统计数字才能可靠，统计工作才能更好地发挥监督作用。"① 为进一步加强新时代我国统计监督工作，应加强顶层设计、优化统计管理体制，一是从工作机制的衔接联动着手加强统计监督与纪检监察机关的"挂钩"；二是从统计系统内部管理体制着手理顺地方统计局和国家统计局地方调查队关系。

二、加强统计法治建设

一方面是完善统计法律法规，为统计监督提供强有力法律制度支撑；另一方面是加大统计违法的惩处力度，让统计纪律成为高压红线。在完善统计法律法规方面，为构建新时代现代化统计调查体系，增强统计资料真实性、准确性、完整性、及时性，充分发挥统计在经济社会发展中的重要综合性基础性作用，推动高质量发展，国家统计局已于 2019 年 9 月向社会公开征求对《中华人民共和国统计法（修正案）》（征求意见稿）的意见，启动了统计法律法规方面"根本大法"的修订工作。2023 年 5 月 31 日，国务院办公厅印发《国务院 2023 年度立法工作计划》，将统计法修正草案列入预备提请全国人大常委会审议项目。"徒法不足以行"，在完善法律法规的基础上，彰显统计监督的力量，变"数字出官"为"数字丢官"，是一个更加艰巨的工作。统计造假非一日之寒，治理起来也绝非一日之功。保证统计数据的"真实性、准确性、完整性"，加大对统计违法案件查处和问责力度，应当倒追责任、上查一级，既追究当事人责任，又倒查追究主体责任、监督责任、领导责任，既追究党纪责任，也追究法律责任。只有这样，才能为统计工作排除"政绩困扰"，让统计法受人敬畏。②

三、加强统计监督与审计监督的协同配合

审计监督和统计监督都具有专业化、量化的优势，特别是对经济活动的监

---

① 杨美廉：《充分有效地发挥统计监督作用》，载于《统计研究》1991 年第 3 期。
② 李斌：《治统计"注水"要抓"关键少数"》，载于《中国纪检监察报》2015 年 2 月 16 日。

督，更是发挥着其他监督形式难以替代的重要作用。习近平在十九届中央纪委六次全会上指出，"我们健全党和国家监督制度，以党内监督为主导，发挥巡视监督利剑作用和派驻监督探头作用，推进纪律检查体制、国家监察体制、审计统计监督体制改革，推动各项监督贯通协同，实现党内监督全覆盖、对公职人员监察全覆盖"。将审计监督和统计监督放在一起表述，更能看出二者在党和国家监督体系中独特的协同作用。审计监督主要对微观主体进行监督，侧重事后监督。统计监督是事前、事中、事后的监督，能全面地对宏观决策部署进行宏观上、总体上的监督。但是，统计部门不是专职监督部门，力量有限，更多的是从宏观角度发现问题，进而导入其他更加聚焦和精准化的监督形式。审计监督是专职监督，对微观主体监督具有普遍性、权威性，更能够实现对潜在问题的"精准爆破"。在实践中，统计监督应与审计监督更加紧密协同配合，放大各自优势、提升整体效果。同时，还应当加强审计监督和统计监督与党内监督、监察监督、司法监督的协调配合，将数字上的问题变为党纪政纪上的问责，从而提升各类监督的系统性贯通性，进而在整体上提升监督效果。

第十四章

群 众 监 督

本书中的群众监督指的是由广大人民群众依据宪法所赋予的权利，通过国家合法监督渠道，对党和国家机关及其工作人员的工作进行的监督，不包含通过正式或非正式的舆论渠道进行的监督。相比之下，群众监督所覆盖的范围更广，具有更大的社会基础。对群众监督进行研究具有重要的理论和实践意义。如何发展建立程序合理、运行高效的群众监督制度，如何更好地指引群众监督服务于新时代社会经济发展，如何发挥群众监督与其他监督形式之间的协同作用，是新时代群众监督发展创新的重要议题。

第一节　群众监督的历史演进

我们党一直以来十分注重群众监督。早在新中国成立初期，以毛泽东为代表的中国共产党人便提出党的群众路线是党的根本工作路线，要从群众中来，到群众中去。群众监督的重要性也随之体现。但由于缺少制度建设和合理引导，群众监督一度呈现过激倾向。改革开放之后，以邓小平为代表的中国共产党人总结新中国成立以来党和国家发展的经验教训，反思过去群众监督中存在的问题与不足，提出"反对腐败要依靠群众但不能搞群众运动，要实行民主、健全法制"。1980 年，邓小平在中央政治局扩大会议上指出，要彻底解决搞特权和违法乱纪问题，必须"要有群众监督制度，让群众和党员监督干部"。1982 年颁布的《宪

法》中规定："一切国家机关和国家工作人员必须依靠人民的支持，经常保持同
人民的密切联系，倾听人民的意见和建议，接受人民的监督，努力为人民服务。"
正式确定监督权为广大人民群众的基本政治权利之一，为群众监督提供了根本上
的法律保障。之后，历任党中央都十分重视群众监督，不断推动完善相关法律法
规和制度体系建设，发挥群众监督作用，促进群众监督发展。在党的十五大上，
江泽民专门指出："把党内监督、法律监督、群众监督结合起来，发挥舆论监督
的作用……各级党委和政府必须认真负责、满腔热情地解决人民群众生活和工作
中的实际问题。"同时指出，领导干部要带领群众同腐败现象作斗争，强调了党
在群众监督中的领导作用。在党的十七大上，胡锦涛强调"落实党内监督条例，
加强民主监督，发挥好舆论监督作用，增强监督合力和实效……坚决纠正损害群
众利益的不正之风，切实解决群众反映强烈的问题"①，并强调了各种监督形式
的配合与互补。随着经济发展和社会法治建设，我国的社会力量日益成熟，广泛
的大众参与以及蓬勃发展的社会组织和社会公共空间，已日益成为预防腐败的重
要社会基础和监督力量。

第二节　党的十八大以来群众监督的创新发展

群众监督形式非常多样，传统上主要分为由政府主动发起，邀请群众参与的
政务公开；由群众主动，政府接收信息的信访举报；由人民团体和社会组织为主
体的社会组织监督等。党的十八大以来，群众监督不论从规模还是效果上都取得
了长足的发展和显著的进步。近年来各级地方政府主动创新，探索出了多种加强
群众监督的新方法、新措施，有效提升了群众的参与度和参与效果，拉近了政府
与群众之间的关系。

一、信访举报工作不断改革创新

信访举报是社会向政府机关提供信息的主要途径之一。《信访工作条例》明
确指出："信访工作是党的群众工作的重要组成部分，是党和政府了解民情、集
中民智、维护民利、凝聚民心的一项重要工作。"党的十八大以来，党中央高度

---

① 胡锦涛：《高举中国特色社会主义伟大旗帜 为夺取全面建设小康社会新胜利而奋斗——在中国共
产党第十七次全国代表大会上的报告（2007年10月15日）》，载于《人民日报》2007年10月25日。

重视信访工作，习近平多次对改革信访工作制度、加强信访工作法治化建设作出安排部署。党的十八大报告提出，要建立健全党和政府主导的维护群众权益机制，完善信访制度。党的十八届三中全会通过的《中共中央关于全面深化改革的若干重大问题的决定》指出，要"改革信访工作制度，实行网上受理信访制度，健全及时就地解决群众合理诉求机制。把涉法涉诉信访纳入法治轨道解决，建立涉法涉诉信访依法终结制度"。党的十八届四中全会通过的《中共中央关于全面推进依法治国若干重大问题的决定》明确指出："把信访纳入法治化轨道，保障合理合法诉求依照法律规定和程序就能得到合理合法的结果。"

在党中央安排部署的指导下，近年来信访工作不断改革创新，工作制度进一步完善，成为实现群众监督、表达群众声音、维护群众权利、确保党的群众路线的重要一环。根据2017年国家信访局的公告，党的十八大以来全国信访秩序明显好转，信访公信力不断提升。在信访通畅度方面，全国范围内开展了大规模"互联网＋"信访建设，将投诉、查询、跟踪、监督、评价等功能集于一身，实现了国家、省、市、县4级信访部门，36个中央和国家机关，以及数万个职能部门、乡镇街道之间的互联互通资源共享。如今，网络已成为群众信访的主渠道。网络信访所要求的信息公开和流程公开倒逼各地提升信访办理质量。各地依据信访及时受理率、按期办结率和群众满意率进行绩效考核，为确保信访通畅度建立制度保障。在完善信访制度方面，依据党的十八届四中全会的要求，全国推动了多项信访制度改革，包括分类处理信访诉求，厘清信访与行政复议、行政裁决等途径的范围界定；开展律师参与化解信访矛盾；信访与诉讼分离等。多地还配套出台了地方性法规。依法信访的制度体系与法律体系得到了全方位完善（见图14-1）。

（万件）

图14-1　全国纪检监察机关历年接受信访举报总数

资料来源：中央纪委历次全会工作报告。

纪检监察信访举报在反腐败工作中发挥着越来越重要的作用。纪检监察信访举报发挥着问题线索主渠道的作用，是取得反腐败工作胜利的基本信息保障。在纪委监委深入推进"三转"过程中，纪检监察信访举报同样严格落实"转职能"，明确受理规定，将受理涉及同级党委管理干部的举报作为首要职能；落实"转方式"，分别完善对同级党委举报、对下级党委举报的不同处理方式；落实"转作风"，重视纪委主动出击，下到基层走访群众，听到真实的基层声音。目前，以"整体分析服务领导决策、区域分析服务研判政治生态、专题分析服务重点工作开展"为主体的信访举报综合分析体系初步形成，中央和省级纪委领导班子定期听取信访举报情况汇报制度基本建立。①

二、多种创新监督形式不断涌现

在传统的政务公开与信访举报之外，近年来各级地方政府积极创新群众监督形式，不断推进群众监督深入发展。传统的群众监督形式面临着两大困难：一方面，传统的信访举报属于事后监督，只能在腐败发生后对其进行惩处，而无法在高腐败风险的项目或工作过程中进行及时监督；另一方面，由于部分群众对于政府机关具有一定的畏惧心理，而且信访举报的处理涉及跨部门合作和较为复杂的行政流程，因此在处理群众日常生活中遇到的各类小问题时就显得协调成本较高，处理效率较低。面对这样的问题，为进一步提升群众监督效果，真正打通监督的"最后一公里"，许多地方政府都做出了有益的探索，其中以村级监察站和村级监察员的设立最有代表性。

以曲阜市"莲心驿站"建设为例。曲阜市构建了"1＋1＋X"的村级监督构架。第一个"1"指驻村监察员，选派镇街纪检监察干部或纪委委员担任，采取一对多的方式，负责联系多个村居的日常监督工作，对村级项目建设、集体资金使用等牵头开展察访。第二个"1"指村居纪检委员，负责开展村内日常监督，协助村居党组织开展廉洁宣传，配合审查调查本村党员、监察对象的违法违纪问题，向上承接镇街纪委工作安排，对下协调村居监督事务。"X"指村居廉情情报员，由各村居选拔公道正派、热心监督事业的群众担任，具体负责监督身边的上级政策执行、村级项目开展、党员违法违纪等问题。通过构建三主体相互协调、上下通畅的沟通渠道，搭建了贯通协同的监督机制。一方面，村居廉情情报员是村民百姓熟悉、信得过的身边人，村民们有任何问题和线索可以快速反应，避免了因为麻烦或者害怕而不投诉的情况。另一方面，村居廉情情报员与村居纪检委员一起，可对群众的反映进行初步处理和筛选，确保群众的真实诉求能够第

---

① 参见 http：//csr. mos. gov. cn/content/2017 – 05/18/content_49163. htm。

一时间解决，群众反映的重大问题也能第一时间上报，还能起到协调邻里矛盾、减少无谓上访的功能。目前类似的方法还在浙江、福建、四川等多地实施。村级监察站和村级监察员的设立扩大了群众监督的参与范围，减少了群众参与监督的行政成本，对既有的群众监督体系形成了有效补充。再如现在很多地方纪检系统，充分利用移动互联网的便利性，通过微信公众号、手机 App 等渠道，建立"四风举报随手拍"窗口，人民群众只需要写简单的文字描述并上传图片、视频等佐证材料，即可在短时间内快速完成举报。这一举报方式的创新，为群众举报搭建了一个方便、快捷的监督平台，让人民群众对日常生活中看到的、发生在自己身边的违纪问题可以随时随地检举，并且举报人与纪检监察机关隔屏互动，打破时间空间束缚、减少人为因素影响、缩短干部群众距离，在一定程度上缓解了传统的群众监督形式面临的困难。

专栏

全国首个村务监督委员会的创建及村级监督实践
——浙江金华市武义县委

2017 年底，中共中央办公厅和国务院办公厅印发《关于建立健全村务监督委员会的指导意见》，开启了深化村务监督工作的新局面。在这一顶层设计的背后，是各地持续多年的实践探索，特别是浙江省武义县后陈村的深化探索。

一、开拓村务监督新途径，破解民主监督难题

随着农村经济的迅速发展，武义县后陈村由于村务账目不清，村务管理为人诟病，村民上访不断，先后几任村干部都因经济问题"落马"。对此，武义县委成立专题调研组，深入后陈村开展调研，最终与村干部、村民代表达成共识：设立专门的村务监督机构，并拟定出台了《后陈村村务管理制度》和《后陈村村务监督制度》。

二、构建权力制衡机制，强化公权力监督

"一个机构、两项制度"，是后陈特色监督模式的核心。一个机构，即村务监督委员会，由村民代表会议民主选举产生，受其委托独立行使村务监督权。两项制度，即《村务管理制度》和《村务监督制度》。其中，《村务管理制度》对村级具体事务作了明确规定，有效地规范了村务管理行为。《村务监督制度》对村务监督委员会和村民代表会议的性质、地位、职责、权利、义务及纠错、罢免的途径和程序作出详细规定。"后陈经验"较好地弥补了以往村务决策、监督、管理上的结构性缺陷，实现了四个方面的突破：

一是突破了原有权力框架，确保决策权、执行权、监督权既相互制约又相互

协调。

二是人员组成突破了利益的藩篱，建立村务监督委员会成员构成遵循回避原则。

三是产生机制突破了传统方式，村务监督委员会成员由村民代表直接选举产生，能够确保较好地实现监督和制约。

四是闭合的监督体系突破了监督困境，各项制度元素整合成一个功能互补、能自主运行的闭合系统。

三、深化"后陈经验"，推进农村治理现代化

村级账目在数字电视点播频道公开，是后陈村的又一个新创举。村里所有的开支，经村务监督委员会审核后，统一上传到华数电视互动点播频道。什么事项，开支多少，经办人是谁，村民打开数字电视，每张发票都能看得清清楚楚。在此基础上，后陈村连续多年实现村干部行使公权力"零违纪"、村务"零上访"、工程"零投诉"、不合规支出"零入账"。

后陈村村民自治制度创新——建立村务监督委员会，实现了村务决策、管理和监督之间"闭合运行机制"，是村级反腐有效举措。2005 年，时任浙江省委书记习近平赴后陈实地考察调研时指出："总的来讲，这项工作是积极的，有意义的，符合基层民主管理的大方向，符合当前村务改革的要求。"2010 年，这一制度创新被写进《中华人民共和国村民委员会组织法》；2017 年底，中办、国办联合印发《关于建立健全村务监督委员会的指导意见》，将这一做法向全国推广。从一项"治村之计"上升到国家法治层面的"治国之策"，后陈村村务监督委员会创新已成为推动乡村治理现代化，实现乡村振兴和乡村文明跨越的典型范本。

资料来源：任建明、过勇主编：《廉洁创新的中国实践：首届"中国廉洁创新奖"获奖案例集》，社会科学文献出版社 2019 年版。选取时有所删减。

三、人民团体与社会组织监督稳步发展

人民团体和社会组织是社会多元构成中的重要角色。人民团体是中国共产党联系人民群众的纽带和桥梁；而社会组织则具有社会性、志愿性、非营利性、非政治性等特点，在适当条件下同样可以充当政府与民众之间沟通的桥梁。党的十八大以来，随着人民团体和社会组织，尤其是非政府组织越来越多地参与社会治理，人民团体和社会组织监督也随之稳步发展。一方面，越来越多的学术机构和社会机构，将自身专业知识投入到反腐败建设中来，为反腐败建设添砖加瓦。各类学术机构为地方政府、企业加强廉政建设提供了知识基础和智力支持，大量针对腐败问题分析、反腐败措施评价以及廉政建设可操作性方案有关的知识产品得

以产出，包括"企业廉洁合规管理体系""腐败风险防控体系"等管理方法，已逐步从概念走向具体、可操作、成体系的系统知识。另一方面，社会组织在参与社会治理过程中，以多种方式实现了反腐败监督："自然之友"等环境组织坚持采用公益诉讼的形式，对各地破坏生态环境、阻碍环保建设的行为进行监督，其中不少案例在有关部门的调查下得以澄清和解决，部分违纪违法人员随之浮出水面、得到惩处；以消费者协会为代表的各类消费者权益保护组织，在打击市场乱象的同时，也揭露出了一些市场监管部门工作人员的渎职、腐败现象；以各类扶贫基金会为代表的扶贫组织，在全面脱贫攻坚中通过基金会帮助下发扶贫款等方式，减少了扶贫款贪污问题发生的几率。

第三节　群众监督有关问题探讨

党的十八大以来，群众监督在规模、影响力和形式方面都有了巨大的发展和突破，但仍有很多关键性的问题限制了群众监督发挥功效，也有许多理论问题值得探讨。

一、信访举报有关机制仍有待完善，仍存在逆向激励现象

在信访监督方面，越级上访、闹访等现象仍有发生。越级上访发生的原因，有一部分是群众对于当地政府不信任，害怕正常的信访举报遭到报复。这背后反映出来的问题在于信访举报相关的制度建设和法律法规建设仍不完善。首先，现行信访制度下，相关机构间的协调机制仍不够完善，普通群众对纪检监察信访、国家信访机构信访等具有一定的认知困难，而且信访问题的处理也缺乏标准，由某一级地方内部进行调查处理难以保障相关调查部门足够的调查动力，更难以保障有调查的权力和能力。当有关领导无意解决问题时，各机构之间很容易出现相互推脱的情况。另外，在法律上，《信访条例》虽对于信访的方式方法作出了规定，但是由于部分群众对有关要求不清楚，信访的过程中往往存在群体性行动，因此《信访条例》的规定常与国家其他法律法规的衔接不畅。

二、部分地方政府与群众监督有关的激励错配

接受群众的监督不仅是党员干部应当承担的义务，更是保障党员干部能够正

确使用权力、防微杜渐的有效方法。党员干部用权应如履薄冰，时刻牢记手中的权力是人民赋予的，取之于民必须用之于民。然而，目前还存在部分党员干部不能正确看待自己与人民群众的关系：有人视自己高人一等，无需别人监督、别人也无权监督；有人视群众监督为添麻烦、添乱，表面上很重视群众的意见，实际上不以为意，想方设法逃避监督；有人不重视解决确实存在的问题，千方百计隐瞒、遮掩实际问题，用各种手段阻止群众监督。

在信访工作中，也存在部分地方政府无法正确对待信访、想方设法阻碍群众信访等问题。有些地方政府仍简单地将各地上访人数量当作考核基层工作的指标，导致少数基层政府对上访群众围追堵截，对上访群众所提及的问题却不主动去解决。部分地方政府仍习惯于将信访举报视作本地治理与发展的阻碍，这也是地方官员错误政绩观、群众观的体现。

三、部分群众参与群众监督的方式方法有待改善

过去一些地方政府和党员干部无法正确对待群众监督的现象，一定程度上挫伤了部分人民群众参与监督的积极性，导致群众在参与群众监督时无法有序、有效地参与群众监督。总的来说，目前人民群众在参与监督时不同程度地存在以下问题：第一，不懂监督。部分群众对于自己所具有的监督权没有概念，对于群众监督相关的法律规定不了解、不明白，一旦在监督过程中受到挫折，就会立马演化为对公共机关及其工作人员的不满，开始寻求制度外的渠道表达诉求。有时在明知自己违法违规的情况下，又相信"法不责众"，专门采取过激行为，对社会和谐稳定造成危害。第二，不想监督。部分群众认为自己的监督没有效果、不被重视，因此不参与群众监督，也不去了解群众监督的进步与变化，反而一味地埋怨政府与国家。部分群众有问题更愿意通过互联网等非正式渠道表达，而不愿意通过正式的群众监督渠道进行监督。还有部分群众在监督过程中的不规范、不配合、不理智，在客观上加大了政府合理接受群众监督的困难，阻碍了群众监督的进一步发展。第三，不敢监督。部分群众担心参与监督会受到打击与报复，不愿主动监督，也不愿配合有关部门的调查和工作。

四、人民团体与社会组织监督的潜力有待激发

当前我国人民团体与社会组织监督的规模和实效仍有待提高，其监督潜力仍未得到释放，主要有以下两方面的原因：首先是社会组织自身原因。目前我国的社会组织，特别是非政府组织，还存在着明显的组织性不足、专业化水平低、公

信力差等问题，尤其是缺少在反腐败监督方面的专业能力。根据主流非政府组织理论，非政府组织在社会治理中的主要功能就在于弥补政府和市场在部分公共物品提供方面的专业知识不足和动机不足问题，即所谓的"政府失灵"和"市场失灵"问题。如果不能胜任这一要求，那么非政府组织本身存在的价值和意义就会受到挑战。从这一点来看，我国非政府组织亟须尽快强化自身，以适应时代提出的要求和期望。另外，打铁还需自身硬，不少社会组织本身就存在着不容忽视的腐败问题，这样的组织自然无法进行有效的反腐败监督。"社会性"是社会组织的立身之本。由于长期缺乏监管，慈善组织"诈捐门""发票门"时有发生，行业协会"红顶中介"现象屡遭诟病。这反映出不少社会组织内部管理混乱、账目混乱、信息不公开，有着巨大的腐败风险，甚至已沦为了少数人谋取利益的工具。其次是社会组织监督面临的制度环境问题。当前社会组织参与监督的体制机制和法律法规几乎仍是空白，社会组织监督手段非常有限，与一般个人群众差别不大。这不仅限制了社会组织参与监督的效能，更有可能迫使一些组织选择采用不与政府合作的对抗性监督方法，造成更大范围的资源浪费和效率损失。

第四节　完善群众监督的思考

解决群众监督所存在的问题与不足，需从制度建设、机制设计、宣传教育等多个方面着手采取措施。

一、进一步强化制度建设，加强监督机构独立性

加强群众监督的制度化建设，完善群众监督的制度与法律保障是群众监督进一步发展的首要需求。第一，应改革地方政府相关考核激励制度，以信息公开情况和信访解决情况为考核指标，用激励的手段鼓励地方政府正视问题，与信访群众达成理解互信；用制度督促地方政府完成要求，为群众监督保驾护航。第二，应进一步加强大数据技术在群众监督中的应用，整合、厘清人民群众了解信息和参与监督的出入口，畅通人民群众参与监督的渠道。第三，应进一步完善信访举报的处理和反馈机制，完善信访部门与其他部门之间的协调机制，避免信访过程中的"小马拉大车"现象。第四，应进一步完善信访办理程序，在立案分类、案件受理、处理规范、结果反馈等方面规范办理流程，加强程序保障。第五，应建立群众监督安全保护机制，打消群众参与监督的顾虑。应对基层政府的权力进行

有效的管理，避免以权压人、以权压法的现象出现，确实保障人民群众的安全与利益。第六，应进一步提升监督机构的独立性，只有监督机构能够独立自主地行使权力，才能保证对群众监督所反映信息配以足够的权力资源也只有监督机构在各方面足够独立，也才能避免受到其他政府机关的压力和掣肘。

二、加强群众监督与巡视监督等监督形式的配合

党的十八大以来党的巡视监督有了快速的发展，取得了令人瞩目的成效。在这一过程中，群众监督尤其是信访举报发挥了重要的作用。分析可以得出，巡视监督由中央直接授权，避免了与地方政府之间权力与利益的纠葛，同时由中央直接派遣，保障了巡视人员的工作积极性。巡视监督具有充分的权力资源和压力，因此可以最大限度地与群众监督配合，发挥群众监督的信息优势。群众监督应当进一步加强与巡视监督等监督形式相互配合，形成优势互补，最大限度利用群众监督的信息资源。

三、加强对党员干部和人民群众的宣传教育

针对部分地方政府不能正确看待群众监督的问题，要加强对党员干部的思想教育，提高党员干部主动接受监督的意识。让党员干部在全面从严治党的建设过程中，正确看待手中权力，正视目前工作中存在的问题，以诚恳求实的态度面对群众监督。同时，也要不断提高群众监督力度，坚持提高政府透明度，让在监督下运转成为政府工作的习惯，让权力真正在阳光下运行。

针对人民群众参与监督时出现的各类问题，要加强对人民群众的宣传教育，提高人民群众参与群众监督的积极性与规范性。要鼓励、保护群众监督，不断宣传群众监督所取得的成效和近年来的变化，令群众感到参与监督是有效的、安全的。同时要加强对群众参与监督的教育和引导，针对不同教育背景的群众设计有针对性的引导方式，逐步提高各界人民群众参与监督的意识和能力，帮助群众明确自身权利，认识到参与监督的重要性，培养自身主人翁意识。要引导群众合法参与监督，培养群众对于政府、制度和法律的信任，主动利用正当途径化解社会矛盾的意识，推动群众监督向规范、有效、和谐的大方向不断前进。

四、着力提升人民团体和社会组织的监督能力

针对当前我国人民团体和社会组织监督所面临的各项问题，应首先从加强人

民团体和社会组织建设入手，一方面完善对社会组织的全方位、多层次监督管理体系，减少社会组织自身的腐败问题，让社会组织时刻紧扣其社会性底色；另一方面，应为社会组织提供合理的发展空间，助力其提升自身组织能力和专业性。应加大对重点领域尤其是反腐败领域非政府组织的帮扶与支持，这类组织不仅有助于协助反腐败部门获取线索，提高反腐败效率，还可以构成群众监督过程中的一条制度化桥梁，减少个体群众监督中的乱象，更可以帮助我国在反腐败国际合作中增加抓手，提升中国的反腐败国际话语权。其次，应完善人民群体和社会组织监督的具体渠道、方式，将人民群体和社会组织监督充分纳入党和国家监督体系中来，扩展社会监督的内涵。

第十五章

舆论监督

本书中的舆论监督指的是利用各种传播媒介通过舆论对党和国家机关及其工作人员的工作进行的监督，包括通过传统新闻媒体进行的监督以及通过网络舆论进行的监督。在互联网快速发展之前，媒体监督是舆论监督的主要表现形式，当前互联网逐渐成为最重要的公共舆论空间，舆论监督随着互联网的兴起产生了巨大的变化和发展，并在国家监督体系中扮演越来越重要的角色。如何因势利导地推进舆论监督发展，成为热点问题。

第一节　舆论监督的形式与现状

党的十八大以来，舆论监督得到了快速发展，许多引起重大社会反响的腐败案件最初均是由舆论监督反映出线索，进而被有关部门破获。除了监督效果不断提升、监督影响愈发深远之外，舆论监督还呈现出了很多新的发展态势，表现出越来越多新的特点。

一、互联网新媒体逐渐成为舆论监督的主要空间

近年来，互联网技术发展迅猛，互联网产业已成为一个不可忽视的重要产业。根据中国互联网络信息中心发布的第 52 项《中国互联网络发展状态统计报告》显示，截至 2023 年 6 月，我国网民规模达 10.79 亿人，互联网普及率达

76.4%。以 BBS、Blog 为主的互联网平台，以微信、抖音为主的移动终端的出现，拓宽了民众的视野，丰富了信息获取的途径，提高了监督的实时性和交互性。随着互联网技术的发展，网络舆论空间越来越成为舆论监督的主要空间。互联网有诸多引人注目的特点：第一，互联网参与门槛低，可以拉平人与人在现实生活中的地位和权力差异，使得每个人都得以扁平化地发表意见，每个人都成为信息源。第二，互联网有着自己专属的信息传播特点，如简短的信息更容易得到传播、情绪化的信息更容易得到传播等。第三，网络舆情确实可以给当事人乃至政府机关产生巨大压力。当网络舆情爆发时，往往新媒体与传统媒体相互呼应，给当事人或相关部门负责人带来巨大的心理压力，并可能迫使涉事部门作出反应。互联网的特性使其在反腐败的过程中成为一柄利器。研究表明，中国互联网覆盖率每提高 1%，每百万人中公职人员犯罪案件数将显著减少 8.95 件。[①] 陕西"微笑表哥"杨达才、广东"房叔"蔡彬、山东"离婚承诺书"单增德等广受关注的案例，也彰显了互联网舆论监督的威力与作用。

专栏

陕西"微笑表哥"杨达才案

杨达才原任陕西省安全生产监督管理局局长、党组书记。2012 年 8 月，杨达才因在交通事故现场的一张微笑照而引起网友的关注和质疑。随后有网友根据杨达才之前参加各类活动的照片指出，杨达才手上频繁出现各类名表，至少有五块之多，并且均价值不菲。杨达才被冠以"微笑表哥"称号，并不得不就网友的质疑进行回应，称自己所戴名表均为合法收入购买。但这一说辞并没有被网友接受。不久之后，网友"晨曦微播"在微博上贴出照片，称杨达才除名表外，还拥有多副名牌眼镜，其中价值最高的超过 10 万元一副。之后又有网友跟进爆料，称杨达才的皮带、手镯等饰物同样均属名贵奢侈品。

网友对杨达才的爆料引起了社会各界的广泛关注。2013 年 2 月，陕西省纪委调查确认杨达才存在严重违纪行为，并对其涉嫌的犯罪问题移交司法机关处理。

2013 年 9 月，杨达才案于西安市中级人民法院一审宣判。杨达才因犯受贿罪、巨额财产来源不明罪，两罪并罚获刑 14 年，受贿赃款 25 万元和 504 余万元来源不明赃款被依法没收上缴国库。

资料来源：根据互联网相关信息整理而成。

---

① 朱金玉、周冬：《互联网改善公共监督效果的实证研究》，载于《西南民族大学学报（人文社科版）》2019 年第 10 期。

二、互联网新媒体与传统媒体监督结合日益紧密

成功的舆论监督，往往都要经历以下过程：民众个体通过互联网、投稿等形式揭露举报——社会群众/媒体转载传播——形成舆论热点问题——有关机关介入调查——依纪依法处置。在这过程中，新闻媒体发挥着至关重要的"放大器"的作用，可以有效地把之前隐藏在小圈子范围内的信息迅速扩展出来，博取全社会的关注，进而形成舆论压力。这样一种机制使得新闻媒体在监督中的角色发生了些许转变，其设置议程的能力在减弱①，日益从监督的"直接发起者"变为监督的"间接辅助者"。与之相对应的，由于官方媒体在舆论场中的作用越来越大，公信力越来越强，由官媒发起的媒体监督成功率越来越高，加之官媒的官方属性，使得官方媒体具有了特殊的影响力和威慑力，向官方媒体提供举报线索也开始被视为是一种加快监督生效的捷径。总体而言，在互联网环境下，媒体从传统更偏向于一种特殊社会组织的独特定位，转变为更偏向于利用自身声誉为信息争取关注，为信息"赋权"，以及担保信息的真实性，为信息"背书"，从而更偏向于一般群众的代言人的定位。这从媒体从业者对自身职业的认识中也可以看出，调查显示传统媒体调查记者在对新闻媒体社会功能的认识中，排第一的是"报道可靠信息以阻止流言传播"，排第四的是"帮助人民实行舆论监督"②，这与此前的观念已发生不小的变化。

三、中央和地方各级政府高度重视、大力推进

随着舆论监督的快速发展，各级党政机关高度重视对舆论监督的响应，并且采取多种措施力求在舆论监督过程中占据主动位置。2013 年 9 月，中央纪委监察部网站上线发布，设有互动交流、网上举报、廉政论坛、监督曝光和留言板等专栏，将舆论监督的平台主动吸引过来，为民意的表达畅通了渠道。在中央的带头作用下，地方各级纪检监察机关也积极跟进：南京市设有专门的舆论监督员，主动搜集相关信息，积极介入调查，并认真落实反腐工作；2018 年天津市纪委监委官网"廉韵津沽"全新上线，打造信息纪检、智慧纪检的"互联网＋纪检监

---

① 吴阿娟、董向慧、陈杰：《传统媒体舆论监督的"供给侧"调适》，载于《传媒》2018 年第 24 期。

② 张志安、曹艳辉：《新媒体环境下中国调查记者行业生态变化报告》，载于《现代传播（中国传媒大学学报）》2017 年第 11 期。

察"天津模式；杭州、厦门、温州等地也先后出台并实施了相关管理办法。[①] 截至 2019 年 6 月，全国 297 个地级行政区开通了"两微一端"新媒体传播渠道，共有政务机构微博 13.9 万个、头条号 8.1 万个。[②] 通过政府主动办平台，吸纳舆论、面对舆论的方式，将社会公众的监督行为快速引导到与公权力配合的框架中来，将舆论监督转化为群众监督，不仅拓宽了社会公众参与廉政建设的渠道，也有利于政府加强信息收集，及时研判、处置，积极回应社会关切。

第二节　舆论监督有关问题探讨

近年来舆论监督得到了快速发展，在中国特色社会主义监督体系中扮演着越来越重要的角色。但舆论监督本身仍有一些理论和实践问题值得探讨。

一、互联网匿名情况下的非理性情绪严重

在互联网舆论监督快速发展的同时，也不得不关注互联网是一把"双刃剑"，其本身具有的鲜明特征对于监督工作具有潜在的不良影响。

首先，互联网具有匿名性。匿名性带来的直接影响在于人不需要对自己的言行负责。因此在一些人看来，互联网就是"法外之地"。一方面，部分网民出于各种目的，在互联网上编造虚假信息，造成了恶劣的社会影响甚至经济损失；另一方面，互联网信息良莠不齐且数目巨大，普通网民很难同时兼顾真假辨别能力和足够多的信息获取时间，往往在大量的信息中陷入"注意力稀缺"[③]。这使得普通网民的意见很容易被一些经验丰富、别有用心的人所引导甚至利用。

其次，网络舆情的观点并不总能代表社会公众的意见。网络表达存在着严重的幸存者偏差，我们能看到的只是积极发表观点的一小部分人的声音。正如密尔所说："所谓人民意志，实际上只是最多的或者最活跃的一部分人民的意志，亦即多数或者那些能使自己被承认为多数的人们的意志。"[④]

[①]　齐杏发：《网络反腐的政治学思考》，载于《政治学研究》2013 年第 1 期。

[②]　参见中国互联网络中心（CNNIC）《中国互联网络发展状况统计报告》。

[③]　吴建华、班生：《当前我国网络舆论监督存在的问题和解决路径》，载于《南京政治学院学报》2009 年第 3 期。

[④]　密尔：《论自由》，商务印书馆 1959 年版，第 4 页。

最后，网络信息具有情绪化、非理性的特征。广大网民经常会被一些感人的故事所打动，进而变得群情激奋。根据社会心理学的研究，这是群体非理性情绪的表现。在这样心理的趋势下，网络舆情的观点和诉求很容易走向极端，产生"群体极化"现象。①

二、舆论监督与其他监督形式缺少制度化衔接

从社会监督的一般特性上讲，一旦广大群众发现无法通过分工协作的方式参与政治、表达诉求，社会监督就有可能转变为其他更具对抗性甚至是违法的政治行为，这一点在网络舆论监督中尤为明显。在网络舆论监督中，舆论发酵速度很快，往往几天的时间就足以酿就一个全国性的舆论爆点。一旦政府反应不够快，或是作出的反应与网络舆论预期不一致，往往会激起新一轮的舆情。

正如上文所分析，社会监督想要最大化地发挥功效，必须将人民群众所掌握的碎片化的"临场信息"与监督机构所掌握的"全局信息"相结合，并在此基础上做出理性判断。这个过程需要的是理性而慎重的考量，需要稳定、公开透明而又得到人民信任的制度作为支撑。然而，目前舆论监督在很多时候还未能很好地融入中国特色社会主义监督体系的整体分工协作当中。

三、与舆论监督相关的监管手段和法律法规缺失

目前舆论监督缺乏一定的配套法律法规，舆论监督中所涌现出的很多行为也与国家法治建设的精神相悖，其中最典型的体现莫过于网络暴力问题。目前网络中盛行所谓"人肉搜索"的行为，当舆情爆发时广大网友往往第一时间就将当事人的信息统统扒出，甚至将很多当事人的隐私也一并加以曝光。这在很大程度上侵犯了当事人合法的名誉权、隐私权等合法权利。一些网络暴力行为的出现，也正是互联网缺少监管手段、缺少法律法规的结果。

第三节 完善舆论监督的思考

舆论监督所存在的各类问题深植于舆论监督的本质特点之中，破解相关难题

---

① ［美］凯斯·桑斯坦：《网络共和国——网络社会中的民主问题》，上海人民出版社集团2003年版，第47～51页。

仍需从多角度进行建设和改革。其中既包含网络平台与技术能力的建设，也包含管理体制与工作模式的改革。

一、加强官方网络监督平台的建设

建立由官方管理维护的网络监督平台是将舆论监督纳入制度化监督体系的可行之策。官方平台一方面易于对信息进行管理，避免不必要的舆情和群体情绪出现，另一方面也易于快速准确获取信息，减少互联网噪音对于真实信息的干扰。官方平台也使得有关部门在面对监督时更加占据主动，有利于提升响应速度，提高工作的透明化水平，在更好满足人民群众需求的同时，也给党政机关全局考虑提供时间和机会。

二、加强法律法规建设

互联网不是法外之地，完善相关法律法规和制度建设才是保障舆论监督合法有序进行的根本之策。一方面，要对舆论监督的监督人加以保护。既要保护监督人的合法权益，维护其安全和名誉，确保其合理的监督不会遭到报复也不会遭到各种形式的行政压迫。另一方面，也要对被监督人的合法权益进行保护，对于非法侵犯他人权利的网络暴力行为要予以坚决打击。此外，要加强对诬陷、造谣等违法行为的立法，营造守法的互联网环境。对舆论监督的立法，既是对人民监督权的保护，也是对滥用监督权的禁止。只有通过完善的立法和严格的执法，才能获得人民群众的信任和依靠，才能减少猜忌与误会并营造良好的舆论监督氛围。

三、提高舆情应对水平，建立制度化应对模式

目前一些基层党政机关缺少舆情应对经验，使得舆情事件中不能够及时得到有效回应社会关切。各级党政机关应当总结成功的舆情应对经验，按照突发事件管理甚至是危机管理的思路构建舆情应对的相关办法，做到在面对舆情时，沉着冷静，依法处置，反应迅速，公开透明。另外，应更多尝试做到对舆论监督所提及问题的正面回应，以积极解决问题、积极回应需求的态度对待问题。

第十六章

中国特色社会主义监督体系的运行

中国特色社会主义监督体系是由多类监督形式有机构成的，不同的监督形式在定位和功能上有所差别，在对权力进行监督的过程中发挥着各自的作用。不同的监督形式之间并不是孤立存在的，而是形成了高效的运行机制。党的十九届四中全会提出了推进形成决策科学、执行坚决、监督有力的权力运行机制的目标，中国特色社会主义监督体系的运行机制是其中重要的组成部分。这一运行机制的运行效果，会影响到中国特色社会主义监督体系效能的发挥。本章对中国特色社会主义监督体系的运行成效进行总结，并分析运行过程中存在的不足，进而提出当前促进中国特色社会主义监督体系运行的着力点，探索有效运行的方向。

第一节 中国特色社会主义监督体系的运行成效

在长期的理论和实践探索中，中国特色社会主义监督体系基本形成了比较完整的运行机制，为推动其高效运行提供了重要保障，同时也为保持监督体系持续创新发展提供了重要动力。中国特色社会主义监督体系的运行机制主要包括动力机制、耦合机制、涌现机制、扩散机制和保障机制。其中，动力机制是推动中国特色社会主义监督体系建构完善的推动机制，主要来源于党和人民；耦合机制主要体现为不同监督形式之间的协同发展而实现的监督职能耦合以及监督程序耦合；涌现机制是中国特色社会主义监督体系是各类监督的有机融合，体现出单个监督不具备的系统新功能；扩散机制是中国特色社会主义监督体系各部分要素向监督客体扩散应用、实现监督体系顶层设计具体推行贯彻的过程机制；保障机制是推动中国特色社会主义监督体系运行的重要支撑，主要包括机构保障、人才保障和制度保障。① 在这些机制的相互作用下，中国特色社会主义监督体系的运行取得了诸多成效。

在此，主要借鉴政治系统理论的相关思路，运用"输入—机制—结果—效果"的逻辑，从影响中国特色社会主义监督体系运行的要素以及运行的成果对其运行成效进行总结。其中，影响要素主要包括体系建设、监督网络和保障机制，而运行成果则集中体现在监督体系的运行为查处违纪违法案件提供信息来源的状况。可以看到，经过长期的探索积累，尤其是党的十八大以来的创新发展，中国特色社会主义监督体系的运行成效显著，主要体现在以下四个方面。

一、完善了中国特色社会主义监督体系的基本架构

经过多年的发展，不论是在理论层面还是在实践层面的探索，党的十八大之后基本构建起了中国特色社会主义监督体系的基本框架，为推动监督工作、加强监督力量提供了重要的支撑。可以说，中国特色社会主义监督体系的基本架构是在运行过程中不断丰富和完善起来的，是监督体系运行成效的具体表现之一。

从建党伊始，我们党着重强调党内监督，并不断完善党内监督体系，到新中国成立之后进一步加强了国家监督，并采取相应举措来推动国家监督的发展，中国特色社会主义监督体系经过了一个比较长期的发展过程。在长期的国家治理过程中，党内监督和国家监督相互融合、共同发展，逐渐形成了一个系统性的有机整体。改革开放 40 多年来，中国在国家和社会关系上进行了相应调整，监督制度随之做出调整，构成了国家与社会新型框架下的主体多元、领域广泛、相互联系的权力监督体系。党内监督和国家监督的融合发展，集中体现在党的纪律检查机关与监察机关合署办公的发展。1992 年，党的十四大提出党的纪律检查机关和国家行政监察机关实行合署办公，同时履行党的纪律检查与政府行政监察两种职能。合署办公之后，人员、机构、职能上也进行了整合，在领导体制上实行上级纪检监察部门和同级党委政府的双重领导。1993 年 1 月开始，纪委和监察机关合署办公，统称为纪检监察机关。自此，党内监督和国家监督的融合发展达到了新的高度。党的十八大之后，党中央提出健全党和国家监督体系的重大战略，迈

① 宋伟、过勇：《新时代党和国家监督体系：建构逻辑、运行机理与创新进路》，载于《东南学术》2020 年第 1 期。

出了整合以往碎片化监督模式，构建更完备、更稳定、更管用的监督体系，进一步完善中国特色国家权力制约监督体系的重要一步，也为中国特色社会主义监督体系的发展奠定了坚实的基础。

党的十八大以来，中国特色社会主义监督体系实现了体系化的创新发展，进入监督体系跃迁升级的历史新阶段。目前已经形成了相对完整的系统框架，体系的构成也不断丰富并细化。在十八届中央纪委六次全会上，习近平提出"要完善监督制度，做好监督体系顶层设计，既加强党的自我监督，又加强对国家机器的监督，要健全国家监察组织架构，形成全面覆盖国家机关及其公务员的国家监察体系"①。在党的十九大报告中，习近平首次明确提出"健全党和国家监督体系"，强调要"把党内监督同国家机关监督、民主监督、司法监督、群众监督、舆论监督贯通起来，增强监督合力"。在党的十九届四中全会通过的《中共中央关于坚持和完善中国特色社会主义制度 推进国家治理体系和治理能力现代化若干重大问题的决定》中，明确提出"推进纪律监督、监察监督、派驻监督、巡视监督统筹衔接，健全人大监督、民主监督、行政监督、司法监督、群众监督、舆论监督制度，发挥审计监督、统计监督职能作用"。在十九届中央纪委四次全会上，习近平再次提出"要以党内监督为主导，推动人大监督、民主监督、行政监督、司法监督、审计监督、财会监督、统计监督、群众监督、舆论监督有机贯通、相互协调"。从这一发展过程中可以看到，党的十八大以来中国特色社会主义监督体系在理论上不断发展，所涵盖的监督形式更加全面和细化，划分也更加清晰；在实践上，对监督体系的定位也更加准确，并促进不同监督形式的发展，从总体上推动监督体系更加完善。

二、构建了对所有公权力全覆盖、立体式的监督网络

从一定意义上来看，完善中国特色社会主义监督体系的基本架构主要是从理论和理念层面推动中国特色社会主义监督体系的发展。而这一基本架构的具体运用则体现在建立起一个覆盖所有公权力的监督网。在监督工作中，中国特色社会主义监督体系不同监督形式各司其职又相互协调，共同构成了一个监督网，并将权力置入其中，有效加强对权力的监督和制约，实现了不同监督形式之间的耦合，在监督职能和监督程序上相互衔接，形成了监督合力。可以看到，党的十八大以来，中国共产党在已有的监督工作基础上，在新理论新理念的指导下，逐步

---

① 习近平：《在第十八届中央纪律检查委员会第六次全体会议上的讲话（2016 年 1 月 12 日）》，载于《人民日报》2016 年 5 月 3 日。

构建了覆盖所有公权力的、立体式的监督网络。中国特色社会主义监督体系中不同监督形式相互作用，不仅发挥了各类监督形式的监督作用，还带动了监督实践的创新发展，促进了监督工作的有效开展。这也是中国特色社会主义监督体系运行的重要成效之一。

一方面，基本实现了对权力监督的全覆盖。监督是权力正确运行的根本保证。只有做到监督的全覆盖，才能实现反腐败零容忍、全覆盖、无死角。在长期的实践过程中，尤其是国家监察体制改革之前，大部分权力都纳入了党和国家监督范围，但是仍有少部分权力"徘徊"在权力监督视线之外。为了消除这一权力监督"盲区"，党中央通过纪检监察体制改革填补了一些监督空白。其中，通过国家监察体制改革，成立监察委员会，与党的纪律检查委员会合署办公，实现了对行使公权力的公职人员监察全覆盖：无论身份上是公务员还是参公管理人员，无论权力来源是法律授权还是国家机关委托，无论公办单位从事管理工作的人员还是基层群众组织中依法履行公职的人员，都要纳入监察对象。① 尤其是《监察法》颁布之后，监察对象更加明晰，各地的监察对象数量显著增加，有更多掌握公权力的公职人员被纳入到监察范围内，权力监督的范围也进一步扩大。例如，截至 2019 年 3 月，福建省监察对象从 22.48 万人增加到 74.21 万人，吉林省监察对象由 20.6 万人增加至 67.95 万人。② 同时，我们党通过派驻机构改革，实现派驻监督全覆盖，把监督执纪的触角延伸到中央一级党和国家机关各个部门、单位，党内监督之网越织越密、越织越牢。

另一方面，形成了全方位的立体监督模式。中国特色社会主义监督体系不同监督形式的实践，推动形成了全方位的立体监督格局：一是实现了自我监督和外部监督的有机统一。加强自我监督是中国特色社会主义监督体系的显著特色。党内监督和国家监督属于党实现自我监督的重要形式。长期以来，尤其是党的十八大之后，党内监督和国家监督在理论、制度和实践上都有很多探索，并形成了切实可行的监督思路、制度和举措。与此同时，也积极发挥了民主监督、社会监督的作用，协助党内监督和国家监督开展对权力的监督工作。二是实现了纵向监督和横向监督的有机统一。纵向监督主要体现为党内监督体系中自上而下的组织监督和自下而上的党员民主监督。③ 在实际工作中，具体表现为形成了从中央到基层、高级领导干部到普通党员的纵向监督网络。派驻监督、巡视监督是纵向监督

---

① 卢乐云：《实现对所有行使公权力的公职人员监察全覆盖》，载于《人民日报》2018 年 3 月 27 日。

② 《肩负使命再出发——写在国家监察委员会成立一周年之际》，载于《中国纪检监察报》2019 年 3 月 23 日。

③ 张晋宏、李景平：《新时代党和国家监督体系的内在逻辑与建构理路》，载于《山西师大学报（社会科学版）》2019 年第 1 期。

的具体形式。此外，从中国特色社会主义监督体系的整体上来看，社会监督发挥了越来越大的作用，体现出当前自下而上的监督方式越加完善成熟。横向监督主要体现为党内监督中，纪委（含向党和国家机关派驻纪检监察组）对党组织、领导干部和广大党员的监督。加强对纪检监察机关的自我监督，防止"灯下黑"现象，也是监督网络的重要一环。为此，中央纪委设置了纪检监察干部监督室，专门负责对纪检监察干部进行监督。纪检监察干部监督室主要工作职责是监督执纪问责，着眼于加强对中央纪委监察机关、中央纪委派驻纪检组、各省区市纪委相关纪检监察领导干部的自我监督。成立之后，纪检监察干部监督室直接立案查处了中央纪委机关魏健、曹立新等人，以及山西省纪委原常务副书记杨森林等一批严重违纪的纪检监察干部，督办了山西省监察厅原副厅长谢克敏案和山西省晋中市原市委副书记张秀萍案，承担了有关一案双查工作，并协助部委领导对履行监督职责不力的纪检监察干部进行问责。① 可以看到，中国特色社会主义监督体系在运行的过程中基本形成了无死角、无盲区的监督网络。

三、建立了一整套中国特色社会主义监督体系运行保障机制

保障机制是推动中国特色社会主义监督体系运行的重要支撑。中国特色社会主义监督体系的运行需要有机构、人才和制度方面的多重保障。新中国成立以来，监督工作方面的机构、人才和制度在实践过程中得到了不断完善，确保监督工作能够高效有序地进行。党的十八大以来，党中央结合新时代党的建设的要求和社会发展形势，对监督机构、人才和制度都进行了进一步的调整和完善。可以说，中国特色社会主义监督体系在运行过程中基本建立起了一整套监督保障机制。

从机构保障来看，基于中国特色社会主义监督体系的总体框架和职能分配，目前已经建立起十分完备的监督机构系统，纪委监委、检察院、法院、审计和统计部门等监督机构发挥着履行相应监督职能的重要作用。其中，纪委监委本身也在不断完善机构设置，机构的监督职能、监督权限等仍在不断优化，从而为监督工作创造良好的硬件基础。党的十八大以来，中央纪委、国家监委参加议事协调机构由 125 个减至 14 个，在不增加建制编制的前提下，将纪检监察室从 8 个增加到 12 个；省级纪委、监察厅（局）参与议事协调机构由 4 619 个减至 460 个，

---

① 《中央纪委纪检监察干部监督室：严查违纪纪检监察干部坚决防止"灯下黑"》，中央纪委监察部网站，http://v.ccdi.gov.cn/2017/01/04/VIDEmroJbVEaIBgmMDmBjQcd170104.shtml，2017 – 01 – 13。

把力量集中到主责主业上（见图 16-1）。① 其他监督机构也根据党中央的新要求，进一步明确职能和定位。

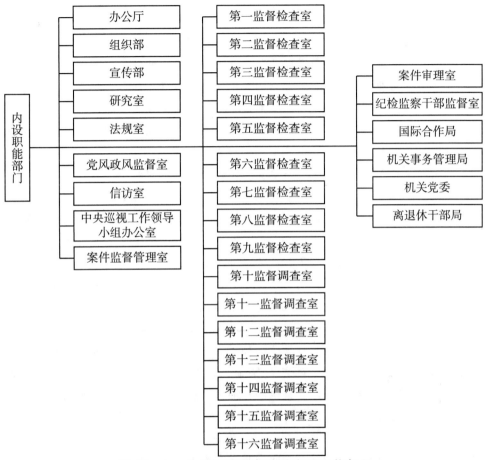

图 16-1 中央纪委国家监委内设职能部门

从人才保障来看，近年来各类监督工作的人才专业化水平不断提高。党的十八大以来，党中央高度重视提高纪检监察干部的素质，要求建设忠诚干净担当的纪检监察铁军。各级纪检监察机关以此为人才培养目标，锤炼纪检监察干部的政治品格，使广大纪检监察干部在政治品格和能力素质方面都有了进一步的提升。而国家监察体制改革之后，国家监察官制度的探索和建立成为人才保障的重要推力。据统计，截至 2018 年 2 月底，省市县三级监察委员会全部完成组建，共划

---

① 《十八届中央纪律检查委员会向中国共产党第十九次全国代表大会的工作报告》，载于《人民日报》2017 年 10 月 30 日。

转编制 6.1 万个、转隶干部 4.5 万人。① 这些转隶过来的干部与纪检工作人员共同构成了更加庞大的监督工作队伍。如何整合并发挥这些干部的力量，提高工作实效，成为新时期监督人才队伍建设的重要内容。而建立合理的监察官制度有助于解决这一问题，并进一步提升监督工作队伍的专业程度。2021 年 8 月 20 日第十三届全国人民代表大会常务委员会第三十次会议通过的《监察官法》为建立监察官制度、推进高素质专业化监察官队伍建设提供了重要的指导和法律支撑。专业人才队伍的完善也带动了其他监督力量的发展。例如，在看到纪检监察工作的突出成效之后，广大社会公众增强了对这一队伍的信任度和信心，更愿意参与到监督当中。这一反馈在巡视监督中的体现最为明显。根据统计数据显示，巡视组获取的信息有很大一部分来自群众提供的线索。

从制度保障来看，形成了一整套党内法规体系和国家法律体系，为中国特色社会主义监督体系的运行提供了制度依据。党的十八大以来，《中国共产党党内监督条例》《中国共产党巡视工作条例》等党内法规不断健全完善，相应监督工作的制度化水平得到了不断提升。党的十九大以来，中共中央印发《中央党内法规制定工作第二个五年规划（2018～2022 年）》，旨在建党 100 周年时形成比较完善的党内法规制度体系。目前，以党章为核心、以党内监督条例为主干、以配套规定和其他监督规范为重要补充的党内监督法规制度体系已经形成。② 而《刑法》的修订以及《监察法》的出台为国家监督注入新的制度活力。其中，《监察法》是集组织法、程序法、实体法于一体的，对于纪检监察工作人员的能力提出了更高的要求。为了解决《监察法》实施过程中出现的新情况新问题，如"部分监察对象的界定不够明确，监察执法与刑事司法的衔接机制不够顺畅，职务违法犯罪证据规定需要进一步健全"③。2021 年 9 月 20 日，国家监察委员会公布了《中华人民共和国监察法实施条例》，进一步完善监察权的运行，为监察监督的深化发展提供了有力的制度指导。与此同时，党中央也不断积极探索党内法规和国家法律的衔接工作，为监督工作提供党纪和国法的指导和保障。

四、拓宽了查处违纪违法案件的重要信息来源渠道

监督是预防腐败的有效手段。监督对腐败的预防作用，集中体现在通过监督

---

① 《深化国家监察体制改革健全党和国家监督体系》，载于《中国纪检监察报》2010 年 10 月 29 日。

② 邵思蜜：《改革开放以来党内监督的基本实践和主要成效》，载于《中国纪检监察报》2018 年 12 月 13 日。

③ 中央纪委国家监委法规室：《持续深化国家监察体制改革规范和正确行使国家监察权》，中央纪委国家监委网站，https：//www.ccdi.gov.cn/yaowenn/202109/t20210923_146102.html，2021－09－23。

及时发现权力在运行过程中可能存在的违规问题；对于发现的已经存在的问题，则可以提交给专门的机构，或走特定的程序，对行为人进行调查处理，从而减少腐败存量；对于发现的可能存在的问题，可以借助专门的机构进行处理，防止可能存在的问题变成真正的问题，从而遏制腐败增量。可见，监督体系的运行可以通过这两种方式来推动反腐败工作。中国特色社会主义监督体系中不同监督形式的监督任务，主要也是为了发现违纪违规问题。而发现问题的多少，在很大程度上能够直接反映出中国特色社会主义监督体系的运行成效。党的十八大以来，通过不断完善中国特色社会主义监督体系及其运行，纪检监察机关从多个渠道获取了大量的问题线索信息，为惩处违纪违规行为和预防腐败问题作出了突出的贡献。

长期以来，各类监督形式尤其是纪律监督、监察监督、派驻监督和巡视监督投入了大量的精力，着力发现党内存在的违纪违规问题，包括"苗头性""倾向性"问题，取得了显著的成果，为纪检监察机关正风肃纪提供了重要的信息来源，及时纠偏党内存在的各种问题。从具体实践中可以看到，党的十八大至十九大五年期间，各级纪检监察机关共查处违反中央八项规定精神问题 18.9 万起，处理党员干部 25.6 万人。[①] 这些主要依赖于从中央到地方的纪检监察体制改革的推动，在很大幅度上提升了专业监督力量。其中，党内监督在发现问题线索方面发挥了关键性的作用。党的十八大以来，党中央通过加强纪律监督、派驻监督、巡视监督等工作，实现了监督的全覆盖，进一步破解同体监督存在的困境，在开展监督过程中主动或"被动"获取了很多问题线索：一方面，纪检监察干部通过日常监督、专项监督等方式，发现了一些领导干部的违纪违规行为；另一方面，纪检监察机关通过畅通信访举报渠道，获取了很多有价值的问题线索。其中，党的十八大至十九大五年间，全国纪检监察机关共接受信访举报 1 218.6 万件（次）。[②] 这些问题线索的及时发现和处理，对大多数领导干部形成了震慑作用，进一步净化了党内风气。同时，监察监督通过实现对所有行使公权力的人的监督全覆盖，扩大了监督范围，增加了监督手段，提高了监督效率。审计监督也以专业化的手段发现领导干部的违纪违规行为。例如，根据 2019 年度审计工作报告，2019 年，审计查出扶贫资金问题金额占抽查资金比例由 2016 年的 25.8% 降至 1.5%，其中违纪违规问题占比降至 0.19%。通过实现审计监督和党内监督的有机贯通，为纪检监察机关查处问题提供了重要的问题线索。此外，广大人民群众通过信访、举报等方式，媒体借助网络工具，对一些领导干部的行为进行曝光，推动了网络

---

①② 《十八届中央纪律检查委员会向中国共产党第十九次全国代表大会的工作报告》，载于《人民日报》2017 年 10 月 30 日。

反腐，形成了新的反腐败形式。可见，中国特色社会主义监督体系在发现问题线索方面取得了重要成果，为正风执纪、查处违纪违法行为提供了重要依据，助力全面从严治党不断深化。

专栏

"四项监督"与审计监督的协同实践

扬州市纪委监委坚持制度引领，与市审计局及时对纪审协作配合办法进行修订，强化组织领导，完善信息资料双向提供、线索移送和处置结果反馈、人员选派、情况通报、协助整改等多项工作机制，提升贯通协同的规范化水平。同时，加强巡察监督与审计监督的统筹推进，积极探索抽调人员相互参与、监督结果互通互用、同步开展或审计前置等多种方式，贯通协同更加顺畅。

纪审联动在强化重点领域监督方面发挥作用明显。纪检监察机关聚焦行业领域和民生领域等监督重点，依托"四项监督"和审计监督方式方法的不同侧重，形成优势互补，提升监督效能。例如，加强监察监督与审计监督间的协作互动，针对重大复杂的留置案件，运用审计专业手段，提升发现问题水平。在办理扬州市化工设备安全检验中心主任张某某案件时，抽调审计人员协助理清错乱无序、公私混同账目，揭开"影子公司"真实面纱，纪审联动顺利突破案件。

主动研判拓展审计结果运用。纪检监察机关主动对各类审计报告进行分析研判，从中发现可能存在的违纪违法问题，提高审计结果的综合运用效果。对一般、轻微的问题，督促相关地区和部门整改到位；对涉嫌违纪违法问题线索，挂牌督办，依规依纪依法严肃处理。例如，扬州市审计局对7个地区乡村振兴相关政策落实和资金使用情况开展专项审计后，市纪委监委主动介入，从审计报告中挖掘问题线索288个，运用第一种形态处置93人，立案查处81人。

资料来源：此材料节选自江苏省扬州市纪委监委课题组的调研成果，中央纪委国家监委网站。

第二节　中国特色社会主义监督体系运行面临的困境

经过多年的探索和发展，中国特色社会主义监督体系不断完善，在运行过程中基本实现了党统一指挥、全面覆盖的目标，在推动党的建设、国家治理体系和治理能力现代化方面起到了积极的作用。但是，监督体系的运行涉及不同的监督形式，以及不同监督形式之间的关系处理问题，因此在运行过程中仍存在一些困境，影响了监督工作的效果。

一、各类监督形式之间的合力有待强化

中国特色社会主义监督体系的正常运行需要不同监督形式主动开展工作，发挥各自的作用。这些作用是朝共同目标努力的，形成强有力的监督合力。监督是当前中国特色社会主义监督体系最直接的动力来源，也是监督体系能够正常运行的关键条件。但是，从目前监督体系的运行情况，尤其是综合不同监督形式在实际工作中的表现来看，监督体系中不同监督形式之间的互动相对较弱，监督合力还有待强化。具体表现为：当前各类监督之间没有建立起比较有效的线索、信息及资源等共享平台，也缺乏有效协作的约束机制，导致"体制内监督力量分散、缺少整合，各自为战、重复监督"的现象仍然存在。[①] 例如，除了纪委和监委合署办公、总体上实现了党内监督和监察监督的有效融合，以及巡视监督过程中在较大程度上实现了党内监督和群众监督的协作之外，其他监督形式，包括人大监督、民主监督、行政监督、司法监督、审计监督、统计监督以及舆论监督，只是在相应的环节与党内监督方面有所结合，还没有形成比较规范的、制度化的合作机制，这些监督形式的监督作用还没有得到充分的发挥。这些问题反映出各类监督形式之间没有形成有效的监督合力，这也是当前中国特色社会主义监督体系尚未完全有效运行的直接表现。

中国特色社会主义监督体系中各类监督形式之间的监督合力还未有效形成。主要原因包括：一是不同监督主体的监督积极性存在层次差异。在党中央强有力的领导下，中国特色社会主义监督体系中不同监督形式表现活跃，监督的主动性、积极性有了明显提高。但也要看到，目前监督主体的监督积极性也存在强弱层次之分。主要表现为党内监督中，监督主体的监督意识、监督积极性比较强，且在组织的引导下开展了大量监督工作；国家监督中，以监察监督主体的监督积极性表现较为明显。而这两类监督主体的监督积极性较强，在一定程度上有赖于组织强有力的引导和支持。社会监督在监督积极性方面也比较高，较为活跃，尤其是网络监督的参与度比较高。但社会监督主体的监督行为主要是自发行为，还存在一定的局限性。相比之下，其他监督形式的活跃程度较低。二是党内监督、监察监督对其他监督的统领作用还有进一步提升的空间。在中国特色社会主义监督体系的运行过程中，党内监督与监察监督是合在一起共同推动的。这两类监督

---

① 赵园园、张明军：《协同监督的现实困境及拓展路径》，载于《行政论坛》2020 年第 4 期。

目前成效比较明显，但是它们还没有充分发挥对其他监督形式的统领和协调作用，与其他监督形式的互动、耦合程度较低，不利于充分发挥不同监督主体的作用。三是不同监督形式之间还没有建立有效的联动机制。目前，不同监督形式之间的协同更多地还停留在顶层设计层面，在实际操作过程中，如何实现不同监督形式之间在职能、程序等方面的衔接，以及在资源方面的共享，还没有形成一个有效且可行的联动机制，不同监督形式的耦合在一定程度上还存在"形式上联动、实质上分散"的局面。这些问题的存在影响了中国特色社会主义监督体系中监督合力的形成，亟待破解这一难题。

二、各类监督形式的职能划分体系化程度有待加强

中国特色社会主义监督体系中不同监督形式是各有分工、各有侧重的。近年来，尤其是党的十八大之后，系统化的纪检监察体制改革促进监督体系的内容不断健全，对监督形式的设计和规划也更为合理。但是，从目前的实施情况来看，不同监督形式的职责划分还不够明确。尤其是外部监督，对于其监督内容、监督方式等虽有相应的规定，但更多的是停留在理论研究层面，具体的文件规定或比较宏观，或缺乏相关的文件，在一定程度上影响了各类监督形式作用的发挥。总体来看，中国特色社会主义监督体系中不同监督形式的职责划分还不够明确，体系化程度有待加强。具体来看，职能划分体系化程度不够高，具体表现为：从已有的监督实践可以看到，目前只有党内监督和监察监督因属于专责监督，在职能界定上比较明确，能够按照相关制度规定来明确各自的职能，并做好相应的衔接工作。其他的监督形式尚未形成专门的规章制度来界定其职能，或者只有在其他规章制度中有所体现，但不是很具体。除此之外，最主要的还在于各类监督形式之间没有建立有效的联动格局，体现在职能上往往表现为监督内容存在交叉、重点不够突出等，要实现有效的协作还有很大的障碍。在这一过程中，党内监督的主导带动作用没有得到有效发挥，党内监督和党外监督的结合还主要停留在理念层面。对相应的部门进行调查了解到，在监督实践过程中，不同监督形式之间确实还存在内容交叉、重点不突出等问题。这一状况反映了当前一些监督主体在开展工作过程中对自身的职责并不是很清楚，把握得不够清晰，导致了错位、越位的情况。监督职责划分是监督工作有序开展的基础。因此，要真正发挥中国特色社会主义监督体系的整体性功能，必须进一步解决职能划分明晰化、体系化的问题。

当前中国特色社会主义监督体系存在这一问题，主要原因有：一是对各类监督形式的职能界定还不够清晰。总体来看，在中国特色社会主义监督体系中，纪

律监督、监察监督、派驻监督和巡视监督的职能划分、职责界定相对更加明确、清晰，且已经出台了相应的党内法规和国家法律，为监督工作的有效开展提供了重要的制度依据。同时，从理论研究层面来看，关于纪律监督、监察监督、派驻监督和巡视监督的研究成果比较多，这也为明晰各自的监督职能提供了良好的参考。而其他监督形式，包括人大监督、司法监督、审计监督、统计监督等，对于它们具有什么监督职能、如何开展监督，还未形成统一规范的制度或指导意见，监督职能还不够清晰，影响了监督工作的开展。目前对这些监督形式的研究也相对较少，不利于进一步细化它们的监督职能。二是缺乏一个整体性的职能规划。中国特色社会主义监督体系的内容是在理论和实践发展的过程中不断健全的。在规划监督体系中不同类型的监督形式时，会因为重视程度、研究深度、实践广度等因素导致过于重视某一类或某几类监督形式，而忽视了其他监督形式的完善。这就容易形成监督体系内部不同监督形式的体系化程度不够强的局面。同时，在对监督体系进行设计时，对其整体规划的设计和研究相对较少，集中体现在不同监督形式之间，哪一类监督形式应侧重哪些方面的监督，以及应采取什么样的监督方式更有效、应如何借助其他监督形式的优势提高监督效果等，都还没有形成整体性的规划。这必然会影响到各类监督形式职能的划分，同时也影响到各类监督形式工作着力点的判断，进而影响到整个监督体系的运行效果。三是可获取的理论和实践信息较少。从目前的情况来看，可获取的关于党内监督和国家监督中的监察监督的理论和实践信息相对较多，有助于总结提炼其职能，进一步明晰监督对象和监督重点。相比之下，其他监督形式无论在理论研究层面还是实践操作层面，能够提供信息的较少，影响了对其职能规划的科学性，进而也会影响到其监督的实效性。中国特色社会主义监督体系的进一步完善有待解决好这些难题。

三、各类监督制度的落实程度不同

加强制度建设是开展各项监督工作的重要保障。党的十八大以来，党中央着眼全面从严治党新形势新任务，不断扎紧织密反腐败法规制度笼子，推动法规制度体系不断健全完善。[①] 关于监督，尤其是党内监督和国家监督方面，也制定或修订出台了一系列制度，为监督工作的开展提供了科学的指导和制度依据。但是，从现有的制度来看，不同监督形式的制度制定情况不均衡，且在执行过程中存在部分监督主体落实不力的问题，具体表现为：一方面，党内监督和监察监督

---

① 何韬：《深化纪检监察体制改革为全面从严治党提供制度保障》，载于《中国纪检监察报》2019年10月30日。

的相关制度比较健全，其他监督形式的制度规范比较少，更多地要依赖于党内监督和监察监督的制度指导。同时，对于如何实现不同监督形式之间的协调发展，虽然有的地方制定了相应的制度，如某市审计局在工作中制定相关制度，明确相关职责，形成"巡审结合"的协作配合机制，发挥审计监督的职能，为巡视巡察工作提供重要支持，但从整体来看，还有不少地方或部门还没有形成相关的监督合作制度，部分监督形式也还没有能够形成与其他监督形式在制度上的联动。另一方面，现有制度的执行力度还不够强，主要表现为对已有制度的执行状况较差，没有能够真正运用已有制度指导监督工作，影响了监督效果。在这一方面，党内监督和监察监督由于有相应的监督制约机制，制度的执行状况相对比较理想。而对于已经建立的不同监督形式之间的协同监督制度，由于部门之间的协调机制不够完善，导致制度的执行也存在较大障碍。制度是用来遵守和执行的，制度的生命在于执行，好的制度离不开铁的执行。① 中国特色社会主义监督体系在运行过程中存在的制度执行不够到位的问题，需要加以重视。

当前，中国特色社会主义监督体系中存在制度落实不够充分的问题，主要原因有：一是监督主体的制度意识较弱。当前，党内监督、监察监督相关的制度比较健全，但制度出台之后，有部分监督主体没有完全依据制度来开展工作，更愿意依靠经验来处理问题。这在一定程度上影响了制度的落实。二是监督制度本身还存在一些局限。一方面，除了党内监督、监察监督已经形成了比较健全的制度，其他监督形式还缺乏有效的监督制度来指导工作或保障监督主体的权益。这个问题的存在必然影响到制度的落实。另一方面，在现有的制度中，部分制度相对比较宏观，更多的是对现有工作的方向性指导，对于一些监督主体来说，很难直接运用到实际工作中。通过对实践工作状况进行分析可以看到，部分地方在中央和上级领导部门所制定的制度的基础上，没有能够结合地方或部门实际进行有效地转化，导致地方的制度仍然偏向原则性、方向性的指导。在实践工作中，一旦遇到具体的、较为复杂的问题，就很难找到有力的制度依据作为参考。这些现实问题表明，要有效推动制度的执行，监督主体在准确把握相关制度要求的基础上，结合自身工作的实际情况来进一步细化制度内容。目前制度设计层面存在的问题也影响到了制度的落实。三是监督主体的制度执行能力不够强。制度的执行是存在差别的。在执行制度过程中，部分监督主体执行有力，而部分监督主体存在应付执行、选择执行、被动执行、机械执行、歪曲执行或拒不执行等现象。② 之所以存在差别，除了与监督主体的制度意识有关，也与监督主体的制度执行能

① 陈正阳：《强化制度执行监督》，人民论坛网，http://www.rmlt.com.cn/2020/0110/566268.shtml，2020-01-10。

② 邵景均：《最重要的是抓好制度执行》，载于《中国纪检监察报》2016年1月6日。

力有密切联系。制度执行力如何，取决于对制度的把握和运用能力。但从现有的情况来看，一些监督主体还需要加强对制度的理解和运用能力，提高制度的落实效果。

四、各类监督形式所采取的方式方法有待创新

好的工作方法是实现工作目标的必备条件。选取科学的工作方法，对于提高工作成效具有重要意义。一直以来，中国特色社会主义监督体系中不同监督形式在实践中探索各式各样的方式方法，以更好地推动各项监督工作的顺利开展，为确保权力的规范运行创造了更有利的条件。但是，随着权力运行的复杂化、精细化，以及权力行使主体的主观因素影响，如一些权力在运行过程中更加隐蔽，导致难以及时发现，传统的监督方式方法已经无法完全满足实践工作的要求。同时，大数据的快速发展也为创新监督方式方法提供了良好的技术条件。在这种形势下，当前各类监督形式尤其是党内监督和监察监督也在探索更高效的方式方法，如通过借助大数据的手段，建立信息化的监督系统或监督平台，促进数据的共享以及监督信息的可查询、可追溯等，应对权力运行本身以及实践过程中所带来的监督难题，不断实现方式方法的创新。但也要看到，仍有一些地方、部门的纪检监察部门在方式方法上还是停留在传统的水平，且工作理念还没有发生较大的改变，主要还是依靠加大人力、物力的投入来提高工作效果，而不是从思路的转型或方法的创新来推动效率的提升。此外，部分地方只是在形式上采取了新方法新手段，没有实现实质意义上的创新。作为专责监督的党内监督和监察监督尚且存在这些问题，更不用说作为"辅助"监督的其他监督形式。总的来说，这些问题的存在都会影响到监督工作成效的进一步提升。

当前，不同监督形式在监督方式方法创新上还比较欠缺，主要原因有：一是创新动力不足。创新动力是推动监督方式方法创新的前提条件。当前，不少监督主体，包括以监督作为专责的纪检监察机关，在创新动力上也比较弱。之所以出现这样的状况，主要在于监督主体对方式方法的重要性认识不足。不少监督主体的大多数精力都投入到具体的监督工作当中，更愿意选择传统的监督方式来减轻工作压力，把时间放在具体事务中，而不会投入更多的精力去考虑方式方法创新问题，且认为监督工作的实际推动更为重要，方式方法是次要的。二是创新思维还没有很好地确立起来。创新思维是创新实践的思想前提。什么是创新、如何创新，是创新实践之前需要解决的问题。但对于不少监督主体来说，还没有完全具备创新思维，影响了创新实践。三是缺乏健全的创新保障机制。主要体现在创新的激励机制和容错机制。一方面，对于监督方式方法的激励机制还没有完全建立

219

起来。监督方式方法的创新需要有一定的激励机制加以鼓励引导。但是，当前还没有建立相对比较完善的激励机制，影响了监督主体对监督方式方法创新的积极性。另一方面，缺乏监督方式方法创新的容错机制。创新有可能会带来风险。如果没有合理的容错机制，监督主体会对创新有所顾虑，从而降低创新的动力。因此，有必要重视在监督实践中的方式方法创新困境。

五、各类监督主体的政治素质和业务能力有待提升

监督主体的监督能力直接影响到监督的效果。近年来，随着党中央对监督主体的要求不断提高，部分监督形式尤其是党内监督和监察监督的主体通过集中学习、参加培训、自我学习等方式，不断提高自身的政治素质和业务能力，监督工作成效有了较大的提升。但是也要看到，中国特色社会主义监督体系中不同监督形式的监督主体在素质和能力方面参差不齐。不论是专门从事监督工作的专职工作人员，还是其他参与到监督工作中的主体，如民主党派、媒体、群众等监督主体，其人员背景相对比较复杂多元，部分监督主体对监督工作的认识不到位，也不具备科学开展监督工作的方法和技能，个人素质方面也有可能存在一定的局限。以群众监督为例。经过国家多年来的带动和引导，当前群众的参与意识、监督意识有了很大的提升，更愿意主动参与到党风廉政建设和反腐败工作中。但也要看到，部分群众仍存在旁观者心理，或者是不愿参与、不敢参与监督，也存在滥用监督权利，散布谣言，或非理性化的监督现象等。这些现象体现出一些群众存在参与意愿不足、群体素质和监督能力不高等问题。① 可以说，部分监督主体是否具备作为监督者应具有的政治素质和业务能力，仍很难评价。监督体系的具体运行及运行效果，要依赖于监督者的能力状况。而随着监督工作面临的形势依然严峻，要求不断提高，必须提高监督主体的素质和能力，才能够胜任或有效开展监督工作，保障监督效果。因此，要正视中国特色社会主义监督体系运行过程中面临的这一困境。

中国特色社会主义监督体系监督主体的素质和能力还存在一定欠缺，其原因主要包括：一是专职监督人员的准入机制还不够完善。当前，中国特色社会主义监督体系中的党内监督和监察监督配备了专门从事监督工作的队伍，统称纪检监察干部队伍。从目前的情况来看，部分基层纪检监察干部队伍缺乏专业化背景，这在一定程度上会影响到其素质和工作能力。这与部分地区对纪检监察工作本身的定位有较大的关系，认为纪检监察工作的专业性不是很强，任职要求不是很

---

① 赵园园、张明军：《协同监督的现实困境及拓展路径》，载于《行政论坛》2020 年第 4 期。

高，甚至有的地方将纪检监察部门当作"万金油"部门。这些问题都会导致纪检监察干部总体上的素质和能力不能完全适应实践工作的需要。二是非专门从事监督工作的监督主体在素质和能力上存在一定的局限性。在其他监督形式当中，部分监督主体是兼职从事监督工作的，即其工作内容本身是带有监督性质的，如人大监督、司法监督、审计监督、统计监督等，对于权力运行过程中可能存在的问题也不会过多地去关注。此外，自发参与监督的监督主体，主要是指社会监督层面，其主体并不是很固定，范围也非常广泛，广大民众都可以通过相应的渠道、形式来开展监督。而他们是否能够具备作为监督者应具有的政治素质和监督能力也很难保障，并且其对监督工作的认识也不够全面，采取的方式方法也不一定合理有效。三是监督工作本身的特殊性也会影响到监督主体素质和能力的提升。监督的过程就是解决信息不对称问题的过程。这是一项比较复杂的工作，难度比较大，需要更高的素质和更强的能力才能够真正做好。当前，对于如何开展监督工作、如何评价监督效果等问题，以及监督主体应具备什么样的素质和能力以及如何提高素质和能力，不论是在理论层面还是在实践层面，都还有待进一步探讨。而这些问题如果不能回答好，监督主体的素质和能力困境也将很难在短时间内破解。

第三节　推动中国特色社会主义监督体系高效运行的着力点

中国特色社会主义监督体系的有效运行，是完善党的建设和国家治理的重要条件。在长期的实践中，中国特色社会主义监督体系不断完善，取得了诸多成效。但是，多种因素的综合影响也给中国特色社会主义监督体系带来了一些发展困境。本节立足于中国特色社会主义监督体系运行过程存在的困境，结合党和国家发展对监督工作的总体要求，探讨下一步推动中国特色社会主义监督体系高效运行的着力点，为实践工作提供方向性的参考。

一、积极构建高效有序的"大监督"格局

构建"大监督"格局是党的十八大以来开展监督工作的重要思路。随着全面从严治党的要求不断提高，涉及的行业、领域也更广泛，且违纪违法行为的隐蔽性、专业性也更强，有必要充分调动不同监督主体，形成有效的协调机制，整合监督力量。从某种程度上说，中国特色社会主义监督体系运行的理想状态是实现

不同监督形式的贯通融合，在实践工作中则反映为构建高效有序的"大监督"格局。具体表现为：在横向层面，不同监督形式之间贯通融合，实现资源上的共享和职能上的互补；在纵向层面，不同部门之间能够相互协作，在分工明确的基础上加强联动，充分发挥各部门的优势，凝聚监督力量。党的十八大以来，中国特色社会主义监督体系不论是在理论上还是在实践上，都在探索构建高效有序的"大监督"格局，以推进不同监督形式的系统性、协调性发展，也取得了新的突破。但要真正促进中国特色社会主义监督体系的有效运行，取得更明显的实效，还需要采取相应举措来构建"大监督"格局，为体系运行提供重要思路和重点方向。

一方面，要确立"大监督"的理念。监督工作的特点和规律，以及监督工作的现实状况，都需要调动不同的监督主体，充分发挥不同监督主体的监督作用，形成强有力的监督合力。在开展监督工作过程中，各个监督主体尤其是纪检监察机关要树立"大监督"理念，在完成自身监督职责的同时，将本职工作纳入整个监督体系当中，明确自身工作在整个监督工作中所处的位置以及所能发挥的作用，从而做好协调配合工作。不能仅关注自身工作，这样容易导致资源不畅、工作重复浪费、思路局限等问题。例如，对于党内监督而言，纪检监察机关在开展监督过程中，不能仅关注日常监督，还要关注并收集巡视监督、派驻监督的开展情况，主动获取相关信息，不断扩大问题线索来源，提高工作成效。此外，还要注意协调好与国家监督、社会监督的关系，充分带动和发挥其他监督形式的优势，共同把监督工作做好。只有这样，才能够应对新发展阶段权力监督工作的新挑战。因此，要通过宣传教育、制度建设等方式，帮助各个监督主体尤其是纪检监察机关切实树立"大监督"的理念，形成整体性、协调性的大局观，防止"各自为战""闭门造车"现象的发生。

另一方面，要建立与"大监督"格局相配套的制度机制。构建"大监督"格局是一个复杂的系统性工程，不仅需要从理念上形成"大监督"的意识，还需要建立配套的制度机制，确保理念能够转化为现实，促进实践工作的开展。为此，首先要从顶层设计对不同监督主体及其职能、作用形式进行规范化界定，为监督主体做好本职工作并在"监督链条"中发挥应有作用提供明确的依据。这就需要相关部门从理论上搭建科学的大监督体系框架，并在了解实际情况的基础上将框架制度化，形成科学有效的指导意见，推动"大监督"格局的形成和发展。其次要从横向上确立不同监督形式之间的协调联动关系，并以制度的形式来确定各自的定位和职责；同时，要在纵向上统筹好不同部门之间的关系，发挥不同部门的专业优势和监督作用，推动监督工作的有效开展。而要做到这些，建立相应的领导机制和工作机制，显得尤为重要。为此，在党中央层面可以制定构建"大监督"格局的相关指导意见，为实践工作指明方向，提供制度遵循。

二、系统划分不同监督形式的职能

中国特色社会主义监督体系中，不同监督形式都有各自的职能。只有明确职能的边界，才能真正做到"守土有责"。然而，对监督职能的界定是一个比较复杂的工作。无论是从主观因素，如监督主体本身的认识局限性，还是从客观因素，如社会的发展会对监督职能的界定产生一定的影响，都决定了需要投入较多的精力去解决这一问题。但监督职能的系统划分是各类监督形式发挥其自身作用进而推进整体功能发挥的重要基础，因此必须加快解决好这个问题。当前，要系统划分不同监督形式的职能，需要重点关注以下几个方面：

一是进一步界定不同监督形式的职能内容。监督职能的主要内容包括监督主体、监督对象、监督范围、监督目标、监督方式等方面。从目前的情况来看，党内监督和监察监督基本形成了比较清晰的框架，有了明确的制度规定作为参考。但是，也仍存在一些问题，如监察监督部分，如何界定监察对象是一个需要进一步探讨的问题。同时，要监督哪些内容，虽然已经有相关规定，但落实到具体工作当中，还存在一些模糊地带。因此，这些问题应尽快解决。而对于其他监督形式来说，尤其是对社会监督来说，不太可能要求媒体、群众精准了解这些问题，还是需要从纪检监察机关层面来对其职能进行界定。由于社会监督所发现的问题线索，有实质价值的问题线索最终还需要由纪检监察机关来处理，因此需要纪检监察机关从自身工作的角度来把握社会监督的职能，并形成相应的指导意见。

二是系统规划不同监督形式的职能定位。各类监督形式的职能定位，主要是从整个中国特色社会主义监督体系的角度来分析它们各自应发挥的功能作用。目前，国家监督、社会监督的职能定位相对来说还不够明确具体，如何发挥它们在监督体系中的作用还有待进一步研究探讨。因此，应在明确党内监督主导地位的基础上，从系统论的角度来对其他监督形式的定位进行系统性的规划。在规划不同监督形式的职能定位时，要围绕党内监督这一"原点"，在此基础上结合不同监督形式的职能内容或存在的优势，分析其应发挥的作用。例如，对于社会监督来说，其监督内容、对象、范围等在很大程度上与党内监督密切相关，监督的成果也是由党内监督专责机关来进一步协调处理，因此其应处于一种补充地位。其他监督形式也可以具体从如何实现与党内监督的协调配合角度来确定其职能定位。

三是加强理论研究和实践探索。当前，关于不同监督形式职能划分的研究较少，且更多的是比较宏观的研究，对实际工作的指导意义还不够强。因此，有必要加强对这方面的研究，突出不同监督形式的职能优势，研判它们在整个中国特色社会主义监督体系中的地位，并以它们与党内监督之间的衔接机制为切入点，找准各自的定位。此外，还应加强实践的探索，从实践中明细不同监督形式的职能及定位，不断明晰不同监督形式职能的界限，并探索出一个既有理论支撑又有现实针对性和可操作性的联动机制，增强整体功能的发挥。

三、加快推进监督体系的制度建设

制度是国家现代化建设的重要保障和有力支撑。改革开放以来，我们党始终把制度变革和制度建设摆在突出位置。制度建设是全面从严治党的可靠手段[①]，同时也是中国特色社会主义监督体系高效运行的重要保障。当前，中国特色社会主义监督体系中不同监督形式的制度建设情况是不平衡的，有的监督形式具有比较完善的制度体系，而有的监督形式则缺乏有效的制度作为指导。制度建设会影响到监督工作的有效性和持续性。因此，当前必须加快推进监督体系的制度建设，实现单个监督形式和整个监督体系都能够有相应的制度规范作为指导以及提供相应的保障。

一是强化监督主体的制度意识。制度意识是对于制度重要地位和作用的意识，同时也体现为尊重和敬畏制度的意识、执行制度的意识。[②] 在完善监督体系制度建设过程中，首先要增强监督主体的制度意识，提高他们对制度重要性的认识，学会运用制度来指导行为或保障自己的权利，并做到"善于在制度的轨道上推进各项事业"。对于党内监督和国家监督这两大类监督形式的监督主体来说，可以通过学习教育的形式加强对制度的理解，并在实践中运用，在这一过程中增强制度意识。对于社会监督来说，则要引导监督主体运用相关制度来提高监督行为的规范性和有效性，并形成善于运用制度来保障监督行为的思维。

二是补充完善相关制度。重视制度建设是改革开放以来中国特色社会主义监督体系历史发展的成功经验，制度框架的建设开启了中国特色社会主义监督体系的发展道路。[③] 制度建设是一个在发展中不断深化的过程。当前，在社会监督方面，关于如何规范社会监督、如何提高社会监督效果、如何保障监督主体的权益等问题，尚没有形成比较统一的制度规范将已有研究成果和实践成果制度化。因

---

① 周文彰、薛博：《全面从严治党制度建设的重大部署》，载于《中国纪检监察报》2020年1月15日。
② 岳凤兰、周文彰：《强化制度意识》，载于《前进》2019年第12期。
③ 李景平、曹阳：《改革开放以来党和国家监督体系发展之省思》，载于《广西社会科学》2019年第4期。

此，有必要针对当前中国特色社会主义监督体系制度建设中还存在的制度不完善的问题，及时找出对策，加快完善相关制度。在补充完善制度的过程中，要做到"制度不在多，而在于精，在于务实管用，突出针对性和指导性"，"要搞好配套衔接，做到彼此呼应，增强整体功能"。① 此外，中国特色社会主义监督体系是一个内容丰富的复杂整体，决不可一劳永逸。尤其有关各监督主体的法规细则更是应根据时局发展需要不断更新、调整。②

三是推动已有制度刚性运行。制定制度很重要，更重要的是抓落实。当前，监督制度既包括党章、《关于新形势下党内政治生活的若干准则》、《中国共产党纪律处分条例》以及领导干部管理细则、纪委监督具体职责规范等党内监督制度，还包括审计法律规范、司法监督类实体法与程序法、各级审计署工作细则等国家机关监督，同时还应包括民主监督具体规则、群众监督和社会监督法律要求与规范等保障性制度。③ 目前，围绕监督工作已经形成了不少制度，只是不够均衡。对于已有的监督制度，关键在于如何更好地执行这些制度，为监督工作提供指导和保障。一方面，应以监督专责机关带头推动相关监督制度的落实，推动各项工作的制度化、规范化、程序化，同时做好与其他监督形式相关制度的对接工作，将各项监督工作纳入制度化轨道。另一方面，由监督形式中对应的部门加大对制度执行情况的监督，督促各项制度的有效落实。同时，在监督过程中及时了解制度执行过程中存在的问题，有针对性地为制度的执行创造条件。对于社会监督而言，也应以制度中所规定的相关部门对其制度执行情况进行追踪了解，避免制度的虚置。

四、充分激发各个监督主体的监督动力

中国特色社会主义监督体系的运行需要依靠强有力的监督动力，而监督动力来源于不同监督主体的监督合力。这些监督合力放到整个监督体系当中，直接体现为一种向心力。中国特色社会主义监督体系的向心力如何，会影响到其运行效果。监督体系的向心力，具体表现为不同监督形式是否形成强有力的合力，在实现各自功能的基础上，共同推动整体性功能的实现。当前，中国特色社会主义监督体系中不同监督形式的目标虽是一致的，但还没有形成强有力的监督合力，不利于监督体系的高效运行。为此，应在分析这一问题产生的原因的基础上，采取

---

① 《习近平在党的群众路线教育实践活动总结大会上的讲话》，载于《人民日报》2014年10月9日。
②③ 李景平、曹阳：《改革开放以来党和国家监督体系发展之省思》，载于《广西社会科学》2019年第4期。

相应的举措来解决这一问题。当前，增强中国特色社会主义监督体系不同监督主体的动力，可以着重把握几个工作：

一是调动不同监督主体的监督积极性。要激发每一个监督主体的监督动力，才有可能综合形成整体的监督动力。对于不同的监督主体，应运用不同的方法来引导他们的监督积极性。例如，对于纪检监察干部和司法部门、审计部门、统计部门的工作人员，以及人大监督、民主监督的监督主体来说，应通过专业学习的方式来提高他们对监督工作的重视程度，将监督工作跟业务工作密切联系起来；而对于其他监督形式的监督主体来说，更多的是通过开拓监督渠道或及时反馈监督结果的形式来提高监督积极性，引导更多的人自愿开展监督活动。

二是充分发挥纪检监察机关的协调作用，带动其他监督形式的监督工作实践。纪检监察机关作为监督的专责机关，其在监督工作中的表现以及取得的成效往往能够给其他监督形式起到一定的引导作用，形成示范效应。为此，纪检监察机关作为党内监督、监察监督的具体执行机构，应利用机构的优势，既推进党内监督主体和国家监督主体之间的有机贯通[1]，同时加强与其他监督主体的沟通，提高他们的监督意愿和监督能力，确保不同监督形式之间的互动合作。

三是构建不同监督形式之间的联动机制。构建监督体系，意味着各种监督方式相互联系、有效结合、有机运行，充分发挥各自作用，形成强大监督合力。这就需要在党的统一领导下，各类监督方式之间要相互贯通，包括信息畅通、体制机制有效衔接。[2] 为此，提高监督体系中不同监督形式之间的向心力，需要有一个设计合理、运行有效的联动机制，确保不同监督形式的作用能够实现最大限度地发挥。结合中国特色社会主义监督体系的运行特点，有必要构建一个以党内监督、监察监督为主导、其他监督形式相互配合的联动机制，实现不同监督形式之间的"实质联动"，以此增强不同监督形式之间的监督动力。

五、有序推动监督方式方法的创新

创新是民族进步的灵魂，是国家兴旺发达的动力，创新对于事物的发展具有重要的推动作用。在实际工作中，方式方法的创新会带来新的工作思路和工作方式，在一定程度上促进工作的开展。中国特色社会主义监督体系中，不同监督形式的监督方式方法有所差异，总体上能够满足基本的监督工作需要。但随着监督工

---

① 王希鹏：《坚持和完善党和国家监督体系：基本经验与推进路径》，载于《中国特色社会主义研究》2019 年第 6 期。

② 黄雅屏：《治理之道：用好权力监督机制》，载于《人民日报》2018 年 8 月 1 日。

作面临的形势发生变化以及任务要求的提高，需要监督主体不断提高监督效率。而创新监督方式方法，是提高监督工作效率的重要举措。因此，有序推动监督方式方法的创新，对于提高中国特色社会主义监督体系的运行效率具有重要意义。

一是培育监督主体的创新思维。没有创新的思维方式，就没有创新的行动和实践。[1] 实践创新的前提是具备创新思维。提高创新思维能力，意味着保持对一切既有成果的怀疑，意味着对落后观念的否定，意味着对迷信的打破和对陈规的超越，进而提出新思想、新理论和新论断。[2] 监督主体在开展监督过程中，要立足于已有的经验和教训，勇于提出并尝试新的工作方法，而不能一味地"坚守"固定的工作模式。对于监督工作，要形成自己的思考和见解，以提高工作效率为直接目的，探索新的方式方法。

二是倡导监督方式方法创新。监督方式方法的创新，不仅仅是指技术方法上的创新，还包括工作思路上的创新。一方面，监督主体在开展监督工作时，要善于利用现有的技术手段，如大数据监测系统、"互联网＋"信息平台等，做到精准监督、实时监督，突破现有监督方式的时空限制，提高监督工作的效率。另一方面，监督主体可以打开工作思路，如借用其他领域的工作思路，或者从一元思维模式转向多元思维模式，思考如何从不同的角度来提供监督工作思路，而不是仅限于本领域的"常规工作模式"。例如，将安全生产监督、风险管理等领域的监督思路引用到监督工作当中，为监督工作提供新的思路；在党内监督中，丰富原有的监督模式，在原有日常监督的基础上开展重点监督、专项监督等模式。此外，也可以借鉴其他国家和地区的做法和经验，实现"本土化"转化，为监督工作提供新的思路和方式方法参考。需要注意的是，创新监督方式方法是一种手段，其最终目标还是为了提高监督效能。不能单纯为了求"新"，而影响了最终的效果。

三是为监督方式方法创新提供制度保障。监督方式方法的创新，既需要正向激励，也需要风险保障。因此，鼓励监督方式方法创新，需要从两个方面来提供制度保障。一方面，完善激励机制。监督方式方法的创新，有助于提高监督工作效率。为了引导监督主体在方式方法创新上投入精力，激发他们的创新动力，应完善相应的激励机制，对他们的创新成果提供一定的奖励，增加创新的获得感和成就感。另一方面，建立容错机制。从某种程度上来说，创新是一种新尝试新探索，有可能会带来一定的风险。这种潜在的风险会影响到监督主体的创新积极性。这就会产生创新需求与创新风险之间的矛盾。如果不能找到二者之间的平衡，解决这一矛盾，就很难实现创新。因此，可以通过建立容错机制，为一定条

---

[1]　人民日报评论部：《以创新思维增活力》，载于《人民日报》2014 年 3 月 20 日。
[2]　王刚：《深刻理解创新思维》，载于《光明日报》2019 年 7 月 16 日。

件下监督主体创新提供保障，减少监督主体创新的顾虑。而要建立的容错机制，需充分体现出监督方式方法创新的特殊性，明确容错的范围和方法，确保容错机制能够发挥应有的作用。

六、全面提升监督主体的综合素质和能力

监督主体的综合素质和能力是各类监督形式发挥作用的基础条件，会对中国特色社会主义监督体系整体作用的发挥产生重要影响。当前，专职从事监督工作的纪检监察干部在综合素质和能力方面总体上比较高，但也还有提升的空间。人大监督、民主监督、行政监督、司法监督、审计监督、统计监督等监督主体在业务能力上比较强，但在监督工作方面的能力还有待强化。而社会监督的监督主体由于缺乏系统的认识和实践，监督主体也比较多元，单个主体的素质和能力差异较大，需要重点加强这一监督主体的能力建设。基于这一实际，有必要全面提升监督主体的综合素质和能力。

一是持续加强专职监督人员的能力建设。专职监督人员特指纪检监察干部，他们在中国特色社会主义监督体系运行过程中发挥着关键性的作用。提升纪检监察干部的综合素质和能力，是提升中国特色社会主义监督体系监督主体整体能力的重要任务。首先，要完善监督干部队伍结构。当前，纪检监察干部队伍的人员结构还不够合理，如专业背景构成、年龄分布等，还需要不断完善。要解决这一问题，一方面需要以准入机制为抓手，在对外招聘或内部调动时，要设定符合实际需要的要求和条件，从"入口"处推动完善整个队伍的结构；另一方面要争取相关部门如组织部门的协助，推动做好纪检监察干部的准入、考核等工作，从结构上不断提高队伍的素质和能力。其次，要加快推进监察官队伍的建设。建设高素质专业化队伍，是履行纪检监察职责使命的内在需要。《监察法》第十四条规定，国家实行监察官制度，依法确定监察官的等级设置、任免、考评和晋升等制度。2021年8月20日，第十三届全国人民代表大会常务委员会第三十次会议通过《中华人民共和国监察官法》（以下简称《监察官法》）。《监察官法》将监察机关职责进一步细化，同时促进了监察官履职要求的具体化、制度化、法律化，为建设高素质专业化的监察官队伍提供了明确的指导。当前，有必要借助这些政策的指导和推动，以严格选任和从严管理队伍为基本理念[1]，加快推动监察官队伍建设，进一步明确监察官的范围、选拔资格及履职保障等内容，推动纪检监察

---

[1] 周磊、焦利：《构建中国特色国家监察官制度：背景与建议》，载于《北京行政学院学报》2019年第3期。

队伍的专业化发展。① 再次，加强学习教育和业务培训。提高纪检监察干部的综合素质和能力，就是要培养一支忠诚干净担当且业务能力强的人才队伍。为此，纪检监察机关应通过加强集中学习教育，开展有针对性的业务培训活动，系统提升干部队伍的能力。同时，纪检监察干部要主动加强理论学习，并在实践中不断提升业务能力。最后，加强纪检监察干部队伍的自我监督。纪检监察干部的综合素质和能力提升离不开自我监督。通过加强自我约束，可以不断提高队伍的忠诚度、纯洁度和担当作为的态度和决心，并及时进行自省和反思，持续提升素质和能力。

二是提高其他监督主体的综合素质和能力。其他监督主体并非专职从事监督工作的，只有在特定的环境和特定的需求下才会开展监督活动。对于这几类监督主体来说，要提升他们的综合素质和能力，不太可能套用纪检监察干部队伍的能力建设方式，应结合他们各自的监督工作特点及监督过程中存在的问题，提出更有针对性的能力建设方法。其中，对于人大监督、民主监督、司法监督、审计监督、统计监督等形式的监督主体，由于部分监督形式的监督主体在业务工作过程中就在履行监督的职责，因此可以在提高其业务能力的同时，有侧重地加入监督的要素，即配合好纪检监察机关监督工作的要求，充分协助党内监督的主导作用的发挥。实现这一目标，需要纪检监察机关做好与其他监督主体的对接，帮助他们提升开展监督工作的能力。对于社会监督的监督主体，则需要纪检监察机关做好宣传工作，拓展和畅通社会监督的渠道，帮助社会公众全面认识监督工作，包括监督的重要性、监督的方式方法等，避免他们"盲目"监督，提高他们的监督素质和能力。

三是构建多方联合监督队伍。中国特色社会主义监督体系是一个整体，不同监督主体可以通过内部联合的形式，提高监督主体的整体素质和能力，弥补现有监督主体素质和能力仍存在的困境，推动监督工作的有序开展。为此，纪检监察机关可以牵头，结合监督工作的实际需要，召集不同领域的人员参与到监督工作当中，一方面可以完善监督工作队伍的结构，提升监督队伍的整体素质和能力；另一方面可以在实践中带动更多的监督主体提升自身的素质和能力。纪检监察机关可以有意识地选择不同监督形式的监督主体，充分发挥各自的专业优势，合力开展监督工作。目前，纪检监察机关可以采取指导或直接成立联合监督队伍的形式来推动这项工作。其中，纪检监察机关的指导作用体现在鼓励其他监督主体以志愿者的身份成立"第三方"监督队伍，由纪检监察机关给予指导或协助，实现工作中的互动。纪检监察机关也可以建立相应机制，在专项监督工作中引入其他监督主体，协助做好监督工作。

---

① 周磊：《中国监察官制度的构建及路径研究》，载于《国家行政学院学报》2018 年第 4 期。

第十七章

权力制约模式的国际比较分析

在全球范围内，诸多国家和地区在权力制约模式的探索与建设方面贡献了有益经验。中国特色社会主义监督体系是中国在权力制约模式上的自主探索，其根本指导思想是马克思主义。党的二十大报告也深刻指出："实践告诉我们，中国共产党为什么能，中国特色社会主义为什么好，归根到底是马克思主义行，是中国化时代化的马克思主义行。"为此，有必要在全球视野下，对域外国家在权力制约模式上的情况进行了解并将其自觉地同中国进行比较分析，从而在比较中进一步深化对马克思主义指导下的中国特色社会主义监督体系在权力制约中比较优势的规律性认识。本章将基于国际比较的视角，对美国、瑞典、巴西、新加坡和越南这些国家的权力制约模式开展分析和比较：一方面，在梳理总结中归纳上述国家在权力制约方面的有益经验；另一方面，在跨国比较中探讨中国权力制约模式的特殊性及相对优势。通过对世界其他国家权力制约模式的梳理、归纳与比较分析，有助于更好地把握中国的权力制约模式与世界其他国家的异同点，进而自觉地识别中国特色社会主义监督体系的比较优势。

第一节　国外权力制约模式的基本状况

对国外典型国家的权力制约模式进行梳理和介绍，总结其基本状况，有助于我们了解其做法，总结其经验，更好地为"我"所用。本节主要介绍美国、瑞典、巴西、新加坡和越南的权力制约模式。

一、美国的权力制约模式

美国是典型的联邦共和制国家，国家权力划分为既相互独立又相互制衡的立法、行政、司法三个部分，并建立相应的国家机关来分别行使这三个方面的权力，然后在联邦政府和州政府、地方政府进一步分权，以实现国家权力的分立与制衡。美国的权力制约正是在"双重分权"——纵向权力结构中联邦政府与州政府的分权和横向权力结构中的三权分立——的宏观框架下，在中观和微观层面上所作出的设计与运营。因此，在具体的控权路径上，结合本书的概念界定，美国的权力制约模式是较为典型的、受分权逻辑所主导的权力制衡路径。

（一）总统制下的议会制衡

美国国会具有制衡行政和司法机关的法定职责。在联邦层面，国会作为立法机关，在宪法设定的三权分立的原则下与行政机关和司法机关相互制衡。国会运用立法权、财权、任命批准权、条约批准权、弹劾权、调查权等宪法手段来发挥制衡作用：（1）财权是国会钳制行政机关的重要途径，国会的财政拨付是政府履行职能的前提，国会可通过预算审议、审计调查（由接受国会领导的联邦审计总署负责）和财政质询等手段对行政部门的财政开支进行节制；（2）任命批准权是国会参议院的特有权力，经总统提名的部分政府官员或联邦法官，必须通过参议院的审查与批准方能任命，就此通过人事任免的审议来对行政机关和司法机关进行制衡；（3）调查权由国会内设的常设委员会、出于专门目的的设立的特别委员会和参众两院的联合委员会行使，主要任务是调查高级官员的行为表现，这些委员会可举办调查听证会，并有权传讯相关人员出席听证会提供证言；（4）弹劾权是国会掌握的极具威慑力但实际使用较少的权力。美国宪法规定，对"犯叛国罪、贿赂罪或其他重罪和轻罪"的政府要员的弹劾，须由众议院提出、参议院审判，判决须由参加审判的参议院 2/3 多数票通过，相对苛刻的达成条件使弹劾权变成了使用次数少但威慑力十足的制衡手段。

同时，国会自身也面临着制衡与监督：（1）国会议员的舞弊行为，将由联邦政府司法部发起调查和起诉，由法院判决并惩处；（2）国会在参众两院均设有专门的道德委员会来管理并监督议员，接受公众和社会团体对议员腐败行为的检举揭发，并展开后续调查与惩处[1]；（3）国会中两党为执政权开展的对抗性竞争，

---

[1] 关于对美国国会议员的监督机制，参见李秋芳、孙壮志主编：《反腐败体制机制国际比较研究》，中国社会科学出版社 2015 年版，第 503～505 页。

也对彼此形成了较强的制约压力。

（二）总统制下的司法制衡

美国司法机关对立法机关和行政机关的制衡，主要依托于法院按照法律规定对管辖范围内的政府机关及其公务人员的违法失职行为进行司法审判。美国联邦和各州有各自的法律和法院体系，联邦法院和各州法院依据各自的法律管辖着不同领域内的案件。不同于采用大陆法系的德国和法国，美国没有设置专门的行政法院，对立法机关和行政机关的司法监督由普通法院行使——法院将以司法审查权的形式，宣布国会制定的法律、总统发布的行政命令、行政机关颁布的规章制度和州一级的法律因违反联邦宪法而无效，政府其他部门必须受法院裁决的约束。美国的联邦法院和州法院都有权开展司法审查，其中联邦最高法院掌握着司法审查的终审裁决权。

（三）行政机关的内部监督

权力制衡路径中也存在并兼容着权力监督的成分，行政机关的内部监督在美国的权力制约制度体系中有着极大的占比，相当多的专门监督机构均集中设置在行政部门内部，接受行政首脑的领导并对其负责。具体地，美国行政监督体制中具有代表性并发挥主导作用的权力监督机构有监察长办公室、政府道德署和司法部。

依据 1978 年颁布的《监察长法》和 1988 年补充通过的修正案，监察长办公室是联邦政府于各部门内部设立的监察机构，对驻在部门进行审计、调查与监督。监察长办公室并不属于驻在部门管辖，监察长人选在征得参议院同意后由总统任免，因此监察长接受总统领导，并定期向国会报告工作。[①] 监察长办公室的具体职责主要有：（1）对驻在部门的财务支出及行政行为进行审计、调查和检查，以提高行政机关工作的积极性和效率，预防和制止违法、欺诈及滥用职权的行为；（2）检查和评价与驻在部门职能履行相关的法律法规，依据这些法律法规对项目和业务管理提出建议；（3）通过提交半年期工作报告及其他报告，全面及时地将审计、调查、检查中发现的问题报告国会和行政机构负责人，并提出改进建议。据不完全统计，联邦政府中已设立了 60 余个监察长办公室。为了更好地协调和领导这些办公室，联邦政府内部还专门设立了总统廉政和效能委员会，这一委员会的主席由白宫办公厅主任担任，委员会将作为分散于各个行政部门的诸

---

① 关于监察长办公室的组织体制，参见王建波主编：《国外廉政建设述评》，武汉大学出版社 2016年版，第 171～173 页。

多监察长办公室的协调机构发挥作用。①

政府道德署是依据 1978 年颁布的《政府道德法》和 1989 年修订颁布的《政府道德改革法》设立的专门监督机构，政府道德署署长由总统在征得参议院同意后任命，未经国会同意，总统无权直接解除署长职务。政府道德署接受总统领导并执行由总统签发的行政命令，进而监督联邦政府官员的行为。具体地，政府道德署具有几项监督职能：（1）监督《政府道德法》的执行，完善配套细则，拟定行政部门内部利益冲突和道德准则的规章制度；（2）接受、审查和管理联邦政府官员的财产申报；（3）为防范利益冲突提供指导与培训，并将违反利益冲突、犯有舞弊行为的官员提请司法部起诉和惩处。除却联邦政府层面的政府道德署，一些州政府和地方政府也同样设置了具有类似职能但与联邦政府道德署并无隶属关系的机构，如加利福尼亚州的公平政治实践委员会、洛杉矶市道德委员会等，它们负责各自地区内政府官员的道德行为管理。②

司法部是美国联邦政府的一个部门，其部长是美国总统的内阁成员，司法部部长在内阁不称部长，而称为总检察长，总检察长的职责是维护美国政府的法律利益，为美国政府处理法律事务并对美国的司法部门进行监督。在组织体系上，联邦政府层面的检察机关由总检察长（也即司法部部长）、司法部中具有检察职能的部门以及分散于全国的数十个联邦地区检察官办事处构成，州政府层面的检察机关由州检察长和州检察官办事处组成，市镇政府层面的检察机关规模较小、职能也相对微小，主要由公共法律官员组成，专职起诉违反市镇法令的犯罪行为。

二、瑞典的权力制约模式

瑞典实行君主立宪和议会内阁制，国王作为国家的象征，扮演"虚君"角色，履行礼仪性职责，不干预公共部门的实际工作，而议会作为国家最高权力机关和立法机关，则在瑞典政治体制中居于核心位置：政府由议会选举产生，对议会负责并接受议会的监督。由于国家的权力中心在于议会，因此在瑞典的权力制约组织体系中，议会居于主导地位，在权力地位上高于政治系统内部的其他部门主体。也正是这种议会主导的权力结构使得瑞典的权力制约模式偏向于权力监督路径，而非美国式的、三权分立式的权力制衡。

① 关于监察长办公室与总统廉政和效能委员会的关系，参见四川省社会科学院课题组：《国外境外预防腐败体制机制研究》，四川人民出版社 2018 年版，第 82~83 页。
② 关于政府道德署的组织体制和职责权限，参见侯志山：《外国行政监督制度与著名反腐机构》，北京大学出版社 2004 年版，第 133~137 页。

（一）议会内阁制下的议会监督

在议会内阁制下，内阁总理是议会多数党领袖，内阁必须拥有议会的认可与信任才能上台并稳定执政。在政务工作中，议会可对内阁的施政行为以及内阁官员涉及公共权力的个人行为展开质询，内阁必须就此回应议员们的质疑。而当内阁失去议会信任——也即由议员发起的"不信任投票"动议通过时，内阁须集体辞职或解散议会提前选举，这种制约机制使得内阁处于议会的有效监督和管控之中。

瑞典议会内部设有若干个专门委员会，这些专门委员会都肩负监督政府的责任，但绝大多数的委员会都是对口监督，只监督与该委员会职能领域相关的政府事务，而宪法委员会作为其中最为重要的专门委员会，不仅具有修订宪法的权力，还拥有对内阁政府全面综合的监督权，其监督范围不仅涵盖内阁及其成员的违法乱纪情况，还包括政府的公共政策是否合理。虽然在法律赋予的职能权限之内，宪法委员会有权主动启动调查，但在实际的政治实践中，宪法委员会一般会遵循"不告不理"的原则——被动地受理议员个人或集体的调查请求，而非主动地针对特定事项开展调查。此外，在调查请求的受理对象上，也有明确的限制，宪法委员会仅受理议员的调查请求。

议会监察专员是议会的下属监察机构之一，由议会产生，对议会负责，独立行使监察权，监督法院、行政机构及其工作人员的公共权力行使状况。议会依据《议会监察专员指令法》，通过宪法委员会来指导并监督监察专员的日常工作。《政府组织法》规定具备议会监察专员任职资格的人一般是具有专业法律知识并德高望重的资深人士，将由议会单独选举出4名议会监察专员组成监察专员公署，任期4年。议会监察专员的权限包括调查权、建议权、起诉权，这些权限是保证议会监察专员顺利开展工作的坚实后盾：调查权是监察专员独立行使职权的重要保障，监察专员可以因公众的申诉而启动调查程序，也可以主动对有关事件进行调查；建议权是指监察专员依据调查和视察的情况，有权在法律法规修改、腐败惩处以及针对被侵害公民的合理救济等多方面提出建议；起诉权是监察专员特有的权力，可对违反法律法规、贪污腐败或玩忽职守的官员提起诉讼。监察专员公署的专员人数虽然不多，但能量巨大，对官员形成了较为有效的震慑。

接受议会领导的瑞典国家审计署代表议会行使审计权，对政府部门、国有企业等涉及公共权力行使的公共机构的公款使用状况进行审计监督，并向议会报告审计结果。议会将根据国家审计署的建议，对发现问题的被审计单位采取措施。国家审计署具有较强的独立性与权威性，有权直接获得政府和公司的账号信息，这些都有助于保障其审计调查的效能。

（二） 议会内阁制下的司法监督

在瑞典的法院系统中，普通法院对政府官员的监督体现在其对涉及公职人员的民事和刑事案件的审理中，这些案件审理发挥着对公职人员的审判监督作用。相较于普通法院，专责的行政法院与权力监督的联系则更为直接，行政法院专门审理行政侵权等行政诉讼案件。此外，瑞典的检察系统在执行打击腐败行动方面也发挥着重要作用，瑞典检察院由总检察长领导，负责全瑞典的犯罪调查和公诉事务。中央检察院内设国家反腐败署以及专项负责对执法和司法人员进行监督和调查的国家警官、检察官与法官调查署。其中，国家反腐败署是瑞典的专门反腐败机构，主要负责全国范围内的腐败线索受理以及腐败案件的侦办和起诉。由于国家反腐败署自身并没有侦查队伍，反腐败署一般与前述的检察系统中的国家警官、检察官和法官调查署以及地方政府的警察部门合作，共同侦办处理案件。[①]

（三） 行政机关内部监督

相较于占据主导地位的议会监督，行政机关的内部监督发挥着补充作用。瑞典的中央政府与地方政府内部均设有审计局，其主要任务是监督政府的财政开支和资金使用效益情况。此外，以大法官为代表的职能机构在瑞典的行政机关的内部监督中也扮演着重要角色。大法官是政府内部的最高行政监察官，隶属于司法部。大法官由政府任命，大法官助理由大法官提名、政府任命，其工作人员均由大法官任命。大法官的监督职能包括：（1）担任政府的最高法律顾问，为政府提供法律咨询；（2）监督一切公职人员遵守法令的情况，受理公民提出的对公共机构或公职人员违法行为的申诉，并在查实后对涉事人员及其不正当行为提出警告或起诉；（3）监督最高法院与最高行政法院的法官，当有法官涉嫌违法犯罪并被提起刑事诉讼时，大法官将担任检察官提起公诉。

三、巴西的权力制约模式

巴西的政体与美国高度相似，立法、司法、行政权力相互制衡，其权力制约模式更多地表现出了权力制衡路径的特征。在巴西的权力制约模式中，国会调查委员会、联邦检察院、联邦审计法院和联邦警察局作为主要的组织机构发挥着重

---

① 王建波主编：《国外廉政建设述评》，武汉大学出版社 2016 年版，第 17~21 页。

要作用。

（一）总统制下的议会制衡

巴西国会在三权分立框架下所发挥的权力制衡作用与美国国会的制衡作用高度类似，在此不再赘述，将专门介绍富有巴西特色的议会制衡的制度设计。国会调查委员会是巴西议会开展制衡的重要机构。根据巴西宪法规定，经1/3议员同意，参议院或者众议院可以联合或单独成立国会调查委员会。国会调查委员会通过启动立法和弹劾程序，在腐败案件调查中发挥着积极作用，有权要求有关部门提供情报资料、出席听证会等，其调查结果会提交至有关法院审理。为更加有效地检举揭发政府高级官员的不法行为，巴西国会于1987年专门成立了国会反贪污调查委员会。在审计方面，国会还有着巴西联邦审计法院的协助，联邦审计法院的法官由总统任命、参议院批准，一经任命，除非遭弹劾，否则不得被免职。联邦审计法院的主要职责是防止和制止滥用国家公共资金，如对共和国总统的开支账目以及立法、司法、行政机构和一切国有企业的财产账目进行审计等。

（二）总统制下的司法制衡

联邦检察院独立于行政和立法机构，巴西宪法规定联邦检察院享有广泛的职权，可以独立调查一切违反公共利益的案件。1988年的宪法进一步扩大了联邦检察院的权力，并充分保障其独立性。检察长无权干涉检察官的调查活动，联邦检察官履行职权时只服从法律和自己的良心，具有高度的自主性和独立性。为加强对联邦检察院反腐战略方面的指导，巴西于2003年5月成立了隶属于联邦检察院的反腐败咨询机构——公共透明和反腐败委员会，其成员由政府和社会团体的代表组成，目的是增强打击腐败的力度和保障反腐工作的透明性。此外，为了有效地查处国内的腐败问题，联邦检察院还积极推行超长预防性拘留措施和辩诉交易（plea bargain）。其中，"超长预防性拘留"即协助调查人员向富豪和高官等嫌疑人施加压力，防止收押人员动用经济和政治的力量对抗指控；"辩诉交易"即嫌疑人允许以重要情报换取减刑。这些措施为联邦检察院的腐败调查提供了有力的保障，保障了司法制衡的权力制约作用。

（三）行政机关内部监督

同美国的权力制约模式类似，巴西的权力制衡路径中也兼容着监督的元素，具体体现在行政机关的内部监督。巴西制定了一系列规范公职人员行为的法律：《政府行为不当法案》（1992年）是国际社会上较早针对政府官员做出防止利益冲突现象的规定；《行政、立法、司法部门高级官员申报财产法》（1993 年）对政府官员、国会议员、联邦法官和检察官的财产申报作出具体要求；《公职人员道德法》（1994 年）、《反洗钱法》（1998 年）、《联邦行政高官行为准则》（2000年）等法律也相继出台。2005 年，巴西又建立了财产查询机制，规定联邦总审计长办公室可以在行政部门内部审查公务员的财产变化。在行政机关的内部监督体系中，联邦警察局也承担着重要的监督职责——联邦警察局可以独立调查各种刑事案件，包括调查政府部长、州长等各级官员的腐败行为，巴西宪法规定联邦警察局有权对"违反政治和社会秩序，或者违反联邦政府的美德、服务和利益的刑事侵害进行调查"。

四、新加坡的权力制约模式

新加坡是一个议会制国家，议会议员由选举产生，由议会多数党组成政府，并由多数党领袖担任总理。总统由全民选举产生，但仅为名义上的国家元首，实权由政府总理掌握。新加坡在 20 世纪 60 年代独立之初面临着严重的腐败问题，经过数十年的反腐败斗争之后，新加坡现在已被认为是全世界最廉洁的国家之一，例如，透明国际发布的"清廉指数"多年来对新加坡的评分都在 80 分（满分 100 分）以上。新加坡的权力制约模式在一党独大制的政党制度背景下偏向于权力监督路径，其廉政治理经验已成为亚洲国家廉政建设的典范。

（一）党内监督

重视党内监督是新加坡权力制约模式的一大特色。新加坡虽然在正式制度层面表现为多党制，但自 1959 年新加坡独立后，人民行动党一直长期执掌新加坡政权，这使得新加坡的政党制度在事实上表现为一党独大制，也使人民行动党在长期执政的基础上尤为重视党内监督。具体而言，新加坡人民行动党建立"党督"制度以实现对本党党员的监督和控制，且其监督范围较广，不仅监督党员在政治上的立场，而且监督党员在日常生活和工作中是否存在失范行为。《新加坡人民行动党章程》明确规定："每位党员必须忠诚于新加坡，必须支持国家章程。每位党员必须接受并遵守章程、法规和党的方针政策。"新加坡人民行动党对党员干部的生活、工作要求极为严格，对因个人品行出现问题而给党造成不良影响的党员干部，人民行动党也会严肃处理。

（二）"一党独大制"下的议会监督和司法监督

新加坡沿用了殖民地时期英国统治者的传统建立了议会民主，但与英国不同的是，新加坡在集中力量发展经济的过程中，行政权的实际地位和影响力渐渐超过了立法和司法两权，成为国内的主导权力，并且新加坡人民行动党的长期稳定执政，使得新加坡成为事实上的一党独大制国家。在一党独大制之下，处于强势地位的行政权与其他相对弱势的权力之间形成了一种不平衡的关系，长期执政的人民行动党在议会中长年占据多数席位，这使得议会对于政府的监督作用相对有限。

与议会的状况类似，新加坡的司法力量也在相当程度上受到行政权力的影响，司法机关的独立性和自主性受到限制。即使新加坡的司法机关虽然制衡作用不明显，其监督作用仍然较为突出。在新加坡较为健全完备的法律体系中，与权力监督和反腐败有关的法律包括《防止贪污法》和《公务员守则与纪律条例》等。在完备的法律规定中，各类贪腐行为的定义得到了详细的界定，发现贪腐后的惩处措施也有着详细的规定，这些都确保了反腐败斗争有法可依。新加坡的司法执行十分严格，不论是普通民众还是政府高官，在法律面前一律平等，确保了法律的权威性与庄严性。在新加坡，哪怕是口头允诺或是极小的涉案金额，都会被当作贪污来惩处，且有着较重的量刑，对官员们形成有力威慑。

（三）行政机关内部监督

新加坡的行政监督体系也比较完备，特别是贪污腐败调查局发挥了重要作用。贪污调查局既是行政机构又是执法机关，直接隶属于总理公署，局长由总统根据总理的提名任命，工作由总理直接领导、对总理负责。《防止贪污法》赋予贪污调查局广泛的职权，特别是强化了其侦查权限和侦查措施，在调查腐败案件过程中无须借助警察局等执法机关的力量，就能够独立地对贪腐案件进行立案和侦查。新加坡特别强调贪污调查局查案的行动效率：对于署名的投诉和举报，贪污调查局必须在一个星期内给予正式答复；一旦决定调查的案件，必须在确定查案官员后 48 小时内展开调查；除非案情复杂，所有的贪污案件必须在 3 个月内调查完毕。此外，贪污调查局非常重视预防腐败的制度建设，经常检查政府机关执行公务的程序，以便堵塞漏洞。贪污调查局还会对容易发生腐败现象的部门人员进行定期轮换，并对这些部门进行突击检查，且每隔 3 ~ 5 年就会全面检查防止贪污贿赂措施的落实情况。

五、越南的权力制约模式

越南是一个在政治、经济和文化方面与中国有着诸多联系与共同点的国家。自 20 世纪 80 年代起，越南通过"革新开放"的国家战略，走上了由传统计划经济体制向市场经济体制转变的革新之路。在"革新开放"的进程中，越南共产党

（以下简称"越共"）作为越南政权的领导核心，一方面强化了党内监督，完善了党的自身建设，另一方面积极探索透明、公开和民主化的政治制度设计，初步搭建了一套以党的机构发挥领导协调作用，国会、行政监察机关、司法机关和社会组织协同发挥作用的权力监督体系。

（一）党内监督

2006 年 8 月，越共设立了由时任政府总理担任主席的中央反腐败指导委员会，该委员会的主要工作任务和职责包括"领导全国反腐败工作和指导全国反腐败的宣传教育工作、对全国反腐败政策和法律法规的研究以及制定提出指导性的意见和建议、对反腐败的政策和法规的实施情况进行指导和监控，以及对民众反映强烈、事关党和国家重大命运的大案、要案的查处进行指导和协调等"[①]。其后，2012 年 5 月召开的越南共产党第十一届五中全会决定加强越共中央对反腐败工作的直接领导，通过改组整合原有的中央反腐败指导委员会，成立了由越共中央总书记任组长、中央政治局直接领导的中央反腐败指导小组，此外还通过重新组建越共中央内政部来作为反腐败指导小组的常设机构。中央内政部在权力监督和反腐败方面的具体职责包括"为中央反腐败指导小组会议设定内容和准备文件；对全国反腐败重大舆情进行关注和作出快速反应；对重大案件进行跟踪并对重大案件的处理和反腐败工作进行总结等"[②]。根据越共中央反腐败指导小组的决定，又配套成立了中央反腐败监督检查工作组，具体负责腐败案件的检查、起诉、调查、追诉和处理事宜。2013 年 9 月，越共首次成立了 7 个中央监督检查工作组，此后每年都有中央监督检查工作组深入中央各部和全国省市进行大案要案的查处、追踪和督办。同时，随着反腐工作的深入推进和反腐力度的加大，中央反腐败监督检查工作组的数量也会根据工作的实际需要有所增加。

党内质询制度也是越共实现党内监督的重要抓手，该制度于 2002 年在越共九届五中全会上首次实行。党内质询制度赋予每一个中央委员向包括越共总书记在内的任何中央委员、中央检查委员会委员和中央政治局委员等党内干部提出质询的权利。每一位中央委员既是问责主体又是问责对象，提出质询的权利与接受质询的义务相当。中央全会留出专门的时间进行质询活动，被质询人必须回答质询人提出的问题，直到质询人满意为止，质询现场面向全国直播。[③]

---

① 李秋芳、孙壮志主编：《反腐败体制机制国际比较研究》，中国社会科学出版社 2015 年版，第 131～133 页。

② 邹焕梅：《越共制度反腐的演进及态势研究》，载于《当代世界社会主义问题》2018 年第 3 期。

③ 四川省社会科学院课题组：《国外境外预防腐败体制机制研究》，四川人民出版社 2018 年版，第 248 页。于秀秀：《古巴、越南共产党的党内问责》，载于《上海党史与党建》，2017 年第 1 期。

（二）议会监督

越南国会始设于越南独立后的 1946 年 1 月，是越南的国家最高权力机关，也是全国唯一的立法机构，任期五年，通常每年举行两次例会。自 1986 年越南实行革新开放以来，国会主要通过质询、信任投票和审计来开展监督。

2003 年通过的《国会监督活动法》是质询制度的法律依据，其第 2 条指出："质询是一项监督活动，其中由国会代表提出属于国家主席、国会主席、政府总理、部长以及政府其他成员、最高人民法院院长、最高人民检察院院长的责任的问题，并要求此人回复。"① 国会代表在国会会议召开前，会收集民众的各类意见，并根据这些意见首先进行书面质询，政府各部部长要对此进行书面答复，如对书面答复不满意，或者针对民众呼声十分强烈的部门或官员个人，国会代表将在会议召开期间，当面质询，质询活动面向全国进行电视现场直播，接受全国选民监督。②

信任评测和信任投票是国会掌握的另一较为重要的监督手段。2012 年 11 月，越南国会通过了《对有国会和人民议会推选或批准的领导人投信任票的决议》。根据该决议，越南国会和各级人民议会"将政府官员的履职表现、权力行使、政治觉悟、道德素质、生活作风等方面的表现纳入考评标准，对同级官员进行信任票表决"③。2014 年 11 月，信任评测和信任投票被正式写入《国会组织法》，获得了更为坚实稳固的法律支撑。信任投票的投票结果直接反映出国会代表对党政机关领导人的态度，是国会对政府活动监督的重要手段，同时也由于同民主制度相结合而间接反映了民众对官员履职的评价，对政府官员产生了一定的约束。

国家审计署作为越南的审计机关，负责核查国家预决算的准确性和合法性，审计署直接向国会报告工作。根据《反贪污腐败法》的规定，国家审计署负责组织开展审计工作，旨在预防、发现和配合处理贪污腐败行为，当发现贪污腐败行为时，将腐败线索移送侦查机关、检察院或有管辖权的机关进行处理。④

（三）司法监督

为提升司法监督的运行效力，2005 年越南共产党中央政治局发布了《2005

① 陈明凡：《越南的行政改革及其启示》，载于《当代世界与社会主义》2016 年第 1 期。
② 陈明凡：《越南政治革新的经验教训及其启示》，载于《探索与争鸣》2013 年第 1 期。
③ 潘金娥，陈明凡等：《越南革新与中越改革比较》，社会科学文献出版社 2015 年版，第 127 页。
④ 参见《越南社会主义共和国反贪污腐败法》，转引自米良：《越南反腐败法简述——附：〈越南社会主义共和国反贪污腐败法〉》，载于《环球法律评论》2013 年第 2 期。

年至 2020 年司法改革战略》。该项战略指出，要完善党委指导重大疑难案件的处理机制，畅通党组织与司法机关等相关部门的协调联动，要求中央和各级党委支持并维护司法机关独立行使职权，并特别强调不得对党政人员和官员的案件审理进行干涉。具体地，人民法院作为审判机关，有责任对贪污腐败犯罪进行审判和指导审判，同时，为了进一步保障司法审判免受政治干预，越南共产党对最高人民法院职能作出调整，赋予了最高人民法院对高级领导干部腐败案件的直接审理权，禁止越共中央非法干预集体审判工作。检察院作为检察机关，有责任组织、领导实施对贪污腐败犯罪的公诉工作，此外还担负着对贪污腐败犯罪案件的侦查、审判和执行活动的监督责任。

（四）行政机关内部监督

国家监察总署是内设于政府内部的行政监察专责部门，负责对政府部门和公职人员执行国家法律法规的状况进行监督，受理公民个人对政府公务员的检举和控告。当发现贪污腐败行为时，国家监察署可建议有管辖权的机关、组织进行处理。此外，监察署还具有建设反贪污腐败信息系统的责任。国家监察总署在中央政府的领导下工作，并于省、县、乡这三个层级中设有分支机构。在监督领域上，国家监察总署重点对海关、金融、财政以及由财政资金支持的基础设施建设项目等领域进行监督。[1]

第二节 权力制约模式的跨国比较

美国、瑞典、巴西、新加坡和越南这五个国家，国情各异，也都处于不同发展阶段，这些国家在权力制约模式上各具特色。对比这五个国家的权力制约模式，需要跳出纷繁复杂的具体制度，在一个统一的层面上进行比较。在权力制约模式中，存在着制约主体与被制约客体这两个行为主体，从制约主体与被制约客体的视角出发，可从独立性、协同性、回应性与全面性这四个考察维度来评价分析不同国别的权力制约模式。

首先，是面向制约主体而言的独立性。《联合国反腐败公约》和《欧洲理事会打击贪污腐败二十项指导原则》等国际条约都指出，一个有效的反腐败机构需

---

① 参见《越南社会主义共和国反贪污腐败法》，转引自米良：《越南反腐败法简述——附：〈越南社会主义共和国反贪污腐败法〉》，载于《环球法律评论》2013 年第 2 期。

要拥有独立、专业和充足的资源与权力。由此，独立性作为一项考察维度，将主要关注制约主体免受政治干涉的能力，独立性能够保障制约主体自主地调查腐败案件和腐败相关者，确保制约主体的公正，避免权力制约受到政治影响。

其次，是面向制约主体而言的协同性。协同性着眼于权力制约模式内部的诸多制约主体彼此间进行有效协同合作的程度。在各国的权力制约模式中，存在多个制约主体各司其职，此时不同制约主体间是否能够达成有效的分工协作，就成为决定权力制约模式运行效果的关键因素。只有制约主体之间可以形成有效的协同关系，输出良好的协作效能，才能确保整个权力制约模式的高效运转。

再次，是面向制约主体与人民群众之间的关系而言的回应性。回应性聚焦于制约主体，在何种程度上能够对民众的政治诉求进行回应。权力制约本质上不仅是政府作为一个组织的内部组织行为，从人民主权的角度来看，也是为了保证政府合理合法地行使公共权力，保证公共权力为人民所享所用。因此，对人民群众政治诉求的有效回应，也是考察权力制约模式效能的重要维度。

最后，是面向被制约客体而言的全面性。其所衡量的是权力制约在多大程度上实现了全覆盖，是否存在盲区或死角。一切滥用公权力的行为都是广义上的腐败，理想的权力制约应当能对公共权力行使的全过程和全环节，以及涉及公共权力行使的所有权力主体实现全覆盖。

从上述四个考察维度出发，对美国、瑞典、巴西、新加坡和越南这五个国家的权力制约模式的跨国比较分析结果详见表 17 – 1。

表 17 –1　　　　　　　　五个国家的权力制约模式对比

项目	美国	瑞典	巴西	新加坡	越南
独立性	在三权分立的制度框架下，各个制约主体虽处于被制衡状态，但在各自职权范围内能够较为独立、有权威地履行职能	在议会主导的政治体制下，议会监督组织体系中的相关主体能够排除行政部门和司法部门的干扰，独立有效地开展权力监督和反腐败工作	在权力分立的制度框架下，各个制约主体虽处于被制衡状态，但在各自职权范围内能够较为独立地对被制约客体对象进行权力制约	贪污调查局直接隶属于总理公署，局长由总统根据总理的提名获得任命，工作由总理直接领导，对总理负责，具有较高的独立性	党内监督的专门机构由于接受来自党内高层的领导，享有较强的独立性。国会监督则依托法治建设和民主化改革，较好地保障了监督工作的独立性

项目	美国	瑞典	巴西	新加坡	越南
协同性	政治系统内部的各个制约主体彼此间存在张力，如国会与总统领导下的政府存在相互制衡关系，因此协同性较为有限。各制约主体主要在各自的职责范围内履行责任，缺少跨主体的整合与协调，存在出现僵局的可能	政治系统内部的各个制约主体统一于议会的主导权力之中，由议会进行协调统筹，具有良好的协同性，有利于促进不同制约主体间的协同配合	政治系统内部的多个制约主体均具有调查权，这些部门互相之间的管辖权限并不分明，实践中容易出现重复调查或职权冲突的现象，从而使得协同性受损	执政党的监督与国家监督互相渗透，党内监督与议会监督、司法监督、行政机关内部监督和社会监督有着密切的联动，形成了完善的权力制约体系	长期执政的越南共产党在党和国家监督体系中发挥着统筹协调作用，各个监督主体在越共领导下联动协作，彼此间存在信息共享和制度借鉴，如质询制度就是由党内监督向国会监督的制度扩散
回应性	回应性较强，能够较为快速有效地对公众、利益集团（民间团体）和新闻舆论所提出的意见诉求和投诉举报进行回应	诸多制约主体，如议会监察专员、国家反腐败署等部门都十分重视公众提供的线索和反馈意见，能够对公民个人和社会组织的诉求作出有效回应	在制度安排上，诸多反腐败和监督机构在应然上均有对公民诉求作出反应的职责。然而这些制度安排在何种程度上能够转化为实然的运作实效，尚待检验	回应性较强，贪污调查局对于署名的投诉举报，须在一周内给予答复；对于决定调查的案件，确定查案官员后须在48小时内展开调查；除非案情复杂，所有贪污案件须在3个月内调查完毕	国会因其由选民产生、对选民负责的性质，使得国会监督表现出较高的回应性。政府内部的国家监察署亦留有受理群众意见表达和线索提供的信息渠道，表现出较好的回应性

续表

项目	美国	瑞典	巴西	新加坡	越南
全面性	依托不同部门间的权力制衡和专门监督，立法机关、行政机关与司法机关及其公职人员均在权力制约的范围之内	对行政机关（内阁政府）和司法机关实现了较好的监督。但在议会主导的政治体制下，对于议会自身的监督相对较弱	依托不同部门间的权力制衡和专门监督，立法机关、行政机关与司法机关及其公职人员均在权力制约的范围之内	无论是人民行动党员，还是普通的公务人员，都受到严格的约束，较好地实现了对被制约对象的全覆盖	凭借《反贪污腐败法》的制定和完善，针对涉及公共权力行使的国家机关及其公职人员，实现了被制约对象的全覆盖

第三节　国外权力制约模式的经验启示

当前，国外不同国家和地区的权力制约模式取得了不同程度的成效，其经验对于我国也具有一定的借鉴意义。

一、立足于本国的固有国情

由于社会经济条件、历史传统、文化发展和民族特点的不同，世界各国既不存在完全相同的政治制度，也不存在普遍适用的权力制约模式，各国都是从本国的国情出发，对本国的权力制约模式进行建构。

从西方权力制约的发展历史看，权力分立是资产阶级与封建贵族相妥协的产物，洛克、孟德斯鸠将其进一步发展为分权学说，成为当今西方主要国家所采用的、以"三权分立"为典型的权力制衡控权路径的渊源，即把国家权力分为立法、行政和司法，分别由不同的机关掌握，各自独立行使权力、相互制衡。"三权分立"具有其历史进步意义，它取代了封建独裁的专制制度，促进了资本主义的早期发展。美国是典型的联邦共和制国家，其政体将国家权力划分为既相互独立又相互制衡的立法、行政、司法这三方权力机关，这种权力制衡路径与美国政体所一贯奉行的选举政治的逻辑高度契合。巴西在借鉴美国的政治制度基础上，还进一步因地制宜地发展出了具有本国特色的国会调查委员会。

瑞典的权力制约模式则更多地转向了权力监督路径，强调由议会居于主导地

244

位的、对政府的监督，这在契合其议会内阁制政体的同时，也顺应了第二次世界大战以后北欧福利国家兴起和行政权扩张的现实需要，在实现强监督的同时也兼顾了政府的行政效率。新加坡虽然采取资本主义政体，但"一党独大"的政党制度使其偏向了权力监督的控权路径，建构了以贪污调查局为代表的、行政主导的监督模式。由此可见，即便是如瑞典、新加坡这样实行资本主义政体的国家，在权力制约的制度建构中也充分体现了本国特色，并没有"一边倒"地全部偏向于权力制衡路径，而是因地制宜地吸收借鉴了权力监督路径下的控权思路与具体举措。

二、高水平的法治化保障

美国、瑞典和新加坡等国在权力制约实践中展现出了高水平的法治化保障，完备的法律体系一方面为权力制约提供了充分的依据和授权，另一方面也将各项权力制约实践纳入法治化的轨道之中，使得在权力制约模式下不同公共权力部门原本可能趋于尖锐的对立冲突得以在法律的明确规制下被限定在可接受的范围之内，从而避免过多的效率损失。

首先，所有具有权力制约权限的机构主体和个体职位均是依据法律设立的。美国的"三权分立"和司法审查，以及瑞典的议会监督和司法监督，都源自该国宪法的规定，就此为两国的权力制约实践提供了坚实的保障，并使得权力制约的制度设计与运行得以嵌套进国家的政体之中。除了作为根本大法的宪法，各种门类的专门法律也进一步保证了权力制约实践中专责机构的权威。例如，在美国政府内部监督中发挥关键作用的美国监察长办公室和政府道德署，其依据就源自《监察长法》和《政府道德法》这样的特定法案。

其次，负责权力制约的专责机构在开展工作时，都严格依据法律授权。在瑞典议会中享有极高权威和声望的议会监察专员，其行使的包括调查权、视察权、建议权、起诉权均来自《政府组织法》和《议会监察专员指令法》的专门授权，其在权力制约实践和专责监督中展现出的强大权威，均来自相关法案所列举的权力。同样地，由总理直接领导、享有极大权威、被视为新加坡反腐败模式核心机构的新加坡贪污调查局，在腐败调查和执法方面的广泛而重要的职权均来自《防止贪污法》的明确授权。

最后，高水平的法治保障还为开展权力制约和接受权力制约的两方乃至多方主体的协调提供了法律依据，将部门间的潜在冲突限定在可接受的范围之内，不至于引发过高的效率损失。正是宪法及相关法律的保障，才能使得以美国和巴西为代表的、实行"三权分立"权力制衡的国家，其内部不同的权力部门得以拥有达成妥协合作的广泛制度空间以及清晰明确的裁定部门间、层级间冲突的法律底线。

三、专业化的工作队伍保障

在政府决策日益精细化的背景下，专业化是权力制约专责机构保持高效运行的重要基础，只有专业化的工作队伍才能从庞杂繁复的政府事务中发现腐败风险与制度漏洞。美国、瑞典和新加坡等国在各自的权力制约实践中都不同程度地展现出对专业化工作队伍的重视。

一方面，参与权力制约实践的专责机构负责人大部分都是专业化程度较高的资深人士。以瑞典权力制约组织体系的中心——议会监督——为例，瑞典议会对政府的监督主要依托于议会内设的若干个专门委员会，这些负有监督责任的专门委员会所开展的是对口监督，只监督与该委员会职能领域相关的政府事务，充分发挥了专门委员会的专业性，从而切实保障了议会内部专门委员会的监督效能。此外，在瑞典议会中拥有极高监督权威的议会监察专员，其任职资格也相对严格。瑞典的《政府组织法》规定，具备议会监察专员任职资格的人一般须为具有专业法律知识并德高望重的资深人士，这种履职资格要求也为议会监察专员的专业性提供了坚实保障。

另一方面，在专责机构负责人之外，具有权力制约功能的专责机构还会启用专业化力量来为相关工作提供专业化的保障。例如，接受瑞典议会领导的瑞典国家审计署就为瑞典议会提供了专业支持，瑞典国家审计署代表议会行使审计权，对政府部门、国有企业等涉及公共权力行使的公共机构的公款使用状况进行审计监督，并向议会报告审计结果。巴西国会也是在巴西联邦审计法院的专业化协助下才能对国家公共资金进行审计，从而实现对立法、司法、行政机构和一切国有企业的财产账目开展监督。此外，在美国的行政机关内部监督中，其监督机构内部一般都分为业务和行政两个团队，业务团队雇佣一大批具有相关领域知识和专业背景的专家负责特定领域、行业的政策调查和分析工作，行政团队则负责为业务工作开展提供支撑，为业务团队依据专业性开展工作提供保障。

第四节　中国特色社会主义监督体系的优势分析

纵观不同国家的权力制约模式，我们可以发现，这些国家的权力制约模式都

246

是基于自身政治体制、历史文化和法律制度的不同特点而构建的，体现了其各自的国家治理逻辑以及所处发展阶段的现实需要。中国特色社会主义监督体系经过几十年的发展，在融合党的领导、人民当家作主和依法治国等具有中国特色的核心治理理念的基础上，逐渐形成了以党内监督为主导的权力监督体系。在将中国特色社会主义监督体系与前述五个国家的权力制约模式作比较时可以发现，中国虽然采取了差异化的建构思路和运行逻辑，但在独立性、协同性、回应性和全面性这四个考量维度上同样取得了良好的成效。

首先，中国特色社会主义监督体系中的相关制约主体保持了较好的独立性。中国特色社会主义监督体系与新加坡、越南的情况类似，即主要反腐败机构和司法部门都受到长期执政的执政党的基础性和决定性的影响。但在中国的政治体制下，领导着一切工作的中国共产党本身即代表着最广大人民的根本利益，并没有所谓的特殊利益。反腐败机构的价值性目标是为人民服务和维护人民利益，其工具性目标是提高中国共产党执政的合法性和有效性。在此前提下，权力制约体系中的各制约主体受到执政党的影响，本身并不意味着受制于某些特殊政治利益集团。因此，更为重要的是考察各制约主体在整个党和国家监督体系中相对于党的领导之外的、其他机关部门的独立性。从这个意义上讲，中国特色社会主义监督体系中的专责监督机构——纪检监察机关具有相当强的独立性。在领导体制方面，通过强化上级纪检监察机关的领导，减少下级纪检监察机关查办案件的阻力。在管理体制方面，上级纪检监察机关也主导着对下级纪检监察机关的人事任免的话语权。此外，中国共产党通过修改宪法，在国家机构中增设"国家监察委员会"，通过补充构造出的"监察权"，为各级监察委员会独立履行职权提供了宪法保障。在中国共产党的集中统一领导之下，反腐败机构不仅可以避免其他利益集团的干扰和影响，而且可以进一步增强反腐败机构的独立性和权威性。

其次，中国特色社会主义监督体系表现出稳定而良好的协同性。历史上，中国特色社会主义监督体系也曾经存在着"九龙治水，各管一摊"的多头监督的问题梗阻：我国履行反腐败职能的机构有党的系统的纪律检查机关、司法系统的检察机关、行政系统的行政监察机关、审计机关以及兼具行政和司法属性的公安机关，由于上述反腐败机构隶属于不同的系统、领导不一，而且在实际运行过程中存在一定的重复和交叉地带，导致协同性较弱。为此，在改革进程中，中国共产党多措并举，通过体制机制改革作出了一系列优化调整。20世纪90年代，本着加强纪检监察工作实效的目的，推行了纪律检查机关与行政监察机关的合署办公的改革。党的十八大以后，中国共产党进一步推动中国特色社会主义监督体系的系统化与集成化水平，明确了党内监督在中国特色社会主义监督体系中的统领地位，为推动中国特色社会主义监督体系的协同发展奠定了主基调。党的执政地位

247

决定了党内监督在党和国家监督体系中是第一位的，党内监督有力有效，其他监督才能发挥作用。在我国当前的公务员结构和干部队伍结构中，80%的公务员和超过95%的领导干部是中共党员。这就决定了——如果党内监督不能有效地发挥作用，那么其他对党员和领导干部的监督方式也将流于形式。党的十九大之后，"多头"的反腐败机构设置模式又进一步得到改革优化，通过将检察院的反贪反渎职部门转隶至新近组建的监察委员会，以及监察委员会与党的纪律检查委员会"一套人马、两块牌子"的合署办公，进一步整合优化权力制约主体间关系，提升协同性，有效遏制职权分散、效率低下、重复劳动的问题。此外，在党内监督和国家监察之外，中国特色社会主义监督体系内部的各类监督方式也进一步融会贯通——人大监督、司法监督、民主监督、审计监督、统计监督的权责日益明细，协作联动也日益畅通。总之，通过一系列体制机制调整，中国特色社会主义监督体系的协同性得到充分的保证。

再次，中国特色社会主义监督体系的回应性也有着稳中向好的提升。党中央高度重视人大监督与社会监督在中国特色社会主义监督体系中所发挥的回应人民群众切身诉求的作用，其中社会监督发挥的作用尤为突出。正如林尚立指出，在市场经济和民主法治建设的推动下，社会力量也日益成熟，广泛的大众参与以及蓬勃发展的社会组织和社会公共空间，已日益成为预防腐败的重要社会基础和监督力量。党的十八大以来，我国的社会监督不论从规模还是效果上都取得了长足的发展和显著的进步，在政府政务公开、信访举报、媒体舆论监督等领域都取得了重要突破。在政务公开方面，我们形成了行政权力公开透明运行、政府信息公开、公共企事业单位办事公开的工作格局，切实保障人民群众知情权、参与权、表达权、监督权。在信访举报方面，中央纪委国家监委网站设立专门举报专区接受群众举报，对于属于纪检监察机关受理范围的检举控告，进行编号登记，按规定录入检举举报平台。对于实名的检举控告，纪检监察机关会在收到检举控告之日起15个工作日内告知实名检举控告人受理情况。在舆论和媒体监督方面，纪检监察机关及时回应舆论所反映的线索问题，从速从严查核问题，不断增强党群之间、政民之间的良性互动。但不可否认的是，在充分发挥社会监督效能方面，还存在一些问题与不足，例如舆论监督缺乏法治保障等。因此总体而言中国特色社会主义监督体系在回应性方面呈现稳中向好的态势，但仍有可提升的进步空间。

最后，中国特色社会主义监督体系实现了对所有行使公权力的公职人员监督全覆盖，在全面性方面表现优异。党的十八大以来，中国特色社会主义监督体系的一个显著变化就是消除权力监督的真空地带。根据《监察法》的规定，监察机关有权对"六类"人员进行监督，包括：（1）中国共产党机关、人民代表大会及其常务委员会机关、人民政府、监察委员会、人民法院、人民检察院、中国人民政治协商会议各级委员会机关、民主党派机关和工商业联合会机关的公务员，以及参照《中华人民共和国公务员法》管理的人员；（2）法律、法规授权或者受国家机关依法委托管理公共事务的组织中从事公务的人员；（3）国有企业管理人员；（4）公办的教育、科研、文化、医疗卫生、体育等单位中从事管理的人员；（5）基层群众性自治组织中从事管理的人员；（6）其他依法履行公职的人员。通过监察对象的扩展，实现了与党内监督的衔接，对所有行使公权力的公职人员进行监察的全覆盖。此外，在我国的权力结构中，作为"关键少数"的"一把手"往往掌握着很多涉及人、财、物的权力。因此，在实现全覆盖的同时，中国特色社会主义监督体系也高度重视对"关键少数"的监督，如《中国共产党党内监督条例》就明确规定，要进一步加强对党组织主要负责人和关键岗位领导干部的监督。综上所述，中国特色社会主义监督体系既实现了全面监督，又体现了重点监督，点面结合，展现出较好的监督效能。

综上所述，中国特色社会主义监督体系在独立性、协同性、回应性和全面性四个方面都具有较好的表现。相比世界上其他国家的、较为典型的权力制约模式，中国特色社会主义监督体系在协同性与全面性上具有显著优势，在独立性方面具有明显的中国特色，在稍显不足的回应性上也展现出很强的提升潜力。与一般西方国家的权力制约模式不同的是，中国特色社会主义监督体系从本质上讲并不是依照"以权力对抗权力"和"以野心对抗野心"的思路进行构建的。中国特色社会主义监督体系向国际社会证明，党的长期执政并不妨碍良好监督效能的实现：一方面，执政党的自我监督能够取得良好的成效；另一方面，通过执政党强有力的、稳定的统筹协调，制度体系的协同性和全面性也就此得到了坚实保障。从这一角度而言，中国特色社会主义监督体系为国际社会反腐败工作贡献了一种与既有成熟的权力制约模式并行不悖的成功经验和可行通路。

第十八章

坚持和完善中国特色社会主义监督体系

坚持和完善中国特色社会主义监督体系，应当强化监督目标的指向性、增进监督主体的耦合性、促进监督过程的联动性，使其成为一个战略目标明确、结构层次分明、举措联动协同的有机整体，这也是落实党中央关于权力监督工作重大部署的必要途径。党的二十大报告也强调，完善权力监督制约机制，以党内监督为主导，促进各类监督贯通协调，让权力在阳光下运行。① 中国特色社会主义监督体系需要在实践中不断探索与创新，为此，本章提出了一些坚持和完善中国特色社会主义监督体系的建议与对策。

第一节　坚持以习近平新时代中国特色社会主义思想为指导

习近平新时代中国特色社会主义思想为完善中国特色社会主义监督体系指明了方向、明确了任务、提供了方法。正是因为习近平新时代中国特色社会主义思想的科学指导，全党全国各族人民才有精神上的主心骨、理论上的定盘星、行动上的指南针，才能在时代发展中锚定航向、把握主动。坚持和完善中国特色社会主义监督体系，必须以习近平新时代中国特色社会主义思想为指导。

---

① 习近平：《高举中国特色社会主义伟大旗帜　为全面建设社会主义现代化国家而团结奋斗——在中国共产党第二十次全国代表大会上的报告》，人民出版社 2022 年版，第 66 页。

一、习近平新时代中国特色社会主义思想是权力监督工作的科学指南

习近平新时代中国特色社会主义思想回答了新时代权力监督重大问题。习近平从党和国家事业发展全局考虑，大力推动新时代权力监督工作的开展并提出了一系列行之有效的监督理论，具有重要的价值意义。习近平曾指出："腐败问题与政治问题往往是相伴而生的。"① 为此，把政治建设摆在首位，势所必然。政治建设就是要求，党员领导干部必须遵守政治纪律、政治规矩，辨明政治方向，坚定政治立场，谨慎政治言论，规范政治行为。在权力监督问题上，习近平以开拓性新思维，结合新时代的特点，引导全党关注政治建设，注重政治建设的具体要求，把握权力监督的基本方向。

要以习近平新时代中国特色社会主义思想为根本遵循。习近平新时代中国特色社会主义思想是马克思主义中国化的最新成果，具有深刻的理论性、实践性和鲜明的战略性、前瞻性。要持续深入学习习近平新时代中国特色社会主义思想，牢固树立"四个意识"，坚定"四个自信"，做到"两个维护"，严格遵守意识形态纪律，夯实权力监督的思想基础和理论基础，切实把握好政治立场坚定性和理论探索创新性的有机统一。习近平深刻指出："党的十八大以来，我们以前所未有的勇气和定力推进全面从严治党，极大增强党自我净化、自我完善、自我革新、自我提高能力，探索出一条长期执政条件下解决自身问题、跳出历史周期率的成功道路，构建起一套行之有效的权力监督制度和执纪执法体系。这条道路、这套制度必须长期坚持并不断巩固发展。"② 立足我国实际开展权力监督工作，既不能故步自封、抱残守缺，更不能盲从国外，要紧紧围绕新时代党和国家对权力监督工作的要求，把重点放在"中国特色""社会主义"监督上，讲好中国权力监督故事，传播中国权力监督声音。

二、开创权力监督工作新局面是习近平新时代中国特色社会主义发展的必然要求

深刻认识当前权力监督工作面临的新形势新任务新要求。习近平从中国特色

---

① 《习近平关于全面从严治党论述摘编》，中央文献出版社 2021 年版，第 97 页。

② 《习近平关于坚持和完善党和国家监督体系论述摘编》，中央文献出版社、中国方正出版社 2022年版，第 18 页。

社会主义稳步发展的视角对完善中国特色社会主义监督体系提出了一系列富有前瞻性的论述。在十九届中央纪委三次全会上，习近平郑重提出了"取得全面从严治党更大战略性成果"的新要求。面对新时代新要求，我们应当进一步加强和完善党和国家监督体系，既不能乐观过高估计成效，也不能因权力监督还存在一些薄弱环节就丧失信心。要以"永远在路上"的坚韧与执着，不断创新工作思路，在创新中不断完善党和国家监督体系，把打好攻坚战与打好持久战统筹结合好，继续一体推进不敢腐、不能腐、不想腐，不断巩固发展反腐败斗争压倒性胜利。要充分把习近平新时代中国特色社会主义思想全面覆盖到权力监督工作的全过程，推动权力监督工作创新性发展。

习近平新时代中国特色社会主义思想指明了反腐败的治本之策。在改革开放大潮的冲击下，党执政面临前所未有的考验，对党执政形成了严重的威胁，污损了党的声誉，诋毁了党的形象。针对改革过程中出现的各种腐败现象和不良风气，党的十八大以前的惩治就一直没有松劲，但没有取得震撼人心的成效。邓小平曾指出："腐败的事情，一抓就能抓到重要案件，就是我们往往下不了手。这就会丧失人心，使人们以为我们在包庇腐败。"① 更有甚者，在党的十八大后仍不收敛不收手，可见腐败之风来势之凶猛，演进惯性之大，腐蚀程度之深，涉及面之广前所未有。新时代把反腐败作为党的建设的突破口，体现了习近平治党的魄力和智慧。以党的十八大为标志，习近平心怀忧患意识，用刮骨疗毒的魄力和勇气，用壮士断腕的决心和意志惩治腐败，提出了新时代反腐败的战略决策。惩治腐败在于治本，而治本之策在于制度建设，制度具有刚性的特点，习近平强调："制度问题更带有根本性、全局性、稳定性、长期性。"② 对于如何使制度发挥治本的作用，习近平提出："要扎牢不能腐的笼子，把'当下改'和'长久立'结合起来，形成靠制度管权、管事、管人的长效机制。"③ 用制度的"笼子"困住权力，营造"不敢腐、不能腐、不想腐"的政治生态，发挥制度体系的治本作用。党的十八大以来制定的一系列规章、规定、条例、指导意见等，构成了完整的制度体系，有效遏制了腐败。

强化以人民为中心的动力机制。"以人民为中心"是习近平新时代中国特色社会主义思想中贯穿始终的要求，是其始终不渝的价值取向。权力是把"双刃剑"，用得好可以为民造福，用得不好或滥用就会滋生腐败，危害党和人民事业。

---

① 《邓小平文选》（第三卷），人民出版社 1994 年版，第 154 页。

② 《习近平关于坚持和完善党和国家监督体系论述摘编》，中央文献出版社、中国方正出版社 2022 年版，第 176 页。

③ 《习近平关于坚持和完善党和国家监督体系论述摘编》，中央文献出版社、中国方正出版社 2022 年版，第 186～187 页。

习近平指出："没有监督的权力必然导致腐败，这是一条铁律。"党的十九届四中全会提出了党和国家监督体系的运行目标，即确保党和人民赋予的权力始终用来为人民谋幸福，这是对人民期望的回应，也是检验党和国家监督体系运行是否有效的核心指标。我国是人民当家作主的社会主义国家，领导干部手中的权力是人民赋予的，只能用来为人民谋利益，必须接受党和人民监督。党的十八大以来，以习近平同志为核心的党中央拿出"滴水穿石"的劲头、"铁杵磨针"的功夫，不断加强对权力运行的制约和监督，坚持用制度管权管事管人，让人民监督权力，让权力在阳光下运行。习近平指出："要教育监督各级国家机关和公职人员牢记手中的权力是党和人民赋予的，是上下左右有界受控的，切不可随心所欲、为所欲为，做到秉公用权、依法用权、廉洁用权、为民用权。"① 同时强调："推进任何一项重大改革，都要站在人民立场上把握和处理好涉及改革的重大问题，都要从人民利益出发谋划改革思路、制定改革举措。"② 坚持和完善中国特色社会主义监督体系，必须坚持以人民为中心，始终以实现好、维护好、发展好最广大人民根本利益。

第二节　坚持加强党对反腐败工作的集中统一领导

为了确保权力始终用来为人民谋幸福，中国共产党就加强公权力监督进行了不懈探索与实践。党的十八大以来，全面从严治党取得了历史性、开创性成就，反腐败斗争取得压倒性胜利并全面巩固。全面从严治党永远在路上，必须要坚持加强党对反腐败工作的集中统一领导，坚定不移把党风廉政建设和反腐败斗争引向深入。

一、中国特色社会主义监督体系是推进党自我革命的重要保障

中国特色社会主义监督体系是党在长期执政条件下实现自我净化、自我完善、自我革新、自我提高的重要制度保障，领导中国特色权力监督是中国共产党执政地位和执政行为的体现，是中国共产党总揽全局、协调各方运行治权的活

---

① 习近平：《在新的起点上深化国家监察体制改革》，载于《求是》2019 年第 5 期。
② 《习近平谈治国理政》（第一卷），外文出版社 2014 年版，第 98 页。

动。对权力进行有效的监督是现代政治追求的重要目标。我们党一向重视权力监督，将其贯穿于中国共产党领导人民在革命、建设和改革的长期实践中，并根据不同历史时期的主要任务和客观环境的变化而不断调整。尤其是党的十八大以来，我们党从多方面、多角度探索权力监督的新路径，监督在制度、体制和机制方面均有较大程度的发展和完善，这也是提高党的执政能力的体现。

党全面领导、长期执政，必须坚持和完善一套强化自我监督、实现自我净化的制度体系。[①] 习近平指出："早在延安时期，毛泽东同志就提出跳出'历史周期率'的课题，党的八大规定任何党员和党的组织都必须受到自上而下的和自下而上的监督，现在我们不断完善党内监督体系，目的都是形成科学管用的防错纠错机制，不断增强党自我净化、自我完善、自我革新、自我提高能力。"[②] 党的十八大以来，党中央全面加强党的领导和党的建设，坚定不移全面从严治党、正风肃纪反腐，消除党和国家内部存在的严重隐患，党内政治生活气象更新，党内政治生态明显好转，党的创造力、凝聚力、战斗力显著增强，党的团结统一更加巩固，党在革命性锻造中更加坚强，为党和国家事业发展提供了坚强政治保证。通过有效自我监督，提高党的凝聚力和战斗力，维护党的集中统一，确保全党统一意志、统一行动、步调一致前进，更好地贯彻落实党中央重大决策部署。

习近平指出，自我监督是世界性难题，是国家治理的"哥德巴赫猜想"。[③] 对于执政党而言，党内监督更是一种积极、主动的自查自纠手段，能够起到主动预防和自我完善的作用，其根本目的在于防止党内权力的蜕变以保证党组织的规范运行和更好地服务于广大民众。[④] 大量违纪违法行为通过党内监督得到实质性监督，党内监督充分发挥"过滤器"作用。党内监督充分利用其全覆盖、无禁区特点实现自我监督的天然优势，让权力能够受到监督。中国共产党追求人民当家作主原则，基于此，中国共产党反对"三权分立"，坚持能够保证人民整体掌握国家权力，并有效监督立法、行政和司法的人民代表大会制度。[⑤] 当下中国的政治现实和政治架构构建了中国特色社会主义监督体系，并在中国的政治土壤中生根发芽。健全中国特色社会主义监督体系成为我们党跳出历史周期率的重要路径，也为国际社会贡献了一种有益经验借鉴。

① 杨晓渡：《坚持和完善党和国家监督体系》，载于《人民日报》2019 年 11 月 29 日。

② 《习近平关于坚持和完善党和国家监督体系论述摘编》，中央文献出版社、中国方正出版社 2022 年版，第 79 页。

③ 《习近平关于坚持和完善党和国家监督体系论述摘编》，中央文献出版社、中国方正出版社 2022 年版，第 53 页。

④ 任恒：《论新时代党内监督体系的革新之道》，载于《中共福建省委党校学报》2018 年第 6 期。

⑤ 林尚立：《制度与发展：中国制度自信的政治逻辑》，载于《中共中央党校学报》2016 年第 2 期。

二、党的领导是中国特色社会主义监督体系的坚实保障

在完善中国特色社会主义监督体系的进程中，必须毫不动摇地坚持并加强党对权力监督工作的绝对领导，这是中国特色社会主义监督体系持续正确稳定发展的首要遵循和根本保障。在中国当代的政治语境中，党和国家是紧密联系而不是可以分离的概念，我国的政治体制决定了权力监督体系的配置应该坚持"党和国家一体化"而不能是分开进行，中国共产党不仅要实现好对各级党组织和党员的监督和管理，而且要领导好整个国家监督工作的开展。[①] 加强党对中国特色社会主义监督体系的领导，是党领导全国人民继续推进中国特色社会主义建设事业的题中之义。

坚持党的领导是完善中国特色社会主义监督体系的首要原则，也是最显著的中国特色之所在。中国共产党的领导是中国特色社会主义最本质的特征，是中国特色社会主义制度的最大优势，党的执政地位和社会主义事业的领导核心决定了党内监督在中国特色社会主义监督体系中处于核心地位。中国特色社会主义民主政治区别于西方政治制度的本质特征，在于坚持党的领导、人民当家作主和依法治国的有机统一。中国廉政体系与其他国家相比具有显著差异，"坚持中国共产党对反腐败的全面统一领导是中国廉政体系的鲜明特色"，党风廉政建设与国家防治腐败有机融合是其显著特征，党内监督和国家监督协同贯通是其独特优势。[②] 坚持和完善中国特色社会主义监督体系，必须紧紧抓住坚持党的领导这个"纲"，坚持以习近平新时代中国特色社会主义思想为指导这个"魂"，强化党内监督的核心地位，就抓住了矛盾的主要方面和解决问题的关键环节。中国特色社会主义监督体系语境下坚持党的领导，其实质是指党通过路线方针政策的制定和实施来推进权力监督，并以党内监督带动其他监督形式的发展，协调各个组织、部门在法治监督中的关系，为我国的权力监督指明发展方向，总体上进行部署，进而实现党对中国特色社会主义监督体系建设的统一领导。同时，健全党对监督工作领导的体制机制，主要包括严格执行请示报告制度，落实重大事项及实施过程及时主动向党委请示报告；更好地发挥党委党组在同级人大、政协、政府、司法等组织的领导作用；完善纪委监委合署办公体制，强化纪委监委监督的权威性等。[③]

---

① 罗星、郭芷材：《新中国成立初期党和国家监督体系的历史演进与时代价值》，载于《理论建设》2020 年第 3 期。

② 宋伟：《中国特色廉政体系的理论建构与优化发展》，载于《马克思主义研究》2020 年第 11 期。

③ 赵园园、张明军：《协同监督的现实困境及拓展路径》，载于《行政论坛》2020 年第 4 期。

第三节　发挥中国特色社会主义监督
体系在国家治理中的作用

习近平指出："监督是治理的内在要素，在管党治党、治国理政中居于重要地位。"国家治理现代化的核心是"规范国家权力，提高国家能力"①，中国特色社会主义监督体系规范制约公权力运行是国家治理体系的重要组成部分。坚持和完善党和国家监督体系，提升监督治理效能，是实现国家治理能力现代化的必由之路。推进国家治理体系与治理能力现代化，必须将中国特色社会主义监督体系纳入其中。

一、中国特色社会主义监督体系是国家治理体系的重要支撑

改革开放以来，中国走出了一条具有中国特色的社会主义改革和发展的道路，国家治理的成就突出，为进一步推进国家治理现代化积累了深厚的物质基础和实践经验。② 进入新时代，国家的治理环境发生重大变化，出现的问题也愈加复杂，国家治理现代化是我国社会主义建设事业在发展的关键时期作出的重大决定。

中国特色社会主义监督体系在国家治理体系中发挥着重要支撑作用。习近平指出："要把党内监督同国家监察、群众监督结合起来，同法律监督、民主监督、审计监督、司法监督、舆论监督等协调起来，形成监督合力，推进国家治理体系和治理能力现代化。"③ 监督是治理的内在要素、重要环节，也是权力正确运行的根本保证，在治国理政中处于基础性、保障性地位。在世界银行发布的《全球治理指数》中，腐败控制是评价一个国家治理水平的重要指标。"腐败与治理"如同一个硬币的两面，如果没有有效的监督体系，腐败必然滋生蔓延，国家治理就会陷入多重困境。由于公共权力本身存在腐败的风险，要确保公共权力规范运行，就必须对权力运行的过程进行全方位的监督。一旦缺乏有力有效的监督，公

---

① 顾爱华、吴子靖：《论国家治理现代化的战略选择》，载于《中国行政管理》2016 年第 2 期。
② 夏志强：《国家治理现代化的逻辑转换》，载于《中国社会科学》2020 年第 5 期。
③ 《习近平关于坚持和完善党和国家监督体系论述摘编》，中央文献出版社、中国方正出版社 2022 年版，第 161 页。

共权力就可能会怠于行使、滥用徇私，国家治理体系就会运转失灵，引发不正之风和腐败等治理问题。因此，国家治理效能的提升，必须以权力的规范、高效运行作为重要前提。党的十八大以来，中国特色社会主义监督体系通过强化权力监督，在很大程度上保障了公共权力的规范运行，避免了权力运行过程中的无序性，提高了国家治理中各项工作的效率。

中国特色社会主义监督体系是国家治理体系的重要组成方面。推进国家治理体系和治理能力现代化，势必要求对国家的行政制度、决策制度、司法制度、预算制度、监督制度等进行突破性的改革。① 所谓国家治理，就是在理性政府建设和现代国家构建的基础上，通过政府、市场、社会之间的分工协作，实现公共事务有效治理、公共利益全面增进的活动与过程。② 在治理语境下，一个不同于传统的统治和管理的重要特征就是国家治理主体的多元化，而不是单一的治理主体在发挥作用，这也意味着国家治理不是仅仅从某一个治理主体来看待中国的国家治理问题，而是从整体上发挥各个治理主体对国家治理能力的影响。治理对应着多元主体协同共治，这就要求权力监督工作应调动各类主体的积极性，而中国特色社会主义监督体系就提供了能够承载多元主体共同治理的平台：中国特色社会主义监督体系是由不同监督主体组成的多元系统，包括执政党对公权力、公权力对公权力、私权利对公权力的监督，既有党内监督，也有国家层面的监督，同时还有社会层面的监督，具有覆盖面广、纵横交错、内外结合的特点，从而达到对公权力监督的全覆盖。各类监督主体都是中国特色社会主义监督和国家治理的主体，中国特色社会主义监督体系是国家治理现代化的重要方面。

二、中国特色社会主义监督体系提升国家治理的效能

中国特色社会主义监督体系有其独特的生存土壤和运行环境，其有效运行不仅是对权力监督的整合、优化和提升，更是实现国家治理现代化的必由之路。中国特色社会主义监督体系解决的是当代中国权力监督问题，因此必须立足于权力监督基本规律和中国政治现实，这是中国特色社会主义监督体系的逻辑起点。习近平指出："治理一个国家，推动一个国家实现现代化，并不只有西方制度模式这一条道，各国完全可以走出自己的道路来。"③ 由于体制上的差异，中国的权力监督结构与西方国家有很大的不同。对于监督体系的构建，我们党十分清醒，

---

① 俞可平：《推进国家治理体系和治理能力现代化》，载于《前线》2014年第1期。
② 薛澜、张帆、武沐瑶：《国家治理体系与治理能力研究：回顾与展望》，载于《公共管理学报》2015年第3期。
③ 《习近平关于社会主义政治建设论述摘编》，中央文献出版社2017年版，第7页。

也非常明确，从来不简单搬用"三权分立"和"多党制"等西方资本主义国家习惯采用的权力监督和制衡措施。中国特色监督体系正是建立在中国特色社会主义政治制度基础之上，是中国特色社会主义制度的构成单元，坚持和完善中国特色社会主义监督是坚持制度自信的体现。

国家治理现代化是完善和发展中国特色社会主义制度的必由之路。一方面，中国特色社会主义监督体系具有防止权力滥用的保障作用，权力监督的原动力和直接功能就在于对权力运行活动中的违法或者不当行为能够及时纠正。另一方面，中国特色社会主义监督体系的目的不仅仅在于发现问题，更重要的是为了推动解决问题，清除国家治理中的不良因素。中国特色社会主义监督体系具有促进权力依法运行的激励作用，加强权力监督的目的不是简单地限制权力，而是保障被赋予的权力在运行中的价值和目的得到贯彻落实，这是中国特色社会主义监督体系的终极目标，更是评价中国特色社会主义监督体系效果的重要标尺。中国特色监督体系始终秉承着权力监督与权力有效运行相统一的原则，坚持在加强权力监督的同时不断优化权力结构、规范权力运行，把中国特色社会主义制度体系的整体优势转化为推进国家治理体系和治理能力现代化的整体效能。

以有效监督推动治理效能提升。推动国家治理体系和治理能力现代化对中国特色社会主义监督体系提出了更高要求，而中国特色社会主义监督体系也应该为国家治理现代化贡献更多的助推力量。中国特色社会主义监督体系的建设是促进国家治理现代化的重要举措，有助于提升国家治理的效能。习近平强调，要坚持党中央重大决策部署到哪里，监督检查就跟进到哪里，确保党中央令行禁止。[①]对此，应当以强有力的政治监督，确保党中央重大决策部署贯彻落实到位，发挥监督在国家治理中基础性保障性作用。监督主体必须坚持政治站位，坚持定位向监督聚焦、责任向监督压实、力量向监督倾斜，紧紧围绕党和国家中心工作和重大决策部署落实情况，使监督体系更好融入治理体系，释放更大治理效能。通过强化监督，坚决纠正政令不畅、落实不力问题，打通国家治理政策措施落地的"最后一公里"，严肃查处行动少、落实差、打折扣、搞变通等问题，坚决维护政令畅通，确保政策落实、工作落地。

---

① 郭开朗：《强化政治监督 推动党中央重大决策部署落实落地》，载于《中国纪检监察报》2019 年 2 月 15 日。

第四节　深入推动中国特色社会主义
监督体系的系统性发展

习近平强调："现在要把着力点放到加强系统集成、协同高效上来，巩固和深化这些年来我们在解决体制性障碍、机制性梗阻、政策性创新方面取得的改革成果。"[①] 在推动国家治理体系和治理能力现代化过程中，中国特色社会主义监督体系的发展完善要坚持系统思维，统筹考虑各子系统、各组成部分、各要素之间的逻辑关联，强化统筹衔接，实现监督体系各类监督互联互动、协同发力、整体推进。

一、明确不同类型监督方式的职责分工

党的十八大以来，党中央高度重视"将辩证思维和系统思想灵活运用在治国理政的实践中，不断推进国家治理能力与治理体系的现代化"[②]。在新时代背景下，党中央提出健全党和国家监督体系的重大战略，是整合以往碎片化监督模式，构建更完备、更稳定、更管用的监督体系，完善中国特色国家权力制约监督体系的重要一步。中国特色社会主义监督体系是由非同质的要素构成的，各类监督的差异化是组成多元化监督体系的前提。同为权力监督机制，不同监督主体的监督对象、监督方式、权责分工和归属等方面的差别是非常明显的，由此导致各监督主体在整个监督体系中的定位及职责分工不尽相同。各类监督应当充分利用自身优势在监督体系中扮演不同的角色，不同监督间可以有效衔接，使各类监督的特有优势可以充分展现，其劣势也可以借助其他监督的优势得以弥补，相互之间既不因功能重叠进而导致程序空转，也不因相互抵牾进而形成制度内耗。中国特色社会主义监督体系是由不同监督要素构成的监督体系，必须突出监督体系的逻辑自洽、层次明晰的特色。

首先，应当强化党内监督的核心地位。中国共产党在国家治理现代化中的特殊地位与任何西方资本主义国家政党都不同，党内监督无疑是一个中国特色问

---

① 《习近平主持召开中央全面深化改革委员会第十次会议强调　加强改革系统集成协同高效　推动各方面制度更加成熟更加定型》，载于《人民日报》2019 年 9 月 10 日。

② 郝文庆：《习近平治国理政的辩证哲学艺术》，载于《系统科学学报》2016 年第 5 期。

题。① 党内监督作为中国特色社会主义监督体系的重要组成部分，党的执政地位和社会主义事业的领导核心地位决定了党内监督在中国特色社会主义监督体系中居于核心地位，对其他监督形式起统领协调作用。完善中国特色社会主义监督体系，根本方向是以党内监督带动、促进其他各方面监督，建立更加科学、更加严密、更加有效的中国特色社会主义权力监督体系。② 重视党内监督、加强党内监督是无产阶级政党的本质要求，也是从严治党、推进国家治理体系和治理能力现代化的迫切需要。③ 发挥好党内监督的核心地位，就要推进纪律监督、监察监督、派驻监督、巡视监督统筹衔接。在不同的监督形式中，巡视监督与其他监督形式的关系最为密切，要突出巡视监督在整体运行中的枢纽地位，即以巡视监督作为抓手，建立以巡视监督为"圆心"的不同监督形式之间的联动机制。实现巡视监督与其他监督形式的统筹协调，最主要的是实现巡视监督与其他监督形式在人员和内容上的结合，即要在巡视监督过程中，实现人员力量、情况通报、协助了解、线索处置、整改督促的协同联动。在监督内容方面，要做好不同监督主体的分工，既各有侧重，又存在交集；在监督人员方面，要以人才作为载体，实现不同监督形式之间的互动交流。

其次，应当发挥国家监督的重要作用。国家监督属于"权力性监督"④，国家监察、人大监督、司法监督、民主监督等国家监督形式虽然在监督层级、监督方式、监督效果等方面存在着相当大的差异，但均有法律依据，并以国家强制力为保障，具有权威性。国家监督可以弥补党内监督无法覆盖或者不适用党纪的公职人员依法进行监督，真正实现公权力监督的全覆盖。各个国家机关在权力监督中各有侧重：国家权力机关代表人民行使最为广泛的国家监督权；监察机关是依法行使国家监察权的专职机关，其监察对象覆盖了所有行使国家权力的公职人员；司法机关包括检察机关和审判机关，在国家监督系统中同监察机关工作实现无缝对接，完成由调查到起诉到审判的全过程；民主监督体现了我国政治体制的特点和优势，并对我国民主政治体制的有效运行具有积极作用。在国家"系统监督"的体制机制下，实现了不同组织机构间权力监督与制约相结合，充分发挥多方优势，从而实现了不同国家机关权力、范围、职能上的相互补充。必须发挥好国家监督的主导作用，为党内监督提供保障和补充，同时也为社会监督提供指导，带动社会监督的发展。

---

① 罗许生：《党内监督与国家监督的联动和协同研究》，载于《广西社会科学》2019 年第 11 期。

② 王松苗：《推动纪检监察监督与司法监督贯通衔接》，载于《中国纪检监察报》2020 年 8 月 13 日。

③ 靳诺：《党内监督：推进全面从严治党的利器》，载于《中国高校社会科学》2017 年第 1 期。

④ 任建明、洪宇：《党和国家监督体系——要素、结构与发展》，载于《廉政学研究》2018 年第 1 期。

最后，应当促进社会监督的积极发展。除了加强政治系统内部的监督力量外，还需要借助社会的监督力量，形成国家与社会在权力领域的"监督性互赖"（supervised interdependence），增强权力监督的力量和压力。[1] 党的十八大以来，与社会主义政治文明不断发展相适应，社会监督不断改进和完善，逐步开辟、拓展了以权力监督约束权力的新路径。社会监督一般不具备对权力的刚性规制能力，但可以作为信息源，弥补其他监督部门信息获取能力的不足，也可对权力监督部门施压，倒逼其认真履职。[2] 公众、媒体作为独立于政府部门的重要力量，参与权力的运行过程，并对公共部门及其公职人员的行为给予有效的监督。当然，社会监督的适时上升也是在国家正确引导下的递进上升，要善于引导社会监督，使其能够往正确的方向发展。坚持和完善中国特色社会主义监督体系应当充分走群众路线，特别注意在法治的轨道上引导群众参与监督，保护群众检举、控告的权力，使群众在监督工作中发挥"利器"的作用。[3] 而信息公开是推动党内监督、国家监督和社会监督耦合的重要突破口。例如，《监察法》规定，"监察机关应当依法公开监察工作信息，接受民主监督、社会监督、舆论监督"。发达的网络和活跃的媒体成为公众参与的便捷、有效的路径，也成为政府沟通公众、回应质疑、平息不满的绝好平台。[4] 在互联网时代，党和国家机关要适度整合内外网，善于利用新媒体加强与公众的互动交流，对公众关注的公职人员违纪违法问题予以回应，有效消弭公众的不满，提高监督的公信力。

二、通过协同联动提升中国特色社会主义监督体系整体效能

系统论认为，若干事物按照某种方式相互联系而形成系统，就会产生它的组分及组分之和所没有的新性质，即系统质或整体质。[5] 在明确各监督主体职责定位的基础上，需要进一步研究如何更好地实现各类监督的协同联动。中国特色社会主义监督体系的功能集中涌现在各构成要素的彼此联系、相互作用的过程之中，绝不是诸要素孤立功能的机械加总，强调将部分并入整体，把要素合为系

---

[1] 陈国权、陈永杰：《基于权力法治的廉政治理体系研究》，载于《经济社会体制比较》2015年第5期。

[2] 陈希、李靖：《权力协同监督：理论内涵、现实梗阻与实现路径》，载于《行政论坛》2018年第4期。

[3] 罗星、郭芷材：《新中国成立初期党和国家监督体系的历史演进与时代价值》，载于《理论建设》2020年第3期。

[4] 余凌云：《对我国行政问责制度之省思》，载于《法商研究》2013年第3期。

[5] 苗东升：《系统科学摘要（第2版）》，中国人民大学出版社2006年版，第30页。

统，以实现"整体大于部分总和"。有了这样的整体性，中国特色社会主义监督体系才具有独立性，并与其他政治体系相区别。在彼此联系、多向作用的中国特色社会主义监督体系内部，只有各类监督联动协同，才会带来整个监督体系的发展。我国权力监督的实践起步较早，监督格局已经初步形成，各类监督都在各自范围内发挥着积极的作用。随着权力监督实践向纵深推进，健全中国特色社会主义监督体系已由前期的夯基垒台、立柱架梁，中期的全面推进、积厚成势，进入到系统集成、协同高效的新阶段。围绕中国特色社会主义监督体系功能的发挥，建立相应的协调整合机制，使权力监督由二维平面结构优化升级为多维立体结构。在权力协同监督方面，只有各监督主体能够通过监督中的线索收集、信息共享、共同巡视、案件审理、监督问责及建议转化等衔接路径实现有效协同，才能最终达成权力协同监督的整体效应。[①] 如果将权力监督系统与要素之间的内在关联性割裂开来、孤立起来，将造成权力监督系统工程内部的抵牾与内耗，从而制约权力监督整体水平和治理成效。可见，各领域各环节监督的关联性互动性明显增强，每一种监督都会对其他监督产生重要影响，都需要其他监督协同配合，必须上下统筹、联动推进。

发挥中国特色社会主义监督体系的整体功能，就需要对其运行进行系统性的规划，避免"各自为政"或出现工作内容简单重复、不同监督形式之间缺乏有效的衔接等。各类监督之间既职责明确又配合紧密，并在相关事项上可以实现衔接。对此，相关法律法规对此作出了规定。例如，党内监督和司法机关的移交衔接机制。党内监督的主要职责是对国家公务人员的行为进行监督和调查，并根据政纪对国家公务人员给予处分。在监察委员会发现问题线索、进行调查取证并给予政纪处分之后，还要将国家公务人员的犯罪行为移交到检察机关，提起公诉，并由法院作出判决。再如，党内监督与社会监督力量的联动主要体现在协调反馈机制上。在社会监督方面，《监察法》第五十四条规定："监察机关应当依法公开监察工作信息，接受民主监督、社会监督、舆论监督。"与检察和审判机关处于监督流程的下游不同，各个社会监督力量处在监督流程的上游。因此，监察委员会主要是收集各个社会监督力量所发现的问题线索，并在进行调查取证和做出处置决定后做出反馈。同时，为各类监督提供信息共享和交流沟通的平台，强调监督过程中的内外部沟通、对话、协调，确保整个过程成为一个能动性的联合行动过程。对于中国特色社会主义监督体系而言，这些举措也是促进监督体系运转的"阿基米德支点"，使监督体系成为一个独立运作的有机整体。

构建科学的联动机制，为协同监督提供组织支撑。在优化中国特色社会主义监

---

① 陈希、李靖：《权力协同监督：理论内涵、现实梗阻与实现路径》，载于《行政论坛》2018 年第 4 期。

督体系整体运行机制的基础上，要以这一思路为指导，在实践过程中强化不同监督形式之间的联动发展。对此，各级党委可以建立健全由党委、纪检监察机关、司法机关等多元主体参与的联席会议、信息交流等机制，定期或不定期交流监督信息：按照"职能相近、业务相关、优势互补、统筹协调"原则，划分为若干协作组，共同开展执纪审查、职务违法调查、专项检查等工作，并定期进行业务研讨交流。同时，以问责倒逼各类监督主体压实责任。只有抓好整改问责环节，才能提高监督实效，实现压力逐级传导，推动问题和责任层层落实，对权力运行中存在的问题不应仅停留在纠错阶段，还要落实责任，建立更加开放的问责追责体系。①

第五节　基于数据化管理提升中国特色社会主义监督体系效率

　　数据是国家治理的重要资源，监督数据信息发挥着催化各监督主体高效化、开放性的作用。完善中国特色社会主义监督体系更需要借助科技手段，适应数据时代需求，实现主动监督、精准监督，提升监督体系的效率。

一、新时代中国特色社会主义监督体系的信息化建设

　　进入信息化时代以来，信息的重要性进一步体现，国家高度重视信息化建设。2016 年 7 月，中共中央办公厅、国务院办公厅发布《国家信息化发展战略纲要》，明确提出"深化电子政务，推进国家治理现代化"的工作目标。习近平指出："没有信息化就没有现代化。"② 互联网的普及程度是构建"信息化 + 监督"的基础。

　　在国家信息化战略落实过程中，中国特色社会主义监督体系的发展将迎来新的重要机遇。利用好信息化建设提供的重要机遇，顺势而为，积极主动地在监督中运用大数据思维和大数据技术，逐步解决当前监督存在的问题，提高监督实效。基于自主预置功能的大数据治理，在权力风险防范、失范事件识别、权力监督评估等方面具有显著效果。③ 经过近年来的发展，中国特色社会主义监督体系

---

　　① 赵军锋、金太军：《国家审计与国家监察的协同监督：现实基础与实践路径》，载于《江海学刊》2020 年第 5 期。

　　② 《习近平关于社会主义经济建设论述摘编》，中共中央文献出版社 2017 年版，第 182 页。

　　③ 胡税根、翁列恩：《构建政府权力规制的公共治理模式》，载于《中国社会科学》2017 年第 11 期。

已经覆盖党和国家、社会上下各个领域，积累了大量的监督数据，要高度重视对这些信息数据的汇总、分析和再利用。目前，一些中央部委和地方党政机关正在积极探索运用大数据监督，如贵州贵阳市"数据铁笼"行动计划、湖南麻阳苗族自治县"互联网＋监督"平台、福建福州市基于"互联网＋"的扶贫惠民资金精准监督、浙江省东阳市领导干部廉政监督预警系统等。国家各部门和社会组织已形成庞大的政府活动和个人活动的数据库，但还是分散的信息孤岛，各自独占，需要打破利益藩篱，建立共享机制。① 数据孤岛是影响数据挖掘和使用的关键因素，也是在大数据监督工作中最受关注的一个问题。近年来，随着信息化的发展，各类党政机关都形成了与自身工作职能相关的数据库，这些数据既是宝贵的资源，也体现了本部门一定的权力，所以在使用和开发数据的过程中，一些部门不愿意打破数据壁垒。②

大数据技术的应用，在一定程度上创新了反腐败的方法，推动解决反腐败领域的信息壁垒问题。③ 信息技术有助于提升权力运行的透明度，实现权力监督的实时性。信息技术可以突破传统监督方式的时空局限，把现代科技手段嵌入权力运行的各个环节，保证公共权力运作的高开放性和高透明性，并透过大量信息数据在系统之间高速传递和相互印证，进行实时监控和有效预警。具体来说，信息技术大大提高了信息传输的效率，可以有效防止中间环节对信息的截留、篡改与屏蔽，从而使监督关口前移，将违法违规行为扼杀在萌芽状态；信息技术还可以帮助实现资源共享，有效防止信息黑洞的出现，保证政务信息公开、透明。社会公众和监督机关可以通过计算机网络、新闻媒体等技术随时把握公职人员的行为动态。这样可以防止公职人员利用信息垄断搞权钱交易或暗箱操作，同时也会大大提高权力腐败行为被发现的概率和可能性。

信息互通共享能够在很大程度上提高信息获取效率，在实质上实现不同监督形式之间的贯通融合。对此，应当积极探索大数据技术在监督工作中的实践运用，对监督工作中收集的数据进行统一归类，主要围绕重点人、重点事件和重点问题建立数据库以及公职人员在作风、纪律、资金、项目等方面的突出问题建立数据库，并及时更新，抓早抓小，将问题解决在萌芽状态。建立区域内的监督数据开放共享联盟、跨区域的监督数据开放共享协调机制，弱化部门间信息互动的壁垒，建立监督信息共享机制，整合信访举报信息、纪检处分信息、干部考核和选拔任用信息等，完善信息调取、问题反馈的交接方式和交接程序。运用数据库

---

① 刘筱勤：《大数据与廉政制度创新》，载于《中国行政管理》2015 年第 12 期。

② 宋伟、邵景均：《基于大数据的廉政监督模式与发展趋势分析》，载于《中国行政管理》2019 年第 7 期。

③ 任建明、过勇：《廉洁创新的中国实践》，社会科学文献出版社 2019 年版。

技术、网络编程技术等，将过程控制理念引入对权力运行实施监督的制度设计、监督信息资源共享、监督工作流程再造之中，横向打通了各部门和单位间的信息壁垒，实现了数据的集中共享；纵向上形成了上下联动的一体化监督体系，推动各级各类监督主体实现资源有机整合，实现不同渠道、不同手段、不同方式的衔接配合，在各种监督主体和力量之间形成新的工作形态。当然，要有效保障信息安全和领导干部隐私权，也要防止过度留痕给基层带来的负担。例如，由于建立领导干部监督机制所需要的数据大都涉及领导干部的个人信息甚至隐私，一旦泄露可能会给这些领导干部带来麻烦和困扰，因此充分保障信息安全是非常必要的。此外，在掌握领导干部个人信息和保护个人隐私之间也需要建立一种平衡。领导干部本身也具有隐私权，也不可能基于监督的需要无止境地提取，或是要求领导干部申报其个人所有的信息包括隐私。[1]

二、以信息数据平台提高监督的科技化水平

制度与技术是人类文明的两个重要维度。就权力监督而言，只有当制度与技术形成良性互动、互为补充，权力监督的有效性才会提高。[2] 信息不对称是影响监督成效的关键因素，而以大数据为代表的信息技术作为一种重要的国家治理资源为提升监督体系效能提供了契机。大数据通常是指规模比较庞大的数据集，通过对这些数据集进行分析可以得出具有价值的信息。[3] 随着大数据时代的到来，大数据思维和大数据技术正在改变和重塑国家治理的模式和生态，这也为新形势下中国特色社会主义监督体系的发展和完善带来了机遇和挑战。要大力探索运用大数据手段破解中国特色社会主义监督体系信息匮乏的困境，将过程控制理念引入对权力运行实施监督的制度设计、监督信息资源共享、监督工作流程再造之中，实现不同渠道、不同手段、不同方式的衔接配合，在各种监督主体和力量之间形成新的工作形态，加快从传统监督向科学、全程、全面监督转变。

构建监督信息数据平台，需要设计好平台的基本架构和运行方式。在大数据监督现有的各种模式中，多数是以监督某个领域或实现某项功能为核心，而缺少更为系统化的大监督平台。[4] 监督信息系统平台可以划分为信息收集、信息处理

① 过勇、杨小葵：《基于大数据的领导干部廉政监督机制研究》，载于《国家行政学院学报》2016年第6期。
② 黄其松：《权力监督的类型分析——基于"制度—技术"的分析框架》，载于《中国行政管理》2018年第12期。
③ 邬贺铨：《大数据时代的机遇与挑战》，载于《求是》2013年第4期。
④ 宋伟、邵景均：《基于大数据的廉政监督模式与发展趋势分析》，载于《中国行政管理》2019年第7期。

和信息反馈三大模块。一是信息收集模块，是监督信息平台构建和功能发挥的基础。这些信息的来源包括各类监督形式已经收集到的信息，实现信息资源的充分整合。信息资源的采集类型主要分为以下几类：①政府公共资金使用方面的情况，如固定资产投资、财政支出与政府绩效等信息；②金融行业及国有企业等国有资产领域的财务数据；③在干部任期及离任中涉及的公共资金使用、自然生态环境方面的决策情况；④公有资产使用部门在涉外业务方面的财务与廉政信息。①同时，应将各类监督所涉及的信息纳入其中，并注意信息的梳理和甄别。二是信息处理模块，要实现问题线索的快速分类和衔接，及时将信息移交给对应的部门，方便相关部门及时接收信息并推动整改。监督信息系统平台运用数学算法和海量数据的结合，让"数据自己说话"，使监督者能够结合大数据分析的信息化手段对权力进行监督。在这一模块，要能够将信息处理的部门、信息处理的流程充分展现出来，实现信息处理流程的可视化、可追溯，方便相关部门了解整改进度，进行督促和检查。对于整改不力的，也可以随时通过流程来查找原因，明确问责对象。三是信息反馈模块，主要是接收监督人员、单位的问责、整改等反馈材料，并给予相应评价反馈。例如，建立基于大数据的领导干部监督预警机制，要充分利用大数据平台，综合分析廉政风险因素，提高对腐败风险因素的感知、预测、防范能力。领导干部监督预警是通过收集利用廉政风险信息、对信息进行评估预警、处置预警并进行反馈的措施，从而对廉政建设方面的风险进行预警和干预（见图 18 – 1）。②

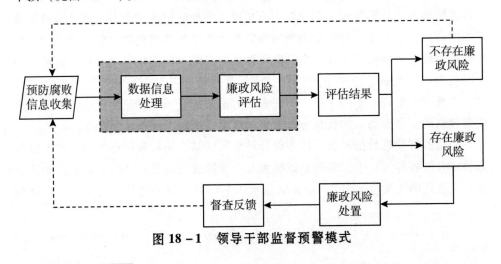

图 18 – 1　领导干部监督预警模式

① 蒋尧明、杨嘉逸、唐衍军：《"区块链 + 国家审计"助力大数据反腐研究》，载于《北京工商大学学报（社会科学版）》2021 年第 1 期。
② 过勇、杨小葵：《基于大数据的领导干部廉政监督机制研究》，载于《国家行政学院学报》2016 年第 6 期。

在此基础上，要健全机制，加大投入，推动监督信息数据平台的有序运行。各级党委政府要高度重视利用信息化手段来加强管理，建立各类基础性的数据库，将权力运行过程纳入信息系统并实行痕迹管理，这样出了问题也可以进行有针对性地问责。[①] 监督信息化建设是一项复杂的系统工程，需要领导机制、组织机制和保障机制使其持续规范运行。一是领导机制，即该监督信息系统平台由哪个部门牵头，有哪些部门参与。一般来说，可以由各级党委牵头抓总，纪检监察机关、组织部门具体负责，公安、检察院、法院、司法、审计、金融、媒体等机构共同参与。二是组织机制，即该监督信息系统平台由谁来负责具体操作，维护日常运作。一般来说，平台的维护包括内容上的维护和技术上的维护。内容上的维护，可以指定专人来负责信息的更新和调整；技术上的维护，可以由第三方设计、制作，并安排相关人员负责日常维护工作。对此，应当健全监管考核、数据信息保护及人才培养、工作落实等各项机制，保障监督信息数据平台有序安全地运行。三是保障机制，即该监督信息系统平台的运行所需的技术、资金、人力等方面的保障如何实现。通过制定相应的规章制度，为系统的运行提供保障，确保各项工作尤其是信息的获取、责任的分工落实等能够得到有效的支持。只有完善监督信息系统平台所需的相应保障，才能够切实推动平台的运行，实现平台的价值，提高监督解决问题的效率和效果。

专栏

"互联网＋监督"：湖南麻阳的实践与创新

麻阳"互联网＋监督"平台运用了互联网和大数据的技术，大大提高了纪委反腐工作的效果。"互联网＋监督"平台功能的实现，主要依托的是互联网和大数据技术。此外，配套制度的建立也为科技反腐技术的使用提供了保障。其主要做法包括以下几个方面。

第一，充分运用互联网特性，扩大信息传播范围和提高透明度。互联网的普遍性、便捷性、高效性、低成本，使其成为重要的信息传播的途径。麻阳的"互联网＋监督"平台将互联网的信息公开功能运用到基层的民生资金领域，使相关信息能被群众广泛了解，并接受来自群众的监督。"互联网＋监督"平台有多种渠道可以登录。群众可以用身份证直接登录乡镇便民服务大厅摆放的终端机上，个人的电脑、微信公众号也可以登录此平台。上了年纪的老人、外出打工的村民

---

① 过勇、杨小葵：《基于大数据的领导干部廉政监督机制研究》，载于《国家行政学院学报》2016年第6期。

及其他网民都可随时登录平台查询或监督，充分发挥了互联网覆盖面广的特性。由此实现了信息的公开、全面、广泛。在信息透明度方面，县纪委坚持"公开是原则，不公开是例外"，信息"能见度"高。据统计，"互联网＋监督"平台公开了全县实施的 12 大类 107 小项民生政策、民生资金发放情况，不同的模块包含不同类别的信息。可见，"互联网＋监督"平台公示的内容全面，细化程度非常高，民众可以通过这一平台进行有力的监督。

第二，运用大数据技术，打破信息壁垒。"互联网＋监督"平台的后台收集了财政部、扶贫办、民政局等 26 个部门的民生资金、民生项目信息约 150 万条，全县 18 个乡镇 221 个村（社区）的村务、财务、党务信息 12 万条，全县约 19 000 户约 70 000 名贫困的人口信息，建立了国家公职人员、村干部、门面业主、企业法人、党员、房产、车辆、死亡人员等 12 大基础数据库 20 万余条信息，总信息量近 200 万条，实现了信息的互联互通。后台操作人员通过更换关键词组合，就可以充分利用数据的相关性和矛盾性发现问题线索。例如，同时勾选并搜索"农村住房危改"和"买房人员"两个子数据库，显示重合的部分，代表有人买了房子，同时还在享受危房改造补贴。"互联网＋监督"平台充分利用大数据比对，更加准确、快速地发现问题线索，创新了纪委的工作方式，提高了工作实效。

第三，举报、提问功能便捷，处理过程全程公开。此举将民众纳入了社会的多元参与共治。"互联网＋监督"平台随处可见，民众可以轻松查询到每个人每项民生资金的发放情况，包括其个人信息、家庭信息、资金类别、金额等。信息页面末尾都有举报对话框，一旦发现问题，无须跳出页面，输入手机号、验证码就可以马上举报。部分信息，每一条目的末尾都有举报键。村民还可以在平台上提交领取民生资金项目的申请，或提出问题。麻阳苗族自治县纪委在后台收到这些信息后，会对信息进行分类处置。对于事实清楚、简单明了的问题，直接移交给相关职能部门或民生监督组进行处理，并要求其在一定期限（通常是 7 天）内进行回复。对于较复杂、重大的问题线索，由信息中心以书面形式移交县纪委信访室，县纪委信访室按照信访件处置流程进行处理。举报、问题内容和处理过程、处理结果都会在平台上予以公示。

第四，建立了专门的工作机制和一系列配套措施。在制度上，出台规范三级阵地建设的"十有标准"。麻阳制定了配套的工作制度《麻阳苗族自治县"互联网＋监督"工作实施方案》、问责制度《"互联网＋监督"工作问责办法》、数据采集制度《"互联网＋监督"信息中心数据采集制度》、保密制度《麻阳"互联网＋监督"信息中心安全保密管理制度》、问题线索处置制度《"互联网＋监督"信息中心问题线索处置制度》，等等。在组织机构上，组建了"三级联动"的组织体系。2015年12月，麻阳苗族自治县委成立"互联网＋监督"工作领导小组；在18个乡（镇）和铜矿管理处成立了"互联网＋监督"工作民生监督组；在全县221个村（社区）设立了"互联网＋监督"工作民生监督小组。在人员配置上，县委办公室下发文件，要求各单位设立信息员和管理员各一名，负责信息的收集、统计、上报等。在财政上，县财政部门将"互联网＋监督"平台和各监督组工作经费纳入年度预算，安排工作经费。以上措施保证了"互联网＋监督"平台项目的推进与运行。

"互联网＋监督"平台，大大提升了纪委的工作效果。平台运行以来，共发现问题线索21 655起，通过自查自纠自我整改问题20 723起，立案98起，党纪政纪处分86人，组织处理7人，移送司法4人。通过监督平台共取消不符合条件的低保户共1 141户2 728人，清退有房有车有企业的假贫困人口8 908人，清退弄虚作假的失地少地农民养老保险户308户，取消不合规定的农村危房改造户49户，挽回经济损失5 000余万元。平台上线以来，群众对反映当年民生资金、民生项目、村级财务的信访举报数量不断下降，群众满意度不断攀升。麻阳社会管理综合治理民调排名，由2014年的全省第114位上升至2016年的第21位。

资料来源：任建明、过勇主编：《廉洁创新的中国实践：首届"中国廉洁创新奖"获奖案例集》，社会科学文献出版社2019年版，第125～138页。选取时有所删减。

第六节 推动中国特色社会主义监督体系制度化发展

党的十八大以来，在中国共产党的统一领导下，中国特色社会主义监督体系在理论和实践方面不断创新。全面评估总结中国特色社会主义监督体系建设的重大成就和历史经验，能够为新时代优化监督体系提供了动力引擎。而发展完善相关配套制度，则有助于推动中国特色社会主义监督工作的规范化、长效化。

一、以常态评估优化中国特色社会主义监督体系

中国特色社会主义监督体系是一定历史条件下的成果，同其他事物一样，监督体系的建立完善，必然要受政治、经济、社会发展条件的制约和影响，这是不断发展、不断完善的过程。无论从中国的官员数量和组织规模，还是从其作为一个政治组织所特有的复杂治理结构和内在属性来看，要实现显著的监督成效都不

是一朝一夕就能完成的。深入评估中国特色社会主义监督体系的运行情况，不仅有利于了解中国特色社会主义监督体系的实施效果，也有利于推动中国特色社会主义监督体系的持续高质量发展。及时评估中国特色社会主义监督体系的效果，更加全面精准地了解客观情况，能够为决策提供定性与定量相结合的参考依据。评估反馈贯穿于优化中国特色社会主义监督体系整个过程，使权力监督在决策部署指挥、资源力量整合、措施手段运用上更具有针对性，从而有效提升权力监督决策的预见性。

一方面，应当构建评估体系。坚持和完善中国特色社会主义监督体系，必须重视对监督效果的阶段性评估与诊断，以期明确现阶段的成效坐标与下一阶段的完善方向。检查、评判中国特色社会主义监督体系的落实和进展情况，是评估工作的首要目标。党的十八大以来，党中央高度重视中国特色社会主义监督体系建设，并提出一系列的建设举措。中国特色社会主义监督体系建设效果如何，存在哪些短板，如何有针对性地深入完善，都需要进行常态评估。中国特色社会主义监督体系与中国特色社会主义事业密切联动，如果权力监督工作出现松懈与弱化，问题仅仅在事发之后才予以重视与解决，容易使党的中心工作与人民群众利益遭受不必要的损失，势必会影响到党所领导的伟大事业的健康发展。鉴于此，要对中国特色社会主义监督体系进行跟踪式的常态评估，将事后整治优化升级为事前监测与主动预防，将治理重心前移，并根据评估的反馈结果及时调整和优化下一步的方案，实现中国特色社会主义监督体系的动态完善过程。评估是建设中国特色社会主义监督体系的重要环节，也是保证中国特色社会主义监督体系始终按照正确方向进行的必要工作。因此，应当构建评估体系，选择合适的评估指标，定期对权力监督工作进行全面、准确的绩效评价，总结现有机制存在的不足与缺陷。各地区推进权力监督可以对照指标体系，查找差距和问题所在，并结合各地实际情况，探索更多具有创新性的做法。

另一方面，应当加大评估结果的运用。评估本身不是单一目的，更是为了发现中国特色社会主义监督体系建设中的短板，为下一步建设的目标和着力点指明方向。中国特色社会主义监督体系要不断通过评估反馈实现优化，直至形成一个体系架构明晰、规范内容全面的逻辑自洽体。在与内外环境的联系中，系统赖以构成的各组成要素必然会发生或大或小的变化，进而引起系统内在结构的改变，使得原本相对稳定的系统状态转化为一定程度上的不稳定态，而处在不稳定态的系统要素又会在相互作用的过程中达到新的更高起点上的平衡。深化反腐败评估、政治生态评估创新，切实把制度优势转化为治理效能。经过评估发现问题、提出建议到推动问题解决的过程，也完成了从震慑、遏制到治本的过程，使加强监督的过程成为彰显中国特色社会主义制度优势、建设中国特色社会主义事业的过程，形成国家治理程序闭环，堵塞一切可能出现的腐败漏洞与制度罅隙。针对中国特色社会主义监督体系的评估，可以围绕监督成效、存在问题、改进路径等方面设计调查评价内容，分层次、分地区、分领域开展调查和数据搜集工作，从而更加充分地了解实际情况，为加快加强持续推进中国特色社会主义监督体系建设提供更明确的目标导向和问题导向。

二、进一步完善配套制度

一项制度能否发挥应有作用，与该项制度的设计水准有关，但"周边环境"的质量，则关乎制度的生存与发展。中国特色社会主义监督体系能否取得预期成效，除了强化自上而下的监督、优化自下而上的监督等举措外，还与金融监管、信息体系、国际合作等配套制度紧密相关。一是完善金融监管制度。当前的财产形式主要包括金融资产、房产、汽车、奢侈品等，可把金融市场和特殊商品市场（包括房地产、汽车、奢侈品等市场）纳入其中，以网络为基础建立一个市场交易信息的监控体系，以掌握静态资产的状况，洞察资金的异动情况。健全金融报告制度，如非金融机构及时报告大额或可疑的金融交易；加强对现金使用的监管，凡与顾客有大额现金交易，及时向有关单位报告；加强对资金境外流通的治理，严厉打击地下钱庄及各类洗钱犯罪活动。[①] 二是完善社会信用体系。社会信用体系具有一定的社会规范功能，将其与反腐败结合起来，建构一种新型的廉政信用机制，有助于提高反腐败工作的效果。[②] 廉政信用机制的核心是个人终身信用制，作为个人终身信用制度，毫无疑问是面对党员领导干部等公权力主体的信用登记和评价来运作。这一群体的职业具有特殊性，个人信用修复的概率极小、成本极高，一旦出现个人信用问题，个人不仅难以获得晋升，甚至很可能面临被淘汰出局的后果。2019 年，国务院办公厅也出台文件，提出建立和完善守信联合激励和失信联合惩戒制度，加快推进社会诚信建设。三是进一步加强防逃工作。近年来，一些腐败分子往往通过子女留学、亲属移民、购房置业、投资以及洗钱等方式，先把不义之财转移国外，一有风吹草动，就出逃国外。因此，应把功夫下在平时，关口前移、抓早抓小，做好预防工作。这就需要加强出入境证照审批和监管；健全防逃预警机制；切断党员领导干部非法资金外流渠道；加强国际协查等。

---

① 贺海峰、过勇：《领导干部报告个人有关事项——中国逻辑、现实挑战及未来之路》，载于《中共中央党校（国家行政学院）学报》2021 年第 4 期。

② 刘圣中：《廉政信用机制：防治腐败的新思路》，中国社会科学出版社 2017 年版，第 71 页。

271

参 考 文 献

[1]《习近平总书记系列重要讲话读本》，人民出版社2016年版。

[2]《习近平谈治国理政》（第二卷），外文出版社2017年版。

[3]《习近平关于全面从严治党论述摘编》，中央文献出版社2016年版。

[4]《习近平谈治国理政》（第一卷），外文出版社2018年版。

[5] 习近平：《高举中国特色社会主义伟大旗帜 为全面建设社会主义现代化国家而团结奋斗——在中国共产党第二十次全国代表大会上的报告》，人民出版社2022年版。

[6] 习近平：《决胜全面建成小康社会夺取新时代中国特色社会主义伟大胜利——在中国共产党第十九次全国代表大会上的报告》，人民出版社2017年版。

[7]《习近平关于"不忘初心、牢记使命"论述摘编》，党建读物出版社、中央文献出版社2019年版。

[8] 林喆：《权力腐败与权力制约》，法律出版社1997年版。

[9] 魏宏：《权力论：权力制约与监督法律制度研究》，上海三联书店2011年版。

[10] 孙季萍：《中国传统官僚政治中的权力制约机制》，北京大学出版社2010年版。

[11] 钱穆：《中国文化史导论》，商务印书馆1994年版。

[12] 燕继荣：《政治学十五讲》（第二版），北京大学出版社2013年版。

[13] 霍布斯：《利维坦》，商务印书馆2008年版。

[14] 韦伯：《经济与社会》，上海人民出版社2010年版。

[15] 罗素：《权力论：新社会分析》，商务印书馆2012年版。

[16] 吉登斯：《社会学方法的新规则：一种对解释社会学的建设性批判》，社会科学文献出版社2003年版。

[17] 达尔：《谁统治：一个美国城市的民主和权力》，江苏人民出版社2011年版。

[18] 卢克斯：《权力：一种激进的观点》，江苏人民出版社 2008 年版。

[19] 阿克顿：《自由与权力》，商务印书馆 2001 年版。

[20] 马里旦：《人和国家》，商务印书馆 1964 年版。

[21] 伯恩斯：《领袖论》，中国社会科学出版社 2012 年版。

[22] 孟德斯鸠：《论法的精神》，商务印书馆 2007 年版。

[23] 芬纳：《统治史》，华东师范大学出版社 2014 年版。

[24] 朗：《权力论》，中国社会科学出版社 2001 年版。

[25] 汉密尔顿、麦迪逊、杰伊：《联邦党人文集》，中国社会科学出版社 2009 年版。

[26] 亚里士多德：《政治学》，商务印书馆 2017 年版。

[27] 朱光磊：《以权力制约权力：西方分权论和分权制评述》，四川人民出版社 1987 年版。

[28] 洛克：《政府论》，商务印书馆 2017 年版。

[29] 郭道晖：《社会权力与公民社会》，译林出版社 2009 年版。

[30] 托克维尔：《论美国的民主》，商务印书馆 2009 年版。

[31] 达尔：《民主理论的前言》，生活·读书·新知三联书店 1999 年版。

[32] 柏拉图：《法律篇》，商务印书馆 2017 年版。

[33] 博登海默：《法理学：法律哲学与法律方法》，中国政法大学出版社 2004 年版。

[34] 《马克思恩格斯选集》（第三卷），人民出版社 2012 年版。

[35] 王沪宁：《政治的逻辑：马克思主义政治学原理》，上海人民出版社 2004 年版。

[36] 《马克思恩格斯选集》（第四卷），人民出版社 2012 年版。

[37] 《马克思恩格斯选集》（第一卷），人民出版社 2012 年版。

[38] 《马克思恩格斯全集》（第四十一卷），人民出版社 1982 年版。

[39] 《列宁全集》（第三十一卷），人民出版社 1958 年版。

[40] 《马克思恩格斯全集》（第十七卷），人民出版社 1963 年版。

[41] 《马克思恩格斯全集》（第四十二卷），人民出版社 1982 年版。

[42] 《列宁选集》（第三卷），人民出版社 2012 年版。

[43] 《列宁全集》（第三十九卷），人民出版社 2017 年版。

[44] 《列宁选集》（第四卷），人民出版社 2012 年版。

[45] 《毛泽东著作专题摘编》（下），人民出版社 2003 年版。

[46] 《毛泽东选集》（第二卷），人民出版社 1991 年版。

[47] 《建国以来重要文献选编》（第一册），人民出版社 1992 年版。

[48]《毛泽东文集》（第七卷），人民出版社1999年版。

[49]《毛泽东文集》（第六卷），人民出版社1999年版。

[50]《建国以来重要文献选编》（第九册），人民出版社1994年版。

[51]《毛泽东年谱（1893－1949）》（修订本）（中册），中央文献出版社2013年版。

[52] 于俊道、李捷：《毛泽东交往录》，人民出版社1991年版。

[53]《毛泽东选集》（第四卷），人民出版社1991年版。

[54]《马克思恩格斯全集》（第二十二卷），人民出版社1965年版。

[55]《马克思恩格斯全集》（第十二卷），人民出版社1962年版。

[56]《马克思恩格斯全集》（第一卷），人民出版社1995年版。

[57]《邓小平文选》（第三卷），人民出版社1993年版。

[58]《邓小平文选》（第二卷），人民出版社1994年版。

[59] 鄢一龙等：《大道之行：中国共产党与中国社会主义》，中国人民大学出版社2015年版。

[60]《马克思恩格斯选集》（第1卷），人民出版社1995年版。

[61] 张同钦：《秘书学概论》，中国人民大学出版社2011年版。

[62] 徐勇：《中国农村村民自治》，华中师范大学出版社1997年版。

[63] 胡伟：《政府过程》，浙江人民出版社1998年版。

[64] 喻中：《权力制约的中国语境》，山东人民出版社2007年版。

[65] 肖金泉等：《中国司法体制改革备要》，中国人民公安大学出版社2009年版。

[66] 蔡定剑：《监督与司法公正——研究与案例报告》，法律出版社2005年版。

[67] 褚尔康：《新时代党内监督运行机制理论的系统构建》，中国社会科学出版社2020年版。

[68] 中央档案馆编：《中共中央文件选集》（第15册），中共中央党校出版社1989年版。

[69] 黄宇：《中国共产党党内监督史论》，社会科学文献出版社2012年版。

[70] 中央档案馆、中共中央文献研究室编：《中共中央文件选集：一九四九年十月－一九六六年五月》（第1册），人民出版社2013年版。

[71]《〈关于新形势下党内政治生活的若干准则〉〈中国共产党党内监督条例〉辅导读本》，人民出版社2016年版。

[72]《党的十九大报告辅导读本》，人民出版社2017年版。

[73]《学思践悟》，中国方正出版社2017年版。

［74］高国彬：《中国社会主义监督学》，湖北人民出版社 1990 年版。

［75］邵春保：《新时代全面从严治党新布局》，中国方正出版社 2018 年版。

［76］中央档案馆：《中共中央文件选集》（第三册），中共中央党校出版社 1989 年版。

［77］王希鹏：《中国共产党纪律检查工作概论》，中国社会科学出版社 2016 年版。

［78］西北五省区编纂领导小组、中央档案馆：《陕甘宁边区抗日民主根据 地：文献卷（上）》，中共党史资料出版社 1990 年版。

［79］政协全国委员会办公厅：《人民政协知识读本》，中国文史出版社 2010 年版。

［80］陈奇星等：《行政监督新论》，国家行政学院出版社 2008 年版。

［81］赵晨：《行政监督概论》，河海大学出版社 2007 年版。

［82］彭和平：《公共行政学》（第五版），中国人民大学出版社 2015 年版。

［83］钱晓萍：《行政监察法概论》，中国政法大学出版社 2016 年版。

［84］彭吉龙：《效能监察理论研究与实践》，中国检察出版社 2001 年版。

［85］汤唯、孙季萍：《法律监督论纲》，北京大学出版社 2001 年版。

［86］林喆、马长生、蔡雪冰：《腐败犯罪学研究》，北京大学出版社 2002 年版。

［87］陈力生、杨罡、马佳易编著：《审计学》（第三版），立信会计出版社 2018 年版。

［88］李金华主编：《中国审计史第 1 卷》，中国时代经济出版社 2004 年版。

［89］中共中央党史研究室：《中国共产党的九十年新民主主义革命时期》，中共党史出版社、党建读物出版社 2016 年版。

［90］中共中央党史研究室：《中国共产党的九十年改革开放和社会主义现代化建设新时期》，中共党史出版社、党建读物出版社 2016 年版。

［91］胡泽君：《中国国家审计学》，中国时代经济出版社 2019 年版。

［92］国家统计局政策法规司编：《论统计监督》，中国统计出版社 1990 年版。

［93］《列宁全集》（第三十三卷），人民出版社 1957 年版。

［94］《列宁专题文集论社会主义》，人民出版社 2007 年版。

［95］俞可平等：《中国的治理变迁（1978 – 2018）》，社会科学文出版社 2018 年版。

［96］肖应辉：《我国社会监督研究》，中共中央党校 2011 年版。

［97］过勇：《经济转轨、制度与腐败》，社会科学文献出版社 2007 年版。

［98］约翰纳·伯爵·兰斯多夫：《腐败与改革的制度经济学：理论、证据

与政策》，中国方正出版社 2007 年版。

[99] 倪星：《腐败与反腐败的经济学研究》，中国社会科学出版社 2004 年版。

[100] 周雪光：《中国国家治理的制度逻辑》，生活·读书·新知三联书店 2017 年版。

[101] 苗东升：《系统科学精要》，中国人民大学出版社 2016 年版。

[102] 王寿林：《权力制约和监督研究》，中央党校出版社 2007 年版。

[103] 塞缪尔·亨廷顿、王冠华：《变化社会中的政治秩序》，上海人民出版社 2008 年版。

[104] [美] 凯斯·桑斯坦：《网络共和国——网络社会中的民主问题》，上海人民出版集团 2003 年版。

[105] 李秋芳、孙壮志：《反腐败体制机制国际比较研究》，中国社会科学出版社 2015 年版。

[106] 李道揆：《美国政府和美国政治》，商务印书馆 1999 年版。

[107] 王建波：《国外廉政建设述评》，武汉大学出版社 2016 年版。

[108] 四川省社会科学院课题组：《国外境外预防腐败体制机制研究》，四川人民出版社 2018 年版。

[109] 侯志山：《外国行政监督制度与著名反腐机构》，北京大学出版社 2004 年版。

[110] 曹沛霖：《制度纵横谈》，人民出版社 2005 年版。

[111] 唐贤秋：《廉政理论与实践纵横》，中共中央党校出版社 2009 年版。

[112] 潘金娥：《越南革新与中越改革比较》，社会科学文献出版社 2015 年版。

[113] 林尚立：《当代中国政治：基础与发展》，中国大百科全书出版社 2017 年版。

[114] 中共中央文献研究室：《习近平关于社会主义政治建设论述摘编》，中央文献出版社 2017 年版。

[115] 苗东升：《系统科学摘要》（第 2 版），中国人民大学出版社 2006 年版。

[116] 任建明、过勇：《廉洁创新的中国实践》，社会科学文献出版社 2019 年版。

[117] 刘圣中：《廉政信用机制：防治腐败的新思路》，中国社会科学出版社 2017 年版。

[118] 冉刚：《国际追逃工作实务》，中国方正出版社 2018 年版。

［119］钟纪言：《把"严"的主基调长期坚持下去》，载于《求是》2020 年第 9 期。

［120］习近平：《充分认识颁布实施民法典重大意义　依法更好保障人民合法权益》，载于《求是》2020 年第 12 期。

［121］习近平：《在新的起点上深化国家监察体制改革》，载于《求是》2019 年第 5 期。

［122］王寿林：《监督与制约问题探讨》，载于《北京行政学院学报》2001 年第 5 期。

［123］葛洪义：《"监督"与"制约"不能混同——兼论司法权的监督与制约的不同意义》，载于《法学》2007 年第 10 期。

［124］陈国权、周鲁耀：《制约与监督：两种不同的权力逻辑》，载于《浙江大学学报（人文社会科学版）》2013 年第 6 期。

［125］俞可平：《权力与权威：新的解释》，载于《中国人民大学学报》2016 年第 3 期。

［126］杨阳：《中国传统国家理论的奠基——先秦诸子的国家学说》，载于《政治学研究》2018 年第 1 期。

［127］许纪霖：《儒家宪政的现实与历史》，载于《开放时代》2012 年第 1 期。

［128］孙秀民、楚双志：《中国古代封建君权制约述略》，载于《中共中央党校学报》2006 年第 5 期。

［129］景跃进：《中国特色的权力制约之路——关于权力制约的两种研究策略之辨析》，载于《经济社会体制比较》2017 年第 4 期。

［130］王英津：《论政治权力与政治权利关系的二重性》，载于《中国人民大学学报》2003 年第 5 期。

［131］李昭：《权利制约权力的理论及实践思考》，载于《天津师范大学学报（社会科学版）》2002 年第 4 期。

［132］周灏：《以社会制约权力——试论托克维尔的宪政思想》，载于《学术论坛》2008 年第 7 期。

［133］胡智强：《社会对权力的制约与社会和谐》，载于《当代世界与社会主义》2006 年第 3 期。

［134］胡玉鸿：《"以法律制约权力"辨》，载于《华东政法学院学报》2001 年第 6 期。

［135］刘金国：《权力腐败的法律制约》，载于《中国法学》2000 年第 1 期。

［136］郭道晖：《对反权力腐败的法哲学启蒙——评林喆著〈权力腐败与权

力制约〉》，载于《法学研究》1998 年第 2 期。

[137] 齐卫平：《反腐倡廉道路的中国特色问题思考》，载于《华东师范大学学报（哲学社会科学版）》2015 年第 5 期。

[138] 宋伟、过勇：《新时代党和国家监督体系：建构逻辑、运行机理与创新进路》，载于《东南学术》2020 年第 1 期。

[139] 谢撼澜、谢卓芝：《改革开放以来党和国家监督制度建设的进程与经验》，载于《探索》2018 年第 5 期。

[140] 贺洪波：《十八大以来健全党和国家监督体系的制度逻辑》，载于《探索》2019 年第 3 期。

[141] 鄢一龙：《党的领导与中国式善治》，载于《行政管理改革》2020 年第 1 期。

[142] 潘春玲：《十八大以来党内监督创新发展的依据、路径及成效分析》，载于《河南社会科学》2019 年第 6 期。

[143] 林振义：《自我净化提高能力是中国共产党的独特优势》，载于《求是》2016 年第 21 期。

[144] 莫纪宏：《国家治理体系和治理能力现代化与法治化》，载于《法学杂志》2014 年第 4 期。

[145] 秦德君：《党的建设与国家治理：新时代中国特色社会主义创新主线——党的十八大以来政治创新的结构、逻辑与空间》，载于《理论与改革》2019 年第 5 期。

[146] 曾家华：《把握好改革的系统性、整体性、协同性》，载于《当代广西》2018 年第 16 期。

[147] 郭庆松：《机构改革的系统性整体性协同性考量》，载于《中共中央党校（国家行政学院）学报》2019 年第 1 期。

[148] 王瑞娟：《对中国特色反腐败的几点思考》，载于《中共山西省委党校学报》2017 年第 5 期。

[149] 张晋宏、李景平：《新时代党和国家监督体系的内在逻辑与建构理路》，载于《山西师大学报（社会科学版）》2019 年第 1 期。

[150] 林尚立：《集权与分权：党、国家与社会权力关系及其变化》，引自陈明明主编：《革命后的政治与现代化》（《复旦政治学评论》第 1 辑），上海辞书出版社 2002 年版。

[151] 景跃进：《党、国家与社会：三者维度的关系——从基层实践看中国政治的特点》，载于《华中师范大学学报（人文社会科学版）》2005 年第 2 期。

[152] 袁建辉：《论我国国家监督体系的构成及其中关系的优化》，载于

《华南师范大学学报（社会科学版）》2009 年第 5 期。

[153] 颜德如、栾超：《国家监督权力结构转换与系统重构》，载于《社会科学》2019 年第 12 期。

[154] 张梁：《健全党和国家监督体系论纲》，载于《求实》2019 年第3 期。

[155] 张仲涛：《党内监督与社会监督》，载于《湖北行政学院学报》2005 年第 1 期。

[156] 任铁缨：《反腐败与社会监督》，载于《中共中央党校学报》2009 年第 4 期。

[157] 陆亚娜：《加强我国社会监督的系统性措施探讨》，载于《中国行政管理》2005 年第 2 期。

[158] 吴海红：《反腐倡廉建设中的社会监督机制研究》，载于《探索》2012 年第 1 期。

[159] 郭玥：《党的领导：中国特色社会主义国家制度的核心问题》，载于《党政研究》2018 年第 3 期。

[160] 吴建雄：《开创党和国家监督体系现代化的新境界》，载于《新疆师范大学学报（哲学社会科学版）》2019 年第 6 期。

[161] 张凤华、王晓埂：《习近平党内监督思想探析》，载于《中南民族大学学报（人文社会科学版)》2018 年第 1 期。

[162] 张国栋：《为何强调党委（党组）在党内监督中负主体责任》，载于《中国纪检监察》2016 年第 21 期。

[163] 赵洪祝：《党内监督必须把纪律挺在前面》，载于《中国纪检监察》2016 年第 22 期。

[164] 刘卫东、王建华：《新时代党的纪律建设的生成动因与实践要求》，载于《中共福建省委党校学报》2019 年第 1 期。

[165] 崔建周：《"党规党纪严于国家法律"：理论依据、实践指向与实现条件》，载于《理论探索》2015 年第 4 期。

[166] 潘春玲、过勇：《党的十八大后直面挑战：减少腐败存量》，载于《河南社会科学》2017 年第 5 期。

[167] 中共福建省委党史研究室：《中国共产党巡视制度的历史回顾与启示》，载于《福建党史月刊》2015 年第 12 期。

[168] 彭前生：《巡视制度运行绩效可持续性的制度困境与应对》，载于《天津行政学院学报》2017 年第 5 期。

[169] 庄德水：《巡视监督应实现全覆盖和长效化》，载于《中国党政干部论坛》2014 年第 3 期。

[170] 侯学宾、陈越瓯：《党内巡视制度功能的新阐释》，载于《治理研究》2019 年第 35 期。

[171] 刘占虎：《巡视监督：当代中国过程防腐的主导机制》，载于《中州学刊》2015 年第 12 期。

[172] 林尚立：《以政党为中心：中国反腐败体系的构建及其基本框架》，载于《中共中央党校学报》2009 年第 4 期。

[173] 张瑜：《从"应然"层面解析国家监察体制相关概念及内涵》，载于《行政法学研究》2017 年第 4 期。

[174] 蔡定剑：《社会主义的监督理论及实践（上）》，载于《政法论坛》1989 年第 1 期。

[175] 席文启：《近年来人大监督在北京的实践》，载于《人大研究》2017 年第 4 期。

[176] 吴家祥、陈爱华、王晓聪：《关于区镇联动的实践与思考——以江苏省盐城市大丰区为例》，载于《人大研究》2016 年第 10 期。

[177] 秦前红：《国家监察法实施中的一个重大难点：人大代表能否成为监察对象》，载于《武汉大学学报（哲学社会科学版）》2018 年第 6 期。

[178] 周亚越：《行政问责制的内涵及其意义》，载于《理论与改革》2004 年第 4 期。

[179] 顾杰：《论我国行政问责制的现状与完善》，载于《理论月刊》2004 年第 12 期。

[180] 赵长明：《行政问责法治化之路径探索》，载于《行政与法》2020 年第 10 期。

[181] 胡鞍钢：《构建中国特色的国家廉政体系》，载于《国情报告（第十卷）2007 年（下）：清华大学国情研究中心》2012 年版。

[182] 陈光中、崔洁：《司法，司法机关的中国式解读》，载于《中国法学》2007 年第 2 期。

[183] 秦前红：《两种法律监督的概念分野与行政检察监督之归位》，载于《东方法学》2018 年第 1 期。

[184] 吴建雄、夏彩亮：《中国特色社会主义监督体系的优势》，载于《人民周刊》2019 年第 19 期。

[185] 赵秉志：《论我国反腐败刑事法治的完善》，载于《当代法学》2013 年第 3 期。

[186] 过勇、李松锋：《贪污受贿案件刑事量刑的实证研究》，载于《经济社会体制比较》2018 年第 1 期。

[187] 吴建雄：《论司法反腐》，载于《人民检察》2015 年第 5 期。

[188] 樊崇义：《检察机关深化法律监督发展的四个面向》，载于《中国法学评论》2017 年第 5 期。

[189] 周伟：《刑事执行检察：监所检察理论与实践的发展》，载于《国家检察官学院学报》2013 年第 4 期。

[190] 周伟：《刑事执行检察的若干问题》，载于《人民检察》2013 年第 24 期。

[191] 林莉红：《中国行政诉讼的历史、现状与展望》，载于《河南财经政法大学学报》2013 年第 2 期。

[192] 陈瑞华：《论检察机关的法律职能》，载于《政法论坛》2018 年第 1 期。

[193] 胡卫列：《中国特色民事行政检察的制度实践与理论探索——民事行政检察 30 周年综述》，载于《国家检察官学院学报》2018 年第 6 期。

[194] 徐汉明：《国家监察权的属性探究》，载于《法学评论》2018 年第 1 期。

[195] 李金华：《国家审计是国家治理的工具》，载于《财经》2004 年第 24 期。

[196] 刘家义：《论国家治理与国家审计》，载于《中国社会科学》2012 年第 6 期。

[197] 夏寒：《中国古代审计思想演进评述》，载于《审计研究》2018 年第 6 期。

[198] 谭建立：《中国审计文化历史变迁的特征探讨》，载于《审计研究》2018 年第 2 期。

[199] 方宝璋：《中国古代审计方法方式考论》，载于《审计研究》2017 年第 3 期。

[200] 李相森：《论近代中国独立型审计制度及其历史启示》，载于《南京审计大学学报》2019 年第 1 期。

[201] 张晓玲、魏明孔：《革命根据地审计监督制度的特点、历史作用及启示》，载于《审计与经济研究》2019 年第 5 期。

[202] 朱灵通、何瑞铧：《革命根据地时期审计的群众路线：总结与借鉴》，载于《审计研究》2018 年第 6 期。

[203] 郑石桥：《党和国家监督体系中的国家审计：特质、定位及制度要求》，载于《中国审计评论》2019 年第 1 期。

[204] 胡智强：《论审计监督在治理体系中的制度定位与功能发挥》，载于《审计与经济研究》2020 年第 1 期。

[205] 审计署南京特派办理论研究会课题组：《省级党政主要领导干部经济责任审计创新研究》，载于《审计研究》2019 年第 2 期。

[206] 胡泽君：《充分发挥审计监督职能作用服务国家治理体系和治理能力

现代化》，载于《旗帜》2020 年第 2 期。

[207] 郭檬楠、吴秋生：《国家审计全覆盖、国资委职能转变与国有企业资产保值增值》，载于《审计研究》2018 年第 6 期。

[208] 张维：《国家审计维护金融安全的新形势与对策》，载于《审计与经济研究》2017 年第 1 期。

[209] 王帆、谢志华：《政策跟踪审计理论框架研究》，载于《审计研究》2019 年第 3 期。

[210] 王慧：《政策措施落实情况跟踪审计理论与实务研究综述》，载于《审计研究》2017 年第 2 期。

[211] 董大胜：《国家、国家治理与国家审计》，载于《审计研究》2018 年第 5 期。

[212] 审计署武汉特派办课题组：《国家重大政策措施贯彻落实情况跟踪审计创新与发展研究》，载于《审计研究》2018 年第 4 期。

[213] 周维培：《从"鉴证"到"问责"》，载于《审计研究》2019 年第 4 期。

[214] 阚京华、周友梅：《腐败治理中国家审计的角色、功能定位及其影响因素分析——基于"国家廉政体系"视角的考察》，载于《南京审计学院学报》2015 年第 5 期。

[215] 胡耘通：《国家审计移送处理制度探析》，载于《审计研究》2017 年第 6 期。

[216] 王光远、郑晓宇：《政府审计移送对司法效率的影响》，载于《审计研究》2019 年第 4 期。

[217] 王志伟：《市县审计机关发展研究研讨会综述》，载于《审计研究》2018 年第 3 期。

[218] 杨美廉：《充分有效地发挥统计监督作用》，载于《统计研究》1991 年第 3 期。

[219] 隗有田：《扬帆起航再出发——写在〈新中国统计 70 年〉首发之际》，载于《中国统计》2009 年第 9 期。

[220] 马建堂：《在纪念新中国政府统计机构成立六十周年座谈会上的讲话摘录》，载于《统计与咨询》2012 年第 4 期。

[221] 方晓林、王科庶、李献唐：《社会主义统计的基本职能》，载于《统计研究》1990 年第 6 期。

[222] 莫日达：《统计职能的历史演变和提出统计整体功能的重要意义》，载于《统计研究》1990 年第 6 期。

［223］李一辰：《统计监督职能定位和实现路径探析》，载于《调研世界》2021 年第 2 期。

［224］李金昌：《完善统计体制》，载于《中国统计》2018 年第 1 期。

［225］王思彤：《统计法实施条例新在哪里》，载于《统计与咨询》2017 年第 4 期。

［226］王博勋：《强化执法监督，杜绝"数字腐败"》，载于《中国人大》2018 年第 12 期。

［227］于浩：《杜绝数据造假：眷清见底、挤干水分》，载于《中国人大》2018 年第 12 期。

［228］何增科：《中国政治监督 40 年来的变迁、成绩与问题》，载于《中国人民大学学报》2018 年第 4 期。

［229］徐永平：《充分发挥社会监督的反腐败功能》，载于《理论研究》2012 年第 2 期。

［230］陆亚娜：《我国社会监督存在的问题及其原因分析》，载于《江苏社会科学》2007 年第 2 期。

［231］胡荣：《中国人的政治效能感、政治参与和警察信任》，载于《社会学研究》2015 年第 1 期。

［232］王丽萍、方然：《参与还是不参与：中国公民政治参与的社会心理分析——基于一项调查的考察与分析》，载于《政治学研究》2010 年第 2 期。

［233］顾昕：《走向互动式治理：国家治理体系创新中"国家—市场—社会关系"的变革》，载于《学术月刊》2019 年第 1 期。

［234］李莉：《社会中心主义视角下的腐败治理——基于香港廉政公署年度报告（1974～2013）的解读》，载于《经济社会体制比较》2015 年第 5 期。

［235］周黎安、陶婧：《政府规模，市场化与地区腐败问题研究》，载于《经济研究》2009 年第 1 期。

［236］何增科：《改革开放 30 年来我国权力监督的重要变化和进展》，载于《社会科学研究》2008 年第 4 期。

［237］魏星河：《我国公民有序政治参与的涵义、特点及价值》，载于《政治学研究》2007 年第 2 期。

［238］朱金玉、周冬：《互联网改善公共监督效果的实证研究》，载于《西南民族大学学报（人文社科版）》2019 年第 10 期。

［239］吴阿娟、董向慧、陈杰：《传统媒体舆论监督的"供给侧"调适》，载于《传媒》2018 年第 24 期。

［240］张志安、曹艳辉：《新媒体环境下中国调查记者行业生态变化报告》，

载于《现代传播（中国传媒大学学报）》2017 年第 11 期。

[241] 齐杏发：《网络反腐的政治学思考》，载于《政治学研究》2013 年第 1 期。

[242] 吴建华、班生：《当前我国网络舆论监督存在的问题和解决路径》，载于《南京政治学院学报》2009 年第 3 期。

[243] 邵景均：《最重要的是抓好制度执行》，载于《中国纪检监察报》2016 年 1 月 6 日。

[244] 王希鹏：《坚持和完善党和国家监督体系：基本经验与推进路径》，载于《中国特色社会主义研究》2019 年第 6 期。

[245] 岳凤兰、周文彰：《强化制度意识》，载于《前进》2019 年第 12 期。

[246] 李景平、曹阳：《改革开放以来党和国家监督体系发展之省思》，载于《广西社会科学》2019 年第 4 期。

[247] 周磊、焦利：《构建中国特色国家监察官制度：背景与建议》，载于《北京行政学院学报》2019 年第 3 期。

[248] 周磊：《中国监察官制度的构建及路径研究》，载于《国家行政学院学报》2018 年第 4 期。

[249] 邹焕梅：《越共制度反腐的演进及态势研究》，载于《当代世界社会主义问题》2018 年第 3 期。

[250] 于秀秀：《古巴、越南共产党的党内问责》，载于《上海党史与党建》2017 年第 1 期。

[251] 陈明凡：《越南的行政改革及其启示》，载于《当代世界与社会主义》2016 年第 1 期。

[252] 陈明凡：《越南政治革新的经验教训及其启示》，载于《探索与争鸣》2013 年第 1 期。

[253] 米良：《越南反腐败法简述——附：〈越南社会主义共和国反贪污腐败法〉》，载于《环球法律评论》2013 年第 2 期。

[254] 任恒：《论新时代党内监督体系的革新之道》，载于《中共福建省委党校学报》2018 年第 6 期。

[255] 罗星、郭芷材：《新中国成立初期党和国家监督体系的历史演进与时代价值》，载于《理论建设》2020 年第 3 期。

[256] 宋伟：《中国特色廉政体系的理论建构与优化发展》，载于《马克思主义研究》2020 年第 11 期。

[257] 赵园园、张明军：《协同监督的现实困境及拓展路径》，载于《行政论坛》2020 年第 4 期。

［258］夏志强：《国家治理现代化的逻辑转换》，载于《中国社会科学》2020 年第 5 期。

［259］俞可平：《推进国家治理体系和治理能力现代化》，载于《前线》2014 年第 1 期。

［260］薛澜、张帆、武沐瑶：《国家治理体系与治理能力研究：回顾与展望》，载于《公共管理学报》2015 年第 3 期。

［261］郝文庆：《习近平治国理政的辩证哲学艺术》，载于《系统科学学报》2016 年第 5 期。

［262］罗许生：《党内监督与国家监督的联动和协同研究》，载于《广西社会科学》2019 年第 11 期。

［263］靳诺：《党内监督：推进全面从严治党的利器》，载于《中国高校社会科学》2017 年第 1 期。

［264］任建明、洪宇：《党和国家监督体系——要素、结构与发展》，载于《廉政学研究》2018 年第 1 期。

［265］陈国权、陈永杰：《基于权力法治的廉政治理体系研究》，载于《经济社会体制比较》2015 年第 5 期。

［266］陈希、李靖：《权力协同监督：理论内涵、现实梗阻与实现路径》，载于《行政论坛》2018 年第 4 期。

［267］余凌云：《对我国行政问责制度之省思》，载于《法商研究》2013 年第 3 期。

［268］赵军锋、金太军：《国家审计与国家监察的协同监督：现实基础与实践路径》，载于《江海学刊》2020 年第 5 期。

［269］胡税根、翁列恩：《构建政府权力规制的公共治理模式》，载于《中国社会科学》2017 年第 11 期。

［270］刘筱勤：《大数据与廉政制度创新》，载于《中国行政管理》2015 年第 12 期。

［271］宋伟、邵景均：《基于大数据的廉政监督模式与发展趋势分析》，载于《中国行政管理》2019 年第 7 期。

［272］过勇、杨小葵：《基于大数据的领导干部廉政监督机制研究》，载于《国家行政学院学报》2016 年第 6 期。

［273］黄其松：《权力监督的类型分析——基于"制度—技术"的分析框架》，载于《中国行政管理》2018 年第 12 期。

［274］邬贺铨：《大数据时代的机遇与挑战》，载于《求是》2013 年第 4 期。

［275］蒋尧明、杨嘉逸、唐衍军：《"区块链＋国家审计"助力大数据反腐

研究》，载于《北京工商大学学报（社会科学版）》2021 年第 1 期。

[276] 习近平：《一以贯之全面从严治党强化对权力运行的制约和监督　为决胜全面建成小康社会决战脱贫攻坚提供坚强保障》，载于《人民日报》2020 年 1 月 14 日。

[277] 习近平：《充分发挥全面从严治党引领保障作用　确保"十四五"时期目标任务落到实处》，载于《人民日报》2021 年 1 月 23 日。

[278] 习近平：《中共中央举行民主协商会》，载于《人民日报》2013 年 3 月 1 日。

[279] 习近平：《在庆祝全国人民代表大会成立 60 周年大会上的讲话》，载于《人民日报》2014 年 9 月 6 日。

[280] 习近平：《在庆祝中国人民政治协商会议成立 65 周年大会上的讲话》，载于《人民日报》2014 年 9 月 22 日。

[281] 习近平：《全国政协举行新年茶话会》，载于《人民日报》2015 年 1 月 1 日。

[282] 习近平：《关于〈中共中央关于全面推进依法治国若干重大问题的决定〉的说明》，载于《人民日报》2014 年 10 月 29 日。

[283] 习近平：《紧紧围绕党和国家工作大局全面履行职责坚持依法审计完善体制机制》，载于《人民日报》2020 年 1 月 3 日。

[284] 习近平：《加强党对审计工作的领导　更好发挥审计在党和国家监督体系中的重要作用》，载于《人民日报》2018 年 5 月 24 日。

[285] 邓小平：《党和国家领导制度的改革》，载于《人民日报》1983 年 7 月 2 日。

[286]《中共中央关于坚持和完善中国特色社会主义制度　推进国家治理体系和治理能力现代化若干重大问题的决定》，载于《人民日报》2019 年 11 月 6 日。

[287] 汪永清：《加强党内监督是全面从严治党的题中应有之义》，载于《人民日报》2016 年 12 月 9 日。

[288] 张东明：《党内监督：党自我调节、自我净化的关键抓手》，载于《中国社会科学报》2017 年 2 月 23 日。

[289] 吴建雄：《国家监察体制改革的前瞻性思考》，载于《中国社会科学报》2017 年 2 月 15 日。

[290]《十八届中央纪律检查委员会向中国共产党第十九次全国代表大会的工作报告》，载于《人民日报》2017 年 10 月 30 日。

[291] 胡建兵：《让"数据造假"者付出代价》，载于《中国纪检监察报》2018 年 6 月 28 日。

［292］沈玲：《完善审计法，为审计监督发展提供支持》，载于《中国审计报》2019 年 11 月 27 日。

［293］李斌：《治统计"注水"要抓"关键少数"》，载于《中国纪检监察报》2015 年 2 月 16 日。

［294］卢乐云：《实现对所有行使公权力的公职人员监察全覆盖》，载于《人民日报》2018 年 3 月 27 日。

［295］邵思蜜：《改革开放以来党内监督的基本实践和主要成效》，载于《中国纪检监察报》2018 年 12 月 13 日。

［296］何韬：《深化纪检监察体制改革为全面从严治党提供制度保障》，载于《中国纪检监察报》2019 年 10 月 30 日。

［297］黄雅屏：《治理之道：用好权力监督机制》，载于《人民日报》2018 年 8 月 1 日。

［298］周文彰、薛博：《全面从严治党制度建设的重大部署》，载于《中国纪检监察报》2020 年 1 月 15 日。

［299］《习近平在党的群众路线教育实践活动总结大会上的讲话》，载于《人民日报》2014 年 10 月 9 日。

［300］人民日报评论部：《以创新思维增活力》，载于《人民日报》2014 年 3 月 20 日。

［301］王刚：《深刻理解创新思维》，载于《光明日报》2019 年 7 月 16 日。

［302］杨晓渡：《坚持和完善党和国家监督体系》，载于《人民日报》2019 年 11 月 29 日。

［303］魏涛：《司法监督的品质是怎样练成的》，载于《人民法院报》2017 年 8 月 8 日。

［304］王松苗：《推动纪检监察监督与司法监督贯通衔接》，载于《中国纪检监察报》2020 年 8 月 13 日。

［305］Gerth, H. H. & Mills, C. W. *Character and Social Structure：the Psychology of Social Institutions* ［M］. London：Routledge & K. Paul, 1954.

［306］Banfield E. C. *Corruption as a Feature of Governmental Organization* ［J］. *Journal of Low and Economics*, 1975（3）.

［307］Van Rijckeghem C., Weder B. Bureaucratic Corruption and the Rate of Temptation：Do Wages in the Civil Service Affect Corruption, and by How Much? ［J］. *Journal of Development Economics*, 2001（2）.

后 记

　　党的十八大以来，以习近平同志为核心的党中央着眼于党和国家长治久安，以伟大的历史主动精神、巨大的政治勇气、强烈的责任担当，以刀刃向内的自我革命精神，打出了一套自我革命的"组合拳"。习近平提出关于党的自我革命的战略思想，为新时代把党的自我革命推向深入提供了重要的思想遵循。十九届中央纪委六次全会强调，勇于自我革命是我们党区别于其他政党的显著标志，是党跳出治乱兴衰历史周期率、历经百年沧桑更加充满活力的成功秘诀。2021 年 11 月，十九届六中全会审议通过《中共中央关于党的百年奋斗重大成就和历史经验的决议》（以下简称《决议》）指出："党领导完善党和国家监督体系，推动设立国家监察委员会和地方各级监察委员会，构建巡视巡察上下联动格局，构建以党内监督为主导、各类监督贯通协调的机制，加强对权力运行的制约和监督。"《决议》不仅总结了党和国家监督体系建设的重大成就和历史经验，更对我国未来持续完善党和国家监督体系提出了战略性要求，激发了奋进新时代、迈好新征程的斗志和豪情。党的二十大报告再次强调，健全党统一领导、全面覆盖、权威高效的监督体系，完善权力监督制约机制，以党内监督为主导，促进各类监督贯通协调，让权力在阳光下运行。当前，立足于中华民族伟大复兴战略全局和世界百年未有之大变局，系统总结回顾中国特色社会主义监督体系的重大成就和历史经验，展望中国特色社会主义监督体系的完善与发展，既是回应党的十八大以来关于党和国家监督体系战略部署的方法之要，更是促进国家治理体系和治理能力现代化的必由之路。

　　本书以中国特色社会主义监督体系的理论和实践问题为主要研究内容，并对不同监督形式进行深入分析，从而全面把握中国特色社会主义监督体系的运行状况。在此基础上，结合中国国情和权力监督的普遍规律，探讨坚持和完善中国特色社会主义监督体系的对策建议。本书既对中国古代政治传统中的权力制约逻辑进行考察，又分析了党的十八大以来中国特色社会主义监督体系的部署安排；既研究权力制约的中外思想渊源，又展现全国各级各地的权力监督工作经验和鲜活案例；既对国际上的权力制约模式进行比较分析，更结合中国国情探索完善中国特色社会主义监督体系的实现路径。

本书的内容涉及中国特色社会主义监督体系的多个方面问题。为了完成好本书的撰写，我们组织了专门的团队，集中力量开展研究和编写工作：清华大学纪检监察研究院院长过勇教授是本课题的负责人，同时也担任本研究的首席专家，负责整体的理论指导工作；北京科技大学廉政研究中心主任宋伟教授、中国农业大学马克思主义学院潘春玲副教授负责第一章、第三章、第十六章；清华大学公共管理学院博士生李论、马克思主义学院博士生韩祥宇负责第二章；清华大学公共管理学院博士后崔瑜负责第四章、第十一章、第十八章，并与北京科技大学马克思主义学院博士生张译文负责第六章。北京工商大学法学院讲师周磊负责第五章，并与清华大学公共管理学院博士后李尚翼负责第七章，与李论负责第十七章。清华大学公共管理学院硕士生陈梦妮负责第八章，博士后陈升、博士生刘梦滢负责第九章，硕士生朱海雯负责第十章。清华大学马克思主义学院博士生刁兆杰负责第十二章和第十三章，公共管理学院博士生范舒瑞负责第十四章和第十五章。其中，宋伟、潘春玲、崔瑜还参与了书稿撰写过程中的讨论、修改和统稿工作。

党的十八大以来，党中央从政治和全局高度推进监督制度改革，形成党统一领导、全面覆盖、权威高效的监督工作格局，走出了一条中国特色监督之路。中国特色社会主义监督体系是党在长期执政条件下实现自我净化、自我完善、自我革新、自我提高的重要制度保障，也是推进国家治理体系和治理能力现代化的重要内容，需要长期坚持、不断巩固、深化发展。尽管书稿编写团队付出了很多努力，但由于中国特色社会主义监督体系逻辑深刻、实践丰富，现有的研究还存在不足，恳请专家学者和广大读者不吝赐教，共同总结分析中国共产党跳出历史周期率的基本经验，助力开辟权力监督"中国方案""中国之治"新境界！

最后，本书作为教育部哲学社会科学研究重大课题攻关项目"中国特色社会主义监督体系研究"（项目编号：17JZD007）的研究成果，感谢教育部人文社会科学研究规划基金对本书研究和出版的支持！

作者

2022 年 6 月 20 日于清华园

教育部哲学社會科學研究重大課題攻關項目
成果出版列表

序号	书　名	首席专家
1	《马克思主义基础理论若干重大问题研究》	陈先达
2	《马克思主义理论学科体系建构与建设研究》	张雷声
3	《马克思主义整体性研究》	逄锦聚
4	《改革开放以来马克思主义在中国的发展》	顾钰民
5	《新时期　新探索　新征程 ——当代资本主义国家共产党的理论与实践研究》	聂运麟
6	《坚持马克思主义在意识形态领域指导地位研究》	陈先达
7	《当代资本主义新变化的批判性解读》	唐正东
8	《当代中国人精神生活研究》	童世骏
9	《弘扬与培育民族精神研究》	杨叔子
10	《当代科学哲学的发展趋势》	郭贵春
11	《服务型政府建设规律研究》	朱光磊
12	《地方政府改革与深化行政管理体制改革研究》	沈荣华
13	《面向知识表示与推理的自然语言逻辑》	鞠实儿
14	《当代宗教冲突与对话研究》	张志刚
15	《马克思主义文艺理论中国化研究》	朱立元
16	《历史题材文学创作重大问题研究》	童庆炳
17	《现代中西高校公共艺术教育比较研究》	曾繁仁
18	《西方文论中国化与中国文论建设》	王一川
19	《中华民族音乐文化的国际传播与推广》	王耀华
20	《楚地出土戰國簡册［十四種］》	陈　伟
21	《近代中国的知识与制度转型》	桑　兵
22	《中国抗战在世界反法西斯战争中的历史地位》	胡德坤
23	《近代以来日本对华认识及其行动选择研究》	杨栋梁
24	《京津冀都市圈的崛起与中国经济发展》	周立群
25	《金融市场全球化下的中国监管体系研究》	曹凤岐
26	《中国市场经济发展研究》	刘　伟
27	《全球经济调整中的中国经济增长与宏观调控体系研究》	黄　达
28	《中国特大都市圈与世界制造业中心研究》	李廉水

序号	书 名	首席专家
29	《中国产业竞争力研究》	赵彦云
30	《东北老工业基地资源型城市发展可持续产业问题研究》	宋冬林
31	《转型时期消费需求升级与产业发展研究》	臧旭恒
32	《中国金融国际化中的风险防范与金融安全研究》	刘锡良
33	《全球新型金融危机与中国的外汇储备战略》	陈雨露
34	《全球金融危机与新常态下的中国产业发展》	段文斌
35	《中国民营经济制度创新与发展》	李维安
36	《中国现代服务经济理论与发展战略研究》	陈 宪
37	《中国转型期的社会风险及公共危机管理研究》	丁烈云
38	《人文社会科学研究成果评价体系研究》	刘大椿
39	《中国工业化、城镇化进程中的农村土地问题研究》	曲福田
40	《中国农村社区建设研究》	项继权
41	《东北老工业基地改造与振兴研究》	程 伟
42	《全面建设小康社会进程中的我国就业发展战略研究》	曾湘泉
43	《自主创新战略与国际竞争力研究》	吴贵生
44	《转轨经济中的反行政性垄断与促进竞争政策研究》	于良春
45	《面向公共服务的电子政务管理体系研究》	孙宝文
46	《产权理论比较与中国产权制度变革》	黄少安
47	《中国企业集团成长与重组研究》	蓝海林
48	《我国资源、环境、人口与经济承载能力研究》	邱 东
49	《"病有所医"——目标、路径与战略选择》	高建民
50	《税收对国民收入分配调控作用研究》	郭庆旺
51	《多党合作与中国共产党执政能力建设研究》	周淑真
52	《规范收入分配秩序研究》	杨灿明
53	《中国社会转型中的政府治理模式研究》	娄成武
54	《中国加入区域经济一体化研究》	黄卫平
55	《金融体制改革和货币问题研究》	王广谦
56	《人民币均衡汇率问题研究》	姜波克
57	《我国土地制度与社会经济协调发展研究》	黄祖辉
58	《南水北调工程与中部地区经济社会可持续发展研究》	杨云彦
59	《产业集聚与区域经济协调发展研究》	王 珺

序号	书　名	首席专家
60	《我国货币政策体系与传导机制研究》	刘　伟
61	《我国民法典体系问题研究》	王利明
62	《中国司法制度的基础理论问题研究》	陈光中
63	《多元化纠纷解决机制与和谐社会的构建》	范　愉
64	《中国和平发展的重大前沿国际法律问题研究》	曾令良
65	《中国法制现代化的理论与实践》	徐显明
66	《农村土地问题立法研究》	陈小君
67	《知识产权制度变革与发展研究》	吴汉东
68	《中国能源安全若干法律与政策问题研究》	黄　进
69	《城乡统筹视角下我国城乡双向商贸流通体系研究》	任保平
70	《产权强度、土地流转与农民权益保护》	罗必良
71	《我国建设用地总量控制与差别化管理政策研究》	欧名豪
72	《矿产资源有偿使用制度与生态补偿机制》	李国平
73	《巨灾风险管理制度创新研究》	卓　志
74	《国有资产法律保护机制研究》	李曙光
75	《中国与全球油气资源重点区域合作研究》	王　震
76	《可持续发展的中国新型农村社会养老保险制度研究》	邓大松
77	《农民工权益保护理论与实践研究》	刘林平
78	《大学生就业创业教育研究》	杨晓慧
79	《新能源与可再生能源法律与政策研究》	李艳芳
80	《中国海外投资的风险防范与管控体系研究》	陈菲琼
81	《生活质量的指标构建与现状评价》	周长城
82	《中国公民人文素质研究》	石亚军
83	《城市化进程中的重大社会问题及其对策研究》	李　强
84	《中国农村与农民问题前沿研究》	徐　勇
85	《西部开发中的人口流动与族际交往研究》	马　戎
86	《现代农业发展战略研究》	周应恒
87	《综合交通运输体系研究——认知与建构》	荣朝和
88	《中国独生子女问题研究》	风笑天
89	《我国粮食安全保障体系研究》	胡小平
90	《我国食品安全风险防控研究》	王　硕

序号	书 名	首席专家
91	《城市新移民问题及其对策研究》	周大鸣
92	《新农村建设与城镇化推进中农村教育布局调整研究》	史宁中
93	《农村公共产品供给与农村和谐社会建设》	王国华
94	《中国大城市户籍制度改革研究》	彭希哲
95	《国家惠农政策的成效评价与完善研究》	邓大才
96	《以民主促进和谐——和谐社会构建中的基层民主政治建设研究》	徐 勇
97	《城市文化与国家治理——当代中国城市建设理论内涵与发展模式建构》	皇甫晓涛
98	《中国边疆治理研究》	周 平
99	《边疆多民族地区构建社会主义和谐社会研究》	张先亮
100	《新疆民族文化、民族心理与社会长治久安》	高静文
101	《中国大众媒介的传播效果与公信力研究》	喻国明
102	《媒介素养：理念、认知、参与》	陆 晔
103	《创新型国家的知识信息服务体系研究》	胡昌平
104	《数字信息资源规划、管理与利用研究》	马费成
105	《新闻传媒发展与建构和谐社会关系研究》	罗以澄
106	《数字传播技术与媒体产业发展研究》	黄升民
107	《互联网等新媒体对社会舆论影响与利用研究》	谢新洲
108	《网络舆论监测与安全研究》	黄永林
109	《中国文化产业发展战略论》	胡惠林
110	《20世纪中国古代文化经典在域外的传播与影响研究》	张西平
111	《国际传播的理论、现状和发展趋势研究》	吴 飞
112	《教育投入、资源配置与人力资本收益》	闵维方
113	《创新人才与教育创新研究》	林崇德
114	《中国农村教育发展指标体系研究》	袁桂林
115	《高校思想政治理论课程建设研究》	顾海良
116	《网络思想政治教育研究》	张再兴
117	《高校招生考试制度改革研究》	刘海峰
118	《基础教育改革与中国教育学理论重建研究》	叶 澜
119	《我国研究生教育结构调整问题研究》	袁本涛 王传毅
120	《公共财政框架下公共教育财政制度研究》	王善迈

序号	书　名	首席专家
121	《农民工子女问题研究》	袁振国
122	《当代大学生诚信制度建设及加强大学生思想政治工作研究》	黄蓉生
123	《从失衡走向平衡：素质教育课程评价体系研究》	钟启泉 崔允漷
124	《构建城乡一体化的教育体制机制研究》	李　玲
125	《高校思想政治理论课教育教学质量监测体系研究》	张耀灿
126	《处境不利儿童的心理发展现状与教育对策研究》	申继亮
127	《学习过程与机制研究》	莫　雷
128	《青少年心理健康素质调查研究》	沈德立
129	《灾后中小学生心理疏导研究》	林崇德
130	《民族地区教育优先发展研究》	张诗亚
131	《WTO 主要成员贸易政策体系与对策研究》	张汉林
132	《中国和平发展的国际环境分析》	叶自成
133	《冷战时期美国重大外交政策案例研究》	沈志华
134	《新时期中非合作关系研究》	刘鸿武
135	《我国的地缘政治及其战略研究》	倪世雄
136	《中国海洋发展战略研究》	徐祥民
137	《深化医药卫生体制改革研究》	孟庆跃
138	《华侨华人在中国软实力建设中的作用研究》	黄　平
139	《我国地方法制建设理论与实践研究》	葛洪义
140	《城市化理论重构与城市化战略研究》	张鸿雁
141	《境外宗教渗透论》	段德智
142	《中部崛起过程中的新型工业化研究》	陈晓红
143	《农村社会保障制度研究》	赵　曼
144	《中国艺术学学科体系建设研究》	黄会林
145	《人工耳蜗术后儿童康复教育的原理与方法》	黄昭鸣
146	《我国少数民族音乐资源的保护与开发研究》	樊祖荫
147	《中国道德文化的传统理念与现代践行研究》	李建华
148	《低碳经济转型下的中国排放权交易体系》	齐绍洲
149	《中国东北亚战略与政策研究》	刘清才
150	《促进经济发展方式转变的地方财税体制改革研究》	钟晓敏
151	《中国—东盟区域经济一体化》	范祚军

序号	书　名	首席专家
152	《非传统安全合作与中俄关系》	冯绍雷
153	《外资并购与我国产业安全研究》	李善民
154	《近代汉字术语的生成演变与中西日文化互动研究》	冯天瑜
155	《新时期加强社会组织建设研究》	李友梅
156	《民办学校分类管理政策研究》	周海涛
157	《我国城市住房制度改革研究》	高　波
158	《新媒体环境下的危机传播及舆论引导研究》	喻国明
159	《法治国家建设中的司法判例制度研究》	何家弘
160	《中国女性高层次人才发展规律及发展对策研究》	佟　新
161	《国际金融中心法制环境研究》	周仲飞
162	《居民收入占国民收入比重统计指标体系研究》	刘　扬
163	《中国历代边疆治理研究》	程妮娜
164	《性别视角下的中国文学与文化》	乔以钢
165	《我国公共财政风险评估及其防范对策研究》	吴俊培
166	《中国历代民歌史论》	陈书录
167	《大学生村官成长成才机制研究》	马抗美
168	《完善学校突发事件应急管理机制研究》	马怀德
169	《秦简牍整理与研究》	陈　伟
170	《出土简帛与古史再建》	李学勤
171	《民间借贷与非法集资风险防范的法律机制研究》	岳彩申
172	《新时期社会治安防控体系建设研究》	宫志刚
173	《加快发展我国生产服务业研究》	李江帆
174	《基本公共服务均等化研究》	张贤明
175	《职业教育质量评价体系研究》	周志刚
176	《中国大学校长管理专业化研究》	宣　勇
177	《"两型社会"建设标准及指标体系研究》	陈晓红
178	《中国与中亚地区国家关系研究》	潘志平
179	《保障我国海上通道安全研究》	吕　靖
180	《世界主要国家安全体制机制研究》	刘胜湘
181	《中国流动人口的城市逐梦》	杨菊华
182	《建设人口均衡型社会研究》	刘渝琳
183	《农产品流通体系建设的机制创新与政策体系研究》	夏春玉

序号	书　名	首席专家
184	《区域经济一体化中府际合作的法律问题研究》	石佑启
185	《城乡劳动力平等就业研究》	姚先国
186	《20 世纪朱子学研究精华集成——从学术思想史的视角》	乐爱国
187	《拔尖创新人才成长规律与培养模式研究》	林崇德
188	《生态文明制度建设研究》	陈晓红
189	《我国城镇住房保障体系及运行机制研究》	虞晓芬
190	《中国战略性新兴产业国际化战略研究》	汪　涛
191	《证据科学论纲》	张保生
192	《要素成本上升背景下我国外贸中长期发展趋势研究》	黄建忠
193	《中国历代长城研究》	段清波
194	《当代技术哲学的发展趋势研究》	吴国林
195	《20 世纪中国社会思潮研究》	高瑞泉
196	《中国社会保障制度整合与体系完善重大问题研究》	丁建定
197	《民族地区特殊类型贫困与反贫困研究》	李俊杰
198	《扩大消费需求的长效机制研究》	臧旭恒
199	《我国土地出让制度改革及收益共享机制研究》	石晓平
200	《高等学校分类体系及其设置标准研究》	史秋衡
201	《全面加强学校德育体系建设研究》	杜时忠
202	《生态环境公益诉讼机制研究》	颜运秋
203	《科学研究与高等教育深度融合的知识创新体系建设研究》	杜德斌
204	《女性高层次人才成长规律与发展对策研究》	罗瑾琏
205	《岳麓秦简与秦代法律制度研究》	陈松长
206	《民办教育分类管理政策实施跟踪与评估研究》	周海涛
207	《建立城乡统一的建设用地市场研究》	张安录
208	《迈向高质量发展的经济结构转变研究》	郭熙保
209	《中国社会福利理论与制度构建——以适度普惠社会福利制度为例》	彭华民
210	《提高教育系统廉政文化建设实效性和针对性研究》	罗国振
211	《毒品成瘾及其复吸行为——心理学的研究视角》	沈模卫
212	《英语世界的中国文学译介与研究》	曹顺庆
213	《建立公开规范的住房公积金制度研究》	王先柱

序号	书 名	首席专家
214	《现代归纳逻辑理论及其应用研究》	何向东
215	《时代变迁、技术扩散与教育变革：信息化教育的理论与实践探索》	杨 浩
216	《城镇化进程中新生代农民工职业教育与社会融合问题研究》	褚宏启 薛二勇
217	《我国先进制造业发展战略研究》	唐晓华
218	《融合与修正：跨文化交流的逻辑与认知研究》	鞠实儿
219	《中国新生代农民工收入状况与消费行为研究》	金晓彤
220	《高校少数民族应用型人才培养模式综合改革研究》	张学敏
221	《中国的立法体制研究》	陈 俊
222	《教师社会经济地位问题：现实与选择》	劳凯声
223	《中国现代职业教育质量保障体系研究》	赵志群
224	《欧洲农村城镇化进程及其借鉴意义》	刘景华
225	《国际金融危机后全球需求结构变化及其对中国的影响》	陈万灵
226	《创新法治人才培养机制》	杜承铭
227	《法治中国建设背景下警察权研究》	余凌云
228	《高校财务管理创新与财务风险防范机制研究》	徐明稚
229	《义务教育学校布局问题研究》	雷万鹏
230	《高校党员领导干部清正、党政领导班子清廉的长效机制研究》	汪 曏
231	《二十国集团与全球经济治理研究》	黄茂兴
232	《高校内部权力运行制约与监督体系研究》	张德祥
233	《职业教育办学模式改革研究》	石伟平
234	《职业教育现代学徒制理论研究与实践探索》	徐国庆
235	《全球化背景下国际秩序重构与中国国家安全战略研究》	张汉林
236	《进一步扩大服务业开放的模式和路径研究》	申明浩
237	《自然资源管理体制研究》	宋马林
238	《高考改革试点方案跟踪与评估研究》	钟秉林
239	《全面提高党的建设科学化水平》	齐卫平
240	《"绿色化"的重大意义及实现途径研究》	张俊飚
241	《利率市场化背景下的金融风险研究》	田利辉
242	《经济全球化背景下中国反垄断战略研究》	王先林

序号	书 名	首席专家
243	《中华文化的跨文化阐释与对外传播研究》	李庆本
244	《世界一流大学和一流学科评价体系与推进战略》	王战军
245	《新常态下中国经济运行机制的变革与中国宏观调控模式重构研究》	袁晓玲
246	《推进21世纪海上丝绸之路建设研究》	梁 颖
247	《现代大学治理结构中的纪律建设、德治礼序和权力配置协调机制研究》	周作宇
248	《渐进式延迟退休政策的社会经济效应研究》	席 恒
249	《经济发展新常态下我国货币政策体系建设研究》	潘 敏
250	《推动智库建设健康发展研究》	李 刚
251	《农业转移人口市民化转型：理论与中国经验》	潘泽泉
252	《电子商务发展趋势及对国内外贸易发展的影响机制研究》	孙宝文
253	《创新专业学位研究生培养模式研究》	贺克斌
254	《医患信任关系建设的社会心理机制研究》	汪新建
255	《司法管理体制改革基础理论研究》	徐汉明
256	《建构立体形式反腐败体系研究》	徐玉生
257	《重大突发事件社会舆情演化规律及应对策略研究》	傅昌波
258	《中国社会需求变化与学位授予体系发展前瞻研究》	姚 云
259	《非营利性民办学校办学模式创新研究》	周海涛
260	《基于"零废弃"的城市生活垃圾管理政策研究》	褚祝杰
261	《城镇化背景下我国义务教育改革和发展机制研究》	邬志辉
262	《中国满族语言文字保护抢救口述史》	刘厚生
263	《构建公平合理的国际气候治理体系研究》	薄 燕
264	《新时代治国理政方略研究》	刘焕明
265	《新时代高校党的领导体制机制研究》	黄建军
266	《东亚国家语言中汉字词汇使用现状研究》	施建军
267	《中国传统道德文化的现代阐释和实践路径研究》	吴根友
268	《创新社会治理体制与社会和谐稳定长效机制研究》	金太军
269	《文艺评论价值体系的理论建设与实践研究》	刘俐俐
270	《新形势下弘扬爱国主义重大理论和现实问题研究》	王泽应